Bernhard Graefrath (Hrsg.)
Probleme des Völkerrechts
1989

Bernhard Graefrath
(Hrsg.)

Probleme des Völkerrechts 1989

Akademie-Verlag Berlin
1989

Institut für Theorie des Staates und des Rechts
der Akademie der Wissenschaften der DDR
Redaktionelle Bearbeitung: Manfred Mohr, Kamen Sachariew, Katrin Brose

ISBN 3-05-000761-3

Erschienen im Akademie-Verlag Berlin, Leipziger Str. 3—4, DDR-1086 Berlin

Lizenznummer: 202 · 100/7/89
Printed in the German Democratic Republic
Umschlag: Ralf Michaelis
Gesamtherstellung: VEB Druckerei „Thomas Müntzer“, 5820 Bad Langensalza
LSV 0435
Bestellnummer: 754 959 4 (9148)
02200

Inhalt

Содержание

Contents

Vorwort

Probleme des Völkerrechts erscheint nun bereits zum dritten Mal. Es hat in der völkerrechtlichen Literatur der sozialistischen Länder seinen Platz gefunden und wird in vielen Ländern mit wachsendem Interesse aufgenommen. Die Bemühungen des Instituts für Theorie des Staates und des Rechts der Akademie der Wissenschaften der DDR, mit der Herausgabe dieser Bände die Diskussion und Zusammenarbeit der sozialistischen Völkerrechtler zu fördern, haben eine breite Unterstützung gefunden.

Obgleich auch dieser Band nicht thematisch orientiert ist, nehmen Fragen, die mit der Schaffung eines umfassenden Systems der internationalen Sicherheit zusammenhängen, einen breiten Raum ein. Sie werden in mehreren Beiträgen unter verschiedenen Aspekten erörtert. Auch das Urteil des Internationalen Gerichtshofes im Fall Nikaragua gegen USA (Militärische und paramilitärische Aktivitäten gegen Nikaragua) wird von mehreren Autoren behandelt, ohne auch nur annähernd die Fülle der in diesem Urteil enthaltenen völkerrechtlichen Grundsatzfragen auszuschöpfen. Das widerspiegelt einerseits den zentralen Platz, den diese Themen in der völkerrechtlichen Diskussion zur Zeit einnehmen. Es gibt andererseits eine Vorstellung von der Vielfalt der Aspekte, die in diesem Zusammenhang aufgeworfen werden und den unterschiedlichen Annäherungen, die derzeit die Diskussion bestimmen.

Ebenso wie die Bände 1985 und 1987 enthält auch dieser Band Arbeiten von Völkerrechtlern der DDR und anderer sozialistischer Länder. Die Beiträge erscheinen weiterhin in der vom Autor benutzten Sprache ohne Übersetzung, jedoch mit Zusammenfassungen in Englisch, Russisch oder Deutsch. Sie geben die Auffassung des Autors und nicht unbedingt die des Herausgebers wieder.

Wie immer sind wir für Hinweise und thematische Anregungen dankbar.

Mein besonderer Dank gilt allen Mitarbeitern — besonders Frau H. Lauter —, die an der Vorbereitung des Bandes mitgearbeitet haben und sein Erscheinen ermöglichten.

Berlin, im März 1988 Bernhard Graefrath

Maria Bauer-Oeser

Gemeinsame Prinzipien für Territorialregime — Bestandteil des internationalen Sicherheitssystems

Die Erde, ihr Festland, Wasser, Untergrund und ihre Luft, ist die materielle Grundlage für die Existenz der Menschheit. Die Territorialprobleme sind aus diesem Grund ein besonders sensibles Gebiet der internationalen Beziehungen und waren oft Gegenstand internationaler Streitigkeiten und militärischer Konflikte. Im Völkerrecht vollzieht sich deshalb ein dynamischer Prozeß des Ausbaus der juristischen Grundlagen aller Territorialregime.[1] Die Verhinderung des nuklearen Krieges, der die Existenz der Menschheit bedroht, erfordert ihre weitere Ausgestaltung als normative Elemente des internationalen Sicherheitssystems[2], weil die Prinzipien und Normen des heutigen Völkerrechts zwar „eine juristische Grundlage für die Lösung der Probleme der Gegenwart“[3] sind, aber noch „nicht ausreichen, ... um die effektive Regulierung“ eines stabilen und dauerhaften Friedens zu gewährleisten.[4]

Die Konkretisierung der Grundprinzipien des Völkerrechts für Gebiete der internationalen Beziehungen, die die gemeinsame Sicherheit der Staaten festigen, wird deshalb von den sozialistischen Staaten als eine erstrangige Aufgabe der internationalen Staatengemeinschaft angesehen.[5] Unter diesem Aspekt haben die

[1] Die sprunghafte Entwicklung in den letzten drei Jahrzehnten führte zur Veränderung von existierenden, zur Entstehung von neuen Territorialregimen und zur Entwicklung von großen Normenkomplexen auf dem Gebiet des Seerechts, Luftrechts, Weltraumrechts, Umweltschutzrechts. Sie widerspiegelt objektive Interessen und Bedürfnisse der internationalen Staatengemeinschaft. Allein auf dem Gebiet des Umweltschutzes wurden in den letzten drei Jahrzehnten über 100 Verträge abgeschlossen im Verhältnis zu zehn in der Zeit zuvor. Vgl. UNEP/90/Inf. 11, Rev. 1. Diese Entwicklung wird auch in der Veränderung der Behandlung des Territoriums im Völkerrecht in den Lehrbüchern deutlich. Vgl. z. B. Völkerrecht, Lehrbuch, Berlin 1981, S. 251—313, im Vergleich zur ersten Ausgabe 1973, S. 354—403. Das internationale Seerecht, Luftrecht, Weltraumrecht, Umweltschutzrecht werden in der zweiten Ausgabe als selbständige Normenkomplexe behandelt.

[2] Vgl. A. Dobrinin, Für eine kernwaffenfreie Welt, dem 21. Jahrhundert entgegen, in: Einheit 9/1986, S. 787; vgl. auch G. I. Tunkin, Pravo i sila v meždunarodnoj sisteme, Moskva 1983, S. 14ff.

[3] G. I. Tunkin, O sozdanii sistemy mirnogo sosuščestvovanija i meždunarodnoje pravo, in: Sovetskoe gosudarstvo i pravo, 7/1986, S. 103.

[4] Ebenda, S. 102—103; vgl. auch I. I. Lukašuk, Sfera dejstvija meždunarodnogo prava, in: Sovetskij Ežegodnik meždunarodnogo prava, 1985 (zitiert als: SEMP), Moskva 1986, S. 86.

[5] Vgl. Memorandum der UdSSR „Die Entwicklung des Völkerrechts“ an die 41. UN-Vollversammlung, A/C.6/41/5; Erklärung der Teilnehmerstaaten des Warschauer Vertrages, in: Neues Deutschland vom 24. Oktober 1985, S. 1f.; vgl. auch B. Graefrath, Zur Bedeutung der grund-

Institute und Normen des Völkerrechts, die die internationale Gemeinschaft als wesentlich für den Schutz ihrer Sicherheitsinteressen anerkennt, darunter die Grenz- und andere Territorialregime (weiter im Text abgekürzt TR), besondere Bedeutung.

Der Begriff des Territorialregimes

Der Begriff TR im Völkerrecht verändert sich mit der Entwicklung der objektiven Verhältnisse, die durch das Völkerrecht geregelt werden. Die völkerrechtliche Abgrenzung der Territorien nach dem Kriterium der Souveränität wird ihre Gültigkeit behalten, solange das Staatensystem existiert, in dem jeder Staat die Territorialhoheit in seinem Gebiet ausübt und Gebiete außerhalb der Souveränität nutzt. Bestimmte objektive Interessen und Bedürfnisse erzeugen jedoch im Völkerrecht der Gegenwart die Tendenz zur Bildung von Normen, die die rechtliche Verbindung zwischen der Territorialhoheit der Staaten und speziellen TR in den Vordergrund rücken. Dabei wird der Begriff der TR auf alle von den Staaten genutzten Räume ausgedehnt. Für die entsprechenden Verträge wird deshalb häufig einfach von Statusverträgen, d. h. Verträgen gesprochen, die ein allgemeines Regime schaffen.

Die Zunahme des internationalen Verkehrs, die Erschöpfung von Ressourcen, Umweltprobleme und besonders die Gefahr, die aus der Verbreitung der Kernwaffen der USA außerhalb ihres Territoriums entstand, haben ein wachsendes Bedürfnis nach dem Ausbau solcher Regelungen erzeugt, die die Beziehungen der Staaten bei der Nutzung von Gebieten der Erde auf universeller Ebene regeln und sie in geeigneter Weise mit den Sicherheitsproblemen verbinden. Dabei wird sichtbar, daß sich für spezielle TR gemeinsame Regeln des Völkerrechts entwickeln. Gemeinsame Prinzipien begründen die Entstehung ganzer Zweige des Völkerrechts, die TR betreffen, wie Seerecht, Luftrecht, Umweltrecht, Weltraumrecht. Gemeinsame Regeln für TR sind in verschiedenen Kodifikationskonventionen enthalten. Die wachsende Bedeutung der Grenz- und anderer TR für die internationale Sicherheit widerspiegeln auch die Regeln der Wiener Vertragsrechtskonvention[6] und der Wiener Konvention über die Staatennachfolge in Verträge[7]. Die Kodifikation des Seerechts z. B. geht von der „engen

legenden Prinzipien für die Struktur des allgemeinen Völkerrechts, in: K. A. Mollnau (Hrsg.), Probleme einer Strukturtheorie des Rechts, Berlin 1985, S. 159f.

[6] Vgl. Wiener Konvention über das Recht der Verträge von 1969 (zitiert als: WVK), Art. 62 und 63, dt. Text in: Völkerrecht, Dokumente, Teil 2, Berlin 1980, S. 638ff.; vgl. dazu auch Yearbook of the International Law Commission (zitiert als: YBILC), 1964, Bd. I, S. 96f.; Bd. II, S. 27—34.

[7] Vgl. Wiener Konvention über die Staatennachfolge in Verträge von 1979 (zitiert als: WKSV), Art. 11 und 12, dt. Text in: Völkerrecht, Dokumente, Teil 3, Berlin 1980, S. 1044ff.

Wechselbeziehung der Probleme der Weltmeere und der Notwendigkeit aus, sie als ein einheitliches Ganzes zu betrachten" (Präambel der Seerechtskonvention von 1982). Auch rechtliche Verbindungslinien zwischen TR und der Begrenzung der Rüstungen sowie den Umweltaspekten der Abrüstung verstärken sich.

Die sozialistische Völkerrechtstheorie hat die TR als komplexe Erscheinungen noch nicht genügend untersucht[8], da die dynamische Entwicklung der Normen, die zur Entstehung von Zweigen des Völkerrechts führte, zunächst die Untersuchung der speziellen TR in den Vordergrund rückte.

Die gemeinsamen Interessen der Staaten in bezug auf die Territorien der Erde haben zur Herausbildung von gemeinsamen Prinzipien für die TR im Völkerrecht geführt. Die sich verstärkende Wechselbeziehung zwischen einzelnen TR, die von der marxistischen Theorie[9] als historisch-soziale Erscheinung der internationalen Beziehungen aus konkreten, objektiven Bedürfnissen und Interessen erklärt wird, erfordert die Untersuchung der Territorialfragen im heutigen Völkerrecht als einer Ganzheit unter Berücksichtigung rechtlicher Fragestellungen und Probleme der internationalen Sicherheit und Abrüstung.[10]

Neue Regeln in bezug auf TR, wie das gemeinsame Erbe der Menschheit[11], TR mit gemischter Rechtsnatur[12], wie Festlandsockel, ökonomische Zone, Antarktis, regeln zweckgebundene nationale Rechte und Pflichten der Staaten in Gebieten, die allen Staaten offenstehen. Entsprechend den Bedürfnissen der internationalen Sicherheit wurden die traditionellen Regime der Entmilitarisierung und Neutralisierung von Gebieten, die früher nur Teile von nationalen Territorien betrafen, auf Gebiete außerhalb der nationalen Jurisdiktion und ganze Staatsterritorien ausgedehnt. Atomwaffenfreie Zonen erfassen Staatsgebiete und Gebiete außerhalb nationaler Souveränität. Universelle Regime, die zum Schutz der Umwelt im Entstehen sind, wie z. B. das Regime zum Schutz des Wassers, der Luft und des kosmischen Raumes vor nuklearer Verseuchung

[8] R. V. Dekanosov, O pravovoj klassifikazii morskich prostranstv, in: SEMP 1985, a.a.O., S. 125.

[9] Über die Veränderung gemeinschaftlicher Interessen und Bedürfnisse der Gesellschaft und ihre Widerspiegelung in normativer Regelung, vgl. K. Marx, Verteidigungsrede im Prozeß gegen den Rheinischen Kreisausschuß der Demokraten, in: K. Marx/F. Engels, Werke, Bd. 6, Berlin 1973, S. 244—245.

[10] Deshalb untersuchen verschiedene Autoren zu Recht die Regime innerhalb und außerhalb der nationalen Jurisdiktion als eine Einheit. Vgl. dazu R. V. Dekanosov, O pravovoj klassifikazii morskich prostranstv, in: SEMP 1985, a.a.O., S. 124f.; derselbe, O ponjatii meždunarodnoj territorii obščego polsovanija, in: Problemy pravovedenija, Novosibirsk 1967, S. 134f.; vgl. auch L. A. Ivanaščenko/J. M. Kolosov (Hrsg.), Meždunarodnaja bezopasnost' i mirovoj okean, Moskva 1982, S. 150ff., S. 204.

[11] Vgl. H. Wünsche, Die neue Konvention über Seerecht und das „gemeinsame Erbe der Menschheit", in: B. Graefrath (Hrsg.), Probleme des Völkerrechts 1985, Berlin 1985, S. 303—326.

[12] Zu Gebieten mit gemischten Regimen vgl. G. I. Tunkin (Hrsg.), Meždunarodnoe pravo, Moskva 1982, S. 409—410.

durch Kernexplosionen[13], oder das Regime des Schutzes der Umwelt gegen feindselige Einwirkung[14], zeigen die enge Verbindung zwischen Umwelt und Abrüstung.

Die allgemeinen multilateralen Konventionen auf diesem Gebiet weisen auf eine neue Konzeption des Territoriums im gegenwärtigen Völkerrecht hin, die über den traditionellen Begriff „Territorium" hinausgeht und die Vereinbarung von Rechten und Pflichten als „zugehörig zu *allen* Territorien" zuläßt. Die Konventionen gehen davon aus, daß die Luft und das Wasser sowohl für die Staatsterritorien als auch für die Gebiete außerhalb der nationalen Jurisdiktion „bewegliche und unabhängige Elemente"[15] sind. Sie sind auf eine gemeinsame Regelung in bezug auf diese Elemente gerichtet, wenn dies notwendig erscheint.

Die Kodifikationstätigkeit der ILC widerspiegelt diese Entwicklung. Die ILC stellte bei der Regelung der Staatennachfolge in Verträge fest, daß es vom Standpunkt der rechtlichen Regelung zwei Kategorien von TR gibt: a) Regime, die Rechte an Staaten zur Nutzung eines Territoriums gewähren, b) Regime, die im Interesse aller Staaten Rechte beschränken.[16] Diese Regime bilden für die Staatenpraxis ein einheitliches Ganzes, weil sie gemeinsamen Regelungen unterliegen. Deshalb erfaßt Art. 12 der Konvention über Staatennachfolge in Verträge alle TR als eine Einheit, auch wenn das nicht ausdrücklich erwähnt wird. Das betrifft sowohl TR für Gebiete innerhalb und außerhalb der nationalen Souveränität, die Rechte gewähren oder beschränken, als auch lokale und universelle TR, die Rechte und Pflichten für einige oder alle Staaten gewähren oder beschränken. Die Regel weist auch auf das Wesen der TR im Völkerrecht hin, das nach der marxistischen Theorie in jedem Begriff erfaßt werden muß.[17] Das Wesentliche der Normen über TR, die sie von den übrigen Normen des Völkerrechts unterscheiden, besteht nach Auffassung der ILC darin, daß es sich um territoriale Nutzungsrechte und Pflichten handelt, die „als zu dem betreffenden Territorium gehörig" vereinbart werden.[18] Das wird auch in der Theorie betont.[19] Als TR wird im Völkerrecht der Gegenwart die Gesamtheit der Völkerrechtsnormen verstanden, die

[13] Vgl. Vertrag über das Verbot der Kernwaffenversuche in der Atmosphäre, im kosmischen Raum und unter Wasser vom 5. August 1963, in: Völkerrecht, Dokumente, Teil 2, a. a. O., S. 526f.

[14] Vgl. Konvention über das Verbot militärischer oder sonstiger feindseliger Anwendung von Mitteln zur Einwirkung auf die Umwelt vom 18. Mai 1977, in Völkerrecht, Dokumente, Teil 3, a. a. O., S. 1022ff.

[15] Legal Aspects of Transfrontier Pollution, Publication of OECD, Paris 1977, S. 404; vgl. dazu E. J. de Arechaga, Sovremennoe meždunarodnoe pravo, Moskva 1983, S. 268.

[16] Vgl. Bericht der ILC an die UN-Vollversammlung, in: YBILC 1972, Bd. II, S. 304—308.

[17] Vgl. W. I. Lenin, Der Imperialismus als höchstes Stadium des Kapitalismus, in: W. I. Lenin, Werke, Bd. 22, Berlin 1960, S. 270.

[18] Vgl. Art. 12 WKSV, a. a. O., S. 1047f.

[19] Vgl. D. P. O'Connel, International Law, Bd. 1 (2. Aufl. 1970), London, S. 432—433; McNair, The Law of Treaties, Oxford 1961, S. 252.

Nutzungsrechte und Pflichten in bezug auf bestimmte Gebiete gewähren oder beschränken.

Im Unterschied zum Begriff TR als „Gesamtheit der Rechtsnormen, die ein Territorium regeln“[20], erfassen wir im völkerrechtlichen Begriff TR nur Rechte und Pflichten, die als völkerrechtliche Normen vereinbart sind und nicht innerstaatliche Normen. Im Unterschied zu Auffassungen, die unter TR nur die Gewährung von Rechten in fremden Staatsgebieten verstehen[21], betrachten wir alle TR als ein einheitliches Institut des gegenwärtigen Völkerrechts. Diese Einheit ist objektiv begründet durch die zunehmende Bindung der TR an gemeinsame völkerrechtliche Prinzipien und Normen, die für alle TR gelten. Die Zunahme von gemeinsamen Regeln widerspiegelt das gemeinsame Interesse der Staaten am Schutz ihrer Rechte bei der Nutzung von Gebieten außerhalb ihres Souveränitätsbereichs und den Prozeß der Beschränkung ihrer territorialen Nutzungsrechte im gegenseitigen oder im allgemeinen Interesse, die sich aus den globalen Problemen ergeben.

Konkretisierung der Grundprinzipien des Völkerrechts durch gemeinsame Prinzipien der Territorialregime

Der Marxismus betrachtet die Prinzipien einschließlich der Rechtsprinzipien als Produkt des gesellschaftlichen Bewußtseins, als eine Widerspiegelung des gesellschaftlichen Seins, die das bewußte, zielgerichtete Handeln der Menschen lenkt. Engels schreibt: „Die Prinzipien werden nicht auf die Natur und die Geschichte der Menschheit angewandt, sie werden daraus abstrahiert; nicht die Natur und die Menschheit stimmen mit den Prinzipien überein, sondern umgekehrt, die Prinzipien sind wahr, soweit sie mit der Natur und der Geschichte übereinstimmen.“[22] In der Entwicklung des gegenwärtigen Völkerrechts wird die wachsende Rolle seiner Prinzipien, insbesondere der Grundprinzipien, als grundlgegende Normen, die die Bildung und das Funktionieren des gesamten Regelungsmechanismus der internationalen Beziehungen normativ bestimmen, immer deutlicher. Sie werden zu einem wichtigen Mittel im Kampf gegen die großen Gefahren, die vor der Menschheit mit der Zuspitzung der globalen Probleme stehen. Für die weitere Ausgestaltung der Grundprinzipien des Völkerrechts für die Lösung der Menschheitsprobleme in einem umfassenden Sicherheitssystem ist ihre Wechselbeziehung mit anderen Prinzipien und Normen des Völkerrechts, die ihre Inhalte

[20] R. V. Dekanosov, O pravovoj klassifikazii morskich prostranstv, in: SEMP 1985, a. a. O., S. 126.

[21] Vgl. E. Klein, Statusverträge im Völkerrecht, Berlin (West)/Heidelberg/New York 1980, S. 45ff. u. a. G. Dahm, Völkerrecht, Stuttgart, Bd. 1 (1958), S. 23f., S. 548f., Bd. 3 (1981), S. 119.

[22] F. Engels, Anti-Dühring, in: K. Marx/F. Engels, Werke, Bd. 20, Berlin 1973, S. 33.

auf verschiedenen Gebieten der Regelung internationaler Beziehungen konkretisieren, von besonderer Bedeutung.[23]

Die Existenz von gemeinsamen Prinzipien für TR im Völkerrecht[24] wurde in der Kodifikationstätigkeit im Rahmen der UN festgestellt. Die Grundsätze, die die Konvention über das offene Meer von 1958 als Gewohnheitsrecht kodifizierte, wie die Freiwilligkeit und Interessiertheit bei der Ausübung von Rechten, die Ausübung der Rechte unter Berücksichtigung der Interessen anderer Staaten sowie die Pflicht, die Bedingungen der Nutzung zu achten, die Vermeidung von Schäden, die anderen Staaten entstehen können, u. a. wurden als gemeinsame Prinzipien der TR anerkannt. Das Verbot der nationalen Aneignung ist ein gemeinsamer Grundsatz für alle Territorialregime außerhalb der Jurisdiktion der Staaten. Mit der Verstärkung der gegenseitigen Abhängigkeit der Staaten verstärkte sich die Rolle der TR und ihrer gemeinsamen Grundsätze. Ihre Einhaltung durch jeden Staat wird zur Voraussetzung für die Sicherung der gleichberechtigten Nutzung der Rechte durch andere bzw. alle Staaten. Die neue Seerechtskonvention, die alle partiellen TR in den Weltmeeren als ein einheitliches Ganzes auf der Grundlage gemeinsamer Prinzipien regelt, zeigt, daß jeder Staat bei der Ausübung seiner Rechts stets die vielfältigen Bedingungen zu achten hat, die die Handlungsfreiheit der anderen Staaten garantieren.

Daraus wird ersichtlich, daß im Völkerrecht neben den Grundprinzipien, die sich auf alle Völkerrechtsverhältnisse beziehen, und Zweigprinzipien für die Rechtsverhältnisse eines Zweiges auch gemeinsame Prinzipien für Rechtsverhältnisse mehrerer Zweige existieren. Die gemeinsamen Prinzipien der TR sind eine Konkretisierung der Grundprinzipien für die rechtliche Gestaltung der TR.

Stabilität und Kontinuität von Territorialregimen

Das Prinzip der Stabilität und Kontinuität von TR ist eine gewohnheitsrechtliche Norm, die in das Völkerrecht der Gegenwart aufgenommen und weiterentwickelt wurde. Mit der wachsenden Gefahr, die territoriale Konflikte für den Weltfrieden darstellen, hat sich auch die Bedeutung dieses Grundsatzes für die internationale Sicherheit erhöht. Das kommt in der Anerkennung besonderer Regeln in bezug

[23] Vgl. B. Graefrath, Zur Bedeutung der Grundprinzipien für die Struktur des allgemeinen Völkerrechts, a. a. O., S. 159f.; vgl. auch G. I. Tunkin, O sozdanii sistemy mirnogo sosuščestvovanija i meždunarodnoe pravo, a. a. O., S. 95f.

[24] Zur Existenz gemeinsamer Prinzipien über Territorialregime, die aufgrund von einheitlichen Interessen die Gleichheit der Rechte aller Staaten gewährleisten, vgl. E. A. de Arechaga, Sovremennoe meždunarodnoe pravo, a. a. O., S. 286. Zur Existenz von allgemein anerkannten „basic principles" für Territorialregime, die Grundlage der Regime sind, vgl. A. Movtschan, in: III. UN-Conference on the Law of the Sea, Off. Records, Bd. II, Second Session 1974, S. 237. Zur Existenz von „common basic principles" vgl. YBILC, 1974, Bd. II (Teil 1), S. 21, para. 85.

auf Verträge über Grenz- und andere TR zum Ausdruck, die ihre Stabilität zusätzlich sichern sollen. Sie wurden in die Wiener Konvention über das Recht der Verträge und die Konvention über Staatennachfolge in Verträge aufgenommen.[25]

Aus Gründen der internationalen Sicherheit wird das Recht auf Veränderung und Aufhebung solcher Verträge im Verhältnis zu anderen Verträgen eng begrenzt. Da die völkerrechtlichen Vetrträge eine Stabilität der internationalen Beziehungen sichern, existiert nach heutigem Völkerrecht (Art. 56 WVK) kein Recht auf einseitige Kündigung, Beendigung oder Austritt aus einem Vertrag, wenn keine Gründe vorliegen, die die WVK enthält. Beide Konventionen zielen darauf ab, diese Gründe für Verträge über Grenz- und andere TR weiter einzuschränken. Weder eine Staatennachfolge (Art. 11 WKSV) noch andere grundsätzliche Veränderungen der Umstände (Art. 62 WVK) werden als Gründe für eine einseitige Aufhebung von Grenzverträgen anerkannt. Auch andere Verträge über TR werden durch eine Staatennachfolge nicht berührt (Art. 12 WKSV). Verträge über TR, die Rechte für Drittstaaten oder Pflichten vorsehen, können ohne ihre Zustimmung nicht aufgehoben oder verändert werden (Art. 37 WVK). Diese speziellen Regeln zeigen, daß die Stabilität der Grenz- und anderen TR von besonderer Bedeutung für die Sicherheitsinteressen der internationalen Gemeinschaft ist. Bei der Kodifikation der Staatennachfolge in Verträge wurde festgestellt, daß der Grundsatz der Stabilität und Kontinuität von Grenz- und anderen TR ein gewohnheitsrechtlicher Bestandteil des Völkerrechts der Gegenwart ist. Das Prinzip der Stabilität bildet die Grundlage für die Ausnahmeregel hinsichtlich der Grenzverträge, die bei der Kodifikation des Rechts der Verträge in Art. 62 aufgenommen wurde. Es sichert „the maintenance of peace and security“, das Interesse der internationalen Gemeinschaft an Stabilität und Gesetzlichkeit in den internationalen Beziehungen und soll dazu beitragen, internationale Konflikte zu verhüten.[26]

Die Territorialverträge, die mit der Gewährung bzw. Beschränkung von Rechten der Staaten verbunden sind, meint die ILC, seien „intended to have a certain degree of permanence“, weil sie zu „repeated acts of continuous execution“ berechtigen.[27]

Die Kontinuität der durch TR entstehenden Rechtsverhältnisse zwischen den Staaten[28] hat besondere Bedeutung und ist „lebenswichtig“ für die Aufrechter-

[25] Vgl. WVK, a. a. O., Art. 62 für Grenzverträge, Art. 37 für Territorialverträge, die Rechte und Pflichten für Dritte gewähren; WKSV, a. a. O., Art. 11 für Grenzverträge, Art. 12 für Territorialverträge. Zur Besonderheit der Veränderung und Aufhebung dieser Art Verträge vgl. A. N. Talalaev, Pravo meždunarodnych dogovorov, Moskva 1985, S. 199—202, 220f.; Lexikon des Rechts — Völkerrecht, Luchterhand 1985, S. 306—307, 335—338.

[26] Vgl. YBILC, 1974, Bd. I, S. 219, 221.

[27] Ebenda, S. 206.

[28] Vgl. ebenda, S. 212.

haltung des Friedens, der internationalen Sicherheit und Stabilität.[29] Die Prinzipien der Stabilität und Kontinuität von TR haben nicht nur eine Beziehung zu solchen Grundprinzipien des Völkerrechts wie dem Gewalt- und Interventionsverbot und dem Prinzip der friedlichen internationalen Zusammenarbeit. Sie erscheinen als eine Konkretisierung des Inhalts des Gesamtsystems der Grundprinzipien in bezug auf TR im Völkerrecht.

Nicht nur Mitglieder der ILC, sondern auch Staatenvertreter behandelten das Kontinuitätsprinzip im Verhältnis zum System der Grundprinzipien des Völkerrechts. Einige Vertreter untersuchten das Kontinuitätsprinzip als eine Konkretisierung des Prinzips pacta sunt servanda und unterstrichen seine Bedeutung für die Friedenssicherung.[30] Andere betonten seine Verbindung mit der souveränen Gleichheit der Staaten in der Gegenwart. Durch die wachsende Internationalisierung und gegenseitige Abhängigkeit der Staaten erfolge ein zunehmender Ausgleich zwischen den individuellen Rechten und Pflichten der Staaten in bezug auf die TR auf der Grundlage der Gegenseitigkeit. Die Erschwernisse, die einige Staaten z. B. in Verbindung mit Regimen haben, die allen Staaten die Ausübung der Freiheit der Schiffahrt in ihren Territorialgewässern gewähren, werden mit den Vorteilen, die ihnen von anderen Staaten durch andere TR gewährt werden, ausgeglichen.[31] Die meisten Vertreter der Entwicklungsländer betonten die Verbindung von Grenz- und TR mit dem Selbstbestimmungsrecht der Völker, die für die internationale Sicherheit und Stabilität von besonderer Bedeutung ist.

Die Sicherung des Friedens und die Interessen der internationalen Staatengemeinschaft erfordern jedoch die Stabilität und Kontinuität nur derjenigen Regime, die völkerrechtsgemäß sind. Das Prinzip schützt nicht Regime, die in der Kolonialzeit im Interesse der Kolonialmächte errichtet wurden und das Selbstbestimmungsrecht der Völker der neuen unabhängigen Staaten verletzen.[32] Deshalb findet die Regelung der Nachfolge in Verträge über TR z. B. auch keine Anwendung auf Verträge über die Errichtung von Militärbasen fremder Staaten.[33] Die Regelung berührt auch nicht die Rechtmäßigkeit von Grenz- und TR nach allgemeinem Völkerrecht bzw. nach Vertragsrecht. Das Prinzip der Kontinuität bedeutet z. B. nicht, daß Regime, die im Widerspruch zu jus-cogens-Normen gebildet wurden oder später geraten, fortdauern sollen.[34] Es gibt auch keine Grundlage für die Kontinuität

[29] Vgl. ebenda, S. 210, 214, 217.

[30] Vgl. UN Conference on State Succession in Treaties, Bd. I, A/Conf. 80/16, S. 132; zur Respektierungspflicht des territorialen status quo vgl. auch Völkerrecht, Lehrbuch, Bd. 1, Berlin 1973, S. 361 f.

[31] Vgl. Bericht der ILC an die UN-Vollversammlung 1972, in: YBILC, 1972, Bd. II, S. 303.

[32] Vgl. UN Conf. on State Succession in Treaties, Bd. I, a. a. O., Mexico S. 130, Argentinien S. 131, Tansania S. 134, u. a.

[33] Vgl. Wiener Konvention über Staatennachfolge in Verträge, a. a. O., Art. 12 Abs. 3.

[34] Vgl. YBILC, 1974, Bd. I, S. 204.

von Territorialregimen, die nicht mehr den objektiven Bedürfnissen der internationalen Gemeinschaft entsprechen, z. B. wenn die freie Nutzung von Ressourcen eingeschränkt werden muß, weil wissenschaftliche Erkenntnisse ihre Erschöpfung nachweisen.[35]

Daraus ist ersichtlich, daß das Prinzip der Stabilität und Kontinuität nicht die Weiterentwicklung der TR ausschließt, im Gegenteil, es schließt sie ein. Wenn es sich um allgemein TR handelt, die „in the general interest of the international community"[36] sind, erfolgt die Veränderung der Normen, die als Anpassung an veränderte objektive Bedingungen erforderlich ist, durch die internationale Gemeinschaft als Ganzes. Die Weiterentwicklung von TR, ihre Veränderung bzw. Ergänzung erfolgt durch neue Verträge bzw. Gewohnheitsrecht. Die neue Seerechtskonvention liefert Beispiele dafür, wie die Weiterentwicklung der TR in den Weltmeeren durch eine Wechselbeziehung zwischen Vertrags- und Gewohnheitsrecht erfolgt, die die neuen objektiven Bedingungen widerspiegeln. Das Recht auf Errichtung von Bohrinseln im offenen Meer, das als Gewohnheitsrecht entstand, ergänzt die Rechte der Staaten im offenen Meer. Es wurden auch neue Regeln z. B. für die ökonomische Zone und den Meeresboden kodifiziert. Ein anderes Beispiel für die Ergänzung von TR durch neues Vertrags- bzw. Gewohnheitsrecht ist die Ergänzung des Kosmosregimes durch die Konvention über das Verbot feindseliger Anwendung von Mitteln zur Einwirkung auf die Umwelt von 1977[37], die ausdrücklich auch den Weltraum erfaßt (Art. II). Die Bindung der Staaten, die Nichtmitglieder dieser Konvention sind, an das Verbot der feindseligen Einwirkung auf den Weltraum kann durch die Entstehung einer gewohnheitsrechtlichen Norm auf der Grundlage der Konvention erfolgen. Die Anpassung der TR an veränderte objektive Bedingungen in Übereinstimmung mit den Interessen der internationalen Gemeinschaft ist Bestandteil des Stabilitäts- und Kontinuitätsprinzips, weil die internationale Sicherheit ohne diese Anpassung nicht gewährleistet werden kann. Die Sicherung der Nutzung des Kosmos ausschließlich für friedliche Zwecke und die Verhinderung seiner Militarisierung erfordern z. B. weitere Vereinbarungen der Staaten, die das Regime den objektiven Bedürfnissen anpassen.

Es zeigt sich, daß die Grenz- und TR zu der Kategorie von Normen des gegenwärtigen Völkerrechts gehören, die in der Kodifikationstätigkeit als Normen bezeichnet werden, die „wesentlich für den Schutz von grundlegenden Interessen der internationalen Gemeinschaft"[38] bzw. in „general interest of the international

[35] Vgl. ebenda, S. 214.
[36] Ebenda, S. 219.
[37] Vgl. Art. II der Konvention über das Verbot militärischer oder sonstiger feindseliger Anwendung von Mitteln zur Einwirkung auf die Umwelt, a. a. O., S. 1022.
[38] Kodifikation der völkerrechtlichen Verantwortlichkeit der Staaten, Art. 19 des ILC-Entwurfs, Text in: YBILC, 1980, Bd. II, S. 30—34; dt. Text in: B. Graefrath/E. Oeser/P. A. Steiniger, Völkerrechtliche Verantwortlichkeit der Staaten, Berlin 1977, S. 289.

community“[39] sind. Deshalb erfolgt die Vereinbarung universeller TR z. B. durch allgemeine multilaterale Verträge, „deren Gegenstand und Zweck im Interesse der Gemeinschaft liegen“.[40] Diese Normen, deren Bedeutung für die Lösung der globalen Probleme der Menschheit wächst und deshalb die Aufmerksamkeit der Völkerrechtstheorie zu Recht verdienen, werden durch die internationale Staatengemeinschaft als allgemeine Normen des Völkerrechts anerkannt.

Bedingungen für die Ausübung territorialer Nutzungsrechte

Die sozialistische allgemeine Rechtstheorie erkennt als Element der normativen Struktur des Rechts die Berechtigung der Rechtssubjekte zur Ausübung von Rechten an, für die ihnen eine Vollmacht gegeben wurde.[41] Sie können diese Rechte aus eigener Entscheidung ausüben, ohne dazu verpflichtet zu sein. Diese Struktur findet sich auch im Völkerrecht.

Die Berechtigung von Völkerrechtssubjekten, Rechte zur Nutzung von Territorien auszuüben, wird in den verschiedenen TR entsprechend der Veränderung der objektiven Bedingungen vereinbart. Das Recht aller Staaten zur Nutzung des offenen Meeres, das ursprünglich mit der Freiheit der Meere für die Schiffahrt begann, war bereits in der Konvention von 1958 auf die Freiheit der Fischerei, auf das Recht, Unterseekabel und Rohrleitungen zu legen und das offene Meer zu überfliegen, ausgedehnt worden.[42] Die neue Seerechtskonvention erfaßt auch die Freiheit der Errichtung von Bohrinseln und anderen Einrichtungen für die Nutzung der Ressourcen sowie die Freiheit der wissenschaftlichen Erforschung.[43]

Die Berechtigung der Völkerrechtssubjekte, Territorien zu nutzen, ist ein Recht, das die Staaten berechtigt zu „repeated acts of continuous execution“.[44] Jeder Staat kann nach eigener Entscheidung und eigenem Interesse den Zeitpunkt und die Dauer der Ausübung seines Rechtes bestimmen. Er hat keine Pflicht, das Recht auszuüben. Es wird als Vollmacht, als Berechtigung vereinbart. Seine Ausübung beruht auf der Freiwilligkeit und Interessiertheit jedes einzelnen Staates

[39] Kodifikation der Staatennachfolge in Verträge, Bericht der ILC an die UN-Vollversammlung 1972, in: YBILC, 1972, Bd. II, S. 308.
[40] Deklaration über die universelle Teilnahme an der WVK, in: Völkerrecht, Dokumente, Teil 2, a. a. O., S. 658.
[41] Vgl. S. S. Alexeev, Obščaja teorija prava, Moskva 1982, S. 55f.
[42] Vgl. Konvention über das offene Meer vom 29. April 1958, dt. Text in: Völkerrecht, Dokumente, Teil 2, a. a. O., S. 458, Art. 2.
[43] Vgl. Seerechtskonvention von 1982, Art. 87, Text in: UN Conf. on the Law of the Sea, A/Conf. 62/L. 78, S. 32.
[44] YBILC, 1974, Bd. I, S. 206.

und der Gemeinsamkeit der Interessen aller Staaten, die die Gleichheit der Rechte erfordern.[45]

Diese normative Struktur ist von solchen Rechten im Völkerrecht zu unterscheiden, die als Korrelat zu Völkerrechtspflichten existieren. Die Rechte des einen Völkerrechtssubjekts werden mit entsprechenden Pflichten des anderen verbunden, wie z. B. die Rechte des Käufers aus einem Liefervertrag mit den Pflichten des Verkäufers, die Rechte des verletzten Staates mit den Pflichten des Verletzers, die in einem Rechtsverhältnis verbunden sind.

Nach der sozialistischen Rechtstheorie ist die Berechtigung der Rechtssubjekte, Rechte auszuüben, nicht absolut und bedingungslos.[46] Jede Berechtigung ist an Pflichten gebunden (Handlungen durchzuführen — Gebotsnormen und/oder Handlungen zu unterlassen — Verbotsnormen), die im Rechtssystem existieren oder durch Verträge vereinbart werden. Diese Pflichten erscheinen als Bedingungen für die Ausübung der Rechte.

Auch im Völkerrecht ist die Ausübung der Rechte, zu der die Staaten nach Völkerrecht berechtigt sind, nicht absolut und bedingungslos. Sogar die Ausübung der Souveränitätsrechte ist im Völkerrecht der Gegenwart, insbesondere nach der Vereinbarung des Gewaltsverbots, nicht mehr absolut. Die Berechtigung ist im Völkerrechtssystem an die von den Staaten vereinbarten Pflichten aus den Verbots- und Gebotsnormen der Grundprinzipien, der jus-cogens- und anderer allgemeiner Normen sowie Vertragsnormen gebunden. Die Staaten vereinbaren sowohl die Rechte, die für die Völkerrechtssubjekte eine Berechtigung sind, als auch die Pflichten, die Bedingungen für die Ausübung der Rechte sind.

Zwischen den Rechten und den Bedingungen für ihre Ausübung wird damit eine notwendige Verbindung hergestellt. Die Pflicht zur Respektierung der Bedingungen bei der Ausübung von Rechten, die als Berechtigung von Völkerrechtssubjekten im Völkerrecht erscheinen, ist eine allgemeine Norm des Völkergewohnheitsrechts. Die konkreten Rechte und die Pflichten, die Bedingung für die Ausübung der Rechte sind, werden für jedes TR konkret vereinbart.[47] Die Be-

[45] Vgl. Bericht der ILC an die UN-Vollversammlung 1972, in: YBILC, 1972, Bd. II, S. 298. Diese Dialektik ist sichtbar im Prinzip der Gemeinsamkeit der Interessen und der Gleichheit der Rechte, das heute als ein gemeinsames Prinzip des Völkerrechts für die Freiheit der Schiffahrt auf allen Wasserstraßen betrachtet wird. Vgl. dazu E. J. de Arechaga, Sovremennoe meždunarodnoe pravo, a. a. O., S. 286—288. Dieses Prinzip wurde vom StIGH im Fall der Schiffahrt für alle internationalen Flüsse formuliert. Vgl. dazu B. Winiarski, Principes Généraux du Droit Fluvial International, in: Recueil des Cours, Bd. 45 (1933), S. 141.

[46] Vgl. S. S. Alexeev, Obščaja teorija prava, a. a. O., S. 55f.

[47] Bei Nutzung von Rechten in Gebieten außerhalb der nationalen Souveränität entsteht in jedem Einzelfall ein Rechtsverhältnis zwischen dem Nutzerstaat und allen Staaten. Deshalb sind z. B. alle Staaten berechtigt, gegen die radioaktive Verseuchung des offenen Meeres durch Kernwaffenversuche zu reagieren, auch wenn sie im eigenen Gebiet eines Staates durchgeführt werden. Vgl. UN-Res. 2934 (XXVII). Vgl. dazu auch K. Sachariew, Die Rechtsstellung der betroffenen Staaten bei Verletzungen multilateraler Verträge, Schriftenreihe des Instituts für Theorie des Staates und des Rechts der AdW, Berlin 1986, S. 32—44. Bei Verletzung von Pflich-

deutung der allgemeinen gewohnheitsrechtlichen Norm, die die Ausübung der Rechte an die Einhaltung der Bedingungen knüpft, besteht darin, daß sie diese Rechte und Pflichten zu einer Einheit verbindet, unabhängig davon, ob sie in einem oder mehreren Verträgen enthalten sind oder sich aus jus-cogens-Normen ergeben.

Der Grundsatz, daß die Ausübung von Rechten die Beachtung der dafür aufgestellten Bedingungen erfordert, wurde bei der Kodifikation des Regimes für das offene Meer von 1958 in Art. 2 ausdrücklich formuliert: „Die Freiheit des offenen Meeres wird gemäß den Bedingungen ausgeübt, die in diesen Artikeln und in den anderen Regeln des Völkerrechts festgelegt sind.“ Diese aus dem Gewohnheitsrecht übernommene Norm ist grundlegend für das Regime, weil sie alle in der langen Staatenpraxis entstandenen Regeln über das offene Meer — die Rechte und die Bedingungen für ihre Ausübung — als eine Einheit zu einem Regime verbindet. Sie stellt die notwendige *gegenseitige Verbindung* zwischen den allgemein anerkannten Rechten der Staaten, die die Freiheit des offenen Meeres beinhalten, und den entsprechenden Bedingungen für die Ausübung dieser Rechte her. Erst dadurch wird die Ausübung dieser Rechte für alle Staaten ermöglicht. Eine entsprechende Regelung enthält die neue Seerechtskonvention im Art. 87.

Das Prinzip der Verbindung zwischen Rechten und Bedingungen für ihre Ausübung ist ein wesentliches Element aller TR. So wurde es bei der Kodifikation des Rechts der Verträge im Art. 36 bei den Verträgen, die Rechte für Dritte bzw. für alle Staaten gewähren, d. h. auch für die, die TR betreffen, berücksichtigt,[48] und nach Art. 12 der Konvention über die Staatennachfolge in Verträge ist der Nachfolgestaat an die Rechte und Pflichten, die sich auf die Nutzung oder Nutzungsbeschränkung eines Territoriums zugunsten Dritter beziehen, gebunden.[49]

Die Entstehung von TR, die Nutzungsrechte gewähren

Die meisten TR sind Normenkomplexe, die Nutzungsrechte für Staaten in Gebieten gewähren, die allen Staaten offenstehen, oder zu fremdem Staatsterritorium gehören. Es ist allgemein anerkannt, daß jedes TR durch konkrete Vereinbarung der Nutzungsrechte und der Bedingungen für ihre Ausübung entsteht. In der Kodifikationstätigkeit der ILC wurde festgestellt, daß TR durch einen

ten, die Bedingung für die Ausübung von Rechten sind, ist zwischen TR für Gebiete innerhalb und außerhalb der nationalen Souveränität zu unterscheiden. Bei der Nutzung von Rechten in Gebieten unter nationaler Souveränität, wie z. B. die Durchfahrt in internationalen Wasserstraßen (vgl. z. B. Konvention zu Montreux über die Rechtsstellung der Schwarzmeer-Meeresengen von 1936, in: Völkerrecht, Dokumente, Teil 1, a. a. O., S. 82) entsteht ein Rechtsverhältnis zwischen dem Nutzerstaat und dem Staat, dessen Territorium benutzt wird.

48 Vgl. WVK, a. a. O., Art. 36.

49 Vgl. YBILC, 1974, Bd. II, Teil 1, S. 21.

Prozeß der Wechselwirkung zwischen Vertrags- und Gewohnheitsrecht entstehen können. Dabei kann die Vereinbarung der Rechte und der Pflichten, die Bedingung für die Ausübung der Rechte sind und deren Einheit das TR bildet, durchaus in unterschiedlichen Rechtsakten erfolgen.

TR, die Nutzungsrechte für alle Staaten begründen, und die Gebots- und/oder Verbotsnormen, die die Bedingungen für ihre Ausübung festlegen, entstanden vor allem als Gewohnheitsrecht, das später in Verträgen kodifiziert wurde, wie z. B. die Kodifikation des Seerechts, des Luftrechts, des Weltraumrechts. Die gewohnheitsrechtlichen Regeln, die das Regime des offenen Meeres bilden, enstanden in einem langen Prozeß zu verschiedenen Zeiten. Die Bedingungen für ihre Ausübung wurden z. T. als selbständige Formen der internationalen Zusammenarbeit vereinbart, wie z. B. der Kampf gegen Piraterie, Rauschgifthandel u. a. Die Prinzipien für die Tätigkeit der Staaten bei der Erforschung und Nutzung des Weltraums, einschließlich des Mondes und anderer Himmelskörper, sind dagegen relativ schnell kodifiziert worden.

Es können sich aber auch Normen aus Kodifikationsverträgen, die eine Weiterentwicklung darstellen, später zu Gewohnheitsrecht entwickeln. Ein Beispiel dafür ist das Verbot der Verschmutzung des offenen Meeres durch radioaktive Abfälle aus der Konvention von 1958, das in der neuen Seerechtskonvention bereits als Gewohnheitsrecht kodifiziert worden ist. TR, die Rechte für alle Staaten gewähren und Bedingungen für ihre Nutzung enthalten, entstehen auch durch Verträge zwischen interessierten Staaten, auf deren Grundlage sich Gewohnheitsrecht entwickelt bzw. entwickeln kann. Aktuelle Beispiele dafür sind etwa das Regime der Meeresengen oder das Regime der Antarktis. Verträge können auch Gewohnheitsrechte konkretisieren, wie z. B. die Freiheit der Schiffahrt im offenen Meer, die Durchfahrtsrechte in internationalen Kanälen und Meeresengen.

Gebots- und Verbotsnormen als Bedingung für die Ausübung von Rechten in TR werden auch durch spezielle Verträge geschaffen, auf deren Grundlage sich unter Umständen gewohnheitsrechtliche Normen entwickeln können. Dadurch können bereits bestehende TR inhaltlich verändert werden, neue Nutzungsbedingungen hinzukommen. Solche Wirkungen ergeben sich z. B. aus dem Vertrag über das Verbot der Kernwaffenversuche in der Atmosphäre, im kosmischen Raum und unter Wasser, dem Vertrag über das Verbot der Stationierung von Kernwaffen und anderen Massenvernichtungswaffen auf dem Meeresboden und Untergrund, der Konvention über die Nutzung der lebenden Ressourcen in den maritimen Gebieten der Antarktis u. ä. Sie werden zu einem integralen Bestandteil des entsprechenden TR.

Die Staatenpraxis zeigt, daß sich bei TR, die allen Staaten Rechte gewähren, ein ständiger Vereinbarungsprozeß vollzieht, in dem die Rechte und Nutzungsbedingungen den objektiven Erfordernissen der internationalen Beziehungen und den wissenschaftlichen Erkenntnissen durch den Mechanismus der permanenten Wechselwirkung zwischen Vertrags- und Gewohnheitsrecht angepaßt werden. So wurden im Seerecht z. B. sowohl die mit der Freiheit des offenen Meeres verbundenen Rechte als auch die Bedingungen für ihre Ausübung ständig konkretisiert. Das Regime der Antarktis, das die Vertragsstaaten im Interesse der internationalen Gemeinschaft vereinbart haben, gewährt Rechte für die Erforschung des Gebietes nicht nur unter der Bedingung des Unterlassens jeglicher militärischer Aktivitäten (auch Forschung für militärische Zwecke). Es erfordert auch ein aktives Handeln für die Entwicklung der internationalen Zusammenarbeit und den Erfahrungsaustausch bei Forschung und Umweltschutz, deren Ergebnisse nicht nur den Mitgliedstaaten, sondern der internationalen Gemeinschaft dienen. Es wurde durch den Vertrag über die Nutzung von lebenden Ressourcen der Antarktis erweitert. Danach kann die Nutzung bestimmter Ressourcen zeitweilig durch Entscheidungen des Organs des Antarktisvertrages eingeschränkt oder verboten werden. Die Überprüfung der Einhaltung der Beschränkungen der militärischen Tätigkeit der Staaten und des Schutzes der lebenden Ressourcen im Antarktisgebiet durch das im Vertrag errichtete Inspektionssystem erstreckt sich auch auf Drittstaaten. Dieses Regime, das vertraglich errichtet wurde, wird durch die Staaten, die nicht Mitglied des Vertrages sind und das Gebiet nutzen, seit fast 30 Jahren eingehalten.

Bei der Kodifikation des Vertragsrechts entstand ein theoretischer Streit zwischen den Vertretern der Vereinbarungskonzeption und der Doktrin der „objektiven Regime“, die die Entstehung von TR durch Verträge der interessierten Staaten mit Wirkung für Drittstaaten begründen wollten. Die Mehrheit der ILC und der Staaten haben bei der Annahme der WVK das Konzept der „objektiven Wirkung“ von Verträgen abgelehnt und die Vereinbarungskonzeption der Kodifikation zugrunde gelegt.[50] Auch die Urteile des IGH gehen davon aus, daß TR in einer Wechselwirkung der beiden Quellen des Völkerrechts durch die Herausbildung von gewohnheitsrechtlichen Regeln auf der Grundlage von Verträgen entstehen.[51]

Die Staaten, die keine Vertragspartner sind, die sogenannten Drittstaaten, haben verschiedene Möglichkeiten, auf die Entstehung des Gewohnheitsrechts Einfluß auszuüben. Sie beeinflussen direkt die Entstehung durch die eigene Praxis der Wahrnehmung von Rechten. Sie können auch indirekt durch ausdrückliche Zustimmung bzw. Ablehnung der Praxis anderer Staaten oder durch stillschweigende Zustimmung bei der Entstehung eines TR mitentscheiden, indem sie sich praktisch an die Nutzungsbedingungen halten. Bei dieser Art von Verträgen

[50] Ausführlich dazu vgl. T. Schweisfurth, International Treaties and Third States, in: Zeitschrift für ausländisches öffentliches Recht und Völkerrecht (zitiert als: ZaöRV), Bd. 45 (1985), S. 665. Der theoretische Streit zwischen den beiden Konzeptionen dauert noch an. Vgl. z. B. AL. Wyrozumska, O skutku erga omnes traktatów, in: Panstwo i Prawo, 11/12/1985, S. 109 bis 116; E. Klein, Statusverträge im Völkerrecht, a. a. O., S. 23ff.

[51] Vgl. dazu E. J. de Arechaga, Sovremennoe meždunarodnoe pravo, a. a. O., S. 20—42.

ist die Entscheidung über die Ausübung der Rechte freiwillig. Es wird jedem Drittstaat überlassen zu entscheiden, ob und wann er handelt. Wenn er das Recht ausübt und die Bedingungen beachtet, die die Vertragsstaaten auch zu seinen Gunsten vereinbart haben, bekundet er mit einer solchen Praxis seine Zustimmung.

Der IGH ist der Auffassung, daß für die Entstehung einer Gewohnheitsnorm die entsprechende Praxis nicht absolut mit der im Vertrag vereinbarten Regel übereinstimmen muß.[52] Das Handeln der Staaten „should, in general, be consistent with such rules". Wenn Drittstaaten nicht in Übereinstimmung mit den vertraglich vereinbarten Regeln handeln, ist die Haltung der übrigen Drittstaaten zu dieser Handlung von Bedeutung. Eine vertragswidrige Handlung, die von Drittstaaten als solche behandelt, aber dennoch allgemein akzeptiert wird, hindert nicht die Herausbildung einer gewohnheitsrechtlichen Norm auf der Grundlage des Vertrages. Damit beeinflussen Drittstaaten die Herausbildung eines Gewohnheitsrechts auf der Grundlage eines Vertrages nicht nur durch ihre aktive Handlung bei der Ausübung von Rechten, sondern auch durch ihre Reaktion auf die Praxis anderer Staaten. So kann auch eine Handlung bei der Nutzung von TR, die mit dem Vertrag nicht übereinstimmt, aber allgemeine Zustimmung findet, dazu führen, daß sich eine gewohnheitsrechtliche Norm herausbildet, die mit dem Inhalt des Vertrages nicht identisch ist.

Die Stabilität und Kontinuität der Grenz- und TR als Normenkomplexe, die durch ein Wechselverhältnis zwischen Vertrag und Gewohnheitsrecht geregelt werden, wird — wie wir gesehen haben — durch spezielle Regeln im Verhältnis zu anderen Verträgen geschützt. Deshalb gehören sie zu der Normenkategorie, die dem Schutz des grundlegenden Interesses der internationalen Gemeinschaft an Frieden und internationaler Sicherheit dient. Für die Entstehung von Normen, die zu dieser Kategorie gehören, ist nach Art. 53 WVK und Art. 19 des Entwurfs über die Staatenverantwortlichkeit „die Akzeptierung und Anerkennung der internationalen Staatengemeinschaft als Ganzes" erforderlich. Mit dieser Formulierung, meint Schweisfurth, hat die ILC das prinzipielle „age old problem of the binding character of the rules of customary international law"[53] aufs neue gestellt. Es geht um die Frage, ob die Anerkennung der Norm von einer großen

[52] Vgl. IGH-Urteil vom 27. Juni 1986 über die militärischen und paramilitärischen Aktivitäten in und gegen Nikaragua, in: I. C. J. Reports 1986, para. 186.

[53] T. Schweisfurth, International Treaties and Third States, a. a. O., S. 662; vgl. auch C. I. Rozakis, Treaties and Third State, in: ZaöRV, Bd. 35 (1976), S. 1f. Beide Autoren vertreten die Konzeption der individuellen Zustimmung. In der bürgerlichen Theorie wurde mit den Interessen der internationalen Gemeinschaft die sog. objektive Wirkung von Verträgen seit langer Zeit begründet. R. F. Roxburgh, International Conventions and Third States, London 1917, S. 81, weist auf Verträge „in favour of the whole International Community" hin. McNair, The Law of Treaties, a. a. O., S. 252f., meint, daß Verträge mit dinglicher Natur Wirkung „erga omnes" haben. G. Dahm, Völkerrecht, Bd. 1, a. a. O., S. 24, spricht davon, daß die erga-omnes-Wirkung von Territorialregimen „der Anerkennung durch die internationale Gemeinschaft, d. h. durch die Staaten und Organisationen in ihrer Mehrheit" bedarf.

Anzahl von Staaten für die Bindung aller Staaten ausreicht oder die individuelle Anerkennung der Norm durch jeden Staat notwendig ist.

Wenn wir die Position der ILC und die Fälle des IGH,[54] in denen die Konzeption der allgemeinen Anerkennung durch die Staatengemeinschaft vertreten wurde, analysieren, können wir feststellen, daß bei Normen, die zu der o. g. besonderen Kategorie gehören, d. h. bei Normen, die gemeinsame Interessen der internationalen Gemeinschaft als Ganzes schützen, auf „die Anerkennung durch die internationale Gemeinschaft als Ganzes" abgestellt und die Entstehung der Norm nicht von der Haltung eines oder einiger Staaten abhängig gemacht wird. Diese Position entspricht der Staatenpraxis, z. B. bei der Anerkennung der Apartheid als internationales Verbrechen. Es besteht aber kein Anzeichen aus der Staatenpraxis dafür, daß dieser Vereinbarungsmodus für alle Normen des Völkerrechts angewandt wird. Die Vereinbarungskonzeption, auf Grund deren Normen des Völkerrechts durch die individuelle Anerkennung der Staaten entstehen, ist die Grundlage des Völkerrechts. Für Normen, die wesentlich für den Schutz der grundlegenden Interessen der internationalen Gemeinschaft sind, kann die internationale Gemeinschaft als Ganzes spezielle Regeln vereinbaren, die nicht von der Haltung eines oder einiger Staaten abhängig sind.

Entmilitarisierung und Rüstungsbegrenzung als Inhalt von Territorialregimen

TR haben auch für den Abrüstungsprozeß eine große Bedeutung. Das zeigt sich an der wachsenden Zahl von Vereinbarungen über Rüstungsbegrenzungen, die sich auf bestimmte Territorien beziehen. Die Entmilitarisierung von Teilen eines

[54] Die ILC vertritt die Position, daß die Entstehung einer ius-cogens-Norm (WVK, Art. 53) und die Anerkennung einer Verbotsnorm als internationales Verbrechen (Entwurf der völkerrechtlichen Verantwortlichkeit der Staaten, Art. 19) durch die Akzeptierung der internationalen Gemeinschaft erfolgt. Diese Position begründet der IGH in Fällen über die Grundprinzipien des Völkerrechts und der Territorialregime. Vgl. I. C. J. Reports 1969, S. 42f., Nordsee-festlandsockel-Fall; I. C. J. Reports 1986, Nikaragua-Fall, para. 186; vgl. dazu auch E. J. de Arechaga, Sovremennoe meždunarodnoe pravo, a. a. O., S. 23f. Aus der Begründung kann aber entnommen werden, daß für den IGH alle allgemeinen gewohnheitsrechtlichen Normen ohne jegliche Differenzierung durch die Anerkennung der internationalen Gemeinschaft entstehen, d. h. der Zustimmung eines jeden Staates nicht bedürfen. Inzwischen vertreten diese Position auch Vertreter der sozialistischen Theorie. Vgl. z. B. A. P. Movtschan, Die Völkerrechtsordnung der Gegenwart, in: B. Graefrath (Hrsg.), Probleme des Völkerrechts 1987, a. a. O., S. 270—271. Die sozialistische Völkerrechtstheorie behandelt inzwischen auch die Frage, wie der Wille der internationalen Gemeinschaft entsteht. A. P. Movtschan sieht sie in der Vereinbarung zwischen den Hauptgruppen der Staaten — sozialistische, kapitalistische und Entwicklungsländer. Vgl. u. a. ebenda, S. 270—271. Die Formel des Art. 108 der UN-Charta nehmen zur Grundlage H. Wünsche/H. Wünsche-Piétzka, Frieden, Völkerrecht und Staatengemeinschaft als Ganzes — Thesen zur Schaffung und Durchsetzung universellen Völkerrechts, in: B. Graefrath/K. A. Mollnau (Hrsg.), Die Friedensfrage im Recht, Berlin 1985, S. 230f.

Staatsgebiets oder auch einzelner Staaten läßt sich in der Geschichte des Völkerrechts bereits frühzeitig als Grund für die Errichtung von besonderen territorialen Regimen nachweisen. Sie wurde auch mit einer Neutralisierung des entmilitarisierten Gebietes[55] verbunden.

Die Bemühungen um Rüstungsbegrenzung und Abrüstung im Zusammenhang mit dem Gewaltverbot haben dazu geführt, daß heute ganze Regionen der Welt voll oder teilweise entmilitarisiert und neutralisiert sind. Beispiele dafür sind die volle Entmilitarisierung der Antarktis, des Mondes und der Himmelskörper, das Verbot der Stationierung von Kernwaffen im Weltraum, auf dem Meeresgrund und Untergrund, atomwaffenfreie Zonen, sowie das Verbot der Atomwaffenversuche im Weltraum, in der Luft und unter Wasser, das alle Territorien der Erde erfaßt.[56]

Die Verträge, die eine Rüstungsbegrenzung für solche Räume vorsehen, greifen damit unvermeidlich in existierende TR ein und werden zu ihrem Bestandteil. Sie bewirken, daß sowohl in Gebieten unter nationaler Souveränität als auch in Gebieten, die allen Staaten offenstehen, die Rüstungsbegrenzung zur Bedingung für die Ausübung von Nutzungsrechten der Staaten wird. Die Erforschung des Antarktisgebietes und die Nutzung seiner lebenden Ressourcen kann z. B. nur unter Beachtung seiner vollen Entmilitarisierung[57] erfolgen, die Nutzung des Kosmos und des Meeresbodens ist auf friedliche Zwecke beschränkt.[58]

Durch Verträge können auch Staatsgebiete voll oder teilweise entmilitarisiert werden; Beispiele sind die Teilentmilitarisierung Österreichs,[59] die Schaffung von atomwaffenfreien Zonen[60] oder die volle Entmilitarisierung der Alandinseln als Teil eines Staatsgebietes.[61]

[55] Die Neutralisierung, mit der ein Gebiet für Friedens- und Kriegszeiten entmilitarisiert wird, ist von der ständigen Neutralität als ein besonderer Status von Völkerrechtssubjekten, ähnlich wie die Nichtpaktgebundenheit, zu unterscheiden. Vgl. dazu A. Verdross, Völkerrecht, Wien 1955, S. 96, S. 397—399.

[56] Vgl. B. M. Klimenko, Demilitarisazija i nejtralisazija v meždunarodnom prave, Moskva 1963, S. 113f.

[57] Vgl. Antarktisvertrag von 1959, in: Völkerrecht, Dokumente, Teil 2, a. a. O., S. 469.

[58] Vgl. Vertrag über die Prinzipien für die Tätigkeit der Staaten bei der Erforschung und Nutzung des Weltraums, einschließlich des Mondes und anderer Himmelskörper vom 27. Januar 1967, in: Völkerrecht, Dokumente, Teil 2, a. a. O., S. 576ff. und Vertrag über das Verbot der Stationierung von Kernwaffen und anderen Massenvernichtungswaffen auf dem Meeresgrund und Ozeanboden und in deren Untergrund vom 11. Februar 1971, in: Völkerrecht, Dokumente, Teil 3, a. a. O., S. 721ff.

[59] Vgl. Staatsvertrag betreffend die Wiederherstellung eines unabhängigen und demokratischen Österreichs vom 15. Mai 1955, Art. 13, in: Völkerrecht, Dokumente, Teil 2, a. a. O., S. 410.

[60] Zur Schaffung einer atomwaffenfreien Zone in Lateinamerika vgl. Vertrag über das Verbot der Kernwaffen in Lateinamerika (Vertrag von Tlatelolco) vom 14. Februar 1967, in: Völkerrecht, Dokumente, Teil 2, a. a. O., S. 581ff.; zur Schaffung atomwaffenfreier Zonen im Südpazifik vgl. South Pacific Nuclear Free Zone Treaty, Text in: CD/633 vom 16. 8. 1985.

[61] Vgl. Aland-Inseln-Konvention vom 20. Oktober 1921, in: Martens, Nouveau Recueil Général de Traités, Série III, Bd. 12, La Haye, S. 65f.; Vertrag zwischen UdSSR und Finnland vom

In den Fällen, in denen Staaten im Interesse der internationalen Sicherheit die militärische Tätigkeit bzw. Rüstungen im eigenen Territorium beschränken, können völkerrechtliche Rechte und Pflichten nur durch die ausdrückliche Zustimmung des jeweiligen Staates entstehen.[62] Damit unterscheidet sich die Entmilitarisierung von Staatsgebieten wesentlich von TR, die Nutzungsrechte außerhalb des eigenen Territoriums gewähren, bei denen, wie wir gesehen haben, die Beschränkung der Nutzungsrechte einschließlich der Rüstungsbegrenzung für alle Staaten durch Gewohnheitsrecht, das auf der Grundlage von Verträgen interessierter Staaten entsteht, erfolgen kann, wobei der Einwand eines oder einiger Staaten die Bildung von allgemeinem Gewohnheitsrecht letztlich nicht verhindern kann.

Das Prinzip der friedlichen Nutzung als Rüstungsbegrenzung

Das Prinzip der friedlichen Nutzung von Territorien, die für alle Staaten offenstehen,[63] verbindet die Gewährung von Rechten zur Nutzung der Gebiete mit der Beschränkung der militärischen Tätigkeit der Staaten in diesen Gebieten. Die Ausübung der Nutzungsrechte ist danach nur dann rechtmäßig, wenn die Bedingungen beachtet werden, die die militärische Tätigkeit der Staaten beschränken. Die Beschränkung auf friedliche Nutzung als Voraussetzung für die Ausübung von Nutzungsrechten entwickelt sich im gegenwärtigen Völkerrecht zu einem gemeinsamen Prinzip für die allen Staaten offenstehenden Gebiete. Dieses Prinzip wird zu einem Mittel der internationalen Sicherheit, das zugleich eine Konkretisierung der souveränen Gleichheit bewirkt, weil die Einhaltung der Bedingungen der Beschränkung der militärischen Tätigkeit durch jeden Nutzer das Recht zur friedlichen Nutzung durch alle Staaten und ihrer Bürger sichert.

11. Oktober 1940, in: Vnešnaja politika SSSR (1935—1941), Bd. IV, Moskva 1946, S. 528; Friedensvertrag mit Finnland von 1947, in: Vnešnaja politika SSSR 1947, Teil I, a. a. O., S. 329—330. Näheres dazu auch in: Kurs meždunarodnogo prava, v 6-ti tomach, Bd. III, Moskva 1967, S. 159f.

62 Nur im Fall der Sanktion gegen einen Aggressorstaat können Entmilitarisierungspflichten ohne seine Zustimmung auferlegt werden, weil sie im Interesse der kollektiven Sicherheit sind. Vgl. H. Brandweiner, Die Pariser Verträge, Berlin 1956, S. 17, S. 30f., S. 291.

63 Die Begriffe „Gebiete außerhalb der nationalen Souveränität" oder „außerhalb der nationalen Jurisdiktion" oder „Gebiete, die für alle Staaten offenstehen", „Territorien für allgemeine Nutzung" werden in der Literatur gleichwertig verwandt. Vgl. dazu R. W. Dekanosov, O ponjatii meždunarodnoj territorii obščego polsovanija, a. a. O., S. 134f.
Es gibt Positionen, die alle solche Gebiete in einem Gebietsstatus als *res communis* erfassen, der bedeutet: „not subject to souvereignty and jurisdiction of state and open to use by all State for peaceful purposes", III. Conference on the Law of the Sea, Off. Records, Bd. II, 1974, S. 238. Auch der Status „gemeinsames Erbe der Menschheit" bezieht sich auf Gebiete außerhalb der nationalen Souveränität, die auf der Grundlage der vereinbarten Bedingungen der friedlichen Nutzung für alle Staaten offenstehen. Vgl. H. Wünsche, Die neue Konvention über Seerecht und das „gemeinsame Erbe der Menschheit", a. a. O., S. 303f.

Wenn wir die Beschränkung der militärischen Tätigkeit in den einzelnen Gebieten untersuchen, stellen wir fest, daß sich das Regime des offenen Meeres[64] wesentlich von dem aller anderen Gebiete unterscheidet. Die Seerechtskonvention sieht vor, daß das offene Meer für friedliche Zwecke genutzt wird (Art. 88), aber sie enthält selbst keine Normen für die Beschränkung der militärischen Tätigkeit der Staaten. Die Beschränkung der militärischen Tätigkeit im offenen Meer als Bedingung seiner Nutzung ergibt sich aus anderen Völkerrechtsnormen, die nach Art. 87 der Konvention das TR des offenen Meeres mitbestimmen und den Inhalt der friedlichen Nutzung konkretisieren, wie z. B. das Verbot der militärischen Seeblockade als Bestandteil des Gewaltverbots, das Verbot der Atomwaffenversuche im Wasser und in der Luft über dem offenen Meer auf der Grundlage des Teststoppvertrages von 1963, das Verbot der Stationierung von Atom- und anderen Massenvernichtungswaffen auf dem Meeresgrund und Untergrund aus der Konvention von 1971.[65] Auch die Konventionen über das Verbot der biologischen und der Umweltwaffen bestimmen das Regime des offenen Meeres. Im Unterschied zu den übrigen Gebieten sind Manöver, Raketentests, die Stationierung von Kernwaffen auf Schiffen u. a. im offenen Meer noch nicht verboten. Sie können aber eine rechtswidrige Handlung sein, wenn sie dauerhaft die Nutzung des offenen Meeres durch andere Staaten verhindern. Dagegen wird die zeitweilige einseitige Festlegung von Sperrzonen als allgemeines Gewohnheitsrecht betrachtet, obwohl sie Fischfang, Forschung, Schiffahrt sowie Überfliegen des offenen Meeres durch andere Staaten zeitweilig behindert.[66] Die Bemühungen der sozialistischen Staaten und der nichtpaktgebundenen Länder gehen dahin, das Prinzip der friedlichen Nutzung des offenen Meeres weiter auszubauen und schrittweise durch stärkere Beschränkungen der militärischen Tätigkeit weiterzuentwickeln.[67]

[64] Zum Regime des offenen Meeres und die Beschränkung der militärischen Tätigkeit vgl. S. W. Molodzov, Nekotorye voprosy regulirovanija pravovogo režima otkrytogo morja, in: SEMP, 1959, a. a. O., S. 337; A. L. Kolodkin, Mirovoj okean-meždunarodno-pravovoj režim, Moskva 1973, S. 87—95; L. A. Ivanaščenko (Hrsg.), Meždunarodnaja bezopasnost' i mirovoj okean, a. a. O., S. 204f.; J. G. Barsegow, Mirovoj okean: pravo, politika, diplomatija, Moskva 1983, S. 79f.; derselbe, Territorija v meždunarodnom prave, Moskva 1958.

[65] Zur militärischen Seeblockade, Gewaltverbot und Selbstverteidigung vgl. L. A. Ivanaščenko, Pravo meždunarodnoj bezopasnosti — novaja otrasl' sovremennogo meždunarodnogo prava, in: Sovetskoe gosudarstvo i pravo, 6/1985, S. 99—106. Zur Freiheit des offenen Meeres und das Verbot der Kernwaffenversuche vgl. III. UN-Conference on the Law of the Sea, Off. Records, Bd. II, a. a. O., S. 295, para. 56. Der Streit über die Auslegung des Begriffs „andere Freiheiten" des Art. 2 der Konvention über das offene Meer von 1958, „when there was a desire to interprete the term so as to justify atomic testing", ist beendet durch den Teststopp-Vertrag von 1963 und die Auslegung der UN, daß die Freiheit des offenen Meeres eine radioaktive Verseuchung nicht zuläßt. Vgl. Res. 2934 (XXVII) und die Erklärung der französischen Regierung vom September 1974, daß Frankreich keine Versuche in der Luft und unter Wasser durchführen wird.

[66] Vgl. L. A. Ivaneščenko (Hrsg.), Meždunarodnaja bezopastnost' i mirovoj okean, a. a. O., S. 204f.

[67] Vgl. ebenda, S. 253f.; zur Schaffung von Zonen des Friedens vgl. A/S. 10/4.

Das Regime der Nutzung von Gebieten ausschließlich für friedliche Zwecke, das für den Kosmos, den Mond und die Himmelskörper, für die Antarktis und den Meeresgrund vereinbart wurde,[68] ist nicht einheitlich. Die Regime sehen einen unterschiedlichen Umfang der Beschränkung der militärischen Tätigkeit der Staaten vor. Im gegenwärtigen Völkerrecht existieren zwei Regime für die Gebiete, deren Nutzung ausschließlich für friedliche Zwecke vereinbart ist: Im internationalen Regime für die Antarktis, den Mond und die Himmelskörper wird das Recht der friedlichen Nutzung mit der vollen Entmilitarisierung und Neutralisierung[69], mit einem vollständigen Verbot jeder militärischen Tätigkeit in den Gebieten verknüpft. Verboten ist eine Stationierung jeglicher Waffen, die Errichtung von Basen, die Durchführung von Manövern sowie Waffenversuche jeglicher Art. Nur die Nutzung von Militärpersonal bei der Forschung für friedliche Zwecke bildet eine Ausnahme.

Die Bemühungen der Sowjetunion, auch für den Meeresboden und den Kosmos ein Regime der vollen Entmilitarisierung zu erreichen, scheiterten an der Haltung der USA. Der Begriff „Nutzung ausschließlich für friedliche Zwecke" für diese Gebiete bedeutet ein Regime, in dem die Ausübung der Rechte der friedlichen Nutzung nur an bestimmte Beschränkungen der militärischen Tätigkeit gebunden ist: das Verbot der Stationierung von Atom- und anderen Massenvernichtungswaffen[70], das Verbot von Kernwaffenversuchen und anderen Kernexplosionen,[71] das Verbot anderer feindseliger Einwirkung auf die Umwelt.[72] Die Pflicht der Staaten zur Entwicklung einer internationalen Zusammenarbeit für die Erforschung dieser Gebiete schließt die nationale Forschung für militärische Zwecke noch nicht aus, im Unterschied zum Regime der vollen Entmilitarisierung. Es wurde vereinbart, Verhandlungen mit dem Ziel zu führen, das Wettrüsten in diesen Gebieten auszuschließen und entsprechende Übereinkommen anzustreben. Das zeigt, daß die internationalen Regime für die Nutzung des Meeresbodens einschließlich seines Untergrundes sowie für den Kosmos noch keine volle Entmilitarisierung enthalten.

[68] Vgl. dazu H. Wünsche, Die neue Konvention über das Seerecht und das „gemeinsame Erbe der Menschheit", a. a. O., S. 311—312; W. W. Golytzin, Antarktika: meždunarodno-pravovoj režim, Moskva 1983, S. 42f.; A. P. Movtschan, Pravovoj status Antarktiki — meždunarodnaja problema, in: SEMP 1953, Moskva 1954, S. 342f.

[69] Zur vollen Entmilitarisierung und Neutralisierung als Bestandteil der Regime der Antarktis vgl. W. W. Golytzin, Antarktika: meždunarodno-pravovoj režim, a. a. O., S. 42; des Mondes und der Himmelskörper, vgl. K. Mann, Das Völkerrecht im Kampf gegen die Militarisierung des Weltraums, in: Staat und Recht, 9/1985, S. 707f.

[70] Der Kosmosvertrag von 1967 verbietet, Kernwaffen und andere Arten von Massenvernichtungswaffen auf Objekte in der Umlaufbahn der Erde zu bringen und auf Himmelskörpern oder auf andere Weise im Weltraum zu stationieren (Art. IV).

[71] Im Vertrag über das Verbot der Kernwaffenversuche von 1963, der sich auf den Weltraum ausdrücklich bezieht.

[72] In der Konvention über das Verbot der feindseligen Einwirkung auf die Umwelt von 1977, die alle TR erfaßt.

Die Verbote, die die militärische Tätigkeit der Staaten in Gebieten außerhalb der nationalen Jurisdiktion der Staaten beschränken, entwickeln sich zu allgemeinen Normen imperativen Charakters, deren Verletzung erga-omnes-Verhältnisse erzeugt und kollektive Maßnahmen des Sicherheitsrates der UN begründet.[73]

Das Verbot der Aneignung von Gebieten, die allen Staaten offenstehen, als normativer Bestandteil des internationalen Sicherheitssystems

Das Verbot der nationalen Aneignung von Gebieten, die allen Staaten offenstehen, hat sich zu einer allgemeinen Norm des gegenwärtigen Völkerrechts entwickelt.[74] Dieses Prinzip entstand zunächst für das offene Meer gegen die Eigentumskonzeption der feudalen Schiffahrtsstaaten. Es entstand im Zusammenhang mit der Anerkennung des offenen Meeres als Gebiet, das für alle Staaten und Völker offensteht, und wurde als allgemeines Gewohnheitsrecht anerkannt. Als solches wurde es dann 1958 in die Konvention über das offene Meer aufgenommen.[75]

Das Verbot der Aneignung wurde in der Konvention über das offene Meer von 1958 wie folgt formuliert: „Da das offene Meer allen Nationen offensteht, kann kein Staat rechtsverbindlich beanspruchen, irgendeinen Teil davon seiner Hoheitsgewalt zu unterstellen.“ (Art. 2)

In der Seerechtskonvention von 1982 wurde dieses Verbot für das offene Meer im Art. 89 wiederholt und im Art. 137 für den Meeresboden und Untergrund aufgenommen. Kein Staat ist berechtigt, irgendeinen Teil des offenen Meeres seiner Souveränität zu unterwerfen (Art. 89). Kein Staat kann Souveränität oder souveräne Rechte beanspruchen oder verwirklichen. Kein Staat, keine privaten oder juristischen Personen dürfen sich irgendeinen Teil des Meeresbodens und des Untergrundes aneignen. Keine Ansprüche oder Souveränitätsrechte in bezug auf diese Gebiete werden anerkannt (Art. 137). Auch im Weltraumvertrag von 1967 ist das Aneignungsverbot mit der Anerkennung des Kosmos als eines Gebiets verbunden, das wegen seiner Bedeutung allen Staaten offensteht. Die Souveränität aller Staaten wurde aus diesem Grund auf den Luftraum über ihren Territorien bis zum Kosmos beschränkt. „Der Weltraum, einschließlich des Mondes und anderer Himmelskörper, unterliegt nicht der nationalen Aneignung

[73] Vgl. z. B. Vertrag über das Verbot der Stationierung von Kernwaffen und anderen Massenvernichtungswaffen auf dem Meeresboden von 1971, a. a. O., Art. III, Abs. 4; vgl. dazu auch K. Sachariew, Die Rechtsstellung der betroffenen Staaten bei Verletzungen multilateraler Verträge, a. a. O., S. 83f.

[74] Vgl. H. Wünsche, Die neue Konvention über das Seerecht und das „gemeinsame Erbe der Menschheit“, a. a. O., S. 320—321; vgl. auch L. A. Alexidze, Nekotorye voprosy teorii meždunarodnogo prava, Tbilissi 1982, S. 169, 332.

[75] Vgl. Konvention über das offene Meer von 1958, a. a. O., Art. 2; vgl. dazu auch S. v. Molodzov, Kodifikazija i dal'nejsee rasvitie meždunarodnogo morskogo prava, in: SEMP 1958, Moskva 1959, S. 335.

durch Hoheitsansprüche, durch Nutzung oder Besetzung oder durch andere Mittel." (Art. II)

Der Antarktisvertrag von 1959[76] sieht vor, daß das Antarktisgebiet allen Staaten für Forschung (Art. II), Nutzung der lebenden Ressourcen und Überflug offensteht. Der Vertrag betrachtet das Antarktisgebiet als ein Gebiet außerhalb der Territorialhoheit der Staaten, weil die maritimen Gebiete um das Festland dem Regime des offenen Meeres unterstellt sind (Art. VI). Im Antarktisvertrag ist das Verbot von Souveränitätsansprüchen zunächst auf die Geltungsdauer des Vertrages bezogen. „Während der Geltungsdauer dieses Vertrages bildet keine Handlung oder Betätigung eine Grundlage dafür, einen Anspruch auf territoriale Souveränität in der Antarktis zu erheben oder zu bestreiten, und begründet keine Souveränitätsrechte in diesem Raum" (Art. IV). Auch die Konvention über den Schutz der maritimen lebenden Ressourcen im Antarktisgebiet von 1980 wiederholt die allgemeine Nutzung der maritimen Antarktisgebiete (Art. VI) als Gebiet des offenen Meeres, das allen Staaten offensteht. Die Anerkennung des Aneignungsverbots in allen Territorialregimen für Gebiete außerhalb der Souveränität der Staaten läßt auf die Herausbildung eines *gemeinsamen Prinzips* schließen.

Dieses Prinzip wird zu Recht als eine Norm mit jus-cogens-Charakter betrachtet,[77] die die Vertragsfreiheit der Staaten einschränkt. Verträge, die Staaten zur Aneignung solcher Gebiete abschließen, wären nach Art. 53 WVK nichtig. Handlungen der Staaten zur Aneignung solcher Gebiete wären demnach eine Verletzung von Verpflichtungen erga omnes. Gegen sie können kollektive Maßnahmen der Staaten ergriffen werden. Auch nationale Gesetze, die die Aneignung solcher Gebiete durch nationale juristische Personen zulassen, können keine Rechtsgrundlage für rechtmäßiges Handeln sein. Nationale juristische Personen können sich deshalb nicht auf das Landesrecht einzelner Staaten berufen, um solche Handlungen zu rechtfertigen. Das Aneignungsverbot bildet die gemeinsame Grundlage für die Ausübung von Rechten und die Beschränkung der militärischen Tätigkeit in diesen Gebieten. Seine Bedeutung nimmt unter dem Aspekt der internationalen Sicherheit und der Rüstungsbegrenzung ständig zu.

Konkretisierung und Weiterentwicklung der Grundprinzipien des Völkerrechts durch ineinandergreifende Verträge

Für die Konkretisierung und Weiterentwicklung der Grundprinzipien des Völkerrechts als normative Grundlage eines umfassenden Sicherheitssystems ist der Vertragsmechanismus im heutigen Völkerrecht von großer Bedeutung. Dabei zeigt sich, daß sowohl die wechselseitige Verbindung von Verträgen, die ein Gebiet

[76] Vgl. Art. II Antarktis-Vertrag von 1959, a. a. O., S. 469.
[77] Vgl. L. A. Alexidze, Nekotorye voprosy teorii meždunarodnogo prava, a. a. O., S. 332.

der internationalen Beziehungen regeln, wächst, als auch zunehmend Verträge vereinbart werden, die sich auf verschiedene Regelungsgebiete erstrecken, in verschiedene Zweige des Völkerrechts eingreifen. Damit entsteht ein Mechanismus ineinandergreifender Verträge, die die Grundprinzipien konkretisieren und ausgestalten.

Ein Beispiel solcher ineinandergreifender Verträge ist die Entwicklung der TR, die Rechte aller Staaten regeln. Die Bedingungen für die Ausübung von Rechten in solchen TR sind oft in mehreren Verträgen enthalten, die in ihrer Gesamtheit und gegenseitigen Verflechtung das Regime des betreffenden Territoriums bilden. Ein Beispiel, auf das wir schon mehrfach verwiesen haben, ist das Regime der Antarktis, das durch den Antarktisvertrag von 1959 und den Vertrag über den Schutz maritimer lebender Ressourcen der Antarktisgebietes von 1980 geregelt wurde. Beide Verträge sind, wie aus ihren Bestimmungen ersichtlich, als eine Einheit[78] zu verstehen.

Beispiele für die Beschränkung der Rechte in verschiedenen TR sind der Moskauer Vertrag über das Verbot der Kernwaffenversuche und der Vertrag über das Verbot (Schaffung, Erprobung und Stationierung) von Umweltwaffen. Sie sind sowohl zum Bestandteil des Regimes des offenen Meeres und des Kosmos[79] als auch der TR in den Staatsgebieten geworden. Der Vertrag über das Verbot der Stationierung von Kernwaffen auf dem Meeresboden und Untergrund erfaßt auch den Festlandsockel der Küstenstaaten, soweit er sich über 12 sm erstreckt. Das sind Verträge bzw. gewohnheitsrechtliche Normen, die im Interesse der Sicherheit aller Staaten universell in Regime innerhalb und außerhalb der nationalen Jurisdiktion eingreifen, auch wenn diese Wirkung nicht ausdrücklich erwähnt ist.[80] Man kann davon ausgehen, daß sich dieser Mechanismus ineinandergreifender Normen, die im Interesse der internationalen Sicherheit Pflichten für ein Tun und/oder Unterlassen als Bedingung der Nutzung gleichzeitig für verschiedene TR aufstellen, auch zukünftig weiter verstärken wird. Die Seerechtskonvention trägt dieser Tendenz bereits Rechnung, indem sie allgemein vorsieht, daß solche Normen Bestandteil der TR werden, die die Konvention regelt.[81] Die Regime können damit durch weitere Verträge zur Beschränkung der Nutzung im Interesse der Sicherheit der Menschheit ergänzt werden.

[78] Der Antarktisvertrag von 1959 und der Vertrag über den Schutz maritimer lebender Ressourcen im Antarktisgebiet von 1980 enthalten einen einheitlichen Mechanismus zur Beschränkung der Nutzung des Gebietes und der Kontrolle der Einhaltung durch alle Staaten, vgl. Antarktisvertrag, Art. VII und IX, a. a. O., S. 470 und 471.

[79] Zur Verbindung von Verträgen, die das Regime des Weltraumes, Mondes und anderer Himmelskörper regeln, vgl. K. Mann, Das Völkerrecht im Kampf gegen die Militarisierung des Weltraumes, a. a. O., S. 707f.

[80] Wie z. B. im Vertrag über das Verbot der Kernwaffenversuche von 1963, a. a. O., und der Konvention über das Verbot der feindseligen Einwirkung auf die Umwelt von 1977, a. a. O.

[81] Vgl. Seerechtskonvention von 1982, a. a. O., Präambel, Art. 87.

Die Staatenpraxis kennt auch die ausdrückliche Verbindung eines neuen Vertrages über TR mit schon existierenden Verträgen. Der Vertrag über die Bildung einer kernwaffenfreien Zone im Südpazifik betont z. B. ausdrücklich die Verbindung mit den Verträgen über das Verbot der Kernwaffenversuche von 1963, über das Verbot der Stationierung von Kernwaffen auf dem Meeresboden und über die Nichtweitergabe von Kernwaffen. Daraus wird deutlich, daß die Beschränkung der Nutzung von Territorien, die durch neue Erkenntnisse der Wissenschaft oder objektive Bedürfnisse der Sicherheitsinteressen notwendig wird, nicht nur durch die Änderung der existierenden Verträge über TR erfolgt, sondern vielfach, indem die entsprechenden Regeln in selbständigen Verträgen sachlich ergänzt werden.

Der Mechanismus ineinandergreifender Verträge, die existierende TR konkretisieren, ergänzen und weiterentwickeln, ist von aktueller Bedeutung, weil der Umfang von Verträgen, die die militärische Tätigkeit der Staaten, ihre Rüstung und Streitkräfte beschränken, wächst. Dieser Mechanismus hat auch Bedeutung für die Auslegung der Vereinbarungen, insbesondere die Verbindung der UN-Charta mit den TR. Er zeigt, daß die Prinzipien der UN-Charta von Bedeutung für die Auslegung und Weiterentwicklung der TR sind. Er zeigt aber auch, daß die Grundprinzipien durch die ineinandergreifenden Verträge konkretisiert und ausgestaltet werden. Er dient damit der Realisierung der Ziele der UN, der Festigung des Fiedens und der internationalen Sicherheit und der Entwicklung der friedlichen internationalen Zusammenarbeit.

Die Sicherung der Einhaltung von Territorialregimen als Bestandteil der internationalen Sicherheit

Die gegenwärtige internationale Zusammenarbeit zur Sicherung der Einhaltung von TR kennt sowohl nationale Formen in Gestalt gegenseitiger Rechte und Pflichten der Staaten wie auch institutionalisierte internationale Formen in Gestalt von internationalen Organen und Organisationen. Dabei hat die Vereinbarung institutionalisierter Mechanismen eine zunehmende Tendenz. Die Vereinbarung von Regeln der internationalen Zusammenarbeit für die Sicherung der Einhaltung von Verbotsnormen in TR ist seit langem bekannt. Im Regime des offenen Meeres ist die Verfolgung der Schiffe, die unter dem Verdacht der Piraterie, des Sklavenhandels oder Rauschgifthandels stehen, eine Pflicht für alle Staaten. Diese Form der Zusammenarbeit der Staaten entstand aus der objektiven Notwendigkeit, bestimmte Handlungen aufgrund der Sicherheitsinteressen aller Staaten zu verbieten, sie als Verbrechen mit internationalem Charkater anzuerkennen und gemeinsam universell zu verfolgen.[82] Diese Pflichten wurden zum Bestandteil des

[82] Näheres bei J. J. Karpez, Prestuplenija meždunarodnogo charaktera, Moskva 1979.

TR des offenen Meeres, wie bereits die Konvention von 1958 zeigt. Mit der Veränderung der objektiven Bedingungen und der Sicherheitsinteressen der Staaten wird die internationale Zusammenarbeit für die Sicherung der Einhaltung von TR ausgebaut. In der Seerechtskonvention von 1982 z. B. ist dazu ein System von nationalen und institutionalisierten internationalen Formen der Zusammenarbeit der Staaten vereinbart. Für die Sicherung der Einhaltung der Regeln über den Schutz der Umwelt werden Vollmachten an internationale Organisationen und an Staaten übertragen. Der Küstenstaat z. B. kann zur Gewährleistung der Pflichten der Staaten zum Schutz der Meeresumwelt nach Art. 220 unter gewissen Bedingungen nicht nur in Territorialgewässern faktische Inspektionen in fremden Schiffen durchführen, diese Schiffe aufbringen und die Verfolgung nach seinen Gesetzen durchführen, sondern auch in der Wirtschaftszone, in der die Staaten nach Art. 58 die Freiheit der Schiffahrt wie im offenen Meer besitzen. Für die Sicherung der Einhaltung des Regimes des Meeresbodens ist ein institutionalisiertes obligatorisches Entscheidungsregime vereinbart.

Der Vereinbarung von Regeln der internationalen Zusammenarbeit für die Sicherung der Einhaltung von TR wird seitens der Staaten zunehmende Aufmerksamkeit gewidmet, da die TR im Völkerrecht der Gegenwart immer mehr die Sicherheitsinteressen der Staaten berühren. Heute kann ihre Verletzung den Weltfrieden und die internationale Sicherheit gefährden. Da die Bedeutung dieser Regeln für die Friedenssicherung zunimmt, wird in der Staatenpraxis der Mechanismus der internationalen Zusammenarbeit zur Sicherung der Einhaltung, Kontrolle und Verifikation völkerrechtlicher Verpflichtungen in TR, die die militärische Tätigkeit der Staaten betreffen, besonders ausgebaut. Sehr häufig wird er mit dem System der kollektiven Sicherheit der UN verbunden. So wurden zum Beispiel die Kompetenzen des Sicherheitsrates und der IAEA durch viele Verträge, die TR betreffen, konkretisiert wie etwa Verträge über atomwaffenfreie Zonen oder Verträge über das Verbot der Erprobung und Stationierung von Atom- und Massenvernichtungswaffen in verschiedenen Gebieten.[83] Auch spezielle Organe für die Verifikation und Kontrolle von Verträgen wurden geschaffen und in Verbindung mit dem UN-Sicherheitssystem gebracht. Zur Zeit entwickelt sich ein System von Maßnahmen zur Verifikation und Kontrolle von Verträgen über die Beschränkung der Rüstungen und der militärischen Tätigkeit der Staaten in Gebieten sowohl innerhalb als auch außerhalb der nationalen Jurisdiktion.

In den Verträgen zur Sicherung der Kernwaffenfreiheit von Staatsgebieten wurden der IAEA Vollmachten zur Überwachung der Einhaltung dieser Verträge übertragen. Sie werden im Zusammenspiel mit Organen der Mitgliedstaaten ausgeübt. Die ausdrückliche Zustimmung der beteiligten Staaten ist für die Funktionsfähigkeit internationaler Organe zur Kontrolle der Einhaltung solcher Verpflichtun-

[83] Vgl. dazu K. Sachariew, Die Rechtsstellung der betroffenen Staaten bei Verletzungen multilateraler Verträge, a. a. O., S. 84f.

gen eine grundlegende Voraussetzung. Das in mehreren Verträgen vorgesehene System periodischer Inspektionen durch Beauftragte internationaler Organisationen hat die gemeinsamen Sicherheitsinteressen der Staaten zu gewährleisten, ohne ihre nationalen Interessen zu beeinträchtigen. Die IAEA wurde gebildet, um zu sichern, daß die friedliche Nutzung der Atomenergie nicht für militärische Zwecke mißbraucht wird, und beauftragt, ein Garantiesystem durch nationale Inspektionen der Kernreaktoren aufzubauen.[84] Im Nichtweitergabevertrag wurde vereinbart, das Garantiesystem der IAEA für die Kontrolle des Status „nichtkernwaffenbesitzender Staat" anzuwenden. Die Verträge zur Errichtung atomwaffenfreier Zonen verbinden das Garantiesystem der IAEA mit den speziell eingerichteten regionalen Kontrollorganen der Mitgliedstaaten für Lateinamerika (OPANAL)[85] oder für den Südpazifik (OPANAS), die die periodischen Berichte der Teilnehmer über die Erfüllung des Vertrages prüfen und die Zusammenarbeit mit der IAEA unterstützen. Die Errichtung „eines Verifikations- und Kontrollsystems zur Gewährleistung der Einhaltung der sich aus dem Status ‚kernwaffenfreie Zone' ergebenden Verpflichtungen wird von den UN als notwendiges Element der Verträge, mit denen solche Zonen gebildet werden, betrachtet".[86]

Verträge über Gebiete, die allen Staaten offenstehen, ergänzen die gegenseitigen nationalen Kontrollen durch nationale Inspektionen sowie nationale technische Mittel durch Vollmachten des Sicherheitsrates und verbinden sie dadurch mit dem System der kollektiven Sicherheit der UN. Gegenseitige nationale Inspektionen der Objekte zur Verifikation und Kontrolle der Vertragspflichten enthalten z. B. der Vertrag über die Prinzipien der Erforschung und Nutzung des Weltraums, einschließlich des Mondes und anderer Himmelskörper, von 1967, der Vertrag über das Verbot der Stationierung von Atomwaffen auf dem Meeresgrund und Untergrund von 1971 und der Antarktisvertrag von 1958. Die Staaten übernehmen in diesen Verträgen die Verpflichtung, durch nationale Inspektionen die Tätigkeit des kontrollierten Objekts anderer Staaten nicht zu stören. Im Antarktisvertrag ist vereinbart, daß durch das System der nationalen Inspektoren der Vertragsstaaten die Nutzung des Gebietes auch durch Nichtmitglieder kontrolliert wird. Die gegenseitigen nationalen Kontrollmaßnahmen berechtigen die Vertragsstaaten, außerhalb ihres Territoriums (oder gleichgestellter Objekte wie Schiffe, Forschungsstationen u. a.) periodische Kontrollen durch Experten durchzuführen. Sie sind von den Kontrollmaßnahmen mit Hilfe nationaler technischer Mittel zu unterscheiden, die für die permanente Kontrolle der Einhaltung von Völker-

[84] Vgl. dazu Satzung der IAEA, in: Yearbook of the United Nations 1957, S. 417—424, dt. Text in: Organisation der Vereinten Nationen — Dokumente, Teil III, Berlin 1982, S. 82—104.

[85] Näheres bei R. M. Timerbaev, Kontrol' za ograničeniem vooruženij i rasoruženiem, Moskva 1983, S. 57—59, S. 102.

[86] Erklärung der UN zum Begriff „Kernwaffenfreie Zone", in: UN-Res. 3472 (XXX), die auf dem Sonderbericht des Abrüstungsausschusses über die umfassende Untersuchung aller Aspekte der kernwaffenfreien Zonen (A/10027/Add. 1) beruht.

rechtspflichten in fremden Gebieten benutzt werden. Einige Verträge gehen von einer Kontrolle mit Hilfe nationaler technischer Mittel aus, ohne sie ausdrücklich im Vertrag vorzusehen, so z. B. der Vertrag über das Verbot der Atomwaffenversuche in den drei Medien von 1963, der keine ausdrücklichen Kontrollbestimmungen enthält.

Die Verträge über TR in Gebieten, die allen Staaten offenstehen, sind, ausdrücklich oder indirekt, mit dem UN-System der kollektiven Sicherheit verbunden. Der erste Vertrag, der die militärische Tätigkeit der Staaten in einem TR ausschloß, der Antarktisvertrag von 1959, sieht die Verbindung mit der UN nur indirekt vor. Die „geeigneten, mit der UN-Charta zu vereinbarenden Maßnahmen"[87] (Art. X) der Kontrolle werden von den Vertragspartnern getroffen. Die Verträge aus den 70er Jahren, die Maßnahmen der Rüstungsbegrenzung vorsehen, die Bestandteil von TR sind, stellen bereits eine ausdrückliche Verbindung zum UN-System her. In diesem Zusammenhang vorgesehene Maßnahmen, wie z. B. die Information und Berichterstattung an die UN im Rahmen des Kosmosvertrages, ergänzen die Kontrolle durch nationale Mittel. Für den Ausbau des Mechanismus der Sicherung der Einhaltung des Weltraumregimes wurde auch die Bildung einer internationalen Weltraumorganisation im UN-System vorgeschlagen.[88]

Einige Verträge bevollmächtigen den Sicherheitsrat, zu Zwecken der Streitbeilegung tätig zu werden. Diese Vollmachten setzen ein, wenn ein Verdacht auf Verletzung durch Mittel der nationalen Kontrolle genährt wird. Solche Bestimmungen finden sich z. B. in der Konvention über das Verbot der Stationierung von Atomwaffen auf dem Meeresboden von 1971, der Konvention über das Verbot der bakteriologischen (biologischen) und Toxinwaffen von 1972 und der Konvention über das Verbot der Einwirkung auf die Umwelt von 1977. Es wird jedem Mitgliedstaat das Recht eingeräumt, sich beim Sicherheitsrat der UN zu beschweren, wenn er ausreichende Gründe dafür hat anzunehmen, daß ein Staat seine Verpflichtungen aus dem Vertrag verletzt. Jeder Mitgliedstaat verpflichtet sich, die Untersuchungen, die in Übereinstimmung mit der UN-Charta vom Sicherheitsrat durchgeführt werden, zu unterstützen. Auch Vertragsentwürfe z. B. über das Verbot der chemischen Waffen und über das allgemeine Verbot der Atomwaffenversuche enthalten ähnliche Bestimmungen. Damit wird eine Tendenz

[87] Vgl. dazu R. M. Timerbaev, Kontrol' za ograničeniem vooruženij i rasoruženiem, a. a. O., S. 49—51; vgl. auch W. W. Golytzin, Antarktika: meždunarodno-pravovoj režim, a. a. O., S. 64—67; O. G. Savin, Morskie živye resursy Antarktiki, in: SEMP 1981, Moskva 1982, S. 190.

[88] Zur internationalen Zusammenarbeit für die friedliche Nutzung des Weltraums im Rahmen der UN vgl. UN-Res. 41/64; zum Vorschlag über die Bildung einer Weltraumorganisation im UN-System vgl. Position der DDR in: A/41/470, S. 71; Position der UdSSR im Interview des Vorsitzenden des Ministerrates der UdSSR für TASS, in: ND vom 6. Januar 1987, S. 5; vgl. dazu auch M. Mohr, Mittel und Methoden der Normdurchsetzung im Völkerrecht der Gegenwart, in: B. Graefrath (Hrsg.), Probleme des Völkerrechts 1987, Berlin 1987, S. 242.

deutlich, den Sicherheitsrat stärker zur Streitbeilegung zu nutzen, wenn es sich um die Verletzung von Verpflichtungen handelt, die die militärische Tätigkeit der Staaten in Gebieten beschränken, die allen Staaten offenstehen, weil sie sehr schnell zu einer Gefährdung oder Bedrohung des Friedens werden können.

Der Ausbau des Mechanismus für die Sicherung der Einhaltung der Pflichten aus TR, die eine Begrenzung der Rüstungen und andere Beschränkungen der militärischen Tätigkeit der Staaten darstellen, wird somit zu einem Bestandteil eines umfassenden Sicherheitssystems, dient der Rechtssicherheit der Staaten und der Schaffung einer stabilen internationalen Rechtsordnung.

Резюме

M. Бауер-Эзер

Общие принципы для территориальных режимов — существенный элемент системы международной безопасности

Особое значение для формирования международного права в качестве нормативной системы, устойчиво и прочно обеспечивающей мир, имеет урегулирование территориальных проблем, которые, оказывая существенное влияние на функционирование системы, представляют собой особенно чувствительную область международных отношений. Исследование общих правил, распространяемых на все территории, чрезвычайно интересно в результате взрывообразного роста количества норм, регулирующих отдельные части территорий Земли. Это исследование показывает, что указанные нормы являются конкретизацией содержания основных принципов международного права в данной области с учетом актуального развития. Общие принципы по территориальным режимам не являются отраслевыми принципами, а нормами, действительными в отношении всех отраслей международного права, регулирующих территориальные режимы.

В настоящей работе исследуются те общие принципы территориальных режимов, которые в настоящее время имеют особое значение для урегулирования проблемы разоружения. В первой части предпринимается попытка сформулировать понятие территориальных режимов в нынешнем международном праве, учитывающее новую тенденцию более тесной увязки между правилами относительно государственных территорий и территорий вне суверенитета. Затем рассматриваются принципы стабильности и преемственности территориальных режимов, право на использование территорий в согласованных условиях, отказываясь от присвоения территорий, возможность использования которых предоставляется всем, а также обязательство их использования в мирных целях. Общие принципы и специальные обычные нормы относительно пограничных и других территориальных режимов (Венская конвенция о договорном праве, Венская конвенция о правопреемстве государств в отношении договоров от 23 августа 1978 г., ст. II и 12) показывают, что этот комплекс норм относится к категории международно-правовых норм, которые „существенны для защиты коренных интересов международного сообщества". Определенными общими специальными правилами по отношению к остальным общим нормам международного права в рамках указанных комплексов норм, международное сообщество обеспечивает свои коренные интересы. Их совершенствование и соблюдение является важным средством предотвращения военных конфликтов, а также развития норм мирного межгосударственного сотрудничества. Поэтому в последней части работы рассматривается международно-правовой механизм совершенствования территориальных режимов путем взаимной увязки договоров и расширения контроля за соблюдением согласованных правил.

Summary

M. Bauer-Oeser

**Common Principles for Territorial Regimes —
an Essential Element of International Security System**

As a particularily sensitive field of peaceful international relations, the regulation of territorial issues is important for the development of international law as a normative system that guarantees peace in a stable and enduring way since they have a substantial influence on the functioning of the system. The study of the common rules, which apply to all territories, is of a special interest because of the explosive increase in those norms regulating world's territories. The study shows that, as a specification of the basic principles' contents, the rules adapt international law to the present development in this field. The common principles for territorial regimes are norms that apply to all branches of international law which create and regulate territorial regimes.

The study analyses those common principles for territorial regimes which today are of a special importance to disarmament. It formulates a notion of territorial regimes in present international law corresponding to the new tendencies of ever closer connection between the rules on state territories and those on territories outside national jurisdiction. Accordingly the study analyses the principles of stability and continuity of territorial regimes, the right to use such territories subject to agreed conditions and the renunciation of the annexation of territories which are open to use by all, as well the obligation to use them for peaceful purposes. The common principles and the special customary norms on frontier and other territorial regimes (Vienna Convention on the Law of Treaties, Vienna Convention on Succession of States in Respect of Treaties art. 11 and 12) indicate that this complex of norms belongs to the category of international rules which are "essential to the protection of the basic interests of the international community". It is with the help of determined special rules of a general character related to other norms of general international law that the international community safeguards its basic interests. Their improvement and observance are an important means for the prevention of military conflicts and the development of peaceful forms of intergovernmental co-operation. The study therefore deals also with the international mechanism necessary for the improvement of territorial regimes by establishing a link between different agreements and by developing control of the observance of the agreed rules.

K. Becher

Zu einigen völkerrechtlichen Problemen der internationalen ökonomischen Sicherheit (Unter Mitarbeit von H. Wünsche-Piétzka)*

Die Gewährleistung internationaler ökonomischer Sicherheit ist eine höchst aktuelle Aufgabenstellung. Im nuklear-kosmischen Zeitalter haben sich objektive Bedingungen ergeben, unter denen die Auseinandersetzung zwischen den antagonistischen Gesellschaftssystemen „lediglich und ausschließlich in Formen des friedlichen Wettbewerbs und der friedlichen Rivalität verlaufen kann".[1] In der Verbindung des Wettbewerbs zwischen beiden Systemen und der wachsenden Tendenz der wechselseitigen Abhängigkeit der Staaten der Weltgemeinschaft kommt die reale Dialektik der gegenwärtigen Entwicklung zum Ausdruck.

Der Wettbewerb ist darauf orientiert, unter den Bedingungen eines dauerhaften Friedens würdige, wirklich menschliche materielle und geistige Lebensbedingungen für alle Völker zu schaffen, die Bewohnbarkeit unseres Planeten zu sichern und mit seinen Reichtümern hauszuhalten, vor allem mit seinem größten Reichtum: dem Menschen und seinen Möglichkeiten.[2] Die wechselseitige Abhängigkeit der Staaten ist dabei nicht nur Stimulus zur Lösung der jeweils dringlichsten Probleme, sondern „zugleich ein wichtiger Faktor der internationalen Stabilität."[3] Die Tatsache, daß unsere gegenwärtige widersprüchliche, dennoch durch viele wechselseitige Abhängigkeiten zu charakterisierende Welt ein hohes Maß an Ganzheitlichkeit aufweist, gebietet „die Notwendigkeit einer prinzipiellen Veränderung der Hauptkriterien beim Herangehen an die Lösung der globalen Probleme der Gegenwart seitens der *ganzen* menschlichen Gesellschaft."[4] Es sind *gemeinsame* Bemühungen aller Mitglieder der internationalen Staatengemeinschaft notwendig, um zur Lösung derjenigen Probleme beizutragen, die einen besonders explosiven Charakter annehmen und globale Wirkung haben, also als „globale Probleme" bezeichnet werden können.

* Text S. 45—50

[1] XXVII. Parteitag der KPdSU, Politischer Bericht des Zentralkomitees der KPdSU an den XXVII. Parteitag der Kommunistischen Partei der Sowjetunion, Berichterstatter: M. S. Gorbatschow, Berlin 1986, S. 96 (Hervorhebg. weggelassen — K. B.).

[2] Vgl. ebenda, S. 29.

[3] M. S. Gorbačov, (Rede vor den Teilnehmern der Jahresversammlung des amerikanisch-sowjetischen Handels- und Wirtschaftsrates), in: Pravda vom 11. Dezember 1985, S. 2 (russ.).

[4] A. Gromyko/W. Lomejko, Neues Denken im Atomzeitalter, Leipzig/Jena/Berlin 1985, S. 221.

Ökonomische Sicherheit und umfassendes Sicherheitssystem

Das Programm für die Schaffung eines umfassenden Systems internationaler Sicherheit, das vom XXVII. Parteitag der KPdSU vorgeschlagen wurde, basiert auf der Anerkennung der Notwendigkeit, daß die internationalen Beziehungen der Gegenwart auf der Grundlage des Prinzips der friedlichen Koexistenz so umzugestalten sind, daß eine dem nuklear-kosmischen Zeitalter entsprechende „Kultur" des friedlichen Miteinander zwischen allen Staaten und auf allen Ebenen entwickelt und garantiert wird. Es verbindet „. . . . alle Aspekte der Wechselbeziehungen der Staaten — militärische, politische, ökonomische und humanitäre — für die Schaffung eines wahrhaft dauerhaften Friedens auf unserem Planeten"[5] und erfaßt so die wichtigsten Dimensionen der Weltpolitik, um das Überleben, die soziale und ökonomische Entwicklung der Völker und die Beseitigung der materiellen Grundlagen eines Krieges durch die Verstärkung der internationalen Zusammenarbeit zu gewährleisten. Innerhalb dieses aufeinander abgestimmten Systems der friedlichen internationalen Zusammenarbeit können alle globalen Probleme der Gegenwart in ihrer Komplexität einer Lösung zugeführt werden, die den jeweils nationalen Interessen wie auch gleichermaßen den Interessen der internationalen Gemeinschaft als Ganzes gerecht werden kann. So ist das zu schaffende System internationaler ökonomischer Sicherheit notwendiges und — angesichts der Tatsache, daß die ökonomischen Bedingungen das in letzter Instanz die geschichtliche Entwicklung Bestimmende sind[6], — wesentliches Element eines Systems umfassender internationaler Sicherheit. Die internationale ökonomische Sicherheit könnte neben der Abrüstung zu einem zuverlässigen Eckstein der internationalen Sicherheit insgesamt werden.[7]

Im Prozeß der Gewährleistung internationaler ökonomischer Sicherheit sind grundlegende Veränderungen der sozialen und materiellen Strukturen, auch des Grades, der Dimensionen und der Qualität der wechselseitigen Verflechtung der Volkswirtschaften der einzelnen Staaten unerläßlich. Dies hätte wesentlichen Einfluß auf die nationale ökonomische Sicherheit der Staaten und damit auch auf ihre ökonomische und soziale Stabilität. Nicht zuletzt hätte dies Rückwirkungen auf die Außenpolitik eines jeden Staates und demzufolge positive Auswirkungen auf die internationalen Beziehungen insgesamt. Da — wie Lenin formulierte — „. . . Politik konzentrierteste Ausdruck der Ökonomik ist"[8], wird auch der Allgemeinzustand der politischen Beziehungen zunehmend stärker durch die Qualität der gegenseitigen Wirtschaftsbeziehungen bestimmt. Zwischen der in-

[5] G. Trofimenko, Mirnomu sosuščestvovaniju net al'ternativy, in: Meždunarodnaja Žizn, 6/1986, S. 23 (russ.).

[6] Vgl. F. Engels, Brief an Bloch, in: K. Marx/F. Engels, Werke, Bd. 37, Berlin 1974, S. 462ff.

[7] Vgl. Politischer Bericht des Zentralkomitees der KPdSU an den XXVII. Parteitag der KPdSU, a. a. O., S. 95.

[8] W. I. Lenin, Werke, Bd. 32, Berlin 1975, S. 15.

ternationalen ökonomischen Sicherheit und den anderen Elementen des allumfassenden Systems der internationalen Sicherheit besteht eine Wechselwirkung. Demgemäß wirken sich Fortschritte in anderen Bereichen, z. B. in der Abrüstung und in der politischen Atmosphäre, auch günstig für die Gewährleistung der internationalen ökonomischen Sicherheit aus. Wie günstige politische Bedingungen geeignet sind, die internationalen Wirtschaftsbeziehungen und das Wirtschaftswachstum der einzelnen Staaten zu stimulieren, hat z. B. der Entspannungsprozeß im Europa der siebziger Jahre hinreichend bewiesen.[9]

Dem zu schaffenden Subsystem internationaler ökonomischer Sicherheit, als unabdingbarem Element eines umfassenden Systems internationaler Sicherheit, liegen die gleichen allgemeinen Einsichten zu Grunde, die das Gesamtsystem leiten. Ausgangspunkt sind die Grundideen, daß es ohne gegenseitige Sicherheit keine allgemeine Sicherheit geben kann, daß die nationalen Sicherheitsinteressen mit denen der Region und den globalen Sicherheitsinteressen auf das engste verknüpft sind sowie daß die legitimen, an den systemübergreifenden sozialen Grundwerten ausgerichteten Sicherheitsinteressen der einzelnen Staaten zu respektieren sind.

Dabei ist es notwendig, mit den materiellen auch die politischen und die juristischen Garantien für die nationale und internationale ökonomische Sicherheit zu entwickeln und konsensfähige Materien in den Vordergrund der Bemühungen um eine ergebnisorientierte Zusammenarbeit zu rücken, um vorhandene konfrontative Elemente in den internationalen Wirtschaftsbeziehungen zu beseitigen oder abzuschwächen. Das bedeutet keinesfalls, die eigenen Grundpositionen aufzugeben. Für die sozialistischen Staaten bedeutet es vielmehr Flexibilität bei der Verteidigung der Grundwerte oder Grundpositionen des Sozialismus.[10] Ein derartiges Herangehen an die Schaffung internationaler ökonomischer Sicherheit zeugt davon, daß die von Lenin formulierte Erkenntnis „... vom Standpunkt der Grundideen des Marxismus stehen die Interessen der gesellschaftlichen Entwicklung höher als die Interessen des Proletariats“[11] unter den konkret-historischen Bedingungen unserer Entwicklungsetappe schöpferisch umgesetzt wird. So stellt sich auch das zu schaffende System internationaler ökonomischer Sicherheit als ein „offenes System“ dar, das mehrdimensional angelegt ist. Seine Zielstellungen können nur in einem kontinuierlichen Prozeß realisiert werden, in dem der Begriff „internationale ökonomische Sicherheit“ einen qualitativ und quantitativ immer umfangreicheren Inhalt bekommt und von immer mehr Teilnehmern an den internationalen ökonomischen Beziehungen mitgetragen und entwickelt wird.

[9] Vgl. A. Gromyko/W. Lemejko, Neues Denken im Atomzeitalter, a. a. O., S. 208ff.

[10] Vgl. hierzu M. M. Litwinow auf der 15. Tagung des Völkerbundes am 18. September 1934, in: W. Spröte/H. Wünsche (Hrsg.), Die Vereinten Nationen und ihre Spezialorganisationen, Dokumente, Band 1; H. Wünsche, Die Entstehung der UNO, Berlin 1974, S. 100ff.

[11] W. I. Lenin, Entwurf eines Programms unserer Partei, in: Werke, Bd. 4, Berlin 1974, S. 230.

Zum Begriff der internationalen ökonomischen Sicherheit

Der Begriff „internationale ökonomische Sicherheit“ ist bisher nicht in allgemein akzeptierter Weise definiert worden. Offenbar steht er, ebenso wie der allgemeinere Terminus „internationale Sicherheit“ in der UN-Charta, zu jedem Zeitpunkt der gesellschaftlichen Entwicklung der Interpretation offen.[12]

Die Begriffe „internationale ökonomische Sicherheit“ oder „kollektive ökonomische Sicherheit“ sind nicht ausdrücklich in der Charta der Vereinten Nationen verankert. Doch ordnen sich die Artikel 1, Abs. 3, 55 und 56 der UN-Charta, in denen die Grunderfordernisse der internationalen ökonomischen Zusammenarbeit fixiert sind, den Hauptzielen der Organisation der Vereinten Nationen, der Aufrechterhaltung des Weltfriedens und der internationalen Sicherheit, unter. Die Gründer der UNO waren sich darüber völlig im klaren, daß es zur Sicherung des Friedens notwendig sein würde, sich multilateral mit wirtschaftlichen, gesellschaftlichen und humanitären Problemen zu beschäftigen. „Die Väter der Charta ... (legten) in weiser Voraussicht... in der Charta den jeweiligen Bedürfnissen leicht anpaßbare Mittel zur Förderung einer weitreichenderen Zusammenarbeit auf wirtschaftlichem, gesellschaftlichem und humanitärem Gebiet fest.“[13] Diese Einbettung der internationalen ökonomischen Zusammenarbeit in das Hauptziel der Vereinten Nationen und gleichzeitig ihre Bindung an die in den Artikeln 1 und 2 der Charta fixierten Grundprinzipien findet sich in verschiedenen Gründungsdokumenten von UN-Spezialorganisationen, zumeist für den konkreten Regelungsgegenstand präzisiert, wieder.

Der Terminus „kollektive ökonomische Sicherheit“ ist im internationalen Rahmen erstmals 1964 auf der 1. Tagung der UNCTAD benutzt worden. Damals brachte Brasilien einen Resolutionsentwurf mit dem Titel „Kollektive ökonomische Sicherheit“ ein.[14] Auf dieser Tagung waren die Ausarbeitung und Annahme von 15 allgemeinen und 12 speziellen Prinzipien des internationalen Handels[15] untrennbar mit dem Bemühen der UdSSR und der anderen sozialistischen Staaten verbunden, die Sicherung des Weltfriedens und die Durchsetzung der friedlichen Koexistenz auf dem Gebiet der internationalen Wirtschaftsbeziehungen normativ zu regeln.

[12] Vgl. M. Schaefer, Die Funktionsfähigkeit des Sicherheitsmechanismus der Vereinten Nationen, Berlin (West)/Heidelberg/New York 1981, S. 17.

[13] J. Pérez de Cuéllar, Ansprache des Generalsekretärs der Vereinten Nationen anläßlich der Verleihung der Ehrendoktorwürde der Humboldt-Universität zu Berlin. Berlin 1987, S. 3.

[14] Vgl. Proceedings of the United Nations Conference on Trade and Development, Geneva, 23 March—16 June 1964, Bd. VI, New York 1964, S. 12.

[15] Vgl. Schlußakte der I. UNCTAD, in: W. Spröte/H. Wünsche (Hrsg.), Die Vereinten Nationen und ihre Spezialorganisationen, Dokumente, Band 6; W. Spröte, Resolutionen zu Grundfragen des internationalen Handels und der internationalen Währungs- und Finanzbeziehungen, Berlin 1980, S. 24ff.

In der im Jahre 1970 von der UN-Vollversammlung angenommenen Deklaration zur Stärkung der internationalen Sicherheit wird betont, daß es eine enge Verbindung zwischen der Stärkung der internationalen Sicherheit, der Abrüstung und der ökonomischen Entwicklung der Länder gibt, und daß ein Fortschritt auf jedem dieser Gebiete ein Fortschritt für die gesamte internationale Sicherheit darstellen würde. Es wird unterstrichen, daß die Verringerung und Überwindung der „ökonomischen Lücke" zwischen den entwickelten und den Entwicklungsländern notwendig sowie eng und wesentlich mit der Stärkung der Sicherheit aller Nationen und der Gewährleistung eines dauerhaften Weltfriedens verbunden sind.[16] In den jährlichen Nachfolgeresolutionen werden diese Gedanken bekräftigt und weitergeführt.

Im Jahre 1973 wurde der Begriff „kollektive ökonomische Sicherheit" von der Vollversammlung wieder aufgegriffen, ebenso auf ihrer VI. Sondertagung 1974 und in der im gleichen Jahr angenommenen Charta der ökonomischen Rechte und Pflichten der Staaten.[17] In dieser Richtung liegt auch die Resolution der VII. Sondertagung der UN-Vollversammlung im Jahre 1975.[18] Zu Beginn der siebziger Jahre lag das Schwergewicht im wesentlichen darauf, eine Strategie zu verwirklichen, die auf die Verringerung und schließliche Überwindung der „ökonomischen Lücke" zwischen den entwickelten und den Entwicklungsländern ausgerichtet war. Mit zunehmender Wirkung des Konfrontationskurses der aggressivsten imperialistischen Kreise wurde in Resolutionen der UN-Vollversammlung hervorgehoben, daß das Fehlen einer Konzeption für eine Überwindung der Krise in der Weltwirtschaft die bereits vorhandenen Ungleichheiten und Ungerechtigkeiten in den internationalen Wirtschaftsbeziehungen weiter verstärkt. Dieser Sachverhalt wird als eine gravierende Bedrohung des Weltfriedens und der internationalen Sicherheit charakterisiert. Immer nachdrücklicher wird darauf hingewiesen, daß die ökonomischen Aspekte internationaler Sicherheit und die Festigung des Weltfriedens sich gegenseitig beeinflussende, nicht voneinander zu trennende Größen sind.

Auf Initiative der sozialistischen Staaten wurde von der 40. Tagung der UN-Vollversammlung die Resolution „Internationale ökonomische Sicherheit" angenommen.[19] Sie ist auf die Umsetzung wesentlicher Elemente der Deklaration der Mitgliedsländer des RGW „Die Erhaltung des Friedens und die internationale

[16] Vgl. Resolution 2734 (XXV), paras. 19 und 21.

[17] Vgl. Resolution 3281 (XXIX) vom 12. Dezember 1974, in: W. Spröte/H. Wünsche (Hrsg.), Die Vereinten Nationen und ihre Spezialorganisationen, Dokumente, Band 5; W. Spröte, Resolutionen zu Grundfragen der internationalen Wirtschaftsbeziehungen, Berlin 1978, S. 286ff.

[18] Resolution 3326 (S-VII), in: ebenda, S. 322ff.

[19] Resolution 40/173, in: UNO-Bilanz 1985/86, S. 152.

ökonomische Zusammenarbeit" vom Juni 1984[20] gerichtet. In der Resolution wird festgelegt, daß der UN-Generalsekretär auf der 42. Tagung der Vollversammlung einen analytischen Bericht über ein Konzept der internationalen ökonomischen Sicherheit vorlegen soll, und daß die Staaten dieses Projekt durch Übermittlung ihrer Vorstellungen unterstützen sollen. Mit dieser Resolution ist somit die Grundlage für eine langfristige Behandlung der Problematik der internationalen ökonomischen Sicherheit in einem eigenständigen Tagesordnungspunkt der UN-Vollversammlung gelegt. Die sozialistischen Staaten haben in ihren hierzu abgegebenen Stellungnahmen übereinstimmende Auffassungen in den Grundfragen geäußert.[21] Ihren gemeinsamen Standpunkt weiter ausgebaut haben sie in dem Dokument des Politischen Beratenden Ausschusses der Teilnehmerstaaten des Warschauer Vertrages zur Überwindung der Unterentwicklung und zur Schaffung einer neuen internationalen Wirtschaftsordnung vom Mai 1987.[22]

Angesichts der Realitäten der heutigen Welt, des Bestehens unterschiedlicher Gesellschaftssysteme und eines Mosaiks souveräner Staaten mit ihren legitimen Interessen, kann der Begriff „internationale ökonomische Sicherheit" als „ein Zustand in der Weltwirtschaft (verstanden werden), der jedem Staat gestattet, auf der Grundlage der Gleichberechtigung, der Nichtdiskriminierung und der Achtung der Souveränität an den internationalen Wirtschaftsbeziehungen teilzunehmen und in den Genuß der Vorteile der internationalen Arbeitsteilung zu kommen. Mit anderen Worten, internationale ökonomische Sicherheit bedeutet Berechenbarkeit, Verläßlichkeit und Stabilität im internationalen Wirtschaftsverkehr, Respektierung der legitimen Wirtschaftsinteressen aller Beteiligten sowie den Ausschluß von Willkür und Diskriminierung"[23].

Es kommt nun darauf an, zur Gewährleistung der nationalen und internationalen ökonomischen Sicherheit *vom Konsens der Staatengemeinschaft getragene normative Regelungen* zu entwickeln bzw. vorhandene weiter auszubauen. Ausgangspunkt müssen dabei die gemeinsamen Sicherheitsinteressen aller Staaten sein; denn gegen die objektiven Interessen eines Staates, gegen seine Ablehnung, ist das Konzept der internationalen ökonomischen Sicherheit nicht zu verwirklichen.

[20] Vgl. Deklaration der Mitgliedsländer des Rates für Gegenseitige Wirtschaftshilfe „Die Erhaltung des Friedens und die internationale ökonomische Zusammenarbeit" vom Juni 1984, in: Wirtschaftsberatung des RGW auf höchster Ebene vom 12.—14. Juni 1984 in Moskau, Dokumente, Berlin 1984, S. 14.

[21] Vgl. DDR-Stellungnahme in: Außenpolitische Korrespondenz, 50/1986, S. 393.

[22] Vgl. Dokument der Berliner Tagung des Politischen Beratenden Ausschusses der Teilnehmerstaaten des Warschauer Vertrages vom 27. Mai 1987 zur Überwindung der Unterentwicklung und zur Schaffung einer neuen internationalen Wirtschaftsordnung, in: Außenpolitische Korrespondenz, 24/1987, S. 190ff.

[23] P. Dietze, Internationale ökonomische Sicherheit, in: Horizont, 7/1987, S. 4.

Nutzung bereits vorhandenen Einverständnisses

Völkerrechtliche Grundlage eines Systems der internationalen ökonomischen Sicherheit bilden die Grundprinzipien des demokratischen Völkerrechts.[24] Dies ergibt sich daraus, daß sie gemäß ihrer völkerrechtlich verbindlichen Fixierung in der Charta der Vereinten Nationen auf die Aufrechterhaltung des Weltfriedens und der internationalen Sicherheit orientiert sind. Außerdem sind alle Staaten gehalten, sich in ihrem gesamten internationalen Auftreten von diesen Prinzipien leiten zu lassen.[25]

Die Grundprinzipien erfassen mit ihrem normativen Gehalt wesentliche Aspekte der internationalen ökonomischen Sicherheit. So untersagen sie unmißverständlich jegliche, auch ökonomische Maßnahmen, um auf die Ausübung der souveränen Rechte eines Staates, d. h. auch auf wirtschaftlichem Gebiet, im Widerspruch zu den grundlegenden völkerrechtlichen Verpflichtungen Einfluß zu nehmen. Auch fördern sie die Vertiefung der gegenseitigen Zusammenarbeit auf der Grundlage der Gleichberechtigung und des gegenseitigen Vorteils. Und schließlich gehört dazu, die freiwillig übernommenen Verpflichtungen gewissenhaft einzuhalten und zu erfüllen, sowie auftretende Streitigkeiten ausschließlich mit friedlichen Mitteln beizulegen. Dennoch kann daraus in keiner Weise geschlossen werden, es bestehe bereits ein wohlausgebautes System völkerrechtlicher Grundlagen für die Gewährleistung der internationalen ökonomischen Sicherheit. Dem ist bei weitem nicht so. Wie z. B. die Fragen der Überwindung von Diskriminierungen und des Verbots der Anwendung ökonomischer Maßnahmen zur Ausübung völkerrechtswidrigen, politischen Druckes deutlich machen, bestehen in zahlreichen Einzelproblemen weitreichende Meinungsverschiedenheiten zur Bestimmung des normativen Gehalts des geltenden Völkerrechts.[26]

[24] Vgl. A. A. Kovalev, Meždunarodnaja èkonomičeskaja bezopasnost': pravovye aspekty, in: Sovetskoe gosudarstvo i pravo, 4/1987, S. 72; M. M. Boguslavskij, Pravovye aspekty meždunarodnoj èkonomičeskoj bezopasnosti, in: XXX Eževodnoe Sobranie Sovetskoj Associacii Meždunarodnogo Prava, 28, 29, 30 Janvarja 1987, Tezisy dokladov, Moskva 1987, S. 22; B. Graefrath, Internationaler Gerichtshof verurteilt USA-Intervention gegen Nikaragua, in: Neue Justiz, 12/1986, S. 489.

[25] Vgl. Ziffer 3 der Schlußbestimmungen der Deklaration über die Prinzipien des Völkerrechts betreffend die freundschaftlichen Beziehungen und die Zusammenarbeit zwischen den Staaten in Übereinstimmung mit der Charta der Vereinten Nationen, Resolution 2625 (XXV) der UN-Vollversammlung vom 24. Oktober 1970, in: Völkerrecht, Dokumente, Teil 3, Berlin 1980, S. 714.

[26] So wird z. B. von sozialistischen Autoren der Beseitigung von Diskriminierungen und einem Verbot ökonomischer Maßnahmen zur Einmischung in die inneren Angelegenheiten eines Staates eine große Bedeutung beigemessen. Vgl. M. M. Boguslawskij, Meždunarodnoe èkonomičeskoe pravo, Moskva 1986, S. 99f. und S. 103ff.; E. T. Usenko/V. A. Vasil'enko, Princip nediskriminacii v sfere meždunarodnych èkonomičeskich otnošenij, in: Sovetskij ežegodnik meždunarodnogo prava, 1983, Moskva 1984, S. 25ff.
Westliche Autoren sind demgegenüber bemüht, einem Diskriminierungsverbot sehr enge Grenzen zu ziehen und eine Ausübung von Druck mit ökonomischen Mitteln grundsätzlich

Es ist deshalb dringend notwendig, zu den noch offenen Fragen geeignete Regelungen zu vereinbaren.

Der Ausbau der völkerrechtlichen Grundlagen für die internationale ökonomische Sicherheit ist eine komplizierte Angelegenheit, da eine Willensübereinstimmung zwischen Staaten verschiedener Gesellschaftssysteme und eines unterschiedlichen Entwicklungsstandes unerläßlich ist. Diesen Prozeß zu erleichtern ist möglich, wenn auf bereits vorhandene Übereinstimmungen zurückgegriffen werden kann, die zum Ausgangspunkt für spezifische Regelungen genommen werden können.

Ein solcher Ansatzpunkt bietet sich insbesondere in den Dokumenten, die von der UN-Vollversammlung zu dem Komplex der Schaffung einer neuen internationalen Wirtschaftsordnung angenommen worden sind. Diese sind teilweise, wie vor allem die Deklaration und das Aktionsprogramm der VI. Sondertagung[27], im Konsensus angenommen worden. Selbst wenn diese Dokumente mit Gegenstimmen und Enthaltungen angenommen worden sind, wie z. B. die Charta der ökonomischen Rechte und Pflichten der Staaten[28] sowie die allgemeinen und speziellen Prinzipien des internationalen Handels[29], weisen sie in einer Reihe von wesentlichen Einzelfragen ein hohes Maß an Übereinstimmung auf, das nicht ungenutzt bleiben sollte. Auch wenn zu berücksichtigen ist, daß es sich hierbei um eine Zustimmung zu nicht rechtsverbindlichen Empfehlungen handelt und zum Teil auch zur Erklärung des Abstimmungsverhaltens einschränkende Stellungnahmen abgegeben worden sind, bieten sich dennoch geeignete Ansatzpunkte für den Ausbau der rechtlichen Grundlagen der internationalen ökonomischen Sicherheit.

Das Konzept der internationalen ökonomischen Sicherheit soll, wie die Teilnehmerstaaten des Warschauer Vertrages in ihrem Dokument vom Mai 1987 hervorgehoben haben, die Bestrebungen zur Schaffung einer neuen internationalen Wirtschaftsordnung nicht ersetzen. Doch soll auch nicht übersehen werden, daß beide Konzeptionen in einem untrennbaren Zusammenhang miteinander stehen. Dies brachte die UN-Vollversammlung zum Ausdruck, indem sie in ihrer Resolu-

für zulässig zu erachten. Vgl. W. Kewenig, Der Grundatz der Nichtdiskriminierung im Völkerrecht der internationalen Handelsbeziehungen, Band 1: Der Begriff Diskriminierung, Frankfurt (a. Main) 1972; D. Ch. Dicke, Die Intervention mit wirtschaftlichen Mitteln im Völkerrecht, Baden-Baden 1978; B.-O. Bryde, Die Intervention mit wirtschaftlichen Mitteln, in: Festschrift für Hans-Jürgen Schlochauer zum 75. Geburtstag am 28. März 1981, Berlin (West)/ New York 1981, S. 227ff.

27 Resolutionen 3201 (S-VI) und 3202 (S-VI) der UN-Vollversammlung vom 1. Mai 1974, in: W. Spröte/H. Wünsche (Hrsg.), Die Vereinten Nationen und ihre Spezialorganisationen, Dokumente, Band 5, a. a. O., S. 220ff. und 234ff.

28 Gegen die Charta stimmten Belgien, die BRD, Dänemark, Großbritannien, Luxemburg und die USA, während sich Frankreich, Irland, Israel, Italien, Japan, Kanada, die Niederlande, Norwegen, Österreich und Spanien der Stimme enthielten.

29 Über jedes Prinzip wurde einzeln abgestimmt, wobei häufig von den USA die einzige Gegenstimme kam.

tion 40/173 den Zusammenhang zwischen internationaler ökonomischer Sicherheit und der Lösung der ökonomischen Probleme der Entwicklungsländer hervorhob.

Dieser Zusammenhang wird auch in der Charta der ökonomischen Rechte und Pflichten der Staaten deutlich, nach deren Präambel eines ihrer Ziele ist, „die kollektive ökonomische Sicherheit für die Entwicklung, insbesondere der Entwicklungsländer, bei strikter Achtung der souveränen Gleichheit eines jeden Staates und durch die Zusammenarbeit der gesamten internationalen Gemeinschaft zu fördern."[30] Dieser Gedanke ist im folgenden in verschiedene Festlegungen umgesetzt worden, die, wie die im 2. Komitee zu jeder einzelnen Bestimmung vorgenommenen Abstimmungen dokumentieren,[31] zum Teil einstimmig angenommen worden sind.

Aus den im 2. Komitee durchgeführten Einzelabstimmungen ergibt sich, daß alle Präambelbestimmungen außer 2 einstimmig angenommen wurden. Von den 15 Prinzipien des Kapitels I fanden 12 einstimmige Annahme und von den 34 Artikeln der Kapitel II—IV waren es 18. Wenn man weiterhin berücksichtigt, daß bei einigen Artikeln nur wenige Gegenstimmen vorhanden sind — bei Art. 14 stimmte z. B. nur Australien dagegen und es gab keine Stimmenthaltungen —, kann man davon ausgehen, daß nicht nur die Deklaration der VI. Sondertagung, sondern auch die Charta der ökonomischen Rechte und Pflichten der Staaten gute Ansatzpunkte für die Vereinbarung von konkreten Verpflichtungen zur Gewährleistung der internationalen ökonomischen Sicherheit abgeben kann. Dies wird noch dadurch verstärkt, daß zahlreiche Bestimmungen, die auf Widerspruch stießen, wie z. B. der Art. 2, in wesentlichen Zügen geltendes Völkerrecht wiedergeben.

Einstimmig angenommen wurden z. B. die Art. 24 und 31. Nach Art. 24 haben alle Staaten die Pflicht, ihre gegenseitigen Wirtschaftsbeziehungen in einer Weise zu gestalten, die die Interessen anderer Länder berücksichtigt, wobei es insbesondere vermieden werden soll, die Interessen der Entwicklungsländer zu beeinträchtigen. Und nach Art. 31 haben alle Staaten die Pflicht, zur ausgeglichenen Erweiterung der Weltwirtschaft beizutragen, „wobei sie die enge Wechselwirkung zwischen dem Wohlergehen der entwickelten Länder und dem Wachstum und der Entwicklung der Entwicklungsländer sowie die Tatsache gebührend berücksichtigen, daß der Wohlstand der internationalen Gemeinschaft als Ganzes von dem Wohlstand ihrer Glieder abhängt."

Wenn auch diese beiden Artikel in ihrem normativen Gehalt sehr allgemeine Verpflichtungen enthalten, machen sie deutlich, daß sie von dem wechselseitigen Zusammenhang der Interessen und der Entwicklung der verschiedenen Länder[32] ausgehen. Weiterhin erfassen sie mit dem Wohlergehen der einzelnen Länder einen

[30] Gegen diese Formulierung stimmten Belgien, die BRD und die USA, während sich Dänemark, Frankreich, Großbritannien, Irland, Israel, Italien und Luxemburg der Stimme enthielten.

[31] Vgl. A/9946.

[32] Vgl. hierzu Politischer Bericht des ZK der KPdSU an den XXVII. Parteitag, a. a. O., S. 29.

wesentlichen Faktor der Zielstellung der internationalen Sicherheit; denn ohne nationale ökonomische Sicherheit ist das Wohlergehen nicht zu gewährleisten. Den Erfordernissen des Konzepts der internationalen ökonomischen Sicherheit entspricht auch der in Art. 31 deutlich gemachte Zusammenhang zwischen der Entwicklung des einzelnen Landes und der der Gemeinschaft, d. h. ihrer wechselseitigen Abhängigkeit. Internationale ökonomische Sicherheit ist nur bei Berücksichtigung der legitimen Sicherheitsinteressen der einzelnen Länder auf ökonomischem Gebiet zu verwirklichen.

Unter diesem Aspekt ist es notwendig, den Entwicklungsländern eine besondere Aufmerksamkeit einzuräumen; denn ihre ökonomische Sicherheit ist gegenwärtig im höchsten Maße verletzlich[33] und bedarf deshalb im Interesse des Gesamtsystems der internationalen ökonomischen Sicherheit in erster Linie der Festigung. Hieraus wird deutlich, daß das Konzept der internationalen ökonomischen Sicherheit und das der Schaffung einer neuen internationalen Wirtschaftsordnung in einer Kernfrage übereinstimmen. Notwendig ist jedoch — und das stellt die noch zu lösende schwierige Aufgabe dar — die allgemeinen Verpflichtungen der Art. 24 und 31 sowie anderer ähnlicher Formulierungen durch konkrete normative Verpflichtungen zu untersetzen bzw. in solche umzusetzen.

Ökonomische Sicherheit und neue internationale Wirtschaftsordnung

Die zu schaffende neue internationale Wirtschaftsordnung muß, wie die Teilnehmerstaaten des Warschauer Vertrages auf den Tagungen des Politischen Beratenden Ausschusses von 1986 und 1987 bekräftigt haben, allen Staaten gleiche ökonomische Sicherheit gewährleisten. Dies entspricht der Gleichberechtigung aller Staaten, ihrer sich aus dem Prinzip der souveränen Gleichheit ergebenden juristischen Gleichheit.

Gleiche ökonomische Sicherheit für alle Staaten kann jedoch nur gewährleistet werden, wenn die besondere Lage der Entwicklungsländer gebührend berücksichtigt wird. Dies bedeutet, spezielle Maßnahmen zur Gewährleistung der ökonomischen Sicherheit der Entwicklungsländer vorzusehen. Das entspricht inhaltlich den Bestrebungen zur Schaffung einer neuen internationalen Wirtschaftsordnung, deren Endziel darin besteht, ein größeres Maß an tatsächlicher Gleichheit in der internationalen Gemeinschaft zu erreichen.[34]

Das schließt die Gewährung spezieller Rechte und Vergünstigungen an die Entwicklungsländer ein[35]. Auf diese Weise soll ein Beitrag zur Förderung der wirt-

[33] Vgl. A. A. Kovalev, Meždunarodnaja ėkonomičeskaja bezopasnost': pravovye askpekty, a. a. O., S. 69; vgl. auch Th. Flory, Le concept de „securitè economique collective" dans les relations commerciales interétatiques et ses implications, in: Revue Roumaine d'études internationales, Bd. XVIII (1984), S. 134.

[34] Vgl. A/39/504/Add. 1, S. 61, para. 28.

[35] Vgl. UNITAR/DS/6/Add. 1, S. 32, para. 66.

schaftlichen Unabhängigkeit der Entwicklungsländer und zur Festigung ihrer ökonomischen Stabilität und Sicherheit geleistet werden.

Die Staaten der sozialistischen Gemeinschaft unterstützen konsequent die progressiven Forderungen der Entwicklungsländer im Kampf um die ökonomische Entkolonialisierung, einschließlich der strikten Anwendung des allgemeinen Präferenzsystems.[36] Sie sind der Ansicht, daß ohne entschiedene Maßnahmen zur Überwindung der Unterentwicklung weder ökonomische und politische Stabilität noch der Weltfrieden gewährleistet werden können.[37]

Die Gewährung zeitweilig angelegter[38] rechtlicher oder anderer normativer Vergünstigungen an eine Staatengruppe, d. h. hier an die der Entwicklungsländer, steht in keiner Weise im Widerspruch zum Prinzip der souveränen Gleichheit aller Staaten. Die zu diesem Prinzip gehörende juristische Gleichheit aller Staaten bedeutet kein gleiches Maß an Rechten, sondern ihre Gleichheit vor dem Recht.[39] Alle Staaten haben in bezug auf die Gestaltung ihrer internationalen Beziehungen ungeachtet ihrer Unterschiede gleiche Rechte und Pflichten.[40] Im Prozeß ihrer gleichberechtigten und gegenseitig vorteilhaften Zusammenarbeit können sie vertraglich konkrete gegenseitige Rechte und Pflichten vereinbaren. Sie können auch im Interesse eines Ausgleichs bestehender Nachteile für bestimmte Staaten freiwillig eine bevorzugte Behandlung vorsehen.

In den gegenwärtigen internationalen Beziehungen wurde durch spezielle vertragliche Vereinbarungen wie auch Regelungen, die keine völkerrechtliche Verbindlichkeit aufweisen, in zahlreichen Fällen ein Sonderstatus für Entwicklungsländer geschaffen.[41] Derartige Regelungen widersprechen nicht der gleichen

[36] Vgl. Deklaration der Mitgliedsländer des Rates für Gegenseitige Wirtschaftshilfe „Die Erhaltung des Friedens und die internationale ökonomische Zusammenarbeit" vom Juni 1984, a. a. O., S. 14.

[37] Vgl. Dokument der Berliner Tagung des Politischen Beratenden Ausschusses der Teilnehmerstaaten des Warschauer Vertrages vom Mai 1987 zur Überwindung der Unterentwicklung und zur Schaffung einer neuen internationalen Wirtschaftsordnung, a. a. O., S. 191.

[38] Vgl. Ausführungen des damaligen Generalsekretärs der UNCTAD, R. Prebisch, auf der I. Tagung der UNCTAD, Proceedings of the United Nations Conference on Trade and Development, Geneva, 23 March—16 June 1964, Band II, a. a. O., S. 35 und 38. Das Allgemeine Präferenzsystem war ursprünglich für einen Zeitraum von 10 Jahren vorgesehen.

[39] Vgl. W. Kewenig, Der Grundsatz der Nichtdiskriminierung im Völkerrecht der internationalen Handelsbeziehungen, a. a. O., S. 35; H. Reinhard, Rechtsgleichheit und Selbstbestimmung der Völker in wirtschaftlicher Hinsicht. Die Praxis der Vereinten Nationen, Berlin (West)/Heidelberg/New York 1980, S. 96. Nicht gerechtfertigt ist aber, aus der Gleichheit vor dem Recht Argumente gegen ein allgemeines Diskriminierungsverbot ableiten zu wollen, wie es z. B. Kewenig auf S. 36 tut.

[40] Vgl. Autorenkollektiv, Völkerrecht, Lehrbuch, Teil 1, Berlin 1981, S. 126.

[41] Vgl. z. B. Anhang zur Pariser Fassung vom 24. Juli 1971 der Berner Übereinkunft zum Schutz von Werken der Literatur und Kunst vom 9. September 1986, GBl. der DDR Teil II 1978 Nr. 4 S. 48ff.; Teil IV des Allgemeinen Abkommens über Zölle und Handel (GATT), in: Basic Instruments and selected Documents, Bd. IV, Genf 1969, S. 53ff.; UN-Seerechtskonvention vom 10. Dezember 1982, A/CONF. 62/122; Beschluß des Trade and Development Board vom 13. Oktober 1970, 75 (S-IV), TD/B/332.

Rechtsstellung aller Staaten vor dem Recht. Sie dienen vielmehr der besseren Verwirklichung des Grundsatzes der Gleichbehandlung der Staaten.[42]

Die tatsächliche Gleichheit der Staaten fördernde zeitweilige Begünstigung der Entwicklungsländer erfordert Rechte und Pflichten der gewährenden wie der empfangenden Staaten. Sie ist kein Verhältnis, in dem nur die eine Seite Pflichten zu erfüllen hat. Jeder Staat trägt, wie auch in Art. 7 der Charta der ökonomischen Rechte und Pflichten der Staaten bekräftigt wurde, gemäß seiner Souveränität die Hauptverantwortung für die ökonomische, soziale und kulturelle Entwicklung seines Volkes. Die von anderen Staaten gewährte Unterstützung kann nur dazu dienen, die Entwicklungsländer bei der Ausübung ihrer Hauptverantwortung zu unterstützen. Damit das Zusammenwirken zwischen Ausübung der eigenen Verantwortung und der von anderer Seite gewährten Hilfe im Interesse der Förderung der Gleichheit und der besseren nationalen ökonomischen Sicherheit funktionieren kann, bedarf es eines ausgewogenen Verhältnisses von Rechten und Pflichten, vor allem Mitwirkungsrechten und -pflichten, auf beiden Seiten. Die Förderung der Entwicklungsländer im Hinblick auf ihre ökonomische Entwicklung und die Festigung ihrer ökonomischen Sicherheit stellt sich folglich als ein Komplex freiwillig eingegangener Vereinbarungen dar, die darauf gerichtet sind, durch eine sinnvolle Zusammenarbeit die tatsächliche Gleichheit aller Staaten zu fördern. Diese zeitweilige Besserstellung liegt nicht allein im Interesse der begünstigten Staaten, sondern ebenfalls im Interesse der Menschheit, im Interesse der internationalen ökonomischen Sicherheit und Stabilität im allgemeinen, ist Ausdruck der Bemühungen um eine kollektive internationale Sicherheit.

Aus diesen Überlegungen wird zugleich deutlich, daß die Entwicklungsländer trotz der für sie durch Vereinbarungen zwischen den Staaten zustandegekommenen zeitweiligen Vergünstigungen keine besondere Kategorie Völkerrechtssubjekte darstellen, sondern ihnen grundsätzlich die gleichen Rechte und Pflichten zustehen wie allen anderen Staaten. Das gegenwärtige Völkerrecht weist deshalb keine Normendualität auf,[43] wie von manchen Autoren behauptet worden ist. Eine Normendualität muß schon aus dem Grunde abgelehnt werden, da es bei dem Prinzip der souveränen Gleichheit um die Gleichheit vor dem Recht geht. Die Staaten als gleichberechtigte Partner vereinbaren für ihre gegenseitigen Beziehungen miteinander unterschiedliche Rechte und Pflichten, so daß es keinen Staat gibt, der über das gleiche Maß an Rechten und Pflichten verfügt wie irgendein anderer.[44] Die

[42] Vgl. B. Graefrath, Recht auf Entwicklung als Menschenrecht in der internationalen Diskussion, in: DDR-Komitee für Menschenrechte. Schriften und Informationen, 1/1982, S. 13f.

[43] Abgelehnt wird eine Normendualität z. B. auch von H. Stemberg, Die Charta der wirtschaftlichen Rechte und Pflichten der Staaten. Tendenzen und Wandel der völkerrechtlichen Ordnung wirtschaftlicher Beziehungen zwischen den Staaten, Berlin (West) 1983, S. 207f.; s. ebenfalls R. Bermejo, Place et rôle de l'équité dans le droit international nouveau, in: Österreichische Zeitschrift für öffentliches Recht und Völkerrecht, Bd. 37 (1986) 3, S. 250f.

[44] Vgl. ebenda; vgl. auch N. N. Uljanova (Gesamtredaktion), Obščepriznannye normy v sovremennom meždunarodnom prave, Kiev 1984, S. 135.

Schaffung einer neuen internationalen Wirtschaftsordnung wie auch die Gewährleistung gleicher ökonomischer Sicherheit gehen von der Einheit des universellen Völkerrechtssystems aus, in dem es zugunsten der Entwicklungsländer bestimmte zeitweilige Ausnahmeregelungen gibt.[45]

Wachsende Bedeutung nichtvölkerrechtlicher internationaler Normen

Der Ausbau eines Systems der internationalen ökonomischen Sicherheit ist nur möglich auf der Grundlage von Vereinbarungen zwischen den Staaten. Da die Vereinbarung Entstehungs- und Geltungsgrund des Völkerrechts ist, können die Staaten auch souverän darüber entscheiden, ob sie Völkerrechtsnormen oder andere internationale Normen vereinbaren wollen.[46] Wie die Geschichte der internationalen Beziehungen zeigt, hat es neben den Völkerrechtsnormen stets auch andere internationale Normen, wie z. B. die der internationalen Höflichkeit, gegeben.[47] Wenn diese Normen früher vor allem im Zusammenhang mit Vergünstigungen für Diplomaten eine Rolle spielten, haben heute von den Staaten vereinbarte internationale Normen, die nicht in die Kategorie von Völkerrechtsnormen eingruppiert werden können, an Umfang und Bedeutung gewonnen. Als Gründe werden hierfür insbesondere angeführt: die Schaffung von Völkerrechtsnormen auf dem üblichen Wege sei zu langwierig und kompliziert,[48] nichtvölkerrechtliche Normen seien flexibler zu handhaben[49] oder der zu regelnde gesellschaftliche Prozeß werde noch nicht in einem solchen Maße beherrscht, daß er von völkerrechtlich verbindlichen Normen erfaßt werden könne.[50]

Gerade bei der Gewährleistung der internationalen Sicherheit und auf dem Gebiet der internationalen Wirtschaftsbeziehungen, vor allem im Hinblick auf die

[45] Vgl. H. Stemberg, Die Charta der wirtschaftlichen Rechte und Pflichten der Staaten, a. a. O., S. 208.

[46] Vgl. P. Terz, Die Normbildungstheorie (Eine völkerrechtsphilosophische, völkerrechtssoziologische und völkerrechtstheoretische Studie), in: Acta juridica et politica, Bd. XXXIV (1985), Facs. 9, S. 25; J. Pehnert, Inhaltliche Aspekte für eine Untersuchung des Grundsatzes von Treu und Glauben in den internationalen Beziehungen und im Völkerrecht der Gegenwart, in: Staat und Recht (zitiert als: SuR), 3/1987, S. 208.

[47] Vgl. Autorenkollektiv, Völkerrecht, Lehrbuch, Teil 1, a. a. O., S. 262.

[48] Vgl. I. I. Lukašuk/G. K. Dmitrieva, Meždunarodnoe pravo v meždunarodoj sisteme, in: B. Graefrath (Hrsg.), Probleme des Völkerrechts 1985, Berlin 1985, S. 172; Ch. Schreuer, Die Bedeutung internationaler Organisationen im heutigen Völkerrecht, in: Archiv des Völkerrechts, Band 22 (1984), S. 378; M. Bedjauoi, Towards a New International Economic Order, Paris 1979, S. 138ff.

[49] Vgl. G. I. Tunkin, Law and Force in the International System, Moscow 1985, S. 141.

[50] Vgl. W. Knüpfer, Zur Rolle der Rechtsnormen in der sozialistischen ökonomischen Integration, in: SuR 4/1987, S. 304; vgl. auch F. Roessler, De Facto Agreements and Declarations of Principle in International Economic Relations, in: German Yearbook of International Law, Bd. 21 (1978), Berlin (West) 1979, S. 53.

Schaffung einer neuen internationalen Wirtschaftsordnung, ist es zu Regelungen gekommen, die nicht in die Kategorie des Völkerrechts fallen. Solche Regelungen sind z. B. die Festlegungen der Konferenz über Sicherheit und Zusammenarbeit in Europa von 1975 und ihrer Nachfolgekonferenzen, die teilweise ausdrücklich als politisch verbindlich bezeichnet werden,[51] sowie die von Resolutionen der UN-Vollversammlung, der UNCTAD und anderer UNO-Organe.

Empfehlungscharakter tragende internationale Normen üben teilweise einen beachtlichen Einfluß auf die Staatenpraxis aus. So hat z. B. das Modellabkommen der Vereinten Nationen zur Vermeidung der Doppelbesteuerung zwischen entwickelten und Entwicklungsländern von 1979,[52] das den Staaten eine gewisse Orientierung geben soll, großen Einfluß auf die Gestaltung bilateraler Abkommen zur Vermeidung der Doppelbesteuerung erlangt.[53] Dies äußert sich deutlich in den von der DDR mit nichtsozialistischen Staaten abgeschlossenen Doppelbesteuerungsabkommen.[54] Ähnlich ist es mit den vereinbarten Schlußfolgerungen des UNCTAD-Spezialkomitees für Präferenzen, die am 13. Oktober 1970 von der IV. außerordentlichen Tagung des Trade and Development Board der UNCTAD mit Beschluß 75 (S—IV) bestätigt worden sind. Dieser den Charakter einer Empfehlung an die Mitgliedstaaten tragende Beschluß bildet das tragende normative Dokument für das Allgemeine Präferenzsystem für Exporte aus Entwicklungsländern. Häufig werden auch in UNO-Resolutionen Festlegungen zur Sicherung und Überprüfung ihrer Verwirklichung getroffen, die solchen für völkerrechtsverbindliche Regelungen sehr nahe kommen.[55]

Die in UNO-Resolutionen und ähnlichen internationalen Dokumenten enthaltenen Normen empfehlenden Charakters üben einen beträchtlichen Einfluß auf die Staatenpraxis aus. Daraus wird geschlußfolgert, daß unter gewissen Umständen und bestimmten Bedingungen Empfehlungscharakter tragende Resolutionen internationaler Organisationen den Nachweis erbracht haben, den gleichen Einfluß auf die Praxis der Staaten auszuüben, wie in früherer Zeit dies nur ein bindender Vertrag vermocht hat.[56] Aus diesem Grunde gibt es Autoren, die solche Resolutionen als eine der Hauptquellen eines Entwicklungsvölkerrechts annehmen wollen.[57] Verbreitet ist die Ansicht, an dieser neuen Quelle des Völkerrechts könne man nicht

[51] Vgl. Ziff. 101 des Dokuments der Stockholmer Konferenz über vertrauens- und sicherheitsbildende Maßnahmen und Abrüstung in Europa vom 19. September 1986, in: Neues Deutschland (zitiert als ND) vom 23. September 1986, S. 6.

[52] Text in: H. Spiller, Internationales Finanz- und Währungsrecht. Finanz- und Währungsbeziehungen zu nichtsozialistischen Ländern, Berlin 1984, S. 189ff.

[53] Vgl. ebenda, S. 166

[54] Vgl. z. B. das Abkommen zur Vermeidung der Doppelbesteuerung zwischen der DDR und Indonesien vom 16. März 1987, GBl. der DDR II 1987 Nr. 8 S. 121ff.

[55] Vgl. G. I. Tunkin, Law and Force in the International System, a. a. O., S. 126.

[56] Vgl. W. D. Verwey, in: UNITAR/DS/5, S. 15, para. 6.

[57] Vgl. M. Bulajic, Rechtsnormen der neuen Weltwirtschaftsordnung, in: Internationale Politik, Belgrad, Nr. 760 (1981), S. 30.

vorübergehen, und man solle diese neue Art internationaler Verpflichtungen als „soft law“, d. h. eine Zwischenstufe zwischen Völkerrecht und nichtvölkerrechtlichen Regelungen, qualifizieren.[58]

Dieser Ausdruck ist jedoch weder glücklich noch in begrifflicher Hinsicht sauber. Das Recht trägt stets Zwangscharakter.[59] Eine Art „sanftes Recht“ ist deshalb begrifflich in sich ein Widerspruch. Auch darf auf keinen Fall übersehen werden, daß Resolutionen der UN-Vollversammlung und andere Resolutionen internationaler Organe nur die Rechtskraft tragen können, die ihnen in dem jeweiligen Gründungsdokument zugewiesen worden ist. Und nach Art. 10 und 11 der UN-Charta ist eben eine Resolution der UN-Vollversammlung eine Empfehlung an die Mitgliedstaaten.[60] Wenn man versucht, in Resolutionen ein höheres Maß an Übereinstimmung zwischen den Staaten hineinzuinterpretieren als dies von ihnen beabsichtigt ist, würde dies bedeuten, die Vereinbarung und damit den Geltungsgrund des Völkerrechts in Frage zu stellen. Die Bezeichnung „soft law“ sollte deshalb nicht verwendet werden.[61] Sie ist nicht geeignet, das Wesen politisch verbindlicher und empfehlender internationaler Normen zutreffend widerzuspiegeln.

Die Ablehnung einer im rechtstheoretischen Sinne nicht zutreffenden Bezeichnung soll aber keineswegs die Tatsache in Zweifel ziehen, daß im Prozeß der internationalen Zusammenarbeit die Staaten zunehmend unmittelbar oder über einen Beschluß eines internationalen Organs Normen vereinbaren, die kein Völkerrecht darstellen, aber politisch verbindlich sind oder empfehlenden Charakter tragen. Diese Normen stellen ebenfalls Vereinbarungen zwischen den Staaten dar und sind von großer praktischer Bedeutung. Sie haben u. U. auch rechtliche Auswirkungen. So wird z. B. die Gewährung von Präferenzen an Entwicklungsländer als eine zulässige Ausnahme einer vertraglich vereinbarten Meistbegünstigungsklausel angesehen, selbst wenn dies nicht ausdrücklich vereinbart worden ist.[62] Man kann an der Bedeutung solcher internationaler Normen für die Gewährleistung der internationalen ökonomischen Sicherheit nicht vorübergehen. Man sollte

[58] Vgl. z. B. M. Bedjaoui, Towards a New International Economic Order, a. a. O., S. 189.

[59] Vgl. z. B. Marxistisch-leninistische allgemeine Theorie des Staates und des Rechts, Band 1, Grundlegende Institute und Begriffe, Berlin 1974, S. 257 und 273, sowie Band 4, Das sozialistische Recht, Berlin 1976, S. 19.

[60] Vgl. auch G. I. Tunkin, Law and Force in the International System, a. a. O., S. 127.

[61] Vgl. in diesem Sinne M. Limpert, Verfahren und Völkerrecht, Berlin (West), 1985, S. 231; vgl. auch M. Bothe, „Soft law“ in den Europäischen Gemeinschaften, in: Festschrift für Hans-Jürgen Schlochauer zum 75. Geburtstag am 28. März 1981, a. a. O., S. 769.

[62] Die UN-Völkerrechtskommission hat in ihren Artikelentwürfen zu Meistbegünstigungsklauseln in Artikel 23 die gemäß dem allgemeinen Präferenzsystem an Entwicklungsländer gewährten Vergünstigungen als Ausnahme von der Meistbegünstigungsbehandlung gewertet, weil darüber im Prinzip eine allgemeine Übereinstimmung zu bestehen scheine. Vgl. Yearbook of the International Law Commission, 1978, Bd. II (Teil Zwei), S. 64, para. 15; vgl. hierzu auch E. Ustor, The Generalized System of Preferences in the International Law Commission's Draft on the Law of Most-Favoured-Nation Clauses, in: B. Graefrath (Hrsg.), Probleme des Völkerrechts 1987, Berlin 1987, S. 339ff.

sich aber davor hüten, leichtfertig Verallgemeinerungen vorzunehmen. Welche Wirkung nichtvölkerrechtliche internationale Normen, auch im Hinblick auf ihre Verbindlichkeit, haben, sollte im Einzelfall eingeschätzt werden.[63]

Nutzung nichtvölkerrechtlicher Normen für die internationale ökonomische Sicherheit

Angesichts der aktuellen Bedeutung der Lösung der normativen Probleme, die mit der Schaffung eines Systems der internationalen ökonomischen Sicherheit zusammenhängen, sollten die Möglichkeiten mit ausgeschöpft werden, die sich aus einer Vereinbarung und Anwendung anderer internationaler Normen als völkerrechtlicher Normen ergeben. Dies gebietet sich schon deshalb, weil angesichts der zu lösenden schwierigen inhaltlichen Probleme nicht immer in einem vertretbaren Zeitraum eine angemessene völkerrechtliche Regelung möglich ist.

Wenn von der Möglichkeit, nichtvölkerrechtliche Normen zur Lösung von Problemen der internationalen ökonomischen Sicherheit zu nutzen, Gebrauch gemacht wird, ergeben sich einige Gesichtspunkte, die nicht außer acht gelassen werden sollten.

Erstens bedürfen auch nichtvölkerrechtliche Normen der Vereinbarung zwischen den Staaten. Sollen universell bedeutsame Normen geschaffen werden, ist dies nur möglich, wenn zwischen allen Staatengruppen, d. h. den Staaten der verschiedenen Gesellschaftssysteme und des unterschiedlichsten Entwicklungsstandes, ein Konsens zu dem zu regelnden Gegenstand und den hierzu notwendigen gegenseitigen Rechten und Pflichten erzielt wird.

Voraussetzung ist dabei, daß die beteiligten Seiten die legitimen Interessen der anderen gebührend berücksichtigen, und alle Beteiligten sich von dem gemeinsamen Interesse an der Stärkung der internationalen ökonomischen Sicherheit leiten lassen. Erforderlich ist ein gegenseitig annehmbarer Kompromiß, der eine optimale Verbindung der Interessen der Beteiligten mit den allgemeinmenschlichen Interessen darstellt.[64] Ein tragfähiger Kompromiß ist immer dann gegeben, wenn die erzielte Vereinbarung sich vorteilhaft für alle Beteiligten auswirkt.

Zweitens muß der erzielte Konsens zugleich den Charakter der vereinbarten internationalen Normen erfassen. Die Beteiligten müssen Übereinstimmung darüber erreichen, ob die zustandegekommenen Normen z. B. politische Verbindlichkeit aufweisen oder als Empfehlungen an die Staaten ausgesprochen werden sollen.

[63] Vgl. zu dieser Problematik z. B. K. Becher, Die Charta der ökonomischen Rechte und Pflichten der Staaten — Instrument zur Durchsetzung der gleichberechtigten Zusammenarbeit der Staaten, in: UNO-Bilanz 1974/75, S. 71ff.

[64] Vgl. G. V. Ignatenko/S. A. Malinin, Novye tendencii v meždunarodnom normotvorčestve, in: XXX Ežegodnoe Sobranie Sovetskoj Associacii Meždunarodnogo Prava, 28/29/30 Janvarja 1987, Tezisy dokladov, Moskva 1987, S. 8.

Dabei kann auch die Variante Bedeutung haben, nichtvölkerrechtliche Normen als eine Vorbereitung auf später zu vereinbarende Völkerrechtsnormen anzusehen, um für die Regelung des betreffenden gesellschaftlichen Prozesses mehr Erfahrungen zu sammeln.

Drittens ist es unerläßlich, die vereinbarten internationalen Normen als Bestandteil des internationalen Normensystems zu sehen.[65] Auch die nichtvölkerrechtlichen internationalen Normen können ihre Wirkung nur dann entfalten, wenn sie im Einklang mit den bereits bestehenden völkerrechtlichen und anderen internationalen Verpflichtungen der Beteiligten stehen. Dies bedeutet in erster Linie, daß Maßstab auch für nichtvölkerrechtliche internationale Normen die jus cogens darstellenden allgemein anerkannten Grundprinzipien des demokratischen Völkerrechts sein müssen.[66]

Viertens ist es, um eine möglichst hohe Wirksamkeit der vereinbarten nichtvölkerrechtlichen internationalen Normen erreichen zu können, angebracht, den erzielten Konsens auch auf die Art und Weise ihrer Verwirklichung auszudehnen. So werden z. B. im Rahmen der Internationalen Seeschiffahrtsorganisation (IMO) Standards zu Fragen der Schiffssicherheit erarbeitet und in Resolutionen verabschiedet, deren Aufnahme in das innerstaatliche Recht der Mitgliedstaaten empfohlen wird. Diese Standards werden in einer großen Anzahl von den Mitgliedstaaten innerstaatlich verbindlich gemacht und erlangen so zunehmend zwingende Anwendung im internationalen Seeverkehr.[67] Ähnlich ist es mit Verhaltenskodexen, die für die Regulierung der Tätigkeit transnationaler Gesellschaften von der OECD verabschiedet oder von der UNO in Angriff genommen worden sind.[68] Diese Instrumente enthalten Verhaltensstandards für die Unternehmen und werden verbindlich, wenn sie von Staaten für ihr Territorium in innerstaatliches Recht umgesetzt werden.[69] Solche Standards sind durchaus geeignet, nicht nur die Rechts-

[65] Vgl. G. I. Tunkin, A New Dimension of International Law: Normative Model of Global International System, in: B. Graefrath (Hrsg.), Probleme des Völkerrechts 1985, a. a. O., S. 274; vgl. auch I. I. Lukašuk/G. K. Dmitrieva, Meždunarodnoe pravo v meždunarodnoj sisteme, a. a. O., S. 159ff.

[66] Vgl. J. Pehnert, Inhaltliche Aspekte für eine Untersuchung des Grundsatzes von Treu und Glauben in den internationalen Beziehungen und im Völkerrecht der Gegenwart, a. a. O., S. 209.

[67] Vgl. W. Spröte/H. Wünsche (Hrsg.), Die Vereinten Nationen und ihre Spezialorganisationen, Dokumente, Band 14; R. Kunst/E. Schmidt/N. Trotz/H. Wünsche, Die Internationale Seeschiffahrtsorganisation, Berlin 1987, S. 52ff. und 69.

[68] Vgl. hierzu M. M. Boguslavskij, Meždunarodnoe èkonomičeskoe pravo, a. a. O., S. 226ff.

[69] Vgl. hierzu H. W. Baade, The Legal Effects of Codes of Conduct for Multinational Enterprises, in: German Yearbook of International Law, Bd. 22 (1979), Berlin (West) 1980, S. 18ff.; K. Hailbronner, Völkerrechtliche und staatsrechtliche Überlegungen zu Verhaltenskodizes für transnationale Unternehmen, in: Festschrift für Hans-Jürgen Schlochauer zum 75. Geburtstag am 28. März 1981, a. a. O., S. 350f.
Als abwegig muß jedoch die in diesem Zusammenhang geführte Diskussion über eine eventuelle Völkerrechtssubjektivität transnationaler Unternehmen bezeichnet werden. Die Staaten haben häufig in Konventionen die Rechte von Nichtvölkerrechtssubjekten unmittelbar gere-

praxis in den Staaten zu beeinflussen, sondern auch die internationale Rechtsvereinheitlichung zu fördern. Über eine übereinstimmende Staatenpraxis können solche Standards in einem angemessenen Zeitraum auch zu Völkergewohnheitsrecht werden.

Fünftens ist es im Interesse der Wirksamkeit von politischen oder empfehlenden internationalen Normen üblich und angemessen, für die Kontrolle ihrer praktischen Verwirklichung ein bestimmtes Verfahren vorzusehen. Wesentliche Bestandteile eines solchen Verfahrens wären eine auf bestimmte Zeiträume vorgesehene Berichtspflicht der Staaten und eine Erörterung dieser Berichte in einem geeigneten internationalen Gremium. Hierfür kämen sowohl geeignete Organe internationaler Organisationen, vor allem aus dem System der Vereinten Nationen, als auch Folgekonferenzen von Staatenforen in Frage.

Erhöhung der Rolle des Völkerrechts

Die Völkerrechtsnormen und die mit ihnen in ein von den Grundprinzipien des Völkerrechts inhaltlich bestimmtes internationales Normensystem eingebetteten nichtvölkerrechtlichen Regelungen[70] stellen einen wesentlichen Faktor zur Gewährleistung der Berechenbarkeit, Verläßlichkeit und Stabilität im internationalen Wirtschaftsverkehr dar. Die Schaffung eines Systems der internationalen ökonomischen Sicherheit ist deshalb untrennbar mit dem weiteren Ausbau des internationalen Normensystems verbunden.

Die erste der in diesem Zusammenhang zu lösenden Aufgaben ist der verstärkte Ausbau des Systems der internationalen Vereinbarungen zur Regelung der internationalen Wirtschaftsbeziehungen. Gerade in diesem Bereich besteht gegenwärtig noch ein gewisses Regelungsdefizit, das sich, wie der sowjetische Außenminister Schewardnadse in seiner Rede vor der 42. Tagung der UN-Vollversammlung im September 1987 bemerkte, als gefährlich erweisen kann.[71] Es kommt jetzt deshalb darauf an, weitere Regelungen zu vereinbaren, die die friedliche, gleichberechtigte und gegenseitig vorteilhafte sowie von Konfrontation freie Zusammenarbeit zwischen allen Staaten, ungeachtet der bestehenden Unterschiede im Gesellschaftssystem und im Entwicklungsstand, und ihr konstruktives Zusammen-

gelt, ohne daß dadurch eine Völkerrechtssubjektivität entstehen sollte. Vgl. hierzu die UNO-Konvention über Verträge über den internationalen Warenkauf vom 11. April 1980, Text in: F. Enderlein/D. Maskow/M. Stargardt, Kommentar. Konvention der Vereinten Nationen über den internationalen Warenkauf, Berlin 1985.

70 Vgl. K. Becher/C. Schulze, Schaffung eines allumfassenden Systems der internationalen Sicherheit und internationale Normen. Einige völkerrechtstheoretische Aspekte, in: SuR, 11/1987, S. 904.

71 Vgl. E. Schewardnadse, UdSSR ist für den Verzicht auf alle nuklearen Waffen, in: ND vom 15. September 1987, S. 6.

wirken zur Lösung der vor der Menschheit stehenden Probleme im Interesse aller Staaten und Völker fördern.[72]

Die zweite Aufgabe besteht darin, die strikte Einhaltung der erzielten Vereinbarungen zu sichern; denn sonst können sich die erzielten Regelungen nicht positiv auf die internationale Ordnung und die Stabilität der internationalen Wirtschaftsbeziehungen auswirken. Dem völkerrechtlichen Grundprinzip, daß die Staaten ihre Verpflichtungen, die sie in Übereinstimmung mit der Charta der Vereinten Nationen freiwillig übernommen haben, nach Treu und Glauben einhalten, kommt deshalb unter dem Aspekt der internationalen ökonomischen Sicherheit eine noch wachsende Bedeutung zu.

Aus diesem Grunde kann nicht überraschen, daß die Problematik der rule of law, d. h. der Herrschaft des Rechts in den internationalen Beziehungen, gerade in jüngster Zeit eine zunehmende Aufmerksamkeit gefunden hat. Deutlicher Ausdruck dafür ist z. B., daß der 62. Kongreß der International Law Association, der im August 1986 in Soul stattfand, in seiner Deklaration über die fortschrittliche Entwicklung von Prinzipien des Völkerrechts, bezüglich einer neuen internationalen Wirtschaftsordnung, an die Spitze der Liste der Prinzipien die rule of law setzte. Gemäß der angenommenen Formulierung haben die Staaten die Pflicht, sich wirtschaftspolitischer Maßnahmen zu enthalten, die mit ihren internationalen Verpflichtungen unvereinbar sind. Zu diesem Zwecke sollte in den internationalen Wirtschaftsbeziehungen die rule of law gestärkt werden.[73] Damit werden wesentliche Aspekte der internationalen ökonomischen Sicherheit angesprochen.

Es ist in diesem Zusammenhang aber auch unerläßlich, die rule of law in ihrer weitesten Bedeutung zu sehen. Im Völkerrecht hängt die rule of law von der Bereitschaft der Staaten ab, die eingegangenen völkerrechtlichen Verpflichtungen zu achten. Dies bedingt nicht eine Anerkennung der obligatorischen Zuständigkeit des Internationalen Gerichtshofes. Die rule of law von einer Anerkennung der obligatorischen Zuständigkeit des Internationalen Gerichtshofes oder eines anderen Gerichts abhängig machen zu wollen, würde bedeuten, sie in unzulässiger Weise einzuengen. Dies würde außerdem Struktur und Wesen des Völkerrechts widersprechen[74]. Andererseits kann man auch nicht übersehen, daß Staaten, die sich häufig für eine generelle Anerkennung der obligatorischen Gerichtsbarkeit des Internationalen Gerichtshofes ausgesprochen haben, dann eine andere Haltung einnehmen, wenn sie ein Urteil zu erwarten haben, das ihre Politik einer kritischen

[72] Vgl. Memorandum der UdSSR zur Entwicklung des Völkerrechts vom 26. November 1986, A/C.6/41/5, S. 5.

[73] Vgl. International Law Association, Seoul Conference (1986), International Committee on Legal Aspects of a New International Economic Order, S. 42.

[74] Vgl. B. Graefrath, Das Ende einer Legende. Marginalie zur Rule of Law im Völkerrecht, in: K.-H. Schöneburg (Hrsg.), Wahrheit und Wahrhaftigkeit in der Rechtsphilosophie, Berlin 1987, S. 201.

Würdigung unterzieht. Das treffendste Beispiel hierfür lieferten die USA, als Nikaragua im April 1984 gegen sie den Internationalen Gerichtshof anrief[75]. Damit haben sie überzeugend die Legende zerstört, sie seien konsequent für eine obligatorische Zuständigkeit des Internationalen Gerichtshofes[76]. Nach allgemeinem Völkerrecht ist kein Staat verpflichtet, sich der obligatorischen Gerichtsbarkeit des Internationalen Gerichtshofes zu unterwerfen. Wenn er dies aber einmal getan hat, besteht der Sinn dieser Unterwerfung darin, daß er die Verpflichtung übernimmt, der Entscheidung des Gerichts Folge zu leisten[77]. Das haben aber die USA deutlich abgelehnt.

Entsteht zwischen Staaten eine Streitigkeit über die Einhaltung einer völkerrechtlichen Verpflichtung, sind sie verpflichtet, diese mit friedlichen Mitteln zu lösen. Welche Mittel sie dazu wählen, können sie frei vereinbaren. Einzige Bedingung ist, daß es sich ausschließlich um friedliche Mittel handelt[78]. Welche friedlichen Mittel hauptsächlich in Frage kommen, ist aus der in Art. 33 der UN-Charta enthaltenen Aufzählung zu ersehen. Das Anrufen des Internationalen Gerichtshofes stellt nur eines dieser Mittel dar. Wie das am 27. 6. 1986 ergangene Urteil im Nikaragua-Fall, das auf die konsequente Einhaltung der allgemein anerkannten Grundprinzipien des Völkerrechts gerichtet ist, zeigt, sollten bei der internationalen Streiterledigung die Möglichkeiten dieses Gerichtshofes nicht vergessen werden[79].

Bei der Gewährleistung der Völkerrechtsordnung kommt den internationalen Organisationen als Bestandteilen des gegenwärtigen internationalen Systems eine wachsende Bedeutung zu[80]. Dies gilt ganz deutlich für die UNO. So bekundeten in der Präambel ihrer Charta die Mitgliedstaaten u. a. ihre Entschlossenheit, „Bedingungen zu schaffen, unter denen Gerechtigkeit und die Achtung der Verpflichtungen aus Verträgen und anderen Quellen des Völkerrechts gewahrt werden können“. Diesem Ausgangspunkt entsprechen die in Art. 1 der Charta formulierten Ziele, zu denen gemäß Abs. 1 auch gehört, internationale Streitfälle oder Situationen, die zu einem Friedensbruch führen können, „durch friedliche Mittel, in Übereinstimmung mit den Grundsätzen der Gerechtigkeit und des Völkerrechts“ zu regeln oder beizulegen.

[75] Vgl. Case Concerning Military and Paramilitary Activities in and against Nicaragua, Nicaragua versus United States of America, in: I. C. J. Reports 1984, S. 169ff. und ebenda 1986, S. 14ff.

[76] Vgl. B. Graefrath, Das Ende einer Legende, a. a. O., S. 209.

[77] Vgl. B. Graefrath, Internationaler Gerichtshof verurteilt USA-Intervention gegen Nikaragua, a. a. O., S. 491.

[78] Vgl. D. B. Lewin, Das Prinzip der friedlichen Regelung internationaler Streitigkeiten, Berlin 1980, S. 10; E. Oeser, Der internationale Streit. Völkerrechtliche Regelungsbedingungen für die Staaten, Berlin 1987, S. 25; vgl. auch die Maniladeklaration über die friedliche Beilegung internationaler Streitigkeiten, Res. A/37/10 vom 15. November 1982, Anhang, Ziff. 1, in: ebenda, S. 174.

[79] Vgl. M. Gorbatschow, Realität und Garantien für eine sichere Welt, in: ND vom 18. September 1987, S. 4.

Die UN-Charta erweist sich damit als ein hochaktuelles und wesentliches völkerrechtliches Dokument, in dem die rule of law einen hervorragenden Platz einnimmt. Es ist gemäß der in Art. 1 formulierten Zielsetzung Aufgabe aller ihrer Organe, in ihrer Tätigkeit eine große Aufmerksamkeit auf die Einhaltung des Völkerrechts zu richten und zur Festigung der Völkerrechtsordnung beizutragen. Der Schaffung eines Systems der internationalen ökonomischen Sicherheit dient es deshalb, wenn Autorität und Rolle der UNO erhöht werden. Auch im Bereich der internationalen Wirtschaftsbeziehungen ist davon auszugehen, daß das umfassende System der Sicherheit „zugleich ein System der umfassenden Rechtsordnung darstellt, mit dem das Primat des Völkerrechts in der Politik garantiert wird."[81]

Für die Völkerrechtswissenschaft ergeben sich hinsichtlich des weiteren Ausbaus des mit der UN-Charta eingerichteten internationalen Sicherheitssystems anspruchsvolle Aufgaben. Es geht vor allem darum, den Stand der bereits erreichten Regelung deutlich zu machen, das Niveau der Völkerrechtsverwirklichung herauszuarbeiten und aufzuzeigen, welche Lücken noch zu schließen sind[82] und wie der hierfür erforderliche Konsens zwischen den Staaten gefördert werden kann. Aus der Gewährleistung der internationalen ökonomischen Sicherheit ergeben sich wachsende Aufgaben für das Völkerrecht und seine Durchsetzung, für die weitere Gestaltung der Völkerrechtsordnung als stabile Friedensordnung.

[80] Vgl. G. I. Tunkin, Law and Force in the International System, a. a. O., S. 251.
[81] M. Gorbatschow, Realität und Garantien für eine sichere Welt, a. a. O., S. 4.
[82] Vgl. V. N. Lichačev, Probely v sovremennom meždunarodnom prave, Kazan 1985, S. 3.

Резюме

К. Бехер

О некоторых международно-правовых проблемах международной экономической безопасности

Обеспечение международной экономической безопасности является актуальной задачей. Она вытекает из условий соревнования между антагонистическими общественными системами в ядерно-космический век и тенденции взаимозависимости государств.

Программа создания всеобъемлющей системы международной безопасности, выдвинутая ХХУП съездом КПСС, сочетает все аспекты взаимоотношений государств — военные, политические, экономические и гуманитарные. Международная экономическая безопасность наряду с разоружением могла бы стать надёжным краеугольным камнем международной безопасности вообще. С другой стороны, прогресс в других сферах, как, например, политической или в сфере разоружения, также оказывает благоприятное влияние на обеспечение международной экономической безопасности.

Хотя понятие международной экономической безопасности не закреплено в Уставе ООН, очевидным является что ст. ст. I цифр. 3; 55 и 56 Устава, где зафиксированы основные требования международного экономического сотрудничества, подчинены основным целям ООН, сохранению мира и международной безопасности. Резолюция 40/173 Генеральной Ассамблеи ООН заложила основу для долгосрочного обращения к проблематике международной экономической безопасности, выделив эту проблематику в качестве самостоятельного пункта повестки дня Генеральной Ассамблеи ООН.

Понятию „международная экономическая безопасность" можно дать определение следующим образом: состояние международной экономики, позволяющее каждому государству на основе равноправия, недискриминации и уважения суверенитета участвовать в международных экономических отношениях и пользоваться преимуществами международного разделения труда. Международная экономическая безопасность означает предвидимость, надежность и стабильность в международном экономическом обороте, уважение законных экономических интересов всех участников, а также исключение произвола и дискриминации в экономических отношениях.

Основные принципы демократического международного права охватывают своим нормативным содержанием основные аспекты международной экономической безопасности. Однако, разногласия, имеющиеся по многочисленным частным проблемам, показывают, что есть ещё много открытых вопросов, по которым должны быть ещё достигнуты путём согласования приемлемые решения. Для облегчения этого сложного процесса необходимо опираться на уже имеющиеся между государствами соглашения, взяв их за исходный момент для согласования специфических регулирований. Такими исходными моментами являются, например, многочисленные документы ООН, принятые методом консенсуса, а также и те документы, которые были приняты относительным большинством голосов и тем самым содержат в себе элементы, выражающие консенсус сообщества государств. Сюда относятся, например, многочисленные положения Хартии экономических прав и обязанностей государств.

Обеспечение равной экономической безопасности для всех государств включает в себя принятие специальных мер по содействию развивающимся странам. Тем самым на деле отдается должное стремлениям к созданию нового международного экономического порядка. Временные льготы для развивающихся стран, как, например, общая система преференций, отвечают требованиям основного принципа суверенного равенства государств, который исходит из правового равенства. Льготы для развивающихся стран призваны служить, в конечном счёте, совершенствованию осуществления принципа равноправного общения между государствами. Поскольку каждое государство несёт основную ответственность за экономическое, социальное и культурное развитие своего народа, представленная ему помощь направлена на поддержку осуществления им этой основной ответственности. В этих целях необходимо наличие взвешенного соотношения прав и обязанностей с обеих сторон.

Поскольку соглашение является основой возникновения международного права, государства также могут согласовать международно-правовые или другие международные нормы как, например, политически обязательные нормы или нормы рекомендательного характера. Значение таких норм растёт и они оказывают всё большее влияние на развитие сотрудничества между государствами. Их фактическое обязательное воздействие может быть правильно оценено лишь при учёте способа их возникновения, например, как резолюция международной организации, а также соразмерно их содержанию. Выражение „soft law“ с помощью которого некоторые авторы пытаются обобщить эти нормативные документы, является неудачным и не совсем корректным с понятийной точки зрения, поэтому оно не дает точного отражения сути политических рекомендательных международных норм.

В силу трудностей, возникающих при создании нормативных основ системы международной экономической безопасности, рассматривается целесообразным исчерпать возможности, предоставляемые согласованием и применением иных международных норм чем норм международного права. При этом необходимо учитывать следующие моменты:

1. Между государствами различных общественных систем и с самым различным уровнем развития должен быть достигнут консенсус по регулируемому предмету, который бы учитывал законные интересы всех сторон.

2. Достигнутый консенсус должен одновременно относиться и к характеру согласованных международных норм.

3. Согласованные международные нормы являются составной частью системы международных норм. Это значит, что и немеждународно-правовые нормы должны отвечать уже имеющимся международно-правовым и другим международным обязательствам, прежде всего ins cogens.

4. С тем, чтобы добиться наибольшей эффективности согласованных норм, не имеющих международно-правового характера, консенсус должен распространяться также и на способ их осуществления.

5. Необходим также приемлемый способ контроля за осуществлением согласованных международных норм.

Система международной экономической безопасности требует повышения роли международного права. Это включает дальнейшее развитие системы международных норм, регулирующих международные экономические отношения, а также неукоснительное соблюдение их положений. Необходимо рассматривать господство права в широчайшем смысле, не ограничивая его лишь признанием обязательной юрисдикции Международного Суда. Создание системы международной экономической безопасности служит повышению роли и авторитета ООН, в Уставе которой господство права в международных отношениях занимает выдающееся место.

Summary

K. Becher

International Economic Security and International Law Problems

Guaranteeing international economic security is a topical task. It arises from the conditions of competition between the antagonistic social systems in the nuclear-cosmic age, and from the growing tendency of the States' interdependence.

The programme for establishing a comprehensive system of international security as suggested by the 27th CPSU congress combines all aspects of the States' interrelations, i. e. the military, political, economic and humanitarian ones. International economic security, besides disarmament, could become a reliable cornerstone of international security as a whole. On the other hand, progress made in other spheres, e.g. in disarmament and in the political sphere, has a favourable impact on international economic security.

The term "international economic security" is not explicitly mentioned in the UN-Charter. Nevertheless, paragraph 3 of Article 1, Articles 55 and 56 of the Charter, which lay down the basic requirements of international economic co-operation, are subject to the main objective of the United Nations which is the maintenance of international peace and security. UN General Assembly resolution 40/173 laid the foundation for dealing, on a long-term basis, with problems of international economic security as a separate item on the UN General Assembly's agenda.

The term "international economic security" can be understood as meaning conditions in world economy which enable each State to take part, on the basis of equality, non-discrimination, and respect for its sovereignty, in international economic relations, and to enjoy the advantages of international division of labour. International economic security means predictability, reliability and stability in international economic relations, respect for the legitimate economic interests of all involved as well as the exclusion of arbitrariness and discrimination.

The fundamental principles of democratic international law, by their normative content, cover essential aspects of international economic security. Nevertheless, disagreement in a large number of various problems calls for agreed and appropriate regulations and solutions. To facilitate this complex process already existing agreement between the States should be referred to and made the starting point for agreeing on specific regulations. Such starting points are, for instance, numerous UN documents adopted by consensus. But also documents adopted by voting (with negativ votes and abstentions) contain elements which express the consensus of the international community. This is proven, for instance, by a great many of the provisions of the Charter of Economic Rights and Duties of States.

Guaranteeing equal economic security for all States implies that special measures are to be taken to promote the developing countries. In terms of content, this is in keeping with the endeavours to establish a new international economic order. Temporary privileges conceded to developing countries such as the general system of preferences are in conformity with the requirements of the basic principle of the sovereign equality of States which proceeds from equality before the law. These privileges are, ultimately, designed to serve the better implementation of the principle of equal treatment of States. Since each State bears the main responsibility for the economic, social and cultural development of its people, any such assistance is aiming to meet this responsibility. To this end a balanced relationship of rights and duties is required on either side.

As agreement constitutes the origin and basis of validity of international law, States may also determine whether they intend to form rules of international law or other international rules such as politically binding or recommendatory ones. Such rules become more and more important and in a growing measure influence the organization of intergovernmental co-operation. Their actual binding effect has to be assessed in accordance with the way of their formation, e. g. as resolutions of international organizations, and taking into account their content. The expression "soft law" by which some authors try to cover these normative documents is neither happily chosen nor quite right in conceptual terms. It is, therefore, not suited to reflect properly the nature of politically binding or recommendatory international rules.

Considering, with regard to content, the difficult problems to be solved in creating the normative foundations of a system of international economic security, use should also be made of the possibilities ensuing from an agreement on and application of other international rules not being rules of international law. In using these possibilities the following aspects should not be left out of account:

1. For creating universally applicable rules a consensus has to be reached on the object of regulation among States representing different social systems and most different development levels. Due regard must be paid to the legitimate interests of all involved.
2. The consensus reached must, at the same time, cover the character of the agreed international rules.
3. The agreed international rules form part of the system of international rules. This implies that also rules not being rules of international law, must be in conformity with already existing rules of international law as well as with other international obligations, above all with ius cogens norms.
4. In order to secure a high effectiveness of agreed rules not being rules of international law, the consensus should also extend to the mode of their implementation.
5. Furthermore, an adequate procedure of control over the implementation of agreed international rules is required.

The establishment of a system of international economic security is linked with a growing role of international law and the need for a further development of the system of international norms regulating international economic relations. It also requires the strict observance of these norms. The "rule of law" should be seen in its broadest meaning and not be restricted to the acceptance of the compulsory jurisdiction of the International Court of Justice. The establishment of a system of international economic security also involves the strengthening of the authority and role of the Organization of the United Nations, in whose Charter the rule of law has found an outstanding place.

H. Bokor-Szegö

Das Verhältnis von Völkerrecht und Verfassungsrecht — Grundrisse der Problematik

Das Verhältnis von Völkerrecht und Verfassungsrecht steht im wesentlichen mit der Gesetzgebungsfunktion des Staates im Zusammenhang; während der Staat die Verfassung — ebenso wie die anderen Normen des inneren Staatslebens — selbst schafft, wird der rechtliche Rahmen der zwischenstaatlichen Beziehungen auf dem Wege der Vereinbarung mit anderen Staaten, also gemeinsam mit anderen Staaten, geschaffen. Was ist also der wesentliche Inhalt des Verhältnisses zwischen der inneren Gesetzgebungstätigkeit des Staates und seiner mit anderen Staaten zusammen ausgeübten, in den Regeln des Völkerrechtes sich äußernden Tätigkeit? Dieser Beitrag setzt sich nicht das Ziel, die Wechselwirkung zu prüfen, er beschränkt sich auf die Untersuchung der Wirkung, die das Völkerrecht auf die innerstaatliche Rechtsordnung ausübt.

Wir haben nicht die Absicht, die Diskussion über die mit dem Verhältnis von Landesrecht und Völkerrecht zusammenhängenden monistischen und dualistischen Theorien wiederzubeleben; das heißt auf theoretischer Ebene Stellung zu der Frage zu nehmen, ob das Völkerrecht und das Landesrecht eine einheitliche Rechtsordnung bilden. Uns auf einen pragmatischen Ausgangspunkt stützend, suchen wir nur die Antwort auf die Frage, ob die Regeln des Völkerrechts tatsächlich einen Einfluß auf die Veränderung der inneren Rechtsordnung der Staaten, vor allem auf die Entwicklung der Verfassung ausüben können.

Die Antwort auf diese Frage steht in engem Zusammenhang mit den Realitäten unserer Zeit.

Die Intensität der zwischenstaatlichen Beziehungen und damit die Bedeutung des Völkerrechts nahm in der letzten Zeit bedeutend zu: Dieses Phänomen kann auf mehrere Gründe zurückgeführt werden.

a) Früher stand die Verbindung zwischen den Staaten infolge der unzureichenden Verkehrs- und Kommunikationsmittel auf einer viel niedrigeren Entwicklungsstufe und war auch viel weniger intensiv als seit der Anwendung der neuesten Errungenschaften der Wissenschaft und der Einführung der modernen Technik. Das 20. Jahrhundert der Geschichte der Menschheit brachte fast auf allen Gebieten des Lebens Entdeckungen und Fortschritte. Von grundlegender Bedeutung ist die technische Entwicklung, die den Kreis und die Möglichkeiten der menschlichen Tätigkeit in solchem Maße erweitert hat, daß sie heute nicht allein auf der Erde, sondern teilweise auch im Luftraum und in der jüngsten Zeit sogar im kosmischen Raum ausgeübt wird. Diese beispiellose Entwicklung des Tätigkeitsbereiches der

Menschheit übt notwendigerweise eine wesentliche Wirkung auf die gegenseitigen Beziehungen der Staaten aus. Mit der Überwindung der geographischen Distanzen stehen Staaten, die Zehntausende von Kilometern voneinander entfernt sind, nicht nur in gelegentlicher, sondern in ständiger Verbindung. Die zwischenstaatlichen Beziehungen wurden gleichzeitig nicht nur häufiger und intensiver, sondern die Zusammenarbeit erstreckte sich auch auf solche Gebiete, die völlig neue Probleme mit sich brachten.

b) In unserer Zeit existieren Staaten unterschiedlicher Gesellschafts- und Wirtschaftsordnung nebeneinander; gleichzeitig entstanden im Ergebnis des Zerfalls des imperialistischen Kolonialsystems neue Staaten, und die Zahl der Staaten nahm infolgedessen in einem außerordentlichen Maße zu. Es ist heutzutage von größerer Bedeutung als in der Vergangenheit, daß die Staaten, deren Zahl sich wesentlich erhöht hat und deren Interessen in vielen grundlegenden Fragen gegensätzlich sind, ihre gegenseitigen Beziehungen in einem geregelten, normalen Rahmen entwickeln können. Es haben sich solche Methoden der Regelung der zwischenstaatlichen Beziehungen entwickelt wie z. B. das Recht der internationalen Verträge oder das aktive und passive Legationsrecht, deren rechtlicher Rahmen auch innerstaatlich ausgebaut und angewandt werden muß, unabhängig davon, welchem sozialökonomischen System der jeweilige Staat angehört.

c) Ungeachtet der unterschiedlichen politischen, wirtschaftlichen, sozialen Entwicklung der einzelnen Staaten gibt es heute solche Fragen, deren eindeutige Regelung im gemeinsamen Interesse der Staatengemeinschaft liegt. An der Schwelle des 21. Jahrhunderts hängt die Zukunft der Menschheit von der Lösung solcher Weltprobleme ab, wie: die Verhinderung eines Weltkrieges, der mit Kernwaffen geführt werden könnte, die Überbrückung der wirtschaftlichen, sozialen Kluft, die zwischen den entwickelten Ländern und den Entwicklungsländern besteht, die Beseitigung der Umweltschädigung, die Schaffung ausgeglichener innerstaatlicher Verhältnisse durch die Achtung der Menschenrechte — um nur die wichtigsten Fragen zu erwähnen. *Die Lösung dieser globalen Probleme erfordert geradezu die Zusammenarbeit der Staaten, da an ihrer Lösung ein allgemeines Interesse besteht.*

Es folgt aus den Realitäten der Gegenwart, daß der *Zusammenhang zwischen dem Völkerrecht und der inneren Rechtsordnung der einzelnen Staaten heute viel enger ist als in der Vergangenheit.* Der Umfang der Wirkung, die das Völkerrecht auf die innere Rechtsordnung der einzelnen Staaten ausübt, kann unterschiedlich sein, da es zunächst von der Entscheidung der einzelnen Staaten abhängt, inwiefern sie sich der internationalen Rechtsordnung anpassen.[1] Diese Feststellung allgemeinen Charakters bedarf aber weiterer Erklärung und Erörterung.

Worin besteht das Wesentliche dieser Beziehung, und wie könnte man ihren grundlegenden Inhalt konkretisieren?

[1] Vgl. R. Geiger, Grundgesetz und Völkerrecht, München 1985, S. 17.

Wir gehen von der Voraussetzung aus, daß *die Verfassungen* — welche die Grundlagen der Rechtsordnung der einzelnen Staaten bilden — Veränderungen in den zwischenstaatlichen Beziehungen notwendigerweise widerspiegeln.[2] Desweiteren versuchen wir lediglich festzustellen, welche Fragen völkerrechtlichen Charakters und mit welchem konkreten Inhalt in die neueren Verfassungen eingefügt wurden. Wir konzentrieren unsere Analyse auf Europa und gehen nur dann darüber hinaus, wenn die völkerrechtlichen Aspekte einer unlängst verabschiedeten Verfassung besonders bedeutsam sind. Bei dieser Übersicht weisen wir nur beispielhaft auf einzelne Verfassungen hin, das heißt wir stützen uns nicht auf eine ausführliche Untersuchung aller existierenden Verfassungen. Wir lassen die Analyse der verschiedenen staatsrechtlichen Theorien hinsichtlich des Charakters der Verfassung außer Betracht.[3] In unserer Erörterung gehen wir von der Auffassung aus, daß die in der Verfassung enthaltenen Bestimmungen — unabhängig von dem sozialen System — einen rechtlichen Charakter besitzen.[4] Eine Untersuchung, die sich auf die praktische Durchsetzung der Verfassungsbestimmungen völkerrechtlichen Charakters erstrecken sollte, würde den Rahmen dieses Beitrages weit überschreiten.

Das Ziel ist also festzustellen, welche tatsächliche Wirkung die in den Regeln des Völkerrechts verkörperten Veränderungen der zwischenstaatlichen Beziehungen auf die Entwicklung der Verfassungen ausgeübt haben. Wir beabsichtigen, mittels der Analyse der einzelnen völkerrechtlichen Aspekte der Verfassungen eine Antwort auf folgende Fragen zu finden:

— Auf welchen Gebieten von allgemeinem Interesse beeinflussen die zwischenstaatlichen Beziehungen den Inhalt der innerstaatlichen Regelung?

— Welches sind die Bereiche, deren Regelung auf Verfassungsebene angesichts des heutigen Standes der zwischenstaatlichen Beziehungen zwar unerläßlich ist, bei denen aber Art und Weise der Regelung weiterhin im Ermessen der einzelnen Staaten liegt?

[2] Siehe in diesem Sinne z. B.: P. de Visscher, Les tendances internationales des Constitutions, in: Recueil des Cours (zitiert als RdC), Bd. 80/1952-I, S. 515; Y. Diaiye, Les constitutions africaines et le droit international, in: Annales Africaines 1971—1972, Paris 1973, S. 33; E. C. Hellbling, Die Ausstrahlung des Völkerrechts auf die österreichische Bundesverfassung, in: Festschrift Hans Kelsen zum 90. Geburtstag, Wien 1971, S. 55; J. Rideau, Droit international et droit interne français, Paris 1971, S. 7; Ch. Tomuschat, Der Verfassungsstaat im Geflecht der internationalen Beziehungen, in: Veröffentlichungen der Vereinigung der Deutschen Staatsrechtslehrer, Berlin 1978, S. 16; E. J. Roucounas, Le droit international dans la constitution de la Grèce du 9 juin 1975, in: Revue hellénique de droit international, 1—4/1975, S. 51—73; L. Trotabas, L'attribution des compétences à caractère international dans la constitution du 4 octobre 1958, in: Hommage d'une génération de juristes au Président Basdevant, Paris 1960, S. 489; K. Stern, Das Staatsrecht der Bundesrepublik Deutschland, Teil I, 2. Auflage, München 1984, S. 474.

[3] Vgl. dazu z. B. A. Cassese, Modern constitutions and international law, in: RdC, Bd. 192/1985-III, S. 347—350; I. Kovács, Vorwort, in: Az Alkotmány a gyakorlatban (Die Verfassung in der Praxis), Budapest 1985, S. 13—30.

[4] Ebenda, S. 16.

I. Verfassungsbestimmungen mit einem allgemeinen außenpolitischen Inhalt

Wollen wir uns ein realistisches Bild von der tatsächlichen Einwirkung des Völkerrechts auf die Entwicklung der Verfassungen verschaffen, so müssen wir in unserer Analyse die auf die sogenannten positiven Verfassungsbestimmungen ausgeübten Wirkungen in den Vordergrund stellen. Gleichzeitig enthalten die sogenannten *Präambeln*, die die Verfassungen einleiten, viele sich auf unser Thema beziehende Hinweise. In einigen modernen sozialistischen Verfassungen kommt die Forderung der Festigung des Friedens und der Entwicklung der zwischenstaatlichen Beziehungen zum Ausdruck, zum Beispiel in der Präambel der Verfassung Bulgariens (1971), der Deutschen Demokratischen Republik (1974), Jugoslawiens (1974), Polens (1983), der Sowjetunion (1977) und der Tschechoslowakei (1969). Denselben Gedanken finden wir auch in den heutigen Verfassungen kapitalistischer Staaten, zum Beispiel in der Präambel der Verfassung der Bundesrepublik Deutschland (1949), Portugals (1982), Spaniens (1978) oder der Türkei (1982).

Die Präambeln der Verfassungen einiger Staaten widerspiegeln damit das Grundproblem der heutigen zwischenstaatlichen Beziehungen und das Streben der Staaten, den internationalen Frieden und die internationale Sicherheit aufrechtzuerhalten und die zwischenstaatlichen Beziehungen mit dieser Zielsetzung zu fördern.

Während die Präambeln der Verfassungen an politischer Bedeutung[5] den konkreten Bestimmungen der Verfassungen nicht nachstehen, weichen sie von diesen im Hinblick auf ihren rechtlichen Charakter ab: Ihre Hauptfunktion besteht nämlich in der Interpretation der konkreten Bestimmungen.[6] Die schon zitierten Gedanken, die in den Präambeln der Verfassungen zum Ausdruck kommen, erscheinen mit mehr oder weniger Ergänzungen und Unterschieden in den positiven Bestimmungen einiger geltender Verfassungen. So unter den Verfassungen der sozialistischen Staaten in der Verfassung Albaniens (1976, Art. 15), Bulgariens (Art. 3), der Deutschen Demokratischen Republik (Art. 6), Polens (Art. 6), Rumäniens (1975, Art. 14), der Sowjetunion (Art. 28—29) und Ungarns (1972, Art. 5 Abs. 21). In den Verfassungen der kapitalistischen Staaten finden wir unter den positiven Bestimmungen außenpolitische Grundsätze bzw. Zielsetzungen, zum Beispiel in der geltenden Verfassung der Bundesrepublik Deutschland (Art. 24), Griechenlands (1975, Art. 2), Portugals (Art. 7) oder der Türkei (Art. 5). Bestimmungen mit solchem Inhalt hätten eigentlich ihren Platz in den Präambeln der Verfassungen, da ihre Eingliederung in die positiven Bestimmungen die Grenzen zwischen den politischen Grundsätzen und den positiven Bestimmungen verwischt.[7]

[5] Über die politische Bedeutung der Präambel siehe Y. Diaiye, Les constitutions africaines et le droit international, a. a. O., S. 37.

[6] I. Kovács, Vorwort, a. a. O., S. 17.

[7] Zu derartigen Bestimmungen vgl. P. de Visscher, Les tendances internationales des Constitutions, a. a. O., S. 533; A. Cassese, Modern constitutions and international law, a. a. O., S. 429.

Die Aufnahme programmatischer Zielsetzungen in die positivrechtlichen Bestimmungen der Verfassungen hat auch in den sozialistischen Staaten „die Arbeit der Rechtswissenschaft, der Gesetzgeber und der Rechtsanwender erschwert. In solchen Fällen kann nämlich der genaue Platz und die Rolle der Verfassung oder einzelner Verfassungsbestimmungen im Rechtssystem nur auf sehr komplizierte Weise festgestellt werden.“[8]

II. Das völkerrechtliche Kriegsverbot und die Verfassungen

Das Völkerrecht der Gegenwart verbietet den Staaten, zur Lösung ihrer internationalen Streitigkeiten militärische Gewalt anzuwenden. Durch das Verbot der Gewaltanwendung oder der Gewaltandrohung (Charta der Vereinten Nationen, Art. 2 Abs. 4) existiert in den Beziehungen der Staaten nur ein legaler Zustand, der Zustand des Friedens. Ein Staat darf — gemäß der Charta der Vereinten Nationen — nur in zwei Fällen militärisch gegen einen anderen Staat vorgehen. Erstens im Falle kollektiver Maßnahmen, aufgrund des Beschlusses des Sicherheitsrates der Vereinten Nationen zwecks Beseitigung einer Gefahr, die den Frieden gefährdet (Charta, Art. 42). Zweitens im Falle individueller oder kollektiver Selbstverteidigung gemäß Art. 51 der UN-Charta.

Wie widerspiegelt sich die wichtigste Errungenschaft des gegenwärtigen Völkerrechts, das Verbot der Gewaltanwendung, in der Verfassung der einzelnen Staaten? Wir begrenzen unsere Analyse auf die extremste Form der Gewaltanwendung, den Krieg. Wir beschäftigen uns daher nur mit der Frage, welchen Einfluß die Abschaffung des Rechts zum Kriege (ius ad bellum) auf die positiven Bestimmungen der Verfassung der einzelnen Staaten ausgeübt hat.[9] In unserer Untersuchung sind diejenigen Bestimmungen der Verfassung von Relevanz, die sich mit der verfassungsmäßigen Kompetenz zur Erklärung des Krieges bzw. des Kriegszustandes befassen.

Bei der Analyse der modernen Verfassungen zeigt sich, daß die Verfassung derjenigen Staaten dazu die ausführlichsten Bestimmungen enthalten, die in der Person ihrer Rechtsvorgänger oder in ihrer eigenen Person völkerrechtliche Verantwortlichkeit für den Ausbruch der zweiten Weltkrieges tragen.[10] Artikel 8 Abs. 2 der Verfassung der Deutschen Demokratischen Republik sagt: „Die Deutsche Demokratische Republik wird niemals einen Eroberungskrieg unternehmen oder ihre Streitkräfte gegen die Freiheit eines anderen Volkes einsetzen.“ Artikel 52 bestimmt die Organe, die „über den Verteidigungszustand der Deutschen Demokratischen Republik“ beschließen. Gemäß Art. 6 Abs. 5 werden

[8] I. Kovács, Vorwort, a. a. O., S. 17.

[9] Zur Problematik der Definition der Aggression im Zusammenhang mit der verfassungsmäßigen Regelung siehe A. Cassese, Modern constitution and international law, a. a. O., S. 419.

[10] Siehe ausführlicher ebenda, S. 422—430.

„militarische und revanchistische Propaganda in jeder Form, Kriegshetze und Bekundung von Glaubens-, Rassen- und Völkerhaß“ in der Deutschen Demokratischen Republik als Verbrechen geahndet. Artikel 23 Abs. 2 sagt aus, es darf kein Bürger „an kriegerischen Handlungen und ihrer Vorbereitung teilnehmen, die der Unterdrückung eines Volkes dienen.“[11]

Artikel 26 des Grundgesetzes der Bundesrepublik Deutschland erklärt die Vorbereitung eines Angriffskrieges ausdrücklich für verfassungswidrig. Artikel 11(a) bestimmt die Befugnis der obersten staatlichen Machtorgane im Verteidigungsfall, das heißt, wenn das Bundesgebiet mit Waffengewalt angegriffen wird.

Artikel 11 der italienischen Verfassung (1947) verurteilt ebenfalls den Aggressionskrieg und bekennt sich zur Unterstützung einer internationalen Organisation, die sich die Aufrechterhaltung des Fiedens zum Ziele setzt. Artikel 87 regelt nicht die Erklärung des Krieges, sondern die Erklärung des Kriegszustandes.

Auch die ungarische Verfassung (Art. 19, Punkt g) und die niederländische Verfassung (Art. 96)[12] sprechen nicht über die Erklärung des Krieges, sondern beschränken sich auf die Erklärung des Kriegszustandes.

Die sowjetische Verfassung widerspiegelt in zeitgemäßer Form die Entwicklung der völkerrechtlichen Regeln, das heißt einerseits das Kriegsverbot, andererseits *die Aufrechterhaltung der Möglichkeit der individuellen und kollektiven Selbstverteidigung*. Über die Kompetenz zur Erklärung des Kriegszustandes heißt es im Art. 121 Abs. 17, daß es zur Erklärung des Kriegszustandes dann kommen kann, wenn „der Staat einen militärischen Angriff erleidet oder die Erfüllung der internationalen Vertragsverpflichtungen zwecks gegenseitiger Verteidigung gegen die Aggression sich als notwendig erweist.“ Die Verfassungen Albaniens (Art. 67), Polens (Art. 33) und Rumäniens (Art. 43) regeln die Frage in ähnlicher Weise.

Doch viele Verfassungen enthalten weiterhin Bestimmungen über die Erklärung des Krieges (z. B. die Verfassung Frankreichs (1958, Art. 13)[13], Griechenlands (Art. 36), Portugals (Art. 138), Spaniens (Art. 63), der Türkei (Art. 87), der Tschechoslowakei (Art. 7). Daraus ist aber keineswegs zu schließen, daß diese Staaten sich das Recht der Führung eines Aggressionskrieges vorbehalten wollten. Unabhängig von der Tatsache, daß sie alle Mitglieder der Vereinten Nationen sind, verankern mehrere von ihnen — wie schon erwähnt wurde — in der Präambel oder sogar in den positiven Bestimmungen der Verfassung die Aufrechterhaltung des Friedens als außenpolitische Zielsetzung.

[11] Zu den betreffenden Bestimmungen der Verfassung der Deutschen Demokratischen Republik siehe ausführlich G. Riege, Zum Friedensgebot der Verfassung der DDR, in: DDR-Komitee für Menschenrechte, Schriften und Informationen, 1/86, S. 40—49.

[12] Vgl. E. A. Alkema, Foreign relations in the Netherlands Constitution of 1983, in: Netherlands International Law Review (zitiert als NIRL), 31/1984, S. 329.

[13] Cocatre-Zilgien weist darauf hin, daß dieser Artikel in die Verfassung aufgenommen wurde, als das Recht, Kriege zu führen, nicht mehr existierte bzw. der Krieg illegal geworden war. Vgl. A. Cocatre-Zilgien, Constitution de 1958, droit international, relations extérieures et politique étrangère, in: Annuaire Français de Droit International, Bd. IV/1958, S. 657.

Einige Verfassungen sprechen statt der Erklärung des Krieges über den Beschluß der Kriegserklärung (z. B. die bulgarische Verfassung, Art. 78). Es ist offensichtlich, daß es zu einer rechtmäßigen, daß heißt den heutigen völkerrechtlichen Verpflichtungen entsprechenden Kriegserklärung nur in Ausübung des individuellen oder kollektiven Selbstverteidigungsrechts kommen kann und daß die zitierte Verfassung in diesem Sinne die Ausübung dieses Rechts regelt.

Den geltenden Regeln des Völkerrechts entspricht am ehesten eine Lösung, bei der die Verfassung keine Bestimmung über die Erklärung des Krieges enthält oder die Erklärung des Kriegszustandes mit der Ausübung des individuellen oder kollektiven Selbstverteidigungsrechts ausdrücklich in Verbindung bringt. Als Schlußfolgerung können wir feststellen: Zwar widerspiegelt sich in einigen modernen Verfassungen das völkerrechtliche Kriegsverbot in einer zeitgemäßen Weise, die verfassungsmäßige Regelung dieses Verbotes ist jedoch keineswegs einheitlich. Noch weniger wurden ausführliche Regeln des Kriegsverbots auf Verfassungsebene ausgearbeitet.[14]

Da bis heute unter der Ägide des Sicherheitsrates der Vereinten Nationen kein kollektives Sicherheitssystem ausgearbeitet wurde, in dessen Rahmen die Staaten verpflichtet wären, ein bestimmtes Kontingent ihrer Streitkräfte den Vereinten Nationen für Maßnahmen gegen einen Aggressorstaat zur Verfügung zu stellen, wurde dieser Fall in den Verfassungen nicht geregelt, das heißt es wurden keine verfassungsmäßigen Bedingungen einer Teilnahme an kollektiven Maßnahmen vorgesehen.

III. Der internationale Schutz der Menschenrechte und die Verfassungen

1. Der allgemeine Schutz der Menschenrechte

Nach der Entstehung der Nationalstaaten hat sich aus dem Begriff der staatlichen Souveränität die eindeutige Auffassung entwickelt, daß jeder Staat die Rechte und Pflichten der auf seinem Gebiet lebenden Bevölkerung selbst bestimmen kann. Er kann durch souveräne Entscheidung diejenigen Rechte und Verpflichtungen festlegen, die den Status der Staatsbürger, aber auch der auf seinem Territorium lebenden Ausländer bestimmen. Der Begriffskreis „Menschenrechte" — dessen wesentlicher Inhalt die Regelung der Rechte und Pflichten der auf dem Staatsgebiet lebenden Bevölkerung ist — gehörte bis zur jüngsten Vergangenheit ausschließlich in den inneren Kompetenzbereich der Staaten.[15] Diese Auffassung änderte sich wesentlich mit der Gründung der Organisation der Vereinten Natio-

[14] Siehe in diesem Sinne A. Cassese, Modern constitutions and international law, a. a. O., S. 423 — 433.

[15] Siehe Y. L. Auguste, L'internationalisation des constitutions, Thèse, New York 1952, S. 72.

nen, die zwecks Aufrechterhaltung des internationalen Friedens und der Sicherheit ins Leben gerufen wurde. Die Charta der Vereinten Nationen widerspiegelt die Erkenntnisse, die sich auf die Erfahrungen der Geschichte des 20. Jahrhunderts stützen und die beweisen, daß sich ohne eine Lösung der grundlegenden sozialen Probleme weder auf innerstaatlicher noch auf zwischenstaatlicher Ebene ausgeglichene, normale Lebensverhältnisse entfalten können, die jedoch für die Aufrechterhaltung der friedlichen Beziehungen unabdingbar sind. Es hat sich gezeigt, daß die Gewährleistung der Menschenrechte in den einzelnen Staaten und die Aufrechterhaltung des internationalen Friedens und der Sicherheit in engem Zusammenhang stehen.[16]

In der Charta der Vereinten Nationen kommt ebenfalls zum Ausdruck, daß man bei der Verwirklichung der Menschenrechte Diskriminierung jeder Art ausschließen muß. Es ist selbstverständlich, daß die Diskriminierung innerhalb eines Staates ebenfalls Quelle der Unzufriedenheit, der inneren Spannung und somit Ausgangspunkt internationaler Konflikte sein kann.

Die im Rahmen der Vereinten Nationen erarbeiteten allgemeinen Instrumente (Allgemeine Erklärung der Menschenrechte, die zwei internationalen Menschenrechtskonventionen sowie die speziellen Konventionen, wie z. B. die Konvention über die politischen Rechte der Frau) haben dazu beigetragen, daß man den Katalog der Menschenrechte, der außer den politischen Rechten auch die wirtschaftlichen, sozialen und kulturellen Rechte umfaßt, heute bereits auch auf internationaler Ebene als anerkannt betrachten kann.[17] Es hängt zweifellos von der Entwicklungsstufe, von den kulturellen Traditionen und Gewohnheiten der einzelnen Staaten ab, in welchem Maße die Menschenrechte gewährleistet werden. Doch es ist heute der Staatengemeinschaft bekannt, daß ausgeglichene Verhältnisse ohne soziale Reformen, ohne Sicherung der sozialen Rechte nicht gewährleistet werden können. Ohne die sozialen Rechte auf einem entsprechenden Niveau zu garantieren, kann man die Bürger- und politischen Rechte nicht verwirklichen. Die Sicherung der sozialen Rechte allein ist nicht ausreichend für die Aufrechterhaltung ausgeglichener innerer Verhältnisse, dazu müssen auch die Bürger- und politischen

[16] Siehe ausführlicher B. Graefrath, Die Vereinten Nationen und die Menschenrechte, Berlin 1956, S. 27; I. Szábó, Az emberi jogok mai értelme (Die heutige Bedeutung der Menschenrechte), Budapest 1948, S. 146.

[17] Über die Einheit des Kataloges der Menschenrechte siehe z. B. B. Graefrath, Implementation of international Standards on Human Rights, in: GDR Committee for Human Rights, Bulletin 3/83, S. 39; derselbe, Against cold war for promotion of Human Rights, in: GDR Committee for Human Rights, Bulletin 3/78, S. 13; N. Graf, Indivisibility of Human Rights. A new start, in: GDR Committee for Human Rights, Bulletin 1/86, S. 16—22; R. Frambach, Political and socio-economic rights are of equal value, in: GDR Committee for Human Rights, Bulletin 3/85, S. 181—184; H. Bokor-Szegö, Az Ensz helye a nemzetközi jogalkotásban (Platz der Vereinten Nationen in der internationalen Gesetzgebung), Budapest 1976, S. 119—123; K. P. Sommerman, Der Schutz der Grundrechte in Spanien nach der Verfassung von 1978, Berlin (West) 1984, S. 140—144.

Rechte verwirklicht werden. Die Bürger- und politischen Rechte bilden mit den wirtschaftlichen, sozialen und kulturellen Rechten eine enge Einheit und sind gegenseitig bedingt.

Während in den ersten Jahrzehnten der Existenz der Vereinten Nationen die Problematik der Menschenrechte nur in begrenztem Umfang völkerrechtlich relevant war (so die massenhafte, grobe und ständige Verletzung der Menschenrechte im Zusammenhang mit der Aufrechterhaltung des Friedens und der Sicherheit), hat heute der Menschenrechtsbegriff einen solchen Inhalt erlangt, daß sich die Mitgliedstaaten der zwei Menschenrechtskonventionen in ihren gegenseitigen Beziehungen nicht mehr darauf berufen, daß dieser Fragenkreis ausschließlich in der Sphäre ihrer inneren Kompetenz liegt.[18] Jedoch enthalten die zwei Konventionen nur Rahmenbestimmungen. Die Einzelheiten der Verwirklichung der Menschenrechte gewährleisten die vertragsschließenden Staaten selbst durch ihre nationalen Gesetze.

Die beiden Menschenrechtskonventionen bestimmen übrigens a) welche Menschenrechte als absolute Rechte zu betrachten sind (z. B. das Verbot der grausamen Behandlung, die Anerkennung der Rechtsfähigkeit), b) welche Rechte im Falle des Notstands vom Staat suspendiert werden können (z. B. einige Garantien der Verfahrens vor dem Gericht), c) welche Rechte unter bestimmten Bedingungen gesetzlich eingeschränkt werden können (z. B. die Vereinigungs- und Versammlungsfreiheit) und d) diejenigen Rechte, bei denen nicht die sofortige Realisierung, sondern die progressive Gewährleistung erwartet wird (wirtschaftliche, soziale, kulturelle Rechte).

Wie widerspiegelt sich die wesentliche Änderung des internationalen Menschenrechtsschutzes in der Verfassung der einzelnen Staaten?[19] In dieser Hinsicht sind in erster Linie diejenigen Verfassungen maßgebend, die nach dem Inkrafttreten der zwei Menschenrechtskonventionen (1976) verabschiedet wurden und auf

[18] Laut Auguste „kann die Staatsmacht die Existenz der Menschenrechte nicht mehr leugnen", vgl. Y. Auguste, L'internationalisation des constitutions, a. a. O., S. 80. Siehe in diesem Sinne auch D. H. M. Meuwissen, The Relationship between international and municipal Law and Fundamental Rights, in: NILR, Bd. 24/1977, Heft 1/2, S. 189; Ch. Tomuschat, Der Verfassungsstaat im Geflecht der internationalen Beziehungen, a. a. O., S. 44—45; B. Graefrath, Implementation of international Standards on Human Rights, a. a. O., S. 7.

[19] Vgl. R. Bernhardt, Ungeschriebenes Völkerrecht, in: Zeitschrift für ausländisches öffentliches Recht und Völkerrecht, 36/1976, S. 76. Mit dieser Problematik befaßt sich die juristische Literatur in breitem Umfang. So betont z. B. Sommermann, daß die Grundrechte mehr als ein Viertel der neuen spanischen Verfassung einnehmen. Vgl. K. P. Sommermann, Der Schutz der Grundrechte in Spanien nach der Verfassung von 1978, a. a. O., S. 127. Mit der Wirkung, die der internationale Schutz der Menschenrechte auf die neue niederländische, die griechische Verfassung bzw. auf die Verfassungen der afrikanischen Staaten ausübt, befassen sich z. B.: E. A. Alkema, Foreign relations in the Netherlands Constitution of 1983, a. a. O., S. 311; P. Dagtoglou, Die griechische Verfassung von 1975, in: Jahrbuch des öffentlichen Rechts der Gegenwart (zitiert als JöRG), Bd. 32 (1983), S. 356; Y. Diaiye, Les constitutions africaines et le droit international, a. a. O., S. 35.

die wir beispielhaft eingehen. Das Wesentliche könnte man folgendermaßen zusammenfassen:

a) Das Diskriminierungsverbot wurde in bezug auf die Gewährleistung der verfassungsmäßigen Rechte allgemein anerkannt.

Der Begriff des Diskriminierungsverbotes wurde z. B. in der sowjetischen Verfassung wesentlich erweitert. Während die frühere Verfassung die Gleichberechtigung der Bürger ohne Unterschied des Geschlechts, der Rasse, der nationalen Herkunft gewährleistet hat, schreibt die neue Verfassung vor, daß überdies auch der Vermögenszustand, die Bildung, die Religion, der Beruf, der Wohnsitz und sonstige Umstände keine Gegenstände der Diskriminierung bilden dürfen (Art. 34). Das Diskriminierungsverbot wurde auch in der geltenden Verfassung Albaniens (Art. 40) und Polens (Art. 67) erweitert. Die Verfassung der Niederlande (Art. 1), Portugals (Art. 11), Spaniens (Art. 14) sowie der Türkei (Art. 10) enthalten ebenfalls das Verbot der Diskriminierung.

b) Die Bedeutung der Rechte der Staatsbürger nahm in den Verfassungen zu, ihr Umfang wuchs und wurde in erster Linie durch die sozialen Rechte erweitert.

Heute findet man auch häufig, daß die Bestimmungen über die Menschenrechte in der Verfassung den Bestimmungen über die Organisation des Staates vorangestellt werden (siehe den II. Teil der sowjetischen, den II. Teil der griechischen, den I. Teil der niederländischen, den I. Teil der portugiesischen, den I. Teil der spanischen und den II. Teil der türkischen Verfassung).

Es ist bemerkenswert, daß Kanada die Gewährleistung der Rechte in einem speziellen, 1982 verabschiedeten Verfassungsgesetz — „Charta der kanadischen Rechte und Freiheiten“ — regelt. Zwar beschränkt sich dieses Gesetz nur auf die Gewährleistung der klassischen Rechte, in dem anglo-sächsischen Recht jedoch, welches sich auf das Gewohnheitsrecht stützt, ist es eine Neuerung von bahnbrechender Bedeutung, die sich vermutlich auch auf andere Staaten anglo-sächsischen Rechtssystems auswirken kann.[20] Der Bereich der Menschenrechte war schon in der früheren sowjetischen Verfassung bedeutend, er umfaßte außer den klassischen Rechten auch die sozialen Rechte. In der geltenden sowjetischen Verfassung hat sich die Liste der Menschenrechte einerseits durch neue Rechte erweitert (z. B. das Recht auf Wohnung, Art. 44), andererseits erhielten im sowjetischen Rechtssystem schon verankerte Rechte Verfassungsrang (z. B. die Freiheit der wissenschaftlichen Forschung, Art. 47, die Teilnahme an öffentlichen Angelegenheiten, Art. 48, oder das Recht, Vorschläge von öffentlichem Interesse zu unterbreiten, Art. 49). Eine neue Bestimmung der polnischen Verfassung befaßt sich mit der Inanspruchnahme der Vorteile der Umwelt bzw. mit ihrem Schutz (Art. 71).

[20] Vgl. E. McWhinney, The Canada Act and the Constitution Act 1982, in: JöRG, Bd. 32 (1983), S. 628; W. S. Tarnopolsky, The New Canadian Charter as compared and contrasted with the American Bill of Rights, in: Human Rights Quarterly, Bd. 5/1983, Heft 3, S. 227.

Soziale Rechte wurden auch in die griechische und die niederländische Verfassung aufgenommen. In der portugiesischen, spanischen und türkischen Verfassung wurden sie wesentlich erweitert.

c) Die Einschränkung der verfassungsmäßig verankerten Menschenrechte wird entweder in der Verfassung selbst geregelt, oder die gesetzliche Möglichkeit der Einschränkung wird in der Verfassung vorgesehen.[21]

Solche Bestimmungen allgemeinen Charakters finden sich in der Verfassung Portugals (Art. 18), Spaniens (Art. 53), der Türkei (Art. 13). Die griechische und die niederländische Verfassung verfügen zum Beispiel bei jedem Recht einzeln über die möglichen Einschränkungen. Mehrere Verfassungen bestimmen, unter welchen Bedingungen welche Rechte im Notstand eingeschränkt werden können (z. B. Art. 19 der portugiesischen, Art. 55 der spanischen Art. 15 der türkischen Verfassung).

d) Die speziellen Garantien, welche der tatsächlichen Realisierung der Menschenrechte dienen, haben sich außerordentlich erweitert.[22]

Solche Garantien sind:

das Beschwerderecht, das z. B. in der Verfassung Albaniens (Art. 59), Polens (Art. 86), der Sowjetunion (Art. 58), Griechenlands (Art. 10), der Niederlande (Art. 5), Portugals (Art. 52), der Türkei (Art. 74) geregelt ist;

der gerichtliche Rechtsschutz, den z. B. die Verfassung der Sowjetunion (Art. 57), Griechenlands (Art. 20), Portugals (Art. 20), Spaniens (Art. 24), der Türkei (Art. 40) gewährt;

die Institution des Ombudsman: Dem skandinavischen Beispiel folgend, wurde diese Institution vor kurzem durch die portugiesische (Art. 23) und durch die spanische Verfassung (Art. 54), in Österreich durch das 1981 verabschiedete Gesetz, das die Verfassung modifiziert sowie durch spezielles Gesetz 1987 in Polen eingeführt.

Zum Schutz der persönlichen Freiheit sieht z. B. die Verfassung der Niederlande (Art. 15), Potugals (Art. 31), Spaniens (Art. 17), das Verfassungsgesetz Kanadas (Art. 10) — gemäß Art. 9 Abs. 4 der Konvention über Bürger- und politische Rechte — im Falle einer Verhaftung ein spezielles Verfahren (*habeas corpus*) vor.

Bestimmte Menschenrechte müssen notwendigerweise auf Verfassungsebene ohne jede Diskriminierung gewährleistet werden; diese Notwendigkeit kann heutzutage kein einziger Staat bei der Erarbeitung seiner Verfassung außer Acht lassen.

[21] Über die in der Konvention über die zivilen und politischen Rechte vorgesehenen Einschränkungen und Abweichungen vgl. B. Graefrath, Implementation of international Standards on Human Rights, a. a. O., S. 12—13.

[22] Siehe ausführlicher K. P. Sommermann, Der Schutz der Grundrechte in Spanien nach der Verfassung von 1978, a. a. O., S. 331—350.

[23] Betreffend der speziellen Beschwerden, die beim Verfassungsgericht eingereicht werden können, vgl. Art. 53 der spanischen Verfassung.

Weitere Verpflichtungen beeinflussen die innere Gesetzgebung der Vertragspartner der zwei Menschenrechtskonventionen. Diese internationalen Instrumente behandeln die Menschenrechte als subjektive Rechte, die der Bevölkerung eines Staates zustehen. Sie drücken nämlich einerseits die allgemeine Garantieforderung aus, daß Einschränkungen der Menschenrechte oder die Abweichung von ihnen in der Verfassung oder im Gesetz vorgesehen sein sollen; andererseits verlangen sie, daß die Verwirklichung dieser Rechte durch spezielle Garantien gesichert werden soll.

Es steht den einzelnen Staaten frei, theoretisch und praktisch auszuarbeiten, welche Garantien eine Regelung auf Verfassungsebene erfordern und welche auf einer niedrigeren Ebene in anderen Gesetzen oder Verordnungen geregelt werden können. Die grundlegenden Garantien erfordern offenbar die Regelung auf Verfassungsebene. Damit soll gewährleistet werden, daß die konkretisierenden strafrechtlichen und zivilrechtlichen Regeln, die materiellen Rechtsnormen und Verfahrensregeln, Verwaltungsrechtsnormen usw. den Verfassungsbestimmungen entsprechen und die gesetzlichen Möglichkeiten der Einschränkung der Menschenrechte bzw. des Garantieverfahrens ausführlich regeln.

2. Die Rechtsstellung der Ausländer

Eine der Besonderheiten der beiden Menschenrechtskonventionen besteht darin, daß sie hinsichtlich der Menschenrechte keinen Unterschied zwischen den eigenen Staatsbürgern und den auf ihrem Staatsgebiet lebenden Ausländern machen. Nur die Ausübung bestimmter politischer Rechte ist den eigenen Staatsbürgern vorbehalten.

In diesem Sinne enthalten zum Beispiel die Verfassung der Sowjetunion (Art. 37), Portugals (Art. 15), Spaniens (Art. 13), der Türkei (Art. 16) Bestimmungen über die Rechtsstellung der Ausländer.

Die Entwicklung, die sich auf dem Gebiet der Menschenrechte vollzogen hat, beeinflußte auch die Rechtsstellung der Ausländer. Es ist weiterhin das souveräne Recht der Staaten zu entscheiden, ob sie die Einreise der Ausländer in ihr Staatsgebiet gestatten, für welchen Zeitraum und zu welchem Zweck sie den Aufenthalt bewilligen.

Die Staaten müssen die rechtliche Regelung hinsichtlich der Rechtsstellung der Ausländer mit ihren internationalen Verpflichtungen in Einklang bringen. Es hängt aber letztlich von ihrer Entscheidung ab, ob sie die Grundsätze der Rechtsstellung der Ausländer in die Verfassung aufnehmen oder nur durch Rechtsnormen niedrigen Ranges regeln.

3. Rechtsstellung der Minderheiten

Die Vereinten Nationen gingen — im Gegensatz zum Völkerbund — von dem System des Schutzes der Minderheiten auf den allgemeinen Schutz der Menschenrechte über, in der Annahme — die man heute schon als irrtümlich bezeichnen kann —, daß auch die Ansprüche der Minderheiten in diesem Rahmen befriedigt werden können. Der Artikel 27 der Internationalen Konvention über Bürger- und politische Rechte sagt es schon expressis verbis aus: Den Minderheiten angehörende Personen darf nicht das Recht verweigert werden, sich ihrer eigenen Kultur zu erfreuen, sich zu ihrer eigenen Religion zu bekennen und sie auszuüben oder ihre eigene Sprache zu benutzen.

Mehrere neue Verfassungen enthalten Bestimmungen über die Minderheiten, so zum Beispiel die Verfassung Albaniens (Art. 42), der Sowjetunion (Art. 36), das kanadische Verfassungsgesetz (Art. 23).

Die auch in internationalen Verpflichtungen verkörperte Erkenntnis, daß man den Minderheiten einen speziellen Schutz, ein Mehr an Rechten gewähren müsse, stellt die Mitgliedstaaten der Internationalen Konvention über Bürger- und politische Rechte — in bezug auf Minderheiten, die auf ihrem Gebiet leben — vor die Aufgabe zu entscheiden, auf welcher Ebene sie diese speziellen Rechte sichern wollen.

4. Das Asylrecht

Das sogenannte territoriale Asylrecht, das heißt das Recht der Staaten, Personen, die aus politischen Gründen — also nicht wegen Gemeinverbrechen — verfolgt werden, Asyl zu gewählen, ist eine anerkannte Institution des Völkerrechts.

Die Verfassung einiger Staaten regelt das Asylrecht mit der allgemeinen Einschränkung, daß Asylrecht nur aus politischen Gründen gewährt werden kann (z. B. Art. 16 des Grundgesetzes der Bundesrepublik Deutschland), oder sie bestimmt, daß die Voraussetzungen der Asylgewährung in einem Gesetz gesondert fixiert werden (z. B. die spanische Verfassung, Art. 13). Die italienische Verfassung (Art. 10) knüpft die Asylgewährung an die Bedingung, daß die in Frage kommende Person an der Ausübung ihrer demokratischen Rechte gehindert wurde.

Die Verfassungen einiger Staaten weisen ausführlich auf die Gründe hin, die zur Asylgewährung führen können.

So kann zum Beispiel laut der sowjetischen Verfassung (Art. 38) Asyl denjenigen gewährt werden, die wegen ihrer Tätigkeit zur Verteidigung der Interessen der Werktätigen oder zur Verteidigung des Friedens oder wegen ihrer Teilnahme am revolutionären und nationalen Befreiungskampf oder wegen anderer progressiver Tätigkeit verfolgt werden. Ähnliche Bestimmungen enthält die Verfassung Albaniens (Art. 65), Bulgariens (Art. 65), der Deutschen Demokratischen Republik (Art. 23), Polens (Art. 88), der Tschechoslowakei (Art. 33), Ungarns (Art. 67).

Die jugoslawische Verfassung (Art. 202) und die portugiesische Verfassung (Art. 33) enthalten ähnliche Voraussetzungen, ergänzt durch den Fall der Asylgewährung für Personen, die wegen ihrer Tätigkeit zur Verwirklichung der Menschenrechte verfolgt werden.

Es bleibt aber ohne Zweifel das souveräne Recht des Staates — auch wenn die Verfassung auf den Charakter der Tätigkeit des Flüchtlings hinweist —, individuell zu entscheiden, ob er einer bestimmten Person Asyl gewähren will oder nicht.

5. Schutz der Staatsbürger im Ausland

Das Völkerrecht anerkennt das Recht des Staates, gegenüber einem anderen Staat die Interessen seiner Staatsbürger, deren Rechte oder Interessen durch diesen Staat verletzt wurden, wahrzunehmen, das heißt *diplomatischen Schutz* für seine Staatsbürger geltend zu machen.

Auch bei Bestehen der notwendigen Voraussetzungen ist der Staat nicht verpflichtet, dem Staatsbürger in jedem Fall diplomatischen Schutz zu gewähren; sein Entschluß kann von dem Charakter seiner Beziehungen zum anderen Staat, von politischen Aspekten beeinflußt werden.

Der diplomatische Schutz unterscheidet sich von dem *konsularischen* Schutz: Der Konsul tritt bei den örtlichen Behörden des Empfangsstaates nicht im Namen des Staates, sondern im Namen des Staatsbürgers auf. Wenn zwischen den beiden Staaten konsularische Beziehungen bestehen, so hat der Staatsbürger im Ausland ein subjektives Recht auf den konsularischen Schutz.

Die Verfassung einiger Staaten verfügt expressis verbis über den Schutz seiner Staatsbürger im Ausland. So zum Beispiel die Verfassung Bulgariens (Art. 57), der Deutschen Demokratischen Republik (Art. 33), Jugoslawiens (Art. 200), Polens (Art. 89), Portugals (Art. 14).

Die türkische Verfassung widerspiegelt in einer interessanten Weise die Beschäftigungsverhältnisse des Landes: die Verfassung bestimmt im Zusammenhang mit den im Ausland arbeitenden türkischen Staatsbürgern, daß entsprechende Maßnahmen zur Gewährleistung der Einheit der Familie, der Erziehung der Kinder, der Befriedigung der kulturellen Ansprüche, der Sozialversicherung getroffen werden. Die Zielstellung besteht in der Aufrechterhaltung der Kontakte der im Ausland arbeitenden Staatsbürger mit dem Heimatland und der Ermöglichung ihrer Rückkehr (Art. 62).

Die erwähnten Bestimmungen der Verfassungen über den Schutz der Staatsbürger im Ausland machen nicht deutlich, ob es sich um diplomatischen oder konsularischen Schutz handeln soll. Übrigens ändern diese Bestimmungen die tatsächliche Rechtssituation nicht: Die Staatsbürger haben weiterhin kein subjektives Recht auf diplomatischen Schutz, auf konsularischen Schutz können sie Anspruch haben, wenn zwischen ihrem Staat und ihrem Aufenthaltsstaat konsularische Beziehungen bestehen.

IV. Auswärtige Beziehungen und die Verfassungen*

1. Aktives und passives Legationsrecht

Die Staaten bestimmen traditionell in der Verfassung die Kompetenzen zur Ausübung des aktiven und passiven Legationsrechts, und dementsprechend enthalten auch die neuesten Verfassungen meist keine Abweichung von den bisherigen Bestimmungen. Als Ausnahme kann jedoch zum Beispiel die sowjetische Verfassung betrachtet werden, welche die Änderungen, die sich in den zwischenstaatlichen Beziehungen vollzogen haben, insbesondere die Bedeutung der Rolle der internationalen Organisationen, berücksichtigt und im Artikel 121 nicht nur über die Akkreditierung der diplomatischen Vertreter im Ausland verfügt, sondern auch über die Ernennung derjenigen diplomatischen Vertreter, die bei internationalen Organisationen akkreditiert werden.

Die Aufrechterhaltung ständiger Missionen oder die Akkreditierung ständiger Vertreter bei internationalen Organisationen wurden zu einer Institution der zwischenstaatlichen Beziehungen. Die Bestimmungen der Verfassungen über das aktive Legationsrecht kann man zweifellos so interpretieren, daß sie sich auch auf die bei internationalen Organisationen akkreditierten diplomatischen Vertreter erstrecken: Es wäre aber eindeutiger, wenn die Verfassungen nicht nur über die bei den Staaten akkredierten diplomatischen Vertreter verfügen würden, sondern auch über diejenigen, die bei den internationalen Organisationen akkreditiert sind. Die Verfassungen könnten heute auch, wo ohne Bezeichnungen der Vertreter akkreditiert wird, nur allgemeine Bestimmungen über die Ernennung der diplomatischen Vertreter enthalten.

2. Sonstige Verfassungsbestimmungen über die Leitung der auswärtigen Beziehungen

Solange die Regelung der Kompetenz zum aktiven und passiven Legationsrecht traditionsgemäß in den Bereich der Verfassung fiel, enthielten die Verfassungen keine Bestimmungen über sonstige Fragen der Leitung der auswärtigen Beziehungen.

Die Tatsache, daß verschiedene Bestimmungen hinsichtlich der Leitung der auswärtigen Beziehungen in die Verfassung eingegliedert wurden, ist ein Beweis da-

* Mit der Kompetenz zum Abschluß internationaler Verträge befassen wir uns unter Punkt V.

für, daß sich die Intensität der zwischenstaatlichen Beziehungen verstärkt und die Rolle der Außenpolitik in der Politik der Staaten zugenommen hat. Solche Bestimmungen beinhalten z. B. die Regelung der *Kompetenzverteilung in bezug auf die Leitung der Außenpolitik*. Dies ist besonders bemerkenswert im Falle der föderativen Staaten (siehe Art. 80, 121 und 131 der sowjetischen Verfassung, Art. 7, 8 und 9 des Verfassungsgesetzes des tschechoslowakischen Staatenbundes oder Art. 32 und 73 des Grundgesetzes der Bundesrepublik Deutschland). Jedoch finden wir auch in anderen Verfassungen Bestimmungen über die Kompetenzverteilung zwischen den obersten Staatsorganen hinsichtlich der Leitung der Außenpolitik (z. B. Art. 67, 81 der albanischen, Art. 78, 93, 103 der bulgarischen, Art. 30, 41 der polnischen Verfassung, Art. 71, 76, 77 der Verfassung der Deutschen Demokratischen Republik, Art. 43, 75, 77 der rumänischen Verfassung).

Die auswärtigen Angelegenheiten überschreiten heutzutage den Rahmen der traditionellen diplomatischen Tätigkeit, das heißt sie beschränken sich nicht auf die politischen Beziehungen des Staates. Das widerspiegelt sich in der Verfassung einiger Staaten. So befaßt sich z. B. Art. 131 der sowjetischen Verfassung mit der Außenhandelstätigkeit sowie mit der wirtschaftlichen, wissenschaftlich-technischen und kulturellen Zusammenarbeit mit anderen Staaten. Artikel 8 des tschechoslowakischen Grundgesetzes verfügt über die Wirtschaftsbeziehungen und beruft sich auch auf die wirtschaftliche Zusammenarbeit mit dem Ausland, in erster Linie auf diejenige mit den sozialistischen Staaten.

Die Verfassung einiger Staaten regelt die Errichtung eines Parlamentsausschusses für auswärtige Angelegenheiten, so z. B. Art. 19 der dänischen Verfassung vom Jahre 1953 oder Art. 45 des Grundgesetzes der Bundesrepublik Deutschland.

Die Verfassungen einiger Staaten sagen aus, daß das Staatsoberhaupt den Staat in den internationalen Beziehungen vertritt, ob es sich um ein Einmannstaatsoberhaupt handelt (z. B. Art. 61 der tschechoslowakischen, Art. 19 der dänischen, Art. 36 der griechischen, Art. 104 der türkischen Verfassung, Art. 59 des Grundgesetzes der Bundesrepublik Deutschland) oder um ein kollektives Stasstsoberhaupt (z. B. Art. 93 der bulgarischen Verfassung).

Mit Ausnahme der Verfassungsbestimmungen der föderativen Staaten über die Verteilung der konstitutionellen Kompetenzen sind alle die Führung der Außenpolitik betreffenden Bestimmungen der Verfassungen von solcher Art, daß sie nicht für die internationalen Beziehungen, sondern für die nationale Rechtsordnung der Staaten bedeutsam sind. Es ist offensichtlich, daß das Völkerrecht keine Regeln für die Verteilung der verfassungsmäßigen Funktionen, den Tätigkeitsbereich und die Aufgaben der konstitutionellen Organe aufstellen kann.

V. Verfassungsbestimmungen über den Abschluß internationaler Verträge

Seit Jahrhunderten spielen die internationalen Verträge eine hervorragende Rolle in den zwischenstaatlichen Beziehungen. Heutzutage ist diese klare, eindeutige und schriftliche Form der internationalen Vereinbarung einerseits aufgrund des heterogenen Charakters der Staatengemeinschaft, andererseits wegen der großen Menge und Komplexität der auf Lösung wartenden Fragen von besonderer Bedeutung. Die Zahl der internationalen Verträge hat sich nicht nur vervielfacht, sondern auch das Verfahren des Vertragsabschlusses wurde — zwecks seiner Beschleunigung und Vereinfachung — in vieler Hinsicht verändert. Eine solche Veränderung ist vor allem die Möglichkeit, die multilateralen Verträge zu verschiedenen Zeitpunkten zu unterzeichnen, die Möglichkeit des Beitrittes zum Vertrag sowie die Einführung der Institution des Vorbehaltes. Bei den bilateralen Verträgen nahm der Abschluß von Regierungsabkommen zu, deren Inkraftsetzung mit der Genehmigung der Regierung oder bloß durch Unterzeichnung erfolgt.[24]

Die Wiener Konvention über das Recht der Verträge von 1969 widerspiegelt diese Veränderungen.

Die Änderungen in dem Vertragsabschlußverfahren kommen in den jüngsten Verfassungen notwendigerweise — doch unserer Meinung nach in einer inadäquaten Weise — zum Ausdruck.[25] Die Verfassungen bestimmten auch früher die Kompetenzen für den Vertragsschluß, doch die Ebene des Vertragsschlusses sowie die Art der Inkraftsetzung wurden differenzierter. Die eingehende Untersuchung dieses Problemkreises, eine Analyse, wie die Kompetenzen zum Vertragsschluß innerhalb der einzelnen Staaten unter Berücksichtigung des Vertragsgegenstandes verteilt sind — in erster Linie die Kompetenzverteilung zwischen den Organen der Staatsgewalt und der Exekutivgewalt —, würde den Rahmen dieser Abhandlung weit überschreiten; zur Darstellung dieser Entwicklung verweisen wir hier nur beispielhaft auf einige Verfassungsbestimmungen. So trägt zum Beispiel das VI. Kapitel der französichen Verfassung den Titel „Internationale Verträge und Abkommen", damit wird bereits im Titel auf die verschiedenen Arten des Vertragsschlußverfahrens hingewiesen. Das Kapitel enthält ausführliche Bestimmungen in bezug auf die Ebene des Vertragsschlusses sowie der Kompetenzen zum Vertragsschluß.

Laut der ungarischen Verfassung ist für den Abschluß zwischenstaatlicher Verträge die Nationalversammlung (Art. 19) und der Präsidialrat (Art. 30), für den Abschluß der Regierungsabkommen der Ministerrat (Art. 35) zuständig.

Die neue portugiesische Verfassung bestimmt die Zuständigkeit des Präsidenten der Republik (Art. 138), des Parlaments (Art. 164) und der Regierung (Art. 200) hinsichtlich des Abschlusses internationaler Verträge.

[24] Über die Verbreitung des sogenannten „accord en forme simplifiée" siehe ausführlicher P. de Visscher, Les tendances internationales des Constitutions, a. a. O., S. 537; A. Cocatre-Zilgien, Constitution de 1958, droit international, relations extérieures et politique étrangère, a. a. O., S. 652; Ch. Rousseau, Droit international public, 6. Aufl., Paris 1985, S. 463—464.

[25] Vgl. z. B. P. Reuter, La Convention de Vienne sur le droit des traités, Paris 1970, S. 11 und E. A. Alkema, Foreign relations in the Netherlands Constitution of 1983, a. a. O., S. 318.

Die sowjetische Verfassung macht zum Beispiel einen Unterschied zwischen den zwischenstaatlichen Verträgen (Art. 121) und den Regierungsabkommen (Art. 131); im ersten Fall ist der Oberste Sowjet zuständig, im letzteren der Ministerrat.

Es ist offensichtlich, daß die Regelung der Vertragsabschlußkompetenzen eine detalliertere Ausarbeitung erfordern würde.[26] Dabei bleibt es im Ermessen der Staaten, welche Fragen eine Regelung auf Verfassungsebene und welche eine Regelung niedrigeren Ranges verlangen. Die Wiener Konvention über das Recht der Verträge (WVK) weist in dieser Hinsicht viel beachtenswerte Aspekte auf. So betrachtet es die Konvention als allgemeine Regel (Art. 27), daß sich kein Partner auf die Bestimmungen seines innerstaatlichen Rechts als Rechtfertigung für die Nichterfüllung eines Vertrages berufen kann. Gleichzeitig ist laut Artikel 46 WVK ein Vertrag anfechtbar, wenn die Zustimmung zur Bindung an den Vertrag unter offenkundiger Verletzung einer grundsätzlichen Bestimmung der innerstaatlichen Gesetze über die Kompetenzen zum Abschluß von Verträgen erfolgte[27]. Auch mit Rücktsicht auf diese Bestimmung ist die genaue Definition und Abgrenzung der Kompetenzen zum Abschluß von Verträgen heutzutage von besonderer Bedeutung. In diesem Zusammenhang muß in Betracht gezogen werden, daß Art. 7 WVK das Recht zum Abschluß von Verträgen ohne Vorlegen von Vollmachten nicht nur dem Staatsoberhaupt, sondern auch dem Regierungschef und dem Außenminister zuerkennt, daß heißt sie sind befugt, nicht nur an den Verhandlungen teilzunehmen, sondern auch die Verträge zu unterzeichnen. Die Kompetenz der Leiter der diplomatischen Missionen und Vertreter, die von Staaten bei einer internationalen Organisation akkreditiert wurden, erstreckt sich ohne Vollmacht nur auf die Verhandlungsphase.

VI. Die verfassungsmäßige Regelung des Verhältnisses von Völkerrecht und Landesrecht

Die theoretischen Fragen des Verhältnisses von Völkerrecht und Landesrecht wurden von zahlreichen Forschern analysiert[28]. Es bildeten sich verschiedene theoretische Schulen, es bestehen sogar innerhalb der dualistischen und in der

[26] Vgl. z. B. die ungarische Gesetzesverordnung Nr. 27 vom Jahre 1982 über das Verfahren betreffend der internationalen Verträge; das sowjetische Gesetz vom 6. Juli 1978 über das Verfahren betreffend des Abschlusses, der Durchführung und der Kündigung internationaler Verträge (Vedomosti Verchovnogo Soveta SSR, No. 28/1978) oder den Beschluß des Staatsrates der DDR über die Aufgaben des Staatsrates bei der Ratifizierung und Kündigung internationaler Verträge der DDR vom 22. März 1976, in: GBl. der DDR Teil I 1976 Nr. 4, S. 181.

[27] Vgl. P. de Visscher, Les tendances internationales des Constitutions, a. a. O., S. 545.

[28] Vgl. ausführlicher z. B. L. Bodnár, A nemzetközi szerzödések és az állam (Die internationalen Verträge und der Staat), Budapest 1987, S. 15—52.

monistischen Schule verschiedene Ansichten. Die wissenschaftliche Analyse, die Erörterung dieses Problemkreises würde den Rahmen dieser Abhandlung weit überschreiten; so weisen wir hier nur auf die wesentlichen praktischen Aspekte der Frage hin und erwähnen als Beispiele einige Verfassungen.[29] Wir verzichten auch auf die Typisierung, da wir zu diesem Zweck die Rechtsordnung der einzelnen Staaten einer Untersuchung unterwerfen müßten, um festzustellen, auf welchem praktischen rechtlichen Weg und auf welche Weise ihre internationalen Verpflichtungen tatsächlich zur Geltung kommen.

Zahlreiche Verfassungen lassen diesen Problemkreis außer Acht. Einige Verfassungen weisen im allgemeinen auf die Achtung der allgemeinen Prinzipien des Völkerrechts hin. So zum Beispiel Art. 10 der italienischen Verfassung, wonach die Rechtsordnung Italiens die allgemein anerkannten Prinzipien des Völkerrechts achtet. Artikel 8 Abs. 1 der Verfassung der Deutschen Demokratischen Republik lautet: „Die allgemein anerkannten, dem Frieden und der friedlichen Zusammenarbeit der Völker dienenden Regeln des Völkerrechts sind für die Staatsmacht und jeden Bürger verbindlich." Solche Verfassungsbestimmungen lassen die Frage offen, welche Regeln der Begriff „allgemeine Prinzipien des Völkerrechts" umfaßt (ob es sich hier um das ius cogens handelt), und wer im gegebenen Fall diese Frage entscheidet. Artikel 91 der Verfassung der Deutschen Demokratischen Republik sagt weiterhin: „Die allgemein anerkannten Normen des Völkerrechts über die Bestrafung von Verbrechen gegen den Frieden, gegen die Menschlichkeit und von Kriegsverbrechern sind unmittelbar geltendes Recht."

Gemäß Art. 25 des Grundgesetzes der Bundesrepublik Deutschland sind die allgemeinen Regeln des Völkerrechts Bestandteil des innerstaatlichen Rechts und haben Vorrang vor den Gesetzen. Andererseits bestimmt Art. 100, daß bei Zweifel über die Zugehörigkeit von Völkerrechtsnormen zum Bestand des innerstaatlichen Rechts in einem Rechtsstreit die Entscheidung des Bundesverfassungsgerichts einzuholen ist. Gleichzeitig schreibt Art. 59 des Grundgesetzes hinsichtlich der internationalen Verträge vor, daß die in dem Artikel bestimmten Verträge entsprechender Gesetzgebung bedürfen.

Laut Art. 55 der französischen Verfassung genießen die ratifizierten oder genehmigten Verträge und Abkommen nach ihrer Verkündung Vorrang vor den Gesetzen, sofern der Vertrag auch von dem anderen vertragschließenden Staat angewandt wird.[30]

Die Frage des Verhältnisses von Landesrecht und Völkerrecht bekommt praktisch dann eine besondere Bedeutung, wenn zwischen ihnen ein Gegensatz

[29] Zu den konstitutionellen Bestimmungen über das Verhältnis von Völkerrecht und Landesrecht und deren Kritik vgl. P. de Visscher, Les tendances internationales des Constitutions, a. a. O., S. 519—533.

[30] Über die Bedingungen der Reziprozität vgl. R. Pelloux, Quelques réflexions sur le préambule de la constitution française de 1958, in: Hommage d'une génération de juristes au président Basdevant, Paris 1960, S. 398.

besteht: wenn der Rechtsanwender in einem Staat in der Lage ist zu entscheiden, ob er das innerstaatliche Recht oder die internationale Regel anwenden soll.

Bevor ein Staat internationale Verpflichtungen eingeht, berücksichtigt er deren Einfluß auf die innere Rechtsordnung und trifft auf dieser Grundlage seine Entscheidung bezüglich der Übernahme der Verpflichtungen. Kein Staat jedoch darf sich auf die Bestimmungen seines innerstaatlichen Rechts als Rechtfertigung für die Nichterfüllung eines Vertrages berufen (siehe Art. 27 der Wiener Konvention über das Recht der Verträge). Wenn der Staat nicht dafür sorgt, daß die nötigen Bedingungen zur Verwirklichung der auf internationaler Ebene übernommenen Verpflichtungen erfüllt werden, ist er den anderen Vertragspartnern dafür völkerrechtlich verantwortlich. Es ist aber sein souveränes Recht zu bestimmen, ob er auf Verfassungsebene — mit allgemeiner Gültigkeit — für die innerstaatliche Verwirklichung der auf internationaler Ebene übernommenen Verpflichtungen sorgt oder auf niedrigem Niveau durch konkret festgesetzte Rechtsnormen.[31]

VII. Sonstige völkerrechtliche Aspekte der Verfassungen

Unter diesem Titel möchten wir — ohne Anspruch auf die Vollständigkeit — solche völkerrechtliche Aspekte der Verfassungen darlegen, die entweder nur eine Gruppe von Staaten betrifft oder sporadisch in einzelnen Verfassungen erscheinen.

So deutet Art. 24 des Grundgesetzes der Bundesrepublik Deutschland den „supranationalen“ Charakter der westeuropäischen Gemeinschaften an, indem es bestimmt, daß *Hoheitsrechte auf zwischenstaatliche Einrichtungen durch Gesetz übertragen werden können.* Ähnliche Bestimmungen finden wir auch in jüngeren Verfassungen, z. B. in der griechischen (Art. 24), in der niederländischen (Art. 92) Verfassung.[32]

Die Verfassungen einiger Staaten enthalten Bestimmungen, die eine *internationale Zusammenarbeit* voraussetzen. So z. B. die Bestimmung über den Umweltschutz in der Verfassung der Niederlande (Art. 21), Spaniens (Art. 45), Polens

[31] Vgl. I. N. W. Verzijl, International Law in historical perspective, Part VI, Leiden 1973, S. 271 und M. Mohr, Zu einigen Fragen der innerstaatlichen Umsetzung völkerrechtlicher Normen, in: Wissenschaftliche Zeitschrift der Humboldt-Universität zu Berlin, Ges.-Sprachw. Reihe 30 (1981), S. 271.

[32] Vgl. ausführlicher P. de Visscher, Les tendances internationales des Constitutions, a. a. O., S. 545—554 und R. Geiger, Grundgesetz und Völkerrecht, a. a. O., S. 143, 161, 202—208, 212—246, 354—362 und A. Cassese, Modern constitutions and international law, a. a. O., S. 413.

(Art. 72)[33] oder der *Schutz der historischen, kulturellen und Naturschätze und Interessen* in der türkischen Verfassung (Art. 63).[34]

Mehrere Verfassungen beinhalten Regelungen, die sich auf das Staatsgebiet beziehen.[35] So spricht z. B. Art. 7 der Verfassung der Deutschen Demokratischen Republik speziell über den Schutz der Staatsgrenzen, einschließlich des Luftraumes und der Territorialgewässer, sowie über den Schutz und die Nutzung des Festlandsockels; Art. 3 der österreichischen Verfassung oder Art. 27 der griechischen Verfassung regeln die Ordnung einer möglichen Änderung der Staatsgrenze.

Bedingungen des Aufenthaltes fremder Truppen auf dem Gebiet des Staates enthält zum Beispiel die Verfassung Belgiens (Art. 121), Griechenlands (Art. 27) und der Niederlande (Art. 100).

Das Grundgesetz der Bundesrepublik Deutschland enthält *Bestimmungen über die Regelung zwischenstaatlicher Streitigkeiten* (Art. 24).[36]

All diese Bestimmungen beweisen: Die Zahl der verfassungsmäßig geregelten Gegenstände internationalen Charakters nimmt ständig zu.

Schlußfolgerungen

Am Ende unserer Analyse kommen wir vor allem zur Folgerung, daß die derzeitigen zwischenstaatlichen Beziehungen ohne Zweifel und notwendig eine Wirkung auf die Entwicklung des innerstaatlichen Rechts, einschließlich der Verfassungsebene, ausüben; die Zahl der Themenkreise internationalen Charakters steigt besonders in den neueren Verfassungen. Diese allgemeine Behauptung bedarf der folgenden Ergänzung:

1. *In der Gegenwart beeinflussen einzelne völkerrechtliche Regeln in direkter und imperativer Weise selbst den Inhalt der Regelung*, so sind die Staaten vor allem verpflichtet, das Gewaltverbot und ihre Verpflichtungen hinsichtlich der Achtung der Menschenrechte auf Verfassungsebene zu berücksichtigen. Gleichzeitig enthalten die Verpflichtungen betreffend der Achtung der Menschenrechte zahlreiche Detailfragen, deren Regelung auf unterschiedlicher Ebene erfolgen kann. Bei der Entscheidung über die Ebene und die Art und Weise der Regelung spielen Aspekte, die mit dem politischen, wirtschaftlichen, gesellschaftlichen System des

[33] Vgl. C. Daval, L'évolution politique de l'Espagne depuis la mort du général Franco, in: Revue du Droit public et de la science politique, Bd. 94 (1978), S. 390; C. A. J. M. Kortmann, Das niederländische Grundgesetz vom 17. Februar 1983, in: JöRG, Bd. 33 (1984), S. 175—188.

[34] Vgl. E. Hirsch, Die Verfassung der Türkischen Republik vom 9. Nov. 1982, in: JöRG, Bd. 32 (1983), S. 507—623.

[35] Vgl. E. C. Hellbling, Die Ausstrahlung des Völkerrechts auf die österreichische Bundesverfassung, a. a. O., S. 55; R. Geiger, Grundgesetz und Völkerrecht, a. a. O., S. 168.

[36] Vgl. Ch. Tomuschat, in: Bonner Kommentar zum Grundgesetz, bearb. von H. J. Abraham, Hamburg 1980, S. 140.

Staates in Zusammenhang stehen, offensichtlich eine bedeutende Rolle, da dieser Themenkreis das innere Leben des Staates am tiefsten und am empfindlichsten betrifft.

2. *Es gibt traditionelle verfassungsrechtliche Themen, deren Regelung das Völkerrecht zwar verlangt und beeinflußt* (z. B. der Abschluß internationaler Verträge), *ohne jedoch das Recht der Staaten zu beeinträchtigen, Inhalt und Niveau der Regelung nach eigenem Ermessen zu bestimmen.*

3. *Die Regelung einiger verfassungsrechtlicher Themen kann als traditionell betrachtet werden* (z. B. das Legationsrecht), und die Art und Weise der konstitutionellen Regelung stellt weiterhin keine neuen Anforderungen an den Staat.

4. *Letztlich können die Staaten im Laufe der Verfassungsentwicklung die Regelung von immer zahlreicheren und neueren Themen internationalen Charakters nach eigenem Ermessen auf die Ebene der Verfassung heben. Von dieser Möglichkeit wird tatsächlich Gebraucht gemacht.*

Резюме

X. Бокор-Сегё

Общие проблемы взаимоотношений между международным и конституционным правом

Целью настоящего исследования является определение степени фактического воздействия современных межгосударственных отношений, опосредованных международно-правовыми нормами, на конституционное развитие. Отвечая на поставленный вопрос, автор останавливается в своей работе на следующих проблемах: конституционные положения о внешней политике, запрет развязывания войны в современном международном праве, управление внешними сношениями, положения о порядке заключения международных договоров, регулирование вопроса о взаимоотношении международного и внутригосударственного права и иные международно-правовые вопросы.

Обобщая итоги исследования, автором делается общий вывод о том, что современные межгосударственные отношения оказывают воздействие на развитие внутригосударственного права, включая и уровень конституционно-правового регулирования, и что наблюдается постоянный рост числа вопросов международно-правового характера, включаемых в сферу конституционного регулирования (особенно в новейших конституциях). Этот общий вывод конкретизируется в работе следующим образом:

1. В наши дни некоторые международно-правовые нормы оказывают непосредственное и императивное воздействие на само содержание правового регулирования. Так, например, обязательства, связанные с запретом применения силы и обеспечением уважения прав человека, должны учитываться государствами на уровне конституционного регулирования. Но в тоже время обязательства, связанные с обеспечением прав человека, имеют и ряд таких частных вопросов, уровень регулирования которых определяется дифференцированно самими государствами. Одни из них нуждаются в регулировании на конституционном уровне, другие же регулируются на уровне, определяемом по усмотрению государства. Безусловно, при решении данного вопроса важную роль играют факторы, связанные с политической, экономической и общественной системой, ибо эти вопросы затрагивают весьма глубоко и ощутимо внутреннюю жизнь государства.

2. Имеется определённый круг традиционных конституционных положений, регулирование которых является необходимым с точки зрения международного права и которые испытывают его влияние (например, порядок заключения международных договоров); однако, это не означает, что за госу-

дарством не сохраняется право определения содержания и уровня их регулирования по своему усмотрению.

3. Некоторые вопросы регулируются традиционно конституционно-правовым образом (например, право посольства) и, что касается их конституционного регулирования, то на сегодня в этом отношении не предъявляются какие-либо новые требования.

4. И, наконец, в ходе конституционного развития постоянно возрастает число новых вопросов, имеющих международный характер, которые решаются или будут решаться по усмотрению государств на уровне конституционного регулирования.

Summary

H. Bokor-Szegö

General Questions of Relationship between International and Constitutional Law

The aim of the study is to clarify the actual influence of modern and changing inter-state relations finding shape in the norms of international law on constitutional development. In order to give due answers to the problems the author considers the following questions: general constitutional provisions related to foreign policy, prohibition of unleashing war by international law, international protection of human rights, questions of conducting foreign affairs, provisions on the conclusion of international treaties, regulation of relationship between international and domestic law, other international legal aspects.

Summing up her examination, the author comes to a general conclusion according to which the domestic legal system — including necessarily also the level of constitutional regulation — is being undeniably influenced by inter-state relations too. The number of international law-related matters, especially in the latest constitutions, is continuously growing.

1. In our days some of the norms of international law directly and imperatively influence the content of the regulation itself; thus for example, States should in the first place take into consideration in their constitutional regulation the obligations connected with the prohibition of the use of force and the respect for human rights. At the same time the obligation to secure the respect for human rights has several particular aspects the regulative level of which can be determined by the State itself. Some principal aspects of the problem need regulation on the constitutional level, the regulative level of others being left to the discretion of the State. Since these problems affect most deeply and sensitively the internal life of States, factors connected with the political, economic and social system existing in a given State undoubtedly play their role while the relevant decision is being taken.

2. Though there are some traditional constitutional subject-matters the regulation of which according to modern international law is necessary and is being influenced by it (for example, the conclusion of international treaties), this does not, however, affect the right of a State to decide at its discretion the content and the level of the regulation.

3. The regulation of some questions on the constitutional level can be viewed as a traditional phenomenon (e.g. the law of diplomatic intercourse) and States

in principle have no new tasks related to the methods of their constitutional regulation.

4. And finally, in the course of constitutional development an increasing number and new questions of international concern have been and may be elevated to the level of constitutional regulation by States at their own discretion.

Г. Даниленко

Действие обычая в международном праве: Теория и практика

1. Введение

Современное общее международное право, составляющее юридическую основу отношений всех государств, базируется на двух источниках — договоре и обычае. Кодификация общего международного права, обсусловливающая повышение роли и значения общего многостороннего договора в универсальном международно-правовом регулировании, не ведет, однако, к исчезновению международных обычных норм. Несмотря на успехи кодификации, значительное число норм современного международного права, регулирующих отношения государств в самых различных областях, попрежнему существуют в форме обычая. Для продолжающегося действия обычая решающее значение имеет то, что обычные нормы играют важную роль не только в областях права, до настоящего времени не подвергшихся кодификации, но и там, где основным источником права служит кодифицирующая конвенция. Международный обычай сохраняет свое значение также потому, что на практике постоянно происходит создание новых обычных норм во вновь появляющихся областях международно-правового регулирования.

Важную роль международного обычая как источника возникновения и формы существования правовых обязательств государств в конечном счете определяет структура международного сообщества, в котором отсутствуют какие-либо законодательные акты. Это обусловливает специфику процесса международного правотворчества и механизма правового регулирования, проявляюшуюся в ряде моментов. Сложность согласования позиций различных государств, выступающих на международной арене со своими зачастую несовпадающими интересами, по тем или иным проблемам ведет к тому, что, с одной стороны, принимаемые кодифицирующие акты, как правило, регулируют далеко не все вопросы в данной области межгосударственных отношений, а, с другой стороны, сами эти акты не получают достаточно широкого формального признания со стороны членов международного сообщества. В тех областях, где по тем или иным причинам договорное регулирование отсутствует, на первый план выдвигается международный обычай.

Согласно действующему международному праву, обычай подлежит применению в целом ряде ситуаций, связанных о отсутствием правового регулирования отношений всех или отдельных государств на договорной основе.

Прежде всего обычай служит важным первичным источником возникновения и существования юридических прав и обязательств государств в тех случаях, когда по тем или иным причинам государства вообще не закрепляют свои обязательства в договорной форме. В тех случаях, когда по данному вопросу имеются кодифицирующие конвенции, обычай продолжает служить основным и единственным источником правовой регламентации взаимных отношений государств, не участвующих в существующих кодифицирующих конвенциях, и отношений этих государств с участниками конвенций. Наконец, в определенных ситуациях обычай может сохранять свое значение и в отношениях сторон конвенции несмотря на действие договорных норм.

2. Действие обычая в условиях отсутствия аналогичного договорного регулирования

Ситуации, связанные с отсутствием договорного регулирования, возникают как при полном отсутствии каких-либо договорных норм в данной области отношений, так и тогда, когда существующие конвенции не затрагивают ту или иную сферу отношений, по-прежнему регулируемую обычным правом. В современном общем международном праве существует ряд институтов которые по-прежнему основаны преимущественно на обычае. Продолжающийся процесс кодификации общего международного права ведет, однако, к тому, что в большинстве случаев речь идет об обычае не как основном и единственном источнике правового регулирования целых областей общего международного права, а лишь отдельных международно-правовых проблем, не затронутых существующими кодифицирующими конвенциями.

В рассматриваемой ситуации функции обычая состоят прежде всего в заполнении пробелов, существующих в действующих кодифицирующих конвенциях. Обычай может также добавлять к нормативному содержанию договорных норм новые элементы, имеющие зачастую важное значение для правового регулирования в данной сфере отношений. Указанные функции обычай выполняет в отношении любых существующих многосторонних конвенций, включая Устав ООН. Так, касаясь действия международного обычного права наряду с Уставом ООН, Международный суд ООН отметил, что, например, такое основополагающее положение Устава ООН как ст. 51, определяющее право на самооборону, не регулирует непосредственно все аспекты содержания указанного права. Суд отметил, что конкретные аспекты осуществления права на самооборону регулируются международным обычаем, который „продолжает существовать наряду с договорным правом.“[1]

[1] I. C. J. Reports, 1986, p. 94.

Значение продолжающегося действия обычая в конкретных областях международного права можно проиллюстрировать на примере космического права, традиционно основанного прежде всего на договорном нормообразовании. Обычное космическое право не только заполняет имеющиеся пробелы в договорном регулировании, но и служит важным элементом конкретизации договорных положений. Примером первой функции обычая служит норма о границе между воздушным и космическим пространством, примером второй — норма о праве свободного доступа в космос.

В процессе создания Договора по космосу 1967 г.[2] государства не смогли решить вопрос о делимитации воздушного и космического пространства, и потому он не содержит каких-либо норм, позволяющих определить пределы его действия. Попытки установления специального договорного регулирования данной проблемы до настоящего времени успеха не имели, хотя в Комитете ООН по космосу она обсуждается с 1967 г. В то же время развитие постоянной и единообразной практики государств в связи с исследованием и использованием околоземного космического пространства привело к формированию обычной нормы, согласно которой граница между воздушным и космическим пространством проходит на уровне наиболее низких орбит искусственных спутников Земли. Наличие общего согласия государств с существующей практикой дало основание советскому делегату заявить в Комитете ООН по космосу, что в современном международном праве по вопросу делимитации воздушного и космического пространства „сложился международно-правовой обычай, в соответствии с которым граница между воздушным и космическим пространством проходит на высоте минимальных перигеев искусственных спутников Земли, т. е. на высоте примерно 100—110 км над уровнем океана.“[3]

Договор по космосу 1967 г. провозгласил, что космическое пространство „открыто для исследования всеми государствами“. Хотя в отношении небесных тел ст. I Договора провозглашает принцип „свободы доступа“, в Договоре нет каких-либо конкретных положений о свободе доступа всех государств к самому космическому пространству. А эта норма имеет принципиальное значение, в частности, при решении вопроса о праве прохода космических объектов одних государств через национальное воздушное пространство других государств в целях выхода в космос и возвращения на Землю. В Комитете ООН отмечалось, что если не решить эту проблему, то некоторые государства с небольшой территорией не смогут получить выход в космос. Как заявил, в частности, представитель ГДР, по аналогии с морским правом „будет создана новая категория государств, находящихся в неблагоприятном географическом положении“.[4] В современном между-

[2] См.: Ведомости Верховного Совета СССР, 1967, № 44, ст. 588.

[3] Док. ООН A/AC. 105/C.2/SR 392, p. 5 (1983).

[4] Док. ООН A/AC. 105/C.2/SR 413, p. 4 (1984).

народном праве принцип свободы доступа в космическое пространство, тесно связанный с принципом свободы исследования и использования космического пространства, закрепленным в Договоре 1967 г., признается государствами в качестве принципа обычного права. Наличие такого принципа отмечается как в официальных заявлениях государств,[5] так и в доктрине международного права.[6]

Новейшей иллюстрацией аналогичных процессов в области международного морского права может служить развитие правового регулирования делимитации морских пространств. Женевская конвенция о континентальном шельфе 1958 г.[7] регулирует вопросы, связанные с делимитацией шельфа. Конвенция ООН по морскому праву 1982 г.[8] регламентирует делимитацию не только шельфа, но и экономических зон (ст. ст. 74 и 83). Хотя положения Конвенции 1982 г. в отношении делимитации континентального шельфа и экономических зон идентичны, она не содержит каких-либо норм, предписывающих необходимость единых морских границ. Практика заключения делимитационных соглашений показывает, однако, что необходимость совместной делимитации континентального шельфа, экономических и рыболовных зон получает все более широкое признание. Важным прецедентом в этой области стало решение Камеры международного суда ООН от 12 октября 1984 г. по делу о делимитации морской границы в районе залива Мэн.

Стороны по делу — Канада и США — просили Камеру суда установить единую границу континентального шельфа и рыболовных зон. По мнению Камеры, необходимость определения единой морской границы сделала невозможным применение положений Женевской конвенции о континентальном шельфе 1958 г., несмотря на то, что как Канада, так и США является ее сторонами. Камера исходила при этом из того, что договорные положения, имеющие целью регулирование делимитации лишь континентального шельфа, не могут применяться к проблеме, имеющей гораздо более широкий характер.[9] Обратившись к международному обычаю как источнику права, регулирующему отношения сторон в данной ситуации, Камера отметила, что в результате принятия большинством государств экономи-

[5] Делегат Болгарии в Комитете ООН по космосу заявил, например, что существует“ право любого государства запускать объекты в космос и возвращать их обратно без препятствий со стороны других государств“, Док. ООН A/AC.105/PV.251. P.37 (1983); Делегат ГДР отметил, что „принцип свободы доступа в космическое простанство является составным элементом современного международного права“,Док. ООН A/AC. 105/C.2/SR 393, p. 2 (1983).

[6] Член Международного суда ООН М. Ляхс отмечает, что на основе практики запуска космических объектов право доступа в космос „стало всеобще признанным принципом“. Lachs M, Some Reflections on the State of the Law of Outer Space. In: Journal of Space Law, 1981, Bd. 9, S. 8.

[7] Ведомости Верховного Совета СССР, 1964, № 28, ст. 329.

[8] Док. OON A/Conf. 62/122 (1982).

[9] I. C. J. Reports, 1984, S. 301—303.

ческих зон будет возрастать потребность в единой делимитации экономических зон и континентального шельфа как отражение стремления избежать „неудобств, связанных с множеством отдельных делимитаций“.[10] При вынесении решения по делу Камера фактически исходила из того, что требование единой границы является формирующейся нормой обычного права. Если это так, то не исключено, что к моменту своего вступления в силу нормы Конвенции 1982 г. будут дополнены новым важным элементом обычно-правового происхождения.

Следует отметить, что применение обычая, действующего наряду с многосторонними конвенциями, во многих случаях прямо предусматривается такими конвенциями. Как правило, в кодифицирующих конвенциях имеются специальные положения, устанавливающие области применения обычного права. Применение обычая может прежде всего вытекать из преамбул соответствующих конвенций, которые применяют для этих целей различные формулировки. Так, Венская конвенция о праве международных договоров[11] устанавливает, что „нормы международного обычного права будут попрежнему регулировать вопросы, которые не нашли решения в положениях настоящей конвенции“. В отличие от этого Конвенция ООН по морскому праву предусматривает, что „вопросы, не регулируемые настоящей Конвенцией, продолжают регламентироваться нормами и принципами общего международного права“.

Как известно, термин „общее международное право“ понимается в нескольких значениях. В широком социально-политическом контексте „общее международное право“ означает совокупность договорных и обычных норм, признанных государствами противоположных социально-экономических систем.[12] В более узком значении при употреблении термина „общее международное право“ внимание концентрируется на факте признания соответствующих норм всеми существующими группами государств — социалистическими, развивающимися и капиталистическими.[13] Наконец, понятие „общее международное право“ может иметь специальное значение и в определенном контексте употребляться для обозначения прежде всего общих обычных норм. В рамках такого подхода Международный суд ООН, например, зачастую употребляет термин „общее международное право“ и „обычное международное право“ как полностью равнозначные.[14] Как по-

[10] I. C. J. Reports, 1984, S. 327.

[11] См.: Ведомости Верховного Совета СССР, 1986, № 16, ст. 263.

[12] Подробнее по этому вопросу: см.: Тункин Г. И. Теория международного права. М., 1970, Левин Д. Б. Актуальные проблемы теории международного права. М., 1974. Лукашук И. И. Механизм международно-правового регулирования. Киев, 1980. Мовчан А. П. Кодификация и прогрессивное развитие международного права. М., 1972.

[13] См.: Мовчан А. П. Укрепление международного правопорядка — курс КПСС и Советского государства. — „Советское государство и право,“ 1986, № 6, с. 85.

[14] См., например,: I. C. J. Reports, 1969, S. 28, I. C. J. Reports, 1985, S. 55.

казывает практика, указанное специальное значение термина „общее международное право“ может выдвинуться на первый план в процессе создания и последующего толкования соответствующих положений кодифицирующих конвенций, в частности приведенного выше положения преамбулы Конвенции ООН по морскому праву.

Анализ выступлений представителей различных государств во время обсуждения рассматриваемого положения преамбулы Конвенции ООН по морскому праву на Третьей Конференции ООН по морскому праву не оставляет никаких сомнений в том, что под формулировкой „нормы и принципы общего международного права“ имелось в виду не что иное как принципы и нормы общего обычного шрава. Так, говоря о данном пункте преамбулы, представитель Швейцарии заявил, что в нем содержится отсылка к „нормам международного обычного права“.[15] Представитель ГДР подчеркнул, что „нормы международного обычного права продолжают регулировать проблемы, неурегулированные непосредственно с помощью положений рассматриваемой конвенции“.[16] Касаясь рассматриваемого пункта преамбулы, представитель Генерального секретаря ООН на Конференции особо подчеркнул, что Конвенция „не наносит ущерба сохранению в силе норм обычного международного права, действующих в отношении тех вопросов, которые не были урегулированы особо положениями нового договора“.[17]

При толковании подобных положений преамбул кодифицирующих конвенций важное практическое значение имеет определение того, что понимается под формулировкой „вопросы, не регулируемые настоящей конвенцией“ Очевидно, это означает отсутствие в данной конвенции каких-либо положений по тому или иному вопросу. Соответственно, наличие таких положений исключает возможность ссылок на обычное право вопреки положениям конвенции, в частности с целью уклонения от выполнения соответствующих договорных обязательств.

Указанное обстоятельство следует подчеркнуть потому, что в связи с приняитием Конвенции ООН по морскому праву в заявлениях некоторых государств делались попытки путем ссылок на обычное право обойти те или иные нормы Конвенции, в частности нормы, относящиеся к праву мирного прохода всех судов, в том числе и военных кораблей, через территориальное море (ст. ст. 17—32). Так, представитель Конго заявил, что право прибрежных государств требовать предварительного разрешения для прохода иностранных военных кораблей через их территориальное море основано на „всеобще признанных нормах международного обычного права, которые,

[15] Третья конференция ООН по морскому праву. Официальные отчёты, т. IX, с. 60.

[16] Там же, с. 61. См. также заявления представителей Индии, Гондураса, Чили и Колумбии. Там же, с. 52, 58, 65, 66.

[17] Там же,с. 40.

согласно положениям проекта конвенции, регламентируют вопросы, не урегулированные самой конвенцией".[18] Подобный подход не имеет под собой никаких юридических оснований: в условиях, когда данный вопрос четко и однозначно решен Конвенцией, ссылки на обычное право в противовес ее положениям несовместимы с принципом добросовестного выполнения договорных обязательств.

Кроме преамбул конвенций продолжающееся действие обычного права может предусматриваться также отдельными конкретными конвенционными нормами, содержащими отсылки к действующему обычному праву в той или иной форме. В большинстве случаев в таких ситуациях договорные нормы содержат ссылки на нормы „общего международного права" (например, п. 3 ст. 41 Венской конвенции о дипломатических сношениях[19]). В конвенциях могут встречаться также положения, которые исключают действие тех или иных норм в отношении определенной группы вопросов. Так, ст. 10 Конвенции ООН по морскому праву содержит пункт 6, который устанавливает, что положения ст. 10, относящиеся к заливам, „не распространяются на так называемые „исторические заливы". Поскольку в самой конвенции по морскому праву нет каких-либо положений о режиме „исторических заливов", этот вопрос будет по-прежнему регулироваться обычным правом.

Применение обычая, заполняющего пробелы в договорном регулировании отношений отдельных государств, являющихся сторонами кодифицирующей конвенции, возможно также в связи с выдвижением такими государствами оговорок в отношении тех или иных положений конвенции. Допущение оговорок может вести к ситуациям, в которых обычное право будет регулировать отношения отдельных сторон конвенции по тому или иному вопросу, несмотря на то, что сама конвенция содержит определенные нормы на этот счет. Согласно п. 3 ст. 21 Венской конвенции о праве международных договоров, в случаях, когда какое-либо государство выдвинуло возражения против оговорки другого государства и в то же время не возражало против вступления договора в силу, договор вступает в силу, хотя его положения, к которым относилась оговорка, не будут применяться между этими двумя государствами. Источником регулирования отношений государств в этом случае будет служить обычай.

Столкнувшись с описанной ситуацией в англо-французском споре о разграничении континентального шельфа, международный арбитраж пришел к выводу, что оговорка Франции к ст. 6 Женевской конвенции о континентальном шельфе сделала положения этой статьи неприемлемыми между сто-

[18] Third United Nations Conference on the Law of the Sea. Official Records, Bd. 16, S. 29. См. также заявления представителей Сомали, Египта и Аргентины. Ibid., S. 27, 77, 123.

[19] Ведомости Верховного Совета СССР, 1964, № 18, ст. 221.

ронами. В связи с этим арбитраж применил международное обычное право, регулирующее отношения Англии и Франции по поводу делимитации шельфа, несмотря на то, что в целом Конвенция о континентальном шельфе связывала эти страны.[20]

Особый случай применимости обычая возникает в связи с возможностью изменения или отмены договорных норм последующими обычными нормами. Обычай, возникший после принятия кодифицирующей конвенции и изменивший ее положения, становится источником прав и обязательств государств, являющихся участниками конвенции.

3. Действие обычая наряду с конвенциями

В современном международном праве все большее значение приобретают ситуации, связанные с ролью обычая как регулятора отношений государств, не участвующих в кодифицирующих конвенциях, и отношений этих государств с участниками конвенций. Данная ситуация охватывает как случаи, когда договорные и обычные нормы имеют различное нормативное содержание, так и случаи, когда нормативное содержание договорных и обычных норм совпадает.

Применение обычая во взаимных отношениях государств, не участвующих в существующих кодифицирующих конвенциях, и в отношениях этих государств с участниками конвенций может быть показана на примере ряда решений Международного суда ООН. В деле о континентальном шельфе 1982 г. обе спорящие стороны (Тунис и Ливия) не были участниками действующей Конвенции о континентальном шельфе 1958 г. В связи с этим стороны основывали свою аргументацию на международном обычае. В меморандуме Туниса по вопросу о применимом праве прямо отмечалось: „Принимая во внимание, что ни Тунис, ни Ливия не являются сторонами Женевской конвенции о континентальном шельфе 1958 г., данная делимитация должна решаться на основании применения принципов и норм международного обычного права".[21]

Ситуация, когда одна из сторон спора является участником конвенции, а другая — не является, в последнее время возникла в двух делах, рассмотренных Международным судом. Дело о континентальном шельфе Северного моря (1969 г.) было решено на основе общего обычного права, поскольку одна из сторон — ФРГ — не являлась участником Женевской конвенции 1958 г.[22] Аналогичная ситуация возникла в споре о разграничении конти-

[20] International Legal Materials, 1979, Bd. 18, S. 419—420.

[21] I. C. J. Pleadings 1981. Case Concerning the Continental Shelf, Bd. 1, S. 166. Ibid., Bd. 2, S. 210.

[22] См. I. C. J. Reports, 1969, S. 28.

нентального шельфа между Ливией и Мальтой (1985 г.). Обе стороны были согласны с тем, что спор должен быть решен на основе международного обычного права, так как Ливия не является участником Женевской конвенции 1958 г., а подписанная обеими сторонами Конвенция ООН по морскому праву 1982 г. еще не вступила в силу.[23] Дня универсального международно-правового регулирования чрезвычайно важное значение имеют ситуации, в которых действующие наряду с конвенциями обычные нормы имеют содержание аналогичное конвенционным положениям. В таких ситуациях взаимодействие договора и обычая может привести к всеобщему применению и признанию тех или иных положений, содержащихся в конвенции, в качестве норм общего обычного права. На практике это будет означать, что все без исключения государства вправе требовать соблюдения таких положений в их взаимных отношениях независимо от формального участия в соответствующей конвенции. Примером такой ситуации могут служить основные принципы Договора по космосу.

Всеобщая обязательность основных принципов Договора по космосу в силу их обычно-правового признания имела основополагающее политико-правовое значение в процессе определения позиций государств в отношении притязаний, выдвинутых рядом экваториальных государств на участки геостационарной орбиты. Одним из аргументов, используемых экваториальными странами в обоснование своих притязаний, было утверждение о том, что значительное число этих стран не связаны соответствующими положениями Договора по космосу 1967 года. (Из восьми экваториальных стран, принявших известную Боготскую декларацию 1976 года[24] Бразилия[25], Колумбия, Конго, Эквадор, Индонезия, Кения, Уганда и Заир), к моменту ее подписания участниками Договора по космосу являлись лишь Эквадор, Индонезия и Уганда). Представители экваториальных стран, не участвующих в договоре по космосу, утверждали, что принципы свободы исследования и использования космического пространства и запрета его национального присвоения, закрепленные в ст. ст. 1 и 2 Договора, не являются обязательными для них в качестве норм общего международного права независимо от „формально заключенного международного соглашения“.[26]

В Комитете ООН по космосу представители подавляющего большинства государств отвергли аргументацию экваториальных стран на том основании, что положения Договора по космосу отражают существующее общее обычное право, обязательное для всех государств. В частности, делегат

[23] См. I. C. J. Reports, 1985, S. 29.

[24] Текст Декларации см. Journal of Space Law, 1978, Bd. 6, S. 193ff.

[25] Бразилия подисала Боготскую декларацию в качестве наблюдателя.

[26] См., например выступление делегата Колумбии в Комитете ООН по космосу. Док. ООН A/AC. 105/PV. 173, S. 57 (1977) См. также выступление делегата Колумбии в юридическом подкомитете ООН по космосу. Док. ООН A/AC. 105/C.2/SR 298, S. 8.

Чехословакии заявил, что положение о свободном и равном исследовании и использовании космического пространства, содержащееся в ст. 1 Договора по космосу „отражает фундаментальный принцип космического права, который был провозглашен до создания договора и стал обычной нормой в практике государств“.[27] Делегат Италии отметил, что „принципы, воплощенные в Договоре 1967 года, не могут рассматриваться в качестве юридически обязательных только для государств, которые ратифицировали этот договор“.[28] Делегат Японии заявил, что по мнению японского правительства „правовой принцип, воплощенный в ст. 1 Договора по космосу 1967 года, и предусматривающий, что космическое пространство открыто для исследования и использования всеми государствами без какой бы то ни было дискриминации на основе равенства и в соответствии с международным правом, является также принципом общего международного права“.[29] По мнению делегата ГДР, „принцип свободы космического пространства, провозглашенный в Договоре 1967 г., стал составной частью общего международного права“.[30]

Важно отметить совпадение по этому вопросу официальных позиций основных космических держав. Делегат СССР подчеркнул, что принципы свободы исследования и неприсвоения космического пространства, воплощенные в Договоре по космосу, „приобрели статус норм международного обычного права и обязательны даже для тех государств, которые не подписали Договор“.[31] Позиция США по этому вопросу была выражена, в частности, в заявлении юридического советника Государственного департамента в Сенате США. Он заявил, что „определенные принципы, закрепленные в Договоре по космосу 1967 года и провозглашенные ранее в Декларации правовых принципов деятельности государств по исследованию и использованию космического пространства 1963 года, в настоящее время признаны в качестве обычного международного права, например, принцип, согласно которому космос и небесные тела не подлежат национальному присвоению ни путем провозглашения суверенитета, ни путем использования или оккупации, ни любыми другими средствами“,[32]

В международном морском праве механизм взаимодействия договора и обычая всегда имел важное значение для обеспечения его эффективности, поскольку Женевские конвенции 1958 г. не получили значительного числа ратификаций. После принятия Конвенции ООН по морскому праву 1982 г. проблемы, связанные с взаимодействием договора и обычая, приобрели в

[27] Док. ООН A/AC. 105/C.2/SR 297, S. 4 (1978).
[28] Ibid., S. 8
[29] Док. ООН A/AC. 102/C.2/SR 356, S. 3 (1981).
[30] Док. ООН A/AC. 102/C.2/SR 374, S. 4 (1982).

этой отрасли права особое значение и остроту. В условиях, когда Конвенция не получила всеобщего одобрения и еще не вступила в силу на теоретическом и официальном уровнях выдвигались самые различные точки зрения относительно возможности обычно-правового действия ее положений. Широкой поддержкой пользовалась теория, согласно которой „пакетный" характер Конвенции исключает обычно-правовое применение норм, закрепленных в ней.

Указанный подход невозможно было, однако, обосновать теоретически. Он не получил также подтверждения на практике. С теоретической точки зрения очевидно, что создание Конвенции в процессе переговоров, основанных на принципе взаимосвязанного решения всех основных вопросов морского права в „пакете" отнюдь не означает, что этим отменяется или изменяется традиционный механизм взаимодействия договора и обычая в международном праве. Многосторонние конвенции всегда в той или иной степени являются „пакетом" компромиссных договоренностей, что не служило и не служит препятствием к признанию возможности существования и развития наряду с этими конвенциями аналогичных правовых предписаний на основе обычая. Не существует также каких-либо оснований для толкования положения преамбулы Конвенции 1982 г. о том, что проблемы океанского пространства тесно взаимосвязаны и должны рассматриваться „как единое целое", в том смысле, что оно отменяет применительно к новой Конвенции традиционные нормы международного права о взаимодействии договора и обычая, включая ст. 38 Венской конвенции о праве международных договоров. Следовательно, положения ст. 38 о том, что ничто „не препятствует какой-либо норме, содержащейся в договоре, стать обязательной для третьего государства в качестве обычной нормы международного права, признаваемой как таковая", распространяется и на Коневенцию 1982 г.

Анализ практики государств после принятия Конвенции свидетельствует о том, что в своих взаимных отношениях, а также в ходе совершенствования морского законодательства самые различные государства опираются на положения Конвенции 1982 г. Применяя положения еще не вступившей в силу конвенции в качестве действующего общего обычного права, эти страны рассматривают их в качестве лучшего „писаного доказательства международной практики государств",[33]

[31] Док. ООН A/AC. 105/C.2/SR 373, S. 6 (1982).

[32] The Moon Treaty. Hearing before the Subcom. on Science, Technology and Space of the Com. on Commerce, Science and Transportation. U.S. Senate, 96th Congress, 2-nd session, 1980, S. 21—22.

[33] Заявление Мексики по поводу принятия закона о морских зонах, International Legal Materials, 1986, Bd. 25, S. 902.

Обычно-правовое действие положений Конвенции ООН по морскому праву признано также Международным судом ООН. Так, в решении по делу о континентальном шельфе 1982 г. Суд отметил, что концепция исключительной экономической зоны „может считаться частью современного международного права“.[34] Камера Международного суда в решении по делу о делимитации морской границы в заливе Мэн подчеркнула: несмотря на тот факт, что Конвенция 1982 г. „еще не вступила в силу и ряд государств по-видимому не склонен ее ратифицировать“, ее положения, касающиеся континентального шельфа и экономической зоны, могут рассматриваться как полностью соответствующие „общему международному праву по данному вопросу“.[35] В решении по делу о континентальном шельфе 1985 г. Суд согласился со сторонами в том, что некоторые положения Конвенции 1982 г. составляют „выражение международного обычного права по рассматриваемым проблемам“.[36] Суд заявил также, что, учитывая особое значение Конвенции, он должен рассмотреть вопрос о том, „насколько те или иные ее положения связывают стороны спора в качестве норм обычного права.“[37] В частности, рассматривая вопрос о влиянии ст. 76 Конвенции на действующее общее обычное право, Суд пришел к выводу, что „в настоящее время критерий расстояния должен применяться и к континентальному шельфу, так же как он применяется к исключительной экономической зоне“.[38]

Указанный подход характерен и для международной арбитражной практики. Так, арбитражный трибунал, созданный для разрешения спора о делимитации морской границы между Гвинеей и Гвинеей-Бисау, в своем решении сослался на ряд положений Конвенции ООН по морскому праву, в частности на ст. 74, 76, 83 как на общее обычное право.[39]

4. Значение „двойного“ регулирования

Особенности кодификации международного права и вытекающая из этого специфика соотношения договора и обычая обусловливают существование ситуаций, в которых обычай сохраняет свое значение и в отношениях сторон конвенции. В таких ситуациях обычай может сохранять свою действительность несмотря на то, что соответствующие проблемы уже урегулированы договорными нормами.

[34] I. C. J. Reports, 1982, S. 74.
[35] I. C. J. Reports, 1984, S. 294.
[36] I. C. J. Reports, 1985, S. 29.
[37] I. C. J. Reports, 1985, S. 30.
[38] I. C. J. Reports, 1985, S. 33.
[39] International Legal Materials, 1986, Bd. 25, S. 289, 292, 299—300.

Наиболее очевидным и бесспорным случаем применения обычных норм в такой ситуации является действие обычая в качестве источника регулирования отношений сторон конвенции, возникших до вступления этой конвенции в силу. Значение обычая в этом случае обусловлено тем, что согласно международному праву договоры не имеют обратной силы. Так, Венская конвенция о праве международных договоров применяется, согласно ст. 4, только к договорам, заключенным после ее вступления в силу. Данное положение действует, однако, „без ущерба для применения любых норм, изложенных в настоящей конвенции, под действие которых подпадали бы договоры в силу международного права, независимо от конвенции". Это означает не что иное как то, что сама конвенция о праве международных договоров подпадает под действие обычно-правовых принципов и норм права договоров, существовавших и действовавших до ее заключения.

Более сложны и нуждаются в специальном разъяснении случаи, когда нормы действующего обычного права, закрепленные в конвенции, продолжают существовать в связывать стороны конвенции в их взаимных отношениях, несмотря на то, что непосредственным регулятором их отношений служат договорные нормы. Возможность существования обычая в такой ситуации признается далеко не всеми юристами. Широко распространено мнение, что договор и обычай взаимно исключают друг друга в том смысле, что норма международного права не может быть одновременно нормой договорного и обычного происхождения для одних и тех же государств.[40] Представляется, однако, что более приемлем другой подход, допускающий возможность одновременного существования аналогичных обязательств, вытекающих из различных источников.

Основной аргумент теоретического плана в пользу такого подхода состоит в том, что вступление в силу конвенции, кодифицирующей действующие обычные нормы и ведущей к возникновению новой правовой основы юридической обязательности этих норм, отнюдь не означает исчезновения обычно-правовой основы их обязательности. Касаясь этого вопроса в процессе обсуждения в Комиссии международного права ООН проекта статей о праве договоров, П. Ретер совершенно обоснованно отметил, что „кодификация не влияет на существование предшествующих автономных обычных норм".[41] Следует иметь ввиду также то, что возможность перехода новых договорных положений в область общего обычного права, предусмотренная ст. 38 Венской конвенции о праве международных договоров, в свою очередь может вести к тому, что возникающие обычные нормы, будут связывать не

[40] См., например: M. Bos. The Recognised Manifestations of International Law, in: German Yearbook of International Law, 1977, Bd. 20, S. 74—75.
[41] Yearbook of the International Law Commission, 1966, Bd. 1 (2), S. 93.

только государства, не участвующие в конвенции, но и стороны конвенции, в том числе в их взаимных отношениях. В такой ситуации, как отметил во время обсуждения этого вопроса в Комиссии международного права М. Бартош, „стороны конвенции будут связаны вдвойне, в то время как другие государства связаны только обычаем“.[42]

Ситуации, в которых нормы международного права приобретают „двойную“ правовую основу своей обязательной юридической силы, имеют важное значение для правоприменительной деятельности государств. В случае наличия подобного „двойного“ регулирования государства могут обосновывать свою международно-правовую позицию ссылками не только на договорные, но и на обычные нормы. Более того, практика показывает, что в случае появления возможности того, что юридическое обоснование позиции государства путем ссылок на положения договорного права может быть по тем или иным основаниям оспорено, ссылки на аналогичные положения обычного права становятся необходимым средством эффективного обеспечения интересов соответствующих государств.

В качестве иллюстрации данного положения рассмотрим два решения Международного суда ООН, в которых истцы применяли указанный подход. В первом из них — деле об американском дипломатическом персонале в Тегеране — в условиях возможной контраргументации, связанной с доктриной правопреемства государств, США обосновывали свою позицию ссылками не только на положения соответствующих конвенций, но и на аналогичные нормы общего обычного права.[43] В частности, США ссылались не только на ст. 29 Венской конвенции о дипломатических сношениях, устанавливающей, что „личность дипломатического агента неприкосновенна“, но и на аналогичный принцип международного обычного права.[44] Международный суд ООН в решении от 24 мая 1980 года поддержал позицию США. Суд заявил, что международно-правовые обязательства, которые были нарушены правительством Ирана, являются „не просто договорными обязательствами, установленными Венскими конвенциями 1961 и 1963 гг., но и обязательствами, вытекающими из общего международного права“.[45]

Весьма показательной для рассматриваемой ситуации является аргументация сторон в процессе рассмотрения в Международном суде ООН дела о военных и полувоенных действиях США против Никарагуа. В этом деле один из аргументов США против признания обязательной юрисдикции Международного суда заключался в том, что, по их мнению, Суд не мог

[42] Ibid., p. 177.

[43] См.: I. C. J. Pleadings. Case Concerning United States Diplomatic and Consular Staff in Teheran, S. 7, 21, 22.

[44] Ibid., S. 159.

[45] I. C. J. Reports, 1980, S. 31.

рассматривать спор, поскольку при ратификации Протокола о признании обязательной юрисдикции Суда США сформулировали оговорку в отношении допустимости рассмотрения споров, вытекающих из многосторонних конвенций. Этот аргумент не мог, однако, воспрепятствовать рассмотрению дела, так как Никарагуа основывала свою позицию не только ссылками на нарушение США положений Устава ООН, Устава Организации американских государств и других многосторонних конвенций, но и указанием на то, что США нарушили аналогичные „нормы общего и обычного международного права".[46] В частности, Никарагуа заявила, что положения Устава ООН по вопросу о запрете применения силы являются также нормами „общего международного права".[47]

Заняв позицию, которая полностью противоречила их же собственной аргументации в деле о дипломатическом персонале в Тегеране, США пытались оспорить допустимость применения Судом общего обычного права под тем предлогом, что ссылки Никарагуа на обычное право лишь повторяют соответствующие аргументы, основанные на многосторонних конвенциях.[48] В своем решении по вопросам юрисдикции в этом деле Международный суд, однако, полностью поддержал позицию Никарагуа. Суд отметил, что он „не может отклонить требования Никарагуа, основанные на принципах обычного и общего международного права, только потому, что эти принципы были закреплены в текстах конвенций, на которые ссылалась Никарагуа. То, что упомянутые принципы, признанные как таковые, были кодифицированы или включены в многосторонние конвенции, не означает, что они прекратили существовать и применяться как принципы обычного права, *даже в отношении стран, которые являются участниками таких конвенций*. Такие принципы, как принципы запрещения использования силы, невмешательства во внутренние дела, уважение независимости и территориальной целостности государств и свобода судоходства продолжают быть обязательными в качестве международного обычного права, несмотря на действие положений конвенционного права, в которые они были включены".[49] Исходя из этого Суд заявил, что поскольку позиция Никарагуа основывается не только на действующих многосторонних конвенциях, но и на обычном праве, то в любом случае оговорка США о допустимости рассмотрения Судом споров, вытекающих из многосторонних конвенций, не может препятствовать рассмотрению дела по существу.[50]

[46] I. C. J. Reports, 1984, S. 422.
[47] Ibid., S. 423—424.
[48] Ibid., S. 423.
[49] Ibid., S. 424.
[50] Ibid., S. 425.

В решении по существу дела, вынесенном 27 июля 1986 г., Международный суд пришел к выводу, что оговорка США о допустимости рассмотрения споров, вытекающих из многосторонних конвенций, препятствует применению в данном деле ряда многосторонних конвенций, на которые ссылалась Никарагуа.[51] Суд еще раз подтвердил, однако, что принципы „общего и обычного международного права", на которые ссылалась Никарагуа, „сохраняют свою юридически обязательную силу несмотря на то, что они могут быть закреплены в положениях договорного права".[52] Суд заявил, что „даже если договорная норма и обычная норма, применимые к настоящему спору, имеют абсолютно идентичное содержание, нет оснований утверждать, что действие договорного процесса с необходимостью лишает обычную норму ее самостоятельной применимости".[53] „Даже если две нормы, основанные на двух источниках международного права, кажутся идентичными по содержанию и даже если соответствующие государства связаны этими нормами как на уровне договорного, так и на уровне международного обычного права, такие нормы сохраняют отдельное существование", отметил Суд.[54] Суд проиллюстрировал это чрезвычайно важное положение на примере Устава ООН. Говоря об отражении в Уставе ООН принципа неприменения силы, Суд отметил, что Устав „закрепил в этой области ряд принципов, которые уже существовали в обычном международном праве; в последующие четыре десятилетия право развивалось под влиянием Устава и это привело к тому, что ряд норм, содержащихся в Уставе, приобрел независимый от него статус".[55]

Исходя из этих соображений Суд обосновывал свое решение о противоправности действий США против Никарагуа прежде всего на действующем в международном сообществе обычном праве. Суд показал, что своими действиями США нарушили ряд основополагающих обычных норм, относящихся к запрету вмешательства во внутренние дела других государств, применению силы, нарушению суверенитета и нормального функционирования международного судоходства.[56]

Заканчивая рассмотрение проблемы „двойного" регулирования, следует отметить, что возможность наличия такого регулирования, вытекающего из различных источников — договора и обычая, подтверждается также анализом ст. 43 Венской конвенции о праве международных договоров. Ст. 43 устанавливает, что „недействительность, прекращение или денонсация договора, выход из него одного из участников или приостановление

[51] I. C. J. Reports, 1986, S. 38, 146.
[52] Ibid., S. 31.
[53] I. C. J. Reports, 1986, S. 94.
[54] Ibid., S. 95.
[55] Ibid., S. 96—97.
[56] Ibid., S. 146—149.

его действия . . . ни в коей мере не затрагивают обязанность государства выполнять любое записанное в договоре обязательство, которое имеет силу для него в соответствии с международным правом, независимо от договора“. Это, в частности, означает, что если договор прекращает свое действие для одного или всех государств-участников, то эти государства будут по-прежнему связаны теми обязательствами, содержащимися в договоре, которые возлагаются на них не только договором, но и общим обычным правом. Говоря о специфике „двойного“ регулирования в решении по делу о военных и полувоенных действиях США против Никарагуа, Международный суд подчеркнул в этой связи, что прекращение или денонсация договора не всегда означает исчезновения соответствующих международно-правовых обязательств, если они имеют дополнительное основание в международном обычном праве.[57]

5. Заключение

Продолжающееся расширение процесса кодификации международного права является результатом наличия общего согласия всех членов международного сообщества в отношении того, что в областях межгосударственных отношений, которые по мере своего усложнения нуждаются во все более детальной, четкой и комплексной регламентации, нормы обычного права во многих случаях не могут служить надежным источником регулирования. Как отметил в этой связи Генеральный секретарь ООН Х. Перес де Куэльяр, „развитие международного права посредством договоров основывается на убеждении, что писаное право устранит неясности другого важного источника — обычного права“.[58]

Несмотря на успехи кодификации, не следует, однако, недооценивать значения обычая для функционирования международного права как системы. Выводы относительно роли и места обычая в международном праве должны основываться не на оценке его возможных недостатков, а на исследовании практики. Анализ действия и применения обычая в практике государств, Международного суда ООН и международных арбитражей показывает, что и в условиях продолжающейся кодификации обычные нормы по-прежнему служат незаменимым элементом международного права, являющимся необходимым условием его эффективности.

[57] См.: I. C. J. Reports, 1986, S. 95.
[58] Цит. по: Тихая революция. Конвенция ООН по морскому праву. Нью-Йорк, 1984, с. 77.

Resümee

G. Danilenko

Die Wirkungsbreite des Gewohnheitsrechts im Völkerrecht: Theorie und Praxis

Die Studie behandelt die Probleme der Geltung des Gewohnheitsrechts neben den existierenden Kodifikationskonventionen. Es werden drei Geltungsebenen des Gewohnheitsrechts festgestellt:

1. Das Gewohnheitsrecht gilt in den Bereichen, die durch die Vertragsnormen nicht geregelt sind, weiter.
2. Das Gewohnheitsrecht regelt die Beziehungen der an dem Vertrag nicht beteiligten Staaten und die Beziehungen dieser Staaten mit den Vertragsparteien.
3. Das kodifizierte Gewohnheitsrecht besteht in den Beziehungen unter den Vertragspartnern weiter, ungeachtet der Tatsache, daß diese Staaten gleichzeitig an die entsprechenden vertraglichen Bestimmungen gebunden sind.

Beispiele für die Anwendung des Gewohnheitsrechts in diesen Situationen existieren hauptsächlich im Bereich des See- und Weltraumrechts. Auf der Grundlage einer Analyse der Staatenpraxis und der Rechtsprechung des Internationalen Gerichtshofes und internationaler Schiedsgerichte kommt der Autor zu der Schlußfolgerung, daß ungeachtet des fortschreitenden Kodifikationsprozesses das Gewohnheitsrecht weiterhin eine bedeutende Rolle für die rechtliche Regelung der internationalen Beziehungen spielt.

Summary

G. Danilenko

Functioning of Customary Rules in International Law: Theory and Practice

The present study examines the problems relating to the relationship between customary rules and existing conventions codifying customary law. Three levels of operation of customary law in respect to treaties are identified:

1. Customary law continues to operate in areas not covered by the provisions of the convention.
2. Customary law continues to regulate the relations between States not parties to the convention and the relations of these States with the parties to the convention.
3. Customary law embodied in the convention continues to bind the parties to the convention, even in their mutual relations, both as a customary and conventional rule.

Examples of the application of customary rules in these situations primarily exist in the field of the law of the sea and outer space. Based on the examination of state practice, the rulings of the International Court of Justice and international arbitration tribunals the author concludes that, notwithstanding the expanding codification process, customary law continues to play an important role in the international legal system.

B. Graefrath/K. Sachariew

Gewaltverbot und Fragen der Rechtmäßigkeit völkerrechtlicher Gegenmaßnahmen im Nikaragua-Urteil des Internationalen Gerichtshofs

Die prinzipielle Veränderung im Völkerrecht, die 1945 in der UN-Charta zum ersten Mal mit universellem Geltungsanspruch ihren normativen Ausdruck fand, drückt sich vielleicht am stärksten im Gewaltverbot aus. Es beschränkt die Anwendung von Zwangsmaßnahmen in den internationalen Beziehungen auf die Durchsetzung des Rechts. Damit wurde ein entscheidender Schritt auf dem Wege getan, die völkerrechtlichen Regeln zu einer internationalen Rechtsordnung der Gemeinschaft der Völker, zu einer Friedensordnung zusammenzufassen.

Das sogenannte klassische Völkerrecht, das „europäische Völkerrecht der zivilisierten Nationen" sanktionierte im Grunde die durch Gewalt geschaffenen Ergebnisse. Allenfalls regelte es die Gewaltanwendung, einschließlich der des Krieges. Das Recht und die Fähigkeit Krieg zu führen, galten als Beweis für die Souveränität eines Staates. Die Anwendung von Gewalt zur Durchsetzung nationaler Interessen und zur kolonialen Unterdrückung der „nichtzivilisierten" Völker war nicht beschränkt. Obgleich das Selbstbestimmungsrecht der Völker — ebenso wie der Grundsatz der Gleichheit aller Menschen — als Ideen der Aufklärung und der bürgerlichen Revolution lange bekannt waren, konnten sie erst nach dem II. Weltkrieg in völkerrechtliche Regeln umgesetzt werden. Erst das gegenwärtige Völkerrecht, das durch den wachsenden Einfluß sozialistischer Staaten und der aus der Zerschlagung des Kolonialismus hervorgegangenen Bewegung der nichtpaktgebundenen Länder charakterisiert wird, verbietet die Androhung oder Anwendung von Gewalt. Das Gewaltverbot ist völlig zu Recht vielfach als der Eckstein des gegenwärtigen Völkerrechts bezeichnet worden. Gemeinsam mit dem Prinzip des Selbstbestimmungsrechts aller Völker und der souveränen Gleichheit aller Staaten bestimmt es den Charakter unserer Völkerrechtsordnung.[1]

[1] Vgl. G. I. Tunkin, Pravo i Sila v Meždunarodnoj Sisteme, Moskva 1983; derselbe, Droit International et Modèle Généralement Reconnu du Système International, in: Mélanges offerts à Charles Chaumont, Paris 1984, S. 541; O. Kimminich, Das Problem der Friedenssicherung im Völkerrecht des 20. Jahrhunderts, in: Frieden und Völkerrecht, Stuttgart 1973, S. 29ff.; H. Kröger/W. Poeggel/H. Wünsche, Gewaltverbot und umfassendes System internationaler Sicherheit, Neue Justiz (im folgenden: NJ), 7/1986, S. 265; A. Cassese (Hrsg.), The current legal regulation of the use of force, Dordrecht 1986; derselbe, International Law in a Divided World, Oxford 1986, S. 222; R. J. Dupuy, Communauté internationale et disparité de développement, Bd. 165, Recueil des Cours (1979-IV), S. 13.

Die Schaffung eines umfassenden Sicherheitssystems ist eine Aufgabenstellung, die auf diesen Grundprinzipien aufbaut, ihrer Gewährleistung und Einhaltung dient. Nur so ist eine umfassende internationale friedliche Zusammenarbeit zwischen den unterschiedlichen Staaten, die heute die internationale Gemeinschaft ausmachen, möglich. Zu Recht ist ausdrücklich darauf verwiesen worden, daß „ein umfassendes System der Sicherheit zugleich ein System der umfassenden Rechtsordnung darstellt, mit dem das Primat des Völkerrechts in der Politik garantiert wird.“[2] Es wird damit angeknüpft an die Erfahrungen bei der Schaffung der UN-Charta nach dem Sieg über den deutschen Imperialismus im II. Weltkrieg und bei der Ausarbeitung der Deklaration über die Prinzipien des Völkerrechts betreffend die freundschaftlichen Beziehungen und die Zusammenarbeit zwischen den Staaten in Übereinstimmung mit der Charta der Vereinten Nationen vom 24. Oktober 1970.[3] Ausdrücklich ging es dabei darum, die „Herrschaft des Rechts“ in den internationalen Beziehungen gegen imperialistische Willkür zu etablieren und durchzusetzen.

Es ist dieser Prozeß, der unter den Bedingungen einer wissenschaftlich-technischen Entwicklung, die uns einerseits die Mittel zur Lösung der globalen Probleme an die Hand gibt und andererseits die Menschheit vor die Frage des Überlebens stellt, von der Sowjetunion mit der Forderung eines umfassenden Sicherheitssystems mit neuen Ideen und großer Entschlossenheit vorangetrieben wird. Dabei verweist sie zu Recht darauf, daß dieses „System auf der Grundlage der UN-Charta und im Rahmen der Organisation der Vereinten Nationen funktionieren“ könnte. Jedoch sei „unbedingte Voraussetzung für allgemeine Sicherheit die bedingungslose Respektierung der UN-Charta und des Rechts der Völker, die Wege und Formen ihrer Entwicklung... souverän zu wählen.“[4] Deshalb komme es insbesondere darauf an, die Einhaltung der völkerrechtlichen Normen zu gewährleisten. Dabei nimmt notwendig die Festigung und Durchsetzung des Gewaltverbots einen zentralen Platz ein. Die Gewährleistung der Einhaltung völkerrechtlicher Verpflichtungen mit Hilfe von Verfahren im Rahmen der friedlichen internationalen Zusammenarbeit, gleichgültig ob Berichts-, Kontroll- oder Beschwerdeverfahren, Schiedsgerichts-, Gerichts- oder andere Verfahren der Streitbeilegung, setzt die Respektierung des Gewaltverbots voraus. Seine Einhaltung und Durchsetzung ist die Grundlage für die Entwicklung und die Funktionsfähigkeit aller völkerrechtlich geregelten Verfahren, die der friedlichen Gewährleistung von Völkerrechtsverpflichtungen dienen. Fragen der Abrüstung und der

[2] M. Gorbatschow, Realität und Garantien für eine sichere Welt, Neues Deutschland vom 18. 9. 1987, S. 4.

[3] Völkerrecht, Dokumente, Teil 3, Berlin 1980, S. 709; vgl. dazu B. Graefrath, Zur Entstehungsgeschichte der Deklaration über die völkerrechtlichen Prinzipien der friedlichen Koexistenz, in: F. Klein (Hrsg.), Friedliche Koexistenz, Erfahrungen — Chancen — Gefahren, Berlin 1987, S. 173.

[4] M. Gorbatschow, Realität und Garantien für eine sichere Welt, a. a. O., S. 4.

Eindämmung völkerrechtswidriger Gewaltanwendung stehen deshalb im Mittelpunkt der Aufmerksamkeit der internationalen Öffentlichkeit.[5]

Allgemeine Verbindlichkeit des Gewaltverbots

Am 27. 6. 1986 hat der Internationale Gerichtshof (IGH) in einem weltweit beachteten und diskutierten Urteil im Prozeß Nikaraguas gegen die USA wegen der „militärischen und paramilitärischen Aktivitäten in und gegen Nikaragua" die Gewaltanwendung und die Interventionsakte der USA gegen Nikaragua verurteilt.[6] Dabei hatte er Gelegenheit, ausführlich zu Fragen des Gewalt- und Interventionsverbotes sowie dem Prinzip der souveränen Gleichheit Stellung zu nehmen, ihre zentrale Stellung im System des gegenwärtigen Völkerrechts sowie ihre allgemeine Verbindlichkeit hervorzuheben.

Die Allgemeinverbindlichkeit dieser Prinzipien stand gerade deshalb im Mittelpunkt der Urteilsbegründung, weil die USA versucht hatten, die Klage Nikaraguas unter Berufung auf ihren (Vandenberg)-Vorbehalt zu multilateralen Verträgen als unzulässig abzuwehren. Es war dies eines der taktischen Manöver, mit deren Hilfe sich die USA vergeblich einem Prozeß entziehen wollten, dessen prinzipieller Gegenstand ihre „Gewalt-geht-vor-Recht"-Politik war und über dessen Ausgang sie keinen Zweifel haben konnten. Der Gerichtshof ließ sich jedoch durch keine prozessualen Einreden ablenken, auch nicht durch den sogenannten Vandenberg-Vorbehalt. Er kam zu dem Ergebnis, daß durch diesen Vorbehalt zwar die Berufung auf die Charta der Vereinten Nationen und der Organisation der amerikanischen Staaten (OAS) — als multilaterale Verträge — ausgeschlossen wird, aber nicht die Anwendung von Gewohnheitsrecht (182).[7] Er stellte aus-

[5] Vgl. Declaration on the Enhancement of the Effectiveness of the Principle of Refraining from the Threat or Use of Force in International Relations, Res. 42/22 vom 18. Nov. 1987.

[6] Vgl. die Sachentscheidung in I. C. J. Reports 1986, S. 14ff.; die einstweilige Verfügung über vorläufige Maßnahmen vom 10. Mai 1984, in: I. C. J. Reports 1984, S. 169 und die Zulässigkeitsentscheidung vom 26. Nov. 1984, in: I. C. J. Reports 1984, S. 392. Aus der inzwischen zahlreichen Literatur vgl. Ch. C. Joyner/M. A. Grimaldi, The United States and Nicaragua: Reflections on the Lawfulness of Contemporary Intervention, Bd. 25 Virginia Journal of International Law, 1985, S. 621; H. W. Briggs, Nicaragua v. United States: Jurisdiction and Admissibility, in: Bd. 79 American Journal of International Law (im folgenden: AJIL), 1985, S. 373; Th. M. Franck, Icy Day at the I. C. J., in: Bd. 79 AJIL, 1985, S. 379; A. D'Amato, Nicaragua and International Law: The "Academic" and the "Red", in: Bd. 79 AJIL, 1985, S. 657; W. Wengler, Gerichtszuständigkeit und Klagezulässigkeit im Verfahren Nikaragua/Vereinigte Staaten vor dem IGH, in: Neue Juristische Wochenschrift (im folgenden NJW), 22/1985, S. 1266; N. Paech, Grenada, Nikaragua, Libyen usw., in: Demokratie und Recht, 3/1986, S. 261; J. N. Moore, The Secret War in Central America and the Future of World Order, Bd. 80 AJIL, 1986, S. 41; J. P. Rowless, "Secret Wars", Self-Defence and the Charter — a Reply to Professor Moore, Bd. 80 AJIL, 1986, S. 568; B. Graefrath, Internationaler Gerichtshof verurteilt USA-Intervention gegen Nikaragua, in: NJ, 2/1986, S. 489; J. L. Hargrove, The Nicaragua Judgment

drücklich fest, daß das Gewaltverbot, das Interventionsverbot und das Prinzip der souveränen Gleichheit heute grundlegende Prinzipien sind, die unabhängig von vertraglicher Bindung die Beziehungen aller Staaten regeln. „The essential consideration is that both the Charter and the customary international law flow from a common fundamental principle outlawing the use of force in international relations." (181)

Für die Bestimmung des konkreten Umfangs und Inhalts dieser allgemein geltenden Rechtsgrundsätze zog das Gericht jedoch die UN- und auch die OAS-Charta als Beweis heran. Dabei ging es davon aus, daß sich gerade in diesem Bereich Vertrags- und Gewohnheitsrecht gegenseitig durchdringen (176).[8] „Although the Court has no jurisdiction to determine whether the conduct of the United States constitutes a breach of those conventions, it can and must take them into account in ascertaining the content of the customary international law which the United States is also alleged to have infringed." (183, 185)

Die Bindung an die allgemeinen Prinzipien wurde auch von den USA nicht bestritten (188). Selbst der amerikanische Richter Schwebel, der in den meisten Fragen gegen das Urteil stimmte, bestritt nicht die in allen wesentlichen Punkten bestehende Übereinstimmung zwischen den Bestimmungen der Charta und dem Völkergewohnheitsrecht in bezug auf das Gewaltverbot. Er zog daraus allerdings die Schlußfolgerung, daß gerade deshalb der IGH durch den Vorbehalt der USA zu multilateralen Verträgen gehindert sei, die entsprechenden gewohnheitsrechtlichen Normen seiner Entscheidung zugrunde zu legen.[9]

Zur gerade gegenteiligen Auffassung kam das Gericht. Sein Präsident Nagendra Singh nahm das zum Anlaß, die Bedeutung des Gewaltverbots in der völkerrecht-

and the Future of the Law of Force and Self-Defence, in: Bd. 81 AJIL, 1987, S. 135; F. L. Morrison, Legal issues in the Nicaragua Opinion, in: Bd. 81 AJIL 1987, S. 160; H. Hohmann/P. de Wart, Compulsory Jurisdiction and the Use of Force as a Legal Issue: The Epoch-Making Judgment of the International Court of Justice in Nicaragua v. United States of America, Netherlands International Law Review (im folgenden: NILR), Bd. 34 1987/2, S. 162; W. Wengler, Die Entscheidung des Internationalen Gerichtshofes im Nikaragua-Fall, in: NJW, 48/1986, S. 2994; J. P. Rowless, Nicaragua versus the United States: Issues of Law and Policy, in: The International Lawyer, Bd. 20 1986/4, S. 1245; P. M. Eisemann, L'arrêt de la C. I. J. du 27 Juin 1986 (fond) dans l'affaire des activités militaires et paramilitaires au Nicaragua et contre celui-ci, in: Annuaire Français du Droit International (im folgenden: AFDI), 1986, S. 153ff.

[7] Die Zahlen in der Klammer verweisen auf die Absätze (Paragraphen) des Urteils, in: I. C. J. Reports 1986, S. 14ff.

[8] Vgl. dazu K. Brose, Völkervertragsrecht und Völkergewohnheitsrecht, Bemerkungen zum Urteil des Internationalen Gerichtshofes zu den militärischen und paramilitärischen Aktivitäten der USA in und gegen Nikaragua, in: Staat und Recht, Bd. 36 1987/6, S. 465.

[9] Vgl. para. 95/96 seiner Dissenting Opinion, in: I. C. J. Reports 1986, S. 259. Diese Auffassung führt allerdings zu dem merkwürdigen Ergebnis, daß der Umfang der Anerkennung der Gerichtsbarkeit durch die USA aufgrund des Vandenberg-Vorbehalts in gleichem Maße abnimmt, in dem die Erfassung des Völkergewohnheitsrechts in multilateralen Verträgen zunimmt. Dieser Streit hat keine praktische Bedeutung mehr, da die USA ihre Unterwerfungserklärung zurückgezogen haben. Vgl. die Erklärung in Bd. 24 International Legal Materials, 1985, S. 1742.

lichen Entwicklung nach dem II. Weltkrieg besonders hervorzuheben. Er erklärte, daß beim Gewaltverbot „the customary aspect which has evolved with the treaty law development has come now to stay as the existing modern concept of international law, whether customary, because of its origins, or as ‚a general principle of international law recognized by civilized nations‘.“[10] Gerade indem sich der Gerichtshof auf das Gewaltverbot als eine allgemeine Norm stützte, leiste er seinen Beitrag „in emphasizing that the principle of non-use of force belongs to the realm of *ius-cogens*, and is the very cornerstone of the human effort to promote peace in a world torn by strife.“ Gleiches gelte im Grunde für das Interventionsverbot, „which is so vital for the peace and progress of the international community. To ignore this doctrine is to undermine international order and to promote violence and bloodshed which may prove catastrophic in the end.“ Nachdem er den Beitrag der lateinamerikanischen Völker zur Herausbildung des allgemeinen Interventionsverbotes hervorgehoben hat, kommt er auf die stabilisierende Funktion dieses Prinzips für die Völkerrechtsordnung zurück, das zu behandeln sei „as a sanctified absolute rule of law whose non-observance could lead to disastrous consequences causing untold misery to humanity.“[11]

In Übereinstimmung mit dem Gerichtshof weist er die amerikanische Argumentation zurück, daß mit dem Ausschluß des multilateralen Vertrages auch die Anwendung des zugrunde liegenden Gewohnheitsrechts ausgeschlossen sei. „No party before a tribunal could ever plead that it could totally opt out of all the four corners of the law both conventional — because of the reservation — and customary, because the latter was identical in content to the former and hence inapplicable.“[12] In dieser Aussage wird sehr gut sichtbar, daß es auch in diesem Abschnitt des Prozesses um mehr als die Auslegung und Entscheidung über Anwendbarkeit oder Nichtanwendbarkeit eines Vorbehaltes ging. Das Urteil bekräftigt, daß es keinem Staat gestattet ist, sich aus dem verbindlichen Rahmen, den das System des Völkerrechts heute für die Handlungen der Staaten setzt, herauszuoptieren.

Auch wenn das Urteil von den USA prinzipiell mißachtet worden ist, so behält es doch seine fundamentale Bedeutung als Aussage des „Hauptorgans der Rechtsprechung der Vereinten Nationen“ (Art. 92) für die Bestimmung des Inhalts der im Urteil behandelten grundlegenden Prinzipien sowie für die völkerrechtliche Wertung der Aktivitäten der USA gegenüber Nikaragua.[13] Andererseits aber demonstriert die Mißachtung des Gerichts und seines Urteils durch die USA, daß mit gerichtlichen Verfahren allein die „rule of law“ und die Durchsetzung von Normen im Völkerrecht nicht gewährleistet werden kann. Das hängt u. a. damit

[10] I. C. J. Reports 1986, S. 152. So auch D. Simon/L. A. Sicilianos, La „contre-violence“ unilaterale. Pratiques étatiques et droit international, in: AFDI 1986, S. 70—73.

[11] Ebenda, S. 156.

[12] Ebenda, S. 153.

[13] Vgl. die Resolutionen 41/31 vom 3. 11. 1986 und 41/164 vom 5. 12. 1986 der UN-Vollversammlung, sowie 42/18 vom 12. 11. 1987.

zusammen, daß im allgemeinen Entscheidungen internationaler Gerichte nicht „self-executing" sind. Ihre Wirksamkeit ist ebenso wie die der im Urteil festgestellten Rechte und Pflichten der Parteien davon abhängig, daß die Staaten bereit sind oder veranlaßt werden können, sie einzuhalten. In dem Urteil hat der IGH prinzipiell zu vielen Fragen der Rechtsdurchsetzung und Gewaltanwendung Stellung genommen und zunächst den umfassenden Charakter des Gewaltverbots im gegenwärtigen Völkerrecht herausgearbeitet. Wir beschränken uns hier darauf, einige wesentliche Aspekte hervorzuheben.

Ausgangspunkt ist die Feststellung, die in Übereinstimmung mit beiden Parteien getroffen wird, daß das Gewaltverbot — im Prinzip wie in der UN-Charta formuliert — heute als allgemeines Völkergewohnheitsrecht anerkannt ist (188). Der Gerichtshof geht noch einen Schritt weiter und hebt hervor, daß das Gewaltverbot von Staatenvertretern heute vielfach zitiert wird „as being not only a principle of customary international law but also a fundamental or cardinal principle of such law." (190) Er verweist darauf, daß es die ILC bereits 1966 als „a conspicuous example of a rule in international law having the character of *ius cogens*" hervorgehoben habe (190).[14] Schließlich haben auch sowohl Nikaragua als die USA darauf verwiesen, daß es sich beim Gewaltverbot um eine Norm handele, die als „principle of ius cogens" anerkannt werde (190). Das Gericht bleibt jedoch an diesem Punkt stehen. Bei aller Betonung der Bedeutung des Gewaltverbotes geht es nicht soweit, seinerseits den *ius cogens* Charakter des Verbots zu bestätigen.

Zum Umfang des Gewaltverbots

Ausführlich beschäftigt sich der Gerichtshof mit dem Inhalt des Gewaltverbots. Er gelangt hier zu Ergebnissen, die für die weitere Entwicklung des Völkerrechts und die Gestaltung der internationalen Beziehungen von großer Bedeutung sein können. Sie orientieren prinzipiell auf die Stabilisierung der internationalen Rechtsordnung und richten sich unmißverständlich gegen die Ausdehnung der Möglichkeiten zur einseitigen Gewaltanwendung durch einzelne Staaten.

So betont der Gerichtshof zunächst die Notwendigkeit, „to distinguish the most grave forms of the use of force (those constituting an armed attack) from other less grave forms." (191) Damit ist zugleich festgestellt, daß das Gewaltverbot nicht auf das Verbot des bewaffneten Angriffs beschränkt werden kann. Eine Feststellung, die für Theorie und Praxis der internationalen Beziehungen von weitreichender Bedeutung ist.

Ausdrücklich wird anerkannt, daß der bewaffnete Angriff die schwerste Form der Gewaltanwendung ist. Das Gericht folgt hier der allgemeinen Einschätzung, zu der die Staaten bereits in der Präambel der Aggressionsdefinition (Res. 3314 XXIX) gelangt sind. Dort heißt es: „Aggression is the most serious and dangerous

[14] Yearbook of the International Law Commission (im folgenden: YBILC), Bd. II 1966, S. 247.

form of the illegal use of force..." Damit bekräftigt das Urteil, daß der Gewaltbegriff im Art. 2 Abs. 4 der Charta wesentlich breiter ist als die Regel im Artikel 51 der Charta. Sie läßt Selbstverteidigung nur gegenüber einem bewaffneten Angriff, der schwersten Form der verbotenen Gewaltanwendung zu.[15] Das schließt einerseits aus, daß man — wie das gelegentlich geschieht — die Aggressionsdefinition als Interpretation des Gewaltverbots ausgibt, weil es eben wesentlich breiter ist. Vor allem aber werden damit Versuche zurückgewiesen, das Recht auf Selbstverteidigung auch gegen andere Formen der Gewaltanwendung, die nicht einen bewaffneten Angriff darstellen, zuzulassen. Der Gerichtshof bestätigt damit die Richtigkeit der von den meisten Völkerrechtlern eingenommenen Position. Sie wurde auch von R. Ago als Spezialberichterstatter des Verantwortlichkeitsprojektes der ILC in seinem Bericht zu den Artikeln 30 und 34 des Entwurfes vertreten. Allerdings vermied es 1980 die ILC, sich in dieser Frage eindeutig zu entscheiden, weil sie sich nicht befugt fühlte, die UN-Charta zu interpretieren.[16]

Es ist deshalb wichtig, daß der IGH jetzt eine solch eindeutige Interpretation der UN-Charta und des insoweit damit übereinstimmenden allgemeinen Völkergewohnheitsrechts gegeben hat. Lediglich Schwebel, der amerikanische Richter, vertrat eine andere Auffassung. Unter Berufung auf Waldock, Bowett und einige andere bestritt er, „that the terms or intent of Article 51 eliminate the right of selfdefence under customary international law, or confine its entire scope to the express terms of article 51."[17] In seiner Beweisführung verwendet er vielfach die Begriffe „use of force" und „armed attack" synonym.[18] Das führt einerseits zu der — nach dem Text der Charta — nicht gerechtfertigten Einschränkung des Gewaltverbots im Artikel 2 Abs. 4 auf ein Verbot „militärischer Gewalt" und andererseits unter Berufung auf Artikel 51 zur Rechtfertigung der Anwendung militärischer Gewalt gegen Völkerrechtsverletzungen, die keinen bewaffneten Angriff darstellen.

Gewaltverbot und Selbstverteidigung

Die Unterscheidung zwischen verschieden schweren Formen der verbotenen Gewaltanwendung dient dem Gericht gerade auch dazu, deutliche Grenzen zwischen der Zulässigkeit der Selbstverteidigung und anderen Formen der Reaktion

[15] Vgl. dazu V. Hennig, Der Doppelcharakter der individuellen und kollektiven Selbstverteidigung im allgemein-demokratischen Völkerrecht, Diss., Berlin 1986, S. 73.

[16] Vgl. die Nachweise bei P. Malanczuk, Countermeasures and selfdefence as circumstances precluding wrongfulness in the International Law Commission's draft articles on State responsibility, in: United Nations Codification of State Responsibility (Hrsg. M. Spinedi/B. Simma), New York/London/Rome 1987, S. 198, insbes. S. 215, 274.

[17] I. C. J. Reports, S. 347, pa. 173.

[18] Vgl. z. B. ebenda, pa. 155, 157, 162, 165.

auf verbotene Gewaltanwendung zu ziehen (211, 249). Sie steht deshalb im Urteil nicht zufällig am Anfang der rechtlichen Würdigung des Sachverhalts, sondern ist eine seiner tragenden Säulen. Sie ermöglicht, die Anwendung von Gewalt im Rahmen der Selbstverteidigung von Repressalien und anderen Gegenmaßnahmen gegenüber Völkerrechtsverletzungen abzuheben, die keinen „bewaffneten Angriff" darstellen. Beide sind an strenge, aber eben unterschiedliche rechtliche Voraussetzungen gebunden. Ihre Mißachtung oder Verwischung führt zur Aushöhlung des Gewaltverbots. Die nachdrückliche Unterscheidung der verschiedenen schweren Formen verbotener Gewaltanwendung kehrt deshalb an vielen Stellen des Urteils wieder. So zum Beispiel wenn die Frage formuliert wird, „whether a State has a right to respond to intervention with intervention going so far as to justifiy a use of force in reaction to measures which do not constitute an armed attack but may nevertheless involve a use of force." (210) Oder wenn der Gerichtshof deutlich macht, daß er zwischen der Entsendung bewaffneter Banden in einen anderen Staat als Form des bewaffneten Angriffs und einer Intervention durch Waffenlieferungen oder andere Unterstützung für solche Banden unterscheidet (247). Diese könnten eben „nicht mit einem Angriff gleichgestellt werden," obgleich „such activities may well constitute a breach of the principle of the non-use of force and an intervention in the internal affairs of a State, that is, a form of conduct which is certainly wrongful but is of lesser gravity than an armed attack." (205, 247) Völlig klar und eindeutig wird die Existenz unterschiedlich schwerer Formen der Verletzung des Gewaltverbotes mit ihren unterschiedlichen Konsequenzen, wenn es zusammenfassend heißt: „While an armed attack would give rise to an entitlement to collective self-defence, a use of force of a lesser degree of gravity cannot, as the Court has already observed (pa. 211), produce any entitlement to take collective counter-measures involving the use of force." (249)[19] Das Gericht hat damit auch einen wichtigen Grund für die Unterscheidung zwischen der Aggression als dem schwersten internationalen Verbrechen und anderen schweren Völkerrechtsverletzungen unterstrichen, die eben individuelle oder kollektive Selbstverteidung als Reaktion nicht zulassen.[20] Es hat alle Theorien zurückgewiesen, die unter diesem oder jenem Vorwand oder unter Hinweis auf früheres Gewohnheitsrecht den engen Rahmen von Artikel 51 sprengen und auch in anderen Fällen als zur Abwehr eines bewaffneten Angriffs die Anwendung bewaffneter Gewalt als Selbstschutz zulassen wollen.

[19] Vgl. in diesem Sinne bereits YBILC 1980, Bd. II (2), S. 53, pa. 4, Anm. 145. Anderer Auffassung in ausdrücklicher Polemik gegen das Urteil J. A. Frowein, Collective Enforcement of International Obligations, in: Zeitschrift für ausländisches öffentliches Recht und Völkerrecht im folgenden: ZaöRV), Bd. 47, 1987/1, S. 67f. (S. 72).

[20] Vgl. dazu B. Graefrath, Völkerrechtliche Verantwortlichkeit für internationale Verbrechen, in: Probleme des Völkerrechts 1985, S. 89; M. Mohr, The ILC's distinction between "international crimes" and "international delicts" and its implications, in: United Nations Codification of State Responsibility (Hrsg. M. Spinedi/B. Simma), a. a. O., S. 115.

Ausdrücklich vermeidet es der IGH (194), zu der in der Literatur viel erörterten Frage Stellung zu nehmen, ob ein Selbstverteidigungsrecht nur im Falle eines erfolgten bewaffneten Angriffs oder bereits im Falle eines drohenden bewaffneten Angriffs besteht. Jedoch heißt es wenig später in Übereinstimmung mit dem Text des Artikels 51: „States do not have a right of ‚collective‘ armed response to acts which do not constitute an ‚armed attack‘“. (211) Noch schärfer: „The exercise of the right to collective self-defence presupposes that an armed attack has occurred.“ (232) Daraus läßt sich immerhin ablesen, daß der Gerichtshof auch in dieser Frage gegen eine Aufweichung des Gewaltverbots ist.[21]

Der bewaffnete Angriff als Voraussetzung für Selbstverteidigung

Von prinzipieller Bedeutung sind auch die Aussagen im Urteil darüber, welche Akte als bewaffneter Angriff anzusehen sind, die eine Berufung auf das Selbstverteidigungsrecht und entsprechende Maßnahmen rechtfertigen. Davon werden Handlungen unterschieden, die zwar auch verbotene Gewaltanwendung, aber kein bewaffneter Angriff sind. Sie können sowohl eine Verletzung des Gewaltverbots als auch eine Verletzung des Interventionsverbots sein, rechtfertigen aber nur Gegenmaßnahmen ohne militärische Gewaltanwendung, also nicht Maßnahmen im Rahmen des Selbstverteidigungsrechts. Unstreitig werden als Verletzungen des Gewaltverbots, die nur als Selbstverteidigungsmaßnahmen zu rechtfertigen wären, das Legen von Minen in nikaraguanischen Gewässern sowie Angriffe auf nikaraguanische Häfen und Ölanlagen angesehen (227).

Dagegen ist der Gerichtshof nicht der Auffassung Nikaraguas gefolgt, daß die militärischen Manöver der USA in der Nähe der nikaraguanischen Grenze eine Drohung mit Gewalt darstellten, die das Gewaltverbot verletzten (227). Im Zusammenhang mit den sonstigen militärischen Aktionen der USA gegen Nikaragua ist dies sicher eine fragwürdige Entscheidung. Sie zeigt jedoch, wie vorsichtig und zurückhaltend der Gerichtshof bei der Einschätzung der Rechtslage vorgegangen ist. Wenn nicht einmal diese Truppenmanöver eine Gewaltandrohung gewesen sind, so unterstreicht das andererseits, wie völlig unbegründet und ungerechtfertigt amerikanische Vorwürfe gegenüber der Sowjetunion sind, sie habe angeblich 1981 Polen durch Manöver auf sowjetischem Territorium mit völkerrechtswidriger Gewaltanwendung bedroht. Unter diesem Vorwand hatten

[21] Diese Position hatte auch R. Ago in seinem Achten Bericht A/CN.4/318/Add. 7 eingenommen. Vgl. im einzelnen P. Malanczuk, a. a. O., S. 274. Der Gerichtshof behandelt übrigens das Selbstverteidigungsrecht als Ausnahme vom Gewaltverbot (193), während wir es vorziehen zu betonen, daß es sich um eine rechtmäßige Form der Gewaltanwendung zur Durchsetzung des Gewaltverbots handelt. Vgl. B. Graefrath/E. Oeser/P. A. Steiniger, Völkerrechtliche Verantwortlichkeit der Staaten, Berlin 1977, S. 129; so auch O. Kimminich, a. a. O., S. 341.

die USA und auch die EG bekanntlich sogenannte Sanktionen gegen die Sowjetunion beschlossen.[22]

Die komplizierteste, theoretisch wie praktisch aber sehr wichtige Entscheidung ist vielleicht die Einschätzung, die der IGH in bezug auf die Hilfe der USA für die Contras vorgenommen hat.[23] Die Grundaussage unterscheidet zwischen:
a) der Entsendung bewaffneter Banden als einem bewaffneten Angriff im Sinne der Aggressionsdefinition, wodurch Maßnahmen der Selbstverteidigung gerechtfertigt und die Verantwortlichkeit des Entsendestaates für die Handlungen dieser Banden begründet werden (195, 247);
b) der Bewaffnung und dem Training bewaffneter Banden als einer Verletzung des Gewaltverbots, die jedoch nicht einem bewaffneten Angriff gleichgesetzt werden kann (228, 230, 238, 247) und
c) der finanziellen und anderweitigen Unterstützung der Contras, die „while undoubtedly an act of intervention in the internal affairs of Nicaragua... does not amount to a use of force." (228) Diese Aktionen werden also in Übereinstimmung mit der Prinzipiendeklaration zwar als eine Verletzung des Interventionsverbotes, nicht jedoch des Gewaltverbotes betrachtet. Damit wird zugleich deutlich, wie unzulässig es ist, das Interventionsverbot auf den Umfang des Gewaltverbots im Artikel 2 Abs. 4 der Charta zu reduzieren. Der Gerichtshof bezeichnet das Interventionsverbot „as a corollary of the principle of sovereign equality of States" (202). Auch in seiner zusammenfassenden Definition des Interventionsverbots steht der Bezug zur Souveränität im Mittelpunkt (205).

Ausdrücklich heißt es in dem Urteil: „The Court considers that in international law, if one State, with a view to the coercion of another State, supports and assists armed bands in that State whose purpose is to overthrow the government of that State, that amounts to an intervention by the one State in the internal affairs of the other..." (241)

Besonders interessant und wichtig ist die sorgsame Unterscheidung zwischen der Entsendung bewaffneter Banden und der bloßen Unterstützung bewaffneter Banden, auch wenn das im konkreten Fall kaum auseinanderzuhalten ist. Unter Bezugnahme auf Artikel 3 (g) der Aggressionsdefinition in der Resolution 3314 (XXIX) erklärt das Gericht: „The Court sees no reason to deny that, in customary law, the prohibition of armed attacks may apply to the sending by a State of armed bands to the territory of another State, if such an operation, because of

[22] Vgl. dazu z. B. K.-P. Kißler, Die Zulässigkeit von Wirtschaftssanktionen gegenüber Drittstaaten, Frankfurt a./M./New York/Bern/Nancy 1984, S. 13; M. Doxey, Sanctions against the Soviet Union, Yearbook of World Affairs 1983, S. 63; Sowjetischen Druck auf Polen unterstellt auch Frowein und hält „Truppenaufmarsch an der polnischen Grenze" für Verletzung des Gewaltverbots des Art. 2. Abs. 4. J. Frowein, Die Verpflichtungen erga omnes im Völkerrecht und ihre Durchsetzung, in: Völkerrecht als Rechtsordnung, Festschrift für H. Mosler, Berlin/New York 1983, S. 241 (S. 253).

[23] Vgl. dazu das Sondervotum von R. Ago, in: I. C. J. Reports 1986, S. 187, pa. 15f.

its scale and effects, would have been classified as an armed attack rather than as a mere frontier incident had it been carried out by regular armed forces. But the Court does not believe that the concept of ‚armed attack‘ includes not only acts by armed bands where such acts occur on a significant scale but also assistance to rebels in the form of the provision of weapons or logistical or other support. Such assistance may be regarded as a threat or use of force, or amount to intervention in the internal or external affairs of other States...“ (195) Von einer „unklaren Rechtslage hinsichtlich der indirekten militärischen Gewalt“[24] kann also keine Rede mehr sein. Der Gerichtshof unterscheidet sie — darin der Prinzipiendeklaration und der überwiegenden Auffassung in der Völkerrechtswissenschaft folgend — deutlich vom bewaffneten Angriff, der allein Maßnahmen der Selbstverteidigung rechtfertigt.

Es ist dies offensichtlich eine enge Auslegung des Artikels 3 (g) der Aggressionsdefinition. Sie zielt darauf ab, dem Mißbrauch des individuellen und kollektiven Selbstverteidigungsrechts zur Rechtfertigung der Anwendung militärischer Gewalt entgegenzutreten, keine Ausweitung des Begriffs „bewaffneter Angriff“, keinen Vorwand für eine Eskalaton militärischer Aktionen zuzulassen. Daß dafür ein praktisches Bedürfnis besteht, liegt auf der Hand. Man braucht nur daran zu denken, daß Südafrika seine Aggressionsakte gegen Angola, Mocambique und andere Nachbarstaaten damit zu rechtfertigen sucht, daß diese die Swapo bzw. den ANC unterstützen und Südafrika dagegen ein Selbstverteidigungsrecht zustünde oder daß Israel gleiche Argumente geltend macht, um unter Hinweis auf die Unterstützung der PLO seine Aggressionsakte gegen arabische Länder zu rechtfertigen. Seit Jahren wird versucht, solche Aggressionsakte durch eine breite Auslegung des Selbstverteidigungsrechts oder eine Rechtfertigung bewaffneter Repressalien mit dem Schein des Rechts zu umgeben.[25]

Der IGH hat sich nicht auf diesen Weg drängen lassen. Er ist in seinen Erwägungen soweit gegangen zu unterstellen, daß die Anschuldigungen der USA gegen Nikaragua über eine Unterstützung der Befreiungsbewegung in El Sal-

[24] So z. B. R. Thode in E. Menzel/K. Ipsen, Völkerrecht, München 1979, S. 454; vgl. auch P. Malanczuk, Countermeasures and selfdefence..., a. a. O., S. 251.

[25] Zum Beispiel D. Bowett, Self-Defence in International Law, Manchester 1958, S. 185; derselbe, Reprisals involving Recourse to armed force, Bd. 66 AJIL, 1972, S. 1; R. W. Tucker, Reprisals and Self-Defence: The Customary Law, Bd. 66 AJIL, 1972, S. 586; McDougal/ M. S. Feliciano; Law and Minimum World Public Order, New Haven 1962, S. 232; St. Schwebel, Aggression, intervention and self-defence in modern international law, Bd. 136, Recueil des Cours 1972 (II), S. 479. In jüngster Zeit wurde die breite Auslegung des Selbstverteidigungsrechts auch zur Rechtfertigung der US-Politik der „Terrorismusbekämpfung“ benutzt. Vgl. — stellvertretend für viele — J. A. McCredie, Contemporary Uses of Force against Terrorism: The US Response to Achille Lauro — Questions of Jurisdiction and its Exercise, in: Georgia International and Comparative Law Journal, 1986, No. 3, S. 435—467; vgl. auch D. Doehring, Die Selbstdurchsetzung völkerrechtlicher Verpflichtungen, Bd. 47, ZaöRV 1987/1, S. 44f. (S. 52).

vador zutreffen. Aber selbst mit dieser Annahme kommt er zu dem Ergebnis, daß eine solche Unterstützung a) kein „bewaffneter Angriff" ist, der die USA zu kollektiver Selbsthilfe berechtigen würde und b) gegenüber einer Intervention, selbst wenn sie unter Verletzung des Gewaltverbots geschieht, keine bewaffneten Repressalien zulässig sind (201, 205, 249). Mit dieser Position stellt sich der IGH entschieden hinter die Verbindlichkeit des Gewaltverbots. Er wendet sich insbesondere dagegen, die Möglichkeiten von Drittstaaten auszudehnen — außerhalb des Systems der UN —, im Rahmen vorgegebener kollektiver Selbstverteidigung vorzugehen.

Gerade dagegen richtet sich die Polemik des amerikanischen Richters Schwebel.[26] Er ist zwar einverstanden damit, daß der IGH den USA die militärischen Aktionen der Contras nicht als Handlungen der USA zurechnet.[27] Eine andere Einschätzung hätte u. U. militärische Aktionen nicht nur Nikaraguas, sondern im Rahmen der kollektiven Selbstverteidigung auch anderer Staaten gegen die USA gerechtfertigt. Er möchte aber umgekehrt — entsprechend der Argumentation der Reagan-Administration — aus der behaupteten Hilfe Nikaraguas für die Befreiungsbewegung in El Salvador einen bewaffneten Angriff konstruieren, um daraus ein Recht der USA zur Verminung nikaraguanischer Gewässer und zur Bombardierung nikaraguanischen Territoriums unter Berufung auf kollektive Selbstverteidigung abzuleiten.

Die vorsichtige Entscheidung des IGH, die vielleicht dem Grad der Verantwortlichkeit der USA für die Aktionen der Contras nicht gerecht wird, setzt jedenfalls einen deutlichen Riegel gegen imperialistische Kanonenbootpolitik, von der wir in letzter Zeit nicht wenig Beispiele erlebt haben. In Übereinstimmung mit der ILC[28] und der Resolution 2625 (XXV) hält sie an der scharfen Unterscheidung zwischen Selbstverteidigung und anderen Gegenmaßnahmen fest, die keinen Einsatz militärischer Mittel rechtfertigen.

Ausdrücklich und eindeutig erklärt das Gericht — und wir stimmen damit überein —, daß kollektive Selbstverteidigung voraussetzt, daß der Angegriffene sich selbst als angegriffen betrachtet und solche Hilfe anfordert. Es gibt keine kollektive Selbstverteidigung, wenn es keine (individuelle) Selbstverteidigung gibt. Das Urteil verlangt, daß der angegriffene Staat selbst der Auffassung sein muß, daß ein bewaffneter Angriff vorliegt, daß er angegriffen worden ist, das Recht auf Selbstverteidigung in Anspruch nimmt und daß er außerdem eine Aufforderung zur Hilfe, zur kollektiven Verteidigung ausgesprochen haben muß. „At all events, the Court finds that in customary international law, whether of a

[26] Richter Schwebel in seiner Dissenting Opinion, I. C. J. Reports 1986, S. 341, pa. 162f., 170.

[27] Vgl. die Argumentation des Urteils in pa. 109, 110, 115, 116. Diese Einschätzung der Sachlage durch den Gerichtshof ist angesichts neuerer Zeugnisse höchst fragwürdig; vgl. z. B. die Aussagen des ehemaligen Contra-Führers Edgar Chamorro Coronel, in: Neues Deutschland v. 24./25. 10. 1987.

[28] Vgl. YBILC 1979, Bd. II (2), S. 118.

general kind or that particular to the inter-American legal system, there is no rule permitting the exercise of collective self-defence in the absence of a request by the State which regards itself as the victim of an armed attack. The Court concludes that the requirement of a request by the State which is the victim of the alleged attack is additional to the requirement that such a State should have declared itself to have been attacked." (199) Zur Begründung für diese sehr wichtige und kategorische Feststellung verweist das Gericht darauf, daß „it is evident that it is the victim State, being the most directly aware of the fact, which is likely to draw general attention to its plight. It is also evident that if the victim State wishes another State to come to its help in the exercise of the right of collective self-defence, it will normally make an express request to that effect." (232)[29]

Dementsprechend lehnt der IGH das von den USA behauptete Recht zur kollektiven Verteidigung als Rechtfertigung für die militärischen Aktionen gegen Nikaragua auch deshalb ab, weil kein Hilfeersuchen eines angegriffenen Staates vorlag (233, 234). Folgerichtig kommt er zu dem Ergebnis, daß die militärischen Aktionen der USA gegen Nikaragua eine Verletzung des Gewaltverbotes darstellen (238).

Der Gerichtshof hält sich nicht mit der Frage auf, ob kollektive Selbstverteidigung vor dem Angriff vereinbart sein muß oder ad hoc vereinbart werden kann, welche konkreten Formen sie unter konkreten Bedingungen annimmt. Er beschränkt sich auf das Wesentliche. Eine Berufung auf kollektive Selbstverteidigung ist ausgeschlossen, wenn es kein Aggressionsopfer gibt oder der unmittelbar betroffene Staat die Sache nicht als „bewaffneten Angriff" qualifiziert oder gerade die Hilfe dieses Staates nicht will oder nicht angefordert hat (195). All diese Bedingungen gelten offensichtlich nicht, wenn der Sicherheitsrat das Vorliegen einer Aggression oder Friedensbedrohung feststellt und von sich aus Maßnahmen zur Wiederherstellung des Friedens anordnet.

Gegen einseitige Zwangsmaßnahmen

Der Gerichtshof hat somit eine klare Position gegen alle Versuche eingenommen, das Gewaltverbot unter diesem oder jenem Vorwand aufzuweichen. An solchen Versuchen hat es nicht gefehlt. Dabei spielen insbesondere zwei Argumentationslinien eine Rolle.

Es wird gesagt, daß das Gewaltsverbot von einem wirksamen UN- oder anderen Sicherheitsmechanismus abhängt. Wenn dieser — aus welchen Gründen immer —

[29] So auch M. Mohr, The ILC's distinction between international crimes and international delicts, a. a. O., S. 131; V. Hennig, Der Doppelcharakter der individuellen und kollektiven Selbstverteidigung, a. a. O., S. 122; P. Malanczuk, Countermeasures and Self-Defence . . ., a. a. O., S. 279.

nicht funktioniere, gäbe es eine „Rechtslücke", weil sich die Staaten gegen Völkerrechtsverletzungen, die unter Anwendung von Gewalt erfolgen, die nicht als bewaffneter Angriff zu qualifizieren sind, nicht unter Anwendung von militärischer Gewalt wehren können. In diesen Fällen, oder auch wenn „vitale Interessen" der Staaten, ihre Bürger oder deren Eigentum im Ausland betroffen sei, müsse das alte Selbsthilferecht als Rechtfertigung zur Anwendung militärischer Gewalt wiederaufleben. Nur so könne ein „Absinken in allgemeine Rechtlosigkeit oder in die Anarchie einseitiger Aktionen" verhindert werden.[30]

Offensichtlich kann diese Argumentation nur dazu führen, „starken Staaten" freie Hand für militärische Aktionen zur gewaltsamen Durchsetzung ihrer Interessen zu schaffen. Diese Gefahr wird denn auch von vielen gesehen und als Argument gegen solche Versuche geltend gemacht, weil sie unvermeidlich das Gewaltverbot und damit die Grundlagen des gegenwärtigen Völkerrechts unterminieren.[31]

Bereits in seiner Entscheidung zum Corfu-Fall 1949 hatte der IGH das Argument zurückgewiesen, daß ein mangelhaft funktionierender internationaler Zwangsapparat Gewaltanwendung durch einzelne Staaten rechtfertige: „The alleged right of intervention as the manifestation of a policy of force, such as has, in the past, given rise to most serious abuses and such as cannot, whatever be the present defects in international organization, find a place in international law. Intervention is perhaps still less admissible in the particular form it would take here; for, from the nature of things, it would be reserved for the most powerful States, and might easily lead to perverting the administration of international justice itself."[32] Genau diese Position hat der IGH mit seiner Entscheidung im Fall der amerikanischen militarischen und paramilitärischen Aktivitäten gegen Nikaragua erneut entschieden bekräftigt. Er hat keine Tür für die rechtswidrige Anwendung von Gewalt unter dem Vorwand geöffnet, daß es an einem funktionsfähigen internationalen Sicherheitsmechanismus fehlt.

Für ein Gericht, das darauf beschränkt ist, einen Fall zu entscheiden, ist es kaum möglich weiter zu gehen. Man kann von ihm keine Vorschläge für die Stärkung

[30] So z. B. F. Berber, Lehrbuch des Völkerrechts, München 1977, Bd. 3, S. 96, 103, 107; G. Schwarzenberger, The Fundamental Principles of International Law, in: Bd. 87 Recueil des Cours, 1955 (I), S. 345; R. Dolzer, Hilflos gegenüber Rechtsbrechern?, Frankfurter Allgemeine Zeitung v. 30. 10. 1986, S. 9.

[31] Vgl. z. B. P. Malanczuk, Countermeasures and Self-Defence . . . , a. a. O., S. 245; O. Schachter, The legality of pro-democratic invasion, Bd. 78 AJIL, 1984, S. 645; C. Westerdiek, Humanitäre Intervention und Maßnahmen zum Schutz eigener Staatsangehöriger im Ausland, Bd. 21 Archiv des Völkerrechts, 1983, S. 383; W. D. Verwey, Humanitarian Intervention under international law, in: NILR, 1985/3, S. 357. Gegen die Übernahme von „Ersatzfunktionen" durch Drittstaaten bei Ausfall des UN-Mechanismus äußern sich auch D. Simon/L. A. Sicilianos, La „contre-violence" unilaterale, a. a. O., S. 63—66 und S. Regourd, Raids „antiterroristes" et développements récents des atteintes illicites au principe de non-intervention, in: AFDI, 1986, S. 100—102. Vgl. auch H. Weber, Gewalt, Gegengewalt, Gewaltverbot, in: Vereinte Nationen, 1987/2, S. 50ff.

[32] I. C. J. Reports 1949, S. 34; I. C. J. Reports 1986, pa. 202.

des internationalen Sicherheitssystems erwarten. Das ist eine Sache der Staaten. Kein Staat kann ohne Verlust seiner Glaubwürdigkeit einerseits die Funktionsfähigkeit vorhandener Mechanismen blockieren und andererseits ihre Ineffektivität zum Vorwand dafür nehmen, so grundlegende Prinzipien wie das Gewalt- und Interventionsverbot und das Prinzip der souveränen Gleichheit in Frage zu stellen oder zu durchlöchern.[33]

Der Weg zur Lösung von Problemen, die durch Apartheid, Terrorismus, unkontrollierten Waffenhandel, Angriffe auf die Freiheit der Schiffahrt etc. entstehen, kann nicht in der Aufweichung der gundlegenden Völkerrechtsprinzipien und einer weiteren Schwächung des UN-Sicherheitssystems sowie der Anmaßung der Rolle eines Weltpolizisten bestehen. Er kann nur im Ausbau dieses Sicherheistssystems und seiner richtigen Anwendung liegen. Gerade darauf hat Gorbatschow im September 1987 hingewiesen, wenn er schreibt: „Das vorgeschlagene System der umfassenden Sicherheit wird sich in dem Maße als wirksam erweisen, wie die Organisation der Vereinten Nationen, ihr Sicherheitsrat sowie die anderen internationalen Institutionen und Mechanismen effektiv funktionieren. Es ist erforderlich, die Autorität und die Rolle der UNO und der internationalen Atomenergiebehörde entschieden zu erhöhen."[34] Eine Reihe konkreter Vorschläge sind zu diesem Zweck gemacht worden. Auch der IGH hat mit seinem Urteil nachdrücklich in diese Richtung gewiesen, nicht nur durch die Bekräftigung des breiten Gewaltverbots und der engen Grenzen für die Anwendung bewaffneter Gewalt im Rahmen der Selbstverteidigung, sondern auch durch einen ausdrücklichen Hinweis auf die Pflicht zur friedlichen Streitbeilegung und die Bedeutung des Contadora-Prozesses für die Lösung des Konflikts auf der Grundlage des geltenden Völkerrechts (290/291).

Eine zweite, nicht minder gefährliche Argumentationslinie ist darauf gerichtet, den Aktionsspielraum „starker Staaten" zur Intervention in die Angelegenheiten anderer Staaten nicht nur über das Recht auf Selbstverteidigung, sondern generell auch für andere „Gegenmaßnahmen" zu erweitern. Zu diesem Zweck wird die Verletzung von Erga omnes-Verpflichtungen als Vorwand benutzt, um neben dem Recht eines jeden einzelnen Staates, Wiedergutmachung zu verlangen, auch eine Berechtigung zu einseitigen Zwangsmaßnahmen zu konstruieren.[35] Das soll selbst dann gelten, wenn ein solcher Staat von der Verletzung nicht unmittelbar betroffen ist.

[33] Zur Einstellung der amerikanischen Regierung gegenüber dem Einsatz militärischer Macht vgl. die Reden von Weinberger und Shultz, in: Europa Archiv 1985/2, D 27/28 und D 32/33.

[34] Neues Deutschland vom 18. 9. 1987, S. 4.

[35] Vgl. z. B. E. Zoller, Peacetime Unilateral Remedies: An Analysis of Countermeasures, New York 1984, S. 114ff., 138; A. de Guttry, Le rappresaglie non comportanti la coercizione militare nel diritto internazionale, Mailand 1985, S. 322; G. Carella, La responsabilita dello Stato per crimini internazionali, Neapel 1985, S. 226ff.

Gerade in letzter Zeit haben wir zahlreiche Fälle erlebt, in denen imperialistische Staaten mit solchen Begründungen „das Recht in die eigenen Hände" nahmen, sich zum Weltpolizisten aufspielten und sich die Bestrafung souveräner Staaten durch sogenannte „Sanktionen" anmaßten, obgleich sie nicht zu den besonders Betroffenen gehörten oder überhaupt keine Verletzung ihrer subjektiven Rechte vorweisen konnten.[36]

Die Existenz von Verpflichtungen mit Erga omnes-Charakter wurde durch den IGH bereits in seinem bekannten Urteil im Barcelona-Traction-Fall bestätigt.[37] Parallel zur Erga omnes-Konzeption wurde in der ILC im Rahmen der Kodifikation der Staatenverantwortlichkeit für besonders schwere Verletzungen von Verpflichtungen dieser Art der Begriff des internationalen Verbrechens entwickelt.[38]

Internationale Verbrechen unterscheiden sich von internationalen Delikten gerade dadurch, daß sie schwere Verletzungen von Verpflichtungen sind, die die grundlegenden Interessen der internationalen Gemeinschaft als ganzes betreffen und die deshalb die Rechte aller Staaten verletzen. Dabei gingen sowohl die Berichterstatter R. Ago und W. Riphagen als auch die überwiegende Mehrheit in der Kommission davon aus, daß man aus der Verletzung einer Erga omnes-Verpflichtung — auch dann, wenn es sich dabei um internationale Verbrechen handelt — nicht einfach ein Recht jedes Staates ableiten kann, einzeln und ohne Ermächtigung durch ein internationales Organ Gegenmaßnahmen zu ergreifen.[39]

[36] Dazu gehören vor allem die sog. „Sanktionen" der USA und einiger EG-Länder gegen die UdSSR, Afghanistan und Polen, aber auch gegen den Iran, Libyen und Argentinien, sowie die Embargo-Politik der USA gegen Nikaragua. Vgl. dazu Neues Deutschland v. 10. 5. 1985, S. 5; Europa Archiv, 1985/11, S. Z 89 und D 299. Für eine kritische Analyse derartiger „Sanktionen" vgl. V. Vasilenko. Meždunarodno pravovye sankzii, Kiew 1982; E. T. Usenko/V. Vasilenko, Nediskriminazija v meždunarodnych ekonomičeskich otnošenijach, in: Sovetskij ežegodnik MP, 1983, S. 33ff.; S. Regourd, Raids „anti-terroristes"..., a. a. O., S. 100; D. Acevedo, The U.S. Measures Against Argentina Resulting from the Malvinas Conflict, in: 78 AJIL, 1984, S. 323ff. Eine der umfangreichsten Sammlungen von faktischem Material zu dieser Frage ist bei A. de Guttry zu finden: Le rappresaglie non comportanti la coercizione militare..., a. a. O., S. 51—182. Vgl. dazu auch M. Doxey, International Sanctions in Theory and Practice, in: 15 Case Western Reserve Journal of International Law 1983, S. 273—288; J. Frowein, Die Verpflichtungen erga omnes..., a. a. O., S. 241; Ch. Leben, La contre-mesure interétatique et les réactions à l'illicité dans la société internationale, in: AFDI, 1982, S. 10ff. und P. M. Dupuy, Observations sur la pratique récente des "sanctions" de l'illicité, Bd. 87 Revue Générale du Droit International Publique, 1983, S. 505.

[37] Vgl. I. C. J. Reports 1970, S. 30ff., paras. 33—34.

[38] Vgl. YBILC 1976, Be. II, S. 75. Zur Arbeit der ILC auf dem Gebiet der internationalen Verbrechen vgl. M. Spinedi, International Crimes of State in the Work on Codification of State Responsibility, Florenz 1984.

[39] Vgl. dazu D. Alland, International responsibility and sanctions: self-defence and countermeasures in the ILC-codification of rules governing international responsibility, in: United Nations Codification of State Responsibility, (Hrsg. M. Spinedi/B. Simma), a. a. O., S. 143 (S. 186).

Alland kommt zusammenfassend zu dem Ergebnis: „If the consequence of the breach of an obligation erga omnes is that each State has a right to require from the author State its ‚self-enforcement' of the obligation breached it does not follow that those States can take countermeasures decided individually. Indeed the common interest brought into play by these obligations requires some form of collective management of such interest."[40] Zu dem gleichen Ergebnis sind wir gekommen.[41]

Gleiches gilt übrigens nicht nur im Falle von internationalen Verbrechen, sondern auch im Falle der Verletzung anderer Erga omnes-Verpflichtungen, z. B. solcher aus multilateralen Verträgen.[42] Auch hier ist es unbedingt notwendig, den unterschiedlichen Grad der Betroffenheit der Vertragspartner durch eine Verletzung integraler Verpflichtungen[43] zu berücksichtigen. Zwar sind diese Verpflichtungen derart, daß eine Verletzung die Rechte aller Vertragspartner betrifft, jedoch treten häufig Situationen auf, in denen die rechtswidrige Handlung unmittelbar gegen einen Staat gerichtet ist und spezifische, individuelle Rechte dieses Staates verletzt. Die unmittelbare, individuelle Betroffenheit einzelner Vertragspartner unterscheidet sich wesentlich von der allgemeinen Betroffenheit der übrigen Partner. Letztere basiert ausschließlich auf dem integralen Charakter der verletzten Vertragsbestimmung, auf dem Angriff gegen die gemeinsamen Interessen[44] der Vertragsgemeinschaft, die *als ganzes* betroffen ist. Die unterschiedliche Betroffenheit führt auch zu einer Differenzierung der Ansprüche und Berechtigungen der Staaten. Die Reaktionen der ausschließlich als Mitglieder der Vertragsgemeinschaft betroffenen Staaten müssen — dem Charakter der verletzten Verpflichtung entsprechend — vorrangig auf kollektiv beschlossene,

[40] Ebenda, S. 193; vgl. auch P. Malanczuk, Countermeasures and Self-Defence..., ebenda, S. 234; vgl. insbesondere auch W. Riphagen, 6. Bericht zur Staatenverantwortlichkeit, A/CN.4/389, S. 26, pa. 10. Auch E. J. de Arechaga unterstützt deutlich dieses Herangehen: "The legal interest which every member of the international community is recognized as possessing if an international crime is committed cannot be permitted to entitle any State to take individual action when it believes that an international crime has been committed.", Recueil des Çours, Bd. 159 (1978-I), S. 275.

[41] Vgl. B. Graefrath, Völkerrechtliche Verantwortlichkeit für internationale Verbrechen, in: Probleme des Völkerrechts 1985, Berlin 1985, S. 103f.

[42] Vgl. dazu ausführlich K. Sachariew, Die Rechtsstellung der betroffenen Staaten bei Verletzungen multilateraler Verträge, Berlin 1986, S. 99ff., insbes. S. 104.

[43] Der Begriff „integrale Verpflichtungen" wird in der Völkerrechtsliteratur für die Bezeichnung von solchen Verpflichtungen benutzt, die nur gleichzeitig gegenüber allen Partnern des multilateralen Vertrages bestehen und erfüllt werden können. Vgl. ebenda, S. 76ff. Dieser Begriff stammt von G. Fitzmaurice, der ihn im Zusammenhang mit der Kodifikation des Vertragsrechts in der ILC benutzte. Vgl. YBILC, 1957, Bd. II, S. 30ff.

[44] Zum Begriff der „extra-State-interests" als Grundlage für integrale Verpflichtungen vgl. W. Riphagen, State Responsibility: New Theories of Obligation in Interstate Relations, in: The Structure and Process of International Law, Den Haag 1983, S. 609f.

insbesondere vertraglich festgelegte Maßnahmen orientiert sein.[45] Der direkt betroffene Staat kann darüber hinaus individuelle Maßnahmen ergreifen. Der IGH hat in seinem Urteil diese Differenzierung bestätigt und den unmittelbaren Opfern einer Rechtsverletzung — im Unterschied zu sog. „Drittstaaten" — weitergehende Abwehrrechte (insbesondere „proportionate countermeasures") zugestanden (249). Der Gerichtshof verneint entschieden, daß andere als der von der Rechtsverletzung direkt betroffene Staat ein Recht zu Gegenmaßnahmen haben. Das bedeutet nicht, daß er gegen kollektive Sicherheitsmaßnahmen ist, die von den Staaten zur Gewährleistung bestimmter internationaler Verpflichtungen vereinbart wurden. Im Gegenteil, er verlangt dafür nur eindeutige Rechtsgrundlagen. Auch hier macht das Urteil deutlich, daß der Weg zu mehr Sicherheit nur über eine Stärkung von Mechanismen zur Durchsetzung und Respektierung des Gewalt- und Interventionsverbotes gehen kann, nicht aber über ihre Aufweichung zugunsten von einseitigen Zwangsmaßnahmen für Staaten, deren Rechte nicht verletzt wurden und die im Widerspruch zu den grundlegenden Prinzipien stehen.

Der Gerichtshof untersucht zunächst die Frage, ob die Maßnahmen der USA, wenn sie schon nicht als kollektive Selbstverteidigung zu rechtfertigen sind, weil dies einen bewaffneten Angriff und eine Aufforderung des Angegriffenen voraussetzen würde, ob sie dann nicht einfach als Gegenmaßnahmen (das Urteil übernimmt durchgängig diesen Terminus der ILC!), das heißt als Repressalien gegenüber Rechtsverletzungen Nikaraguas rechtmäßig sind (201). Dabei schließt er als erstes kategorisch die Rechtmäßigkeit bewaffneter Repressalien aus: „The lawfulness of the use of force by a State in response to a wrongful act of which it has not itself been the victim is not admitted when this wrongful act is not an armed attack." (211, 248)

Anschließend untersucht das Gericht, ob die Maßnahmen der USA u. U. als Hilfeleistung für oppositionelle Gruppen in Nikaragua gerechtfertigt werden können. Auch das wird klar verneint: „No such general right of intervention, in support of an opposition within another State, exists in contemporary international law." (209)

Dabei benutzt das Gericht diese Gelegenheit, auf die prinzipielle Bedeutung des Interventionsverbotes im gegenwärtigen Völkerrecht hinzuweisen. Wir wollen deshalb auch diese Stelle des Urteils zitieren: Das Interventionsverbot „would certainly lose its effectiveness as a principle of law if intervention were to be justified by a mere request for assistance made by an opposition group in another State . . . Indeed it is difficult to see what could remain of the principle of non-intervention in international law if intervention, which is already allowable at the request of the government of a State, were also to be allowed at the request of the opposition. This would permit any State to intervene at any moment in the

[45] Vgl. den Kommentar von W. Riphagen zu Artikel 11 von Teil II des ILC-Projekts zur Staatenverantwortlichkeit, A/CN.4/389, S. 23, pa. 5.

internal affairs of another State, whether at the request of the government or at the request of its opposition. Such a situation does not in the Court's view correspond to the present state of international law.“ (246)

Der Gerichtshof geht weiter. Er stellt ausdrücklich fest, daß selbst dann, wenn man Rechtsverletzungen Nikaraguas gegenüber El Salvador, Honduras oder Kostarika unterstellt, sich daraus kein Recht der USA zur Anwendung von Gegenmaßnahmen gegen Nikaragua ergeben würde. „The acts of which Nicaragua is accused, even assuming them to have been established and imputable to that State, could only have justified proportionate counter-measures on the part of the State which had been the victim of these acts... They could not justify counter-measures taken by a third State, the United States, and particularly could not justify intervention involving the use of force.“ (249)

Nachdrückliche Bekräftigung des Interventionsverbots

Das Gericht untersucht ebenfalls die Frage, ob es irgendein völkerrechtswidriges Verhalten Nikaraguas gibt, das die USA zu Gegenmaßnahmen berechtigen würde. Dabei geht das Gericht davon aus, daß Fragen der Innenpolitik zunächst zur ausschließlichen Zuständigkeit eines Staates gehören, es sei denn, es beständen spezielle völkerrechtliche Verpflichtungen, die der Staat übernommen hat (257). Wenn, wie die USA behaupten, Nikaragua spezielle Verpflichtungen hinsichtlich seiner Innenpolitik gegenüber der OAS übernommen haben sollte (was das Gericht nicht bestätigt), so wären das Verpflichtungen gegenüber der OAS und nicht gegenüber den USA. Die USA könnten demzufolge aus der Verletzung solcher Verpflichtungen für sich keine Rechte zu Gegenmaßnahmen ableiten, schon gar nicht zu Maßnahmen, die die OAS selbst nicht ergreifen könnte und überhaupt nicht zu Maßnahmen, die die Anwendung von Gewalt einschließen (262).

Mit dieser Darstellung, die etwas später auf spezielle Menschenrechtsverträge bezogen wird (267), korrigiert das Gericht die in der westlichen Völkerrechtsliteratur verbreitete Behauptung, daß eine Sache aufhört eine innere Angelegenheit eines Staates zu sein, wenn es dazu eine völkerrechtliche Verpflichtung gibt. Tatsächlich bewirkt der Abschluß eines völkerrechtlichen Vertrages nicht, daß eine Sache aufhört, zu den inneren Angelegenheiten eines Staates zu gehören. Er hat lediglich zur Folge, daß gegenüber dem Vertragspartner in bezug auf diese Sache und in dem im Vertrag vereinbarten Umfang Verpflichtungen bestehen.[46] Für Dritte bleibt es eine ausschließlich innere Angelegenheit und ebenso gegenüber dem Vertragspartner, soweit nicht durch den Vertrag für ihn besondere Rechte entstanden sind.

[46] Vgl. dazu auch H. Waldock, General Course on Public International Law, Bd. 106 Recueil des Cours, (1962-II), S. 173, insbes. S. 181.

Diese Passagen des Urteils sind für das Verständnis und die Auslegung des Interventionsverbotes — gerade wegen der ständig anwachsenden internationalen Vertragspraxis — für die friedliche internationale Zusammenarbeit von Staaten mit unterschiedlicher Gesellschaftsordnung von großer Bedeutung. Auch in dem Urteil geht es im Grunde um die Freiheit des Volkes, sein gesellschaftliches System zu bestimmten. Mit großer Entschiedenheit wendet sich das Gericht gegen die Vorstellung, daß die USA irgendein Interventionsrecht gegenüber Nikaragua hätten, weil ihnen das politische Regime in Nikaragua nicht gefällt. Ausdrücklich heißt es:

„The finding of the Unites States Congress also expressed the view that the Nicaraguan Government had taken ‚significant steps towards establishing a totalitarian Communist dictatorship'. However the régime in Nicaragua be defined, adherence by a State to any paticular doctrine does not constitute a violation of customary international law; to hold otherwise would make nonsense of the fundamental principle of State sovereignty, on which the whole of international law rests, and the freedom of choice of the political, social, economic and cultural system of a State. Consequently Nicaragua's domestic policy options, even assuming that they correspond to the description given of them by the Congress finding, cannot justify on the legal plane the various actions of the Respondent complained of. The Court cannot contemplate the creation of a new rule opening up a right of intervention by one State against another on the ground that the latter has opted for some particular ideology or political system." (263)

Diese ausführliche Feststellung im Urteil ist nicht zufällig. Sie richtet sich gegen den Kern der Interventionspolitik der USA, die Lateinamerika noch immer als ihren Hinterhof betrachten.[47] Dabei ist es ein kleiner Schritt von der indirekten militärischen Aktion zur offenen militärischen Intervention, wie die militärischen Operationen der USA gegen Nikaragua zeigen. Ein anderes Beispiel der jüngsten Geschichte ist die militärische Besetzung Grenadas durch die USA. Diese Aktion war in der amerikanischen Völkerrechtswissenschaft von einigen als eine besondere Art humanitärer Intervention, als Intervention zur Rettung der Demokratie gerechtfertigt worden. Zu diesem Zweck wurde das Gewaltverbot in einer Weise ausgelegt, daß es nur die Stabilität von Regierungen schützt, die den amerikanischen Kriterien der Demokratie entsprechen. Der Sturz einer solchen Regierung wurde als innerer „bewaffneter Angriff" ausgelegt, der ein kollektives Selbstverteidigungsrecht der USA begründet.[48] Nachdrücklich und zu Recht hat z. B. O. Schachter solche Konzeptionen entschieden zurückgewiesen. Sie seien nicht

[47] Vgl. M. Ratner/J. Lobel, Rechtsfragen der US-Intervention in Mittelamerika, Demokratie und Recht, 2/1985, S. 202; A. Boyle/R. Falk, International Lawlessness, Bd. 78 AJIL, 1984, S. 172.

[48] W. M. Reisman, Coercion and Self-Determination, Construing Charter Article 2 (4), Bd. 78 AJIL, 1984, S. 642.

mit dem geltenden Recht zu vereinbaren und „would weaken a key principle (art. 2, 4) of the minimum world public order essential for peace and security."[49] Ganz besonders wendet er sich gegen die Rechtfertigung von „wars waged in a good cause such as democracy and human rights. They would give powerful states an almost unlimited right to overthrow unwanted governments."[50] Schachter beruft sich in diesem Zusammenhang auf das Urteil des IGH im Corfu-Fall. Inzwischen zeigt das Nikaragua-Urteil noch wesentlich detaillierter, wie berechtigt sein Einwand ist.

Schließlich geht der IGH speziell auf den Vorwurf der USA ein, daß Nikaragua die Menschenrechte verletze. Er behandelt diese Fragen relativ selbständig, d. h. nicht einfach im Zusammenhang mit der Bindung von inneren Angelegenheiten an spezielle völkerrechtliche Verpflichtungen, „while the absence of such commitments would not mean that Nicaragua could with impunity violate human rights." (267) Das ist richtig und weist auf grundlegende Bestimmungen zum Schutz der Menschenrechte hin, die inzwischen zum Bestandteil des allgemeinen Völkerrechts geworden sind, wie das Verbot des Völkermords, der Sklaverei und der Rassendiskriminierung.[51] Die systematische Verletzung solch grundlegender Menschenrechte führte z. B. zur Verurteilung des Apartheid-Regimes in Südafrika und zur Herausbildung des Tatbestands des Apartheidverbrechens als einem dem Völkermord verwandten internationalen Verbrechens gegen die Menschlichkeit. Der Hinweis des Urteils auf grundlegende Menschenrechte zum Schutz der menschlichen Person, die unabhängig von speziellen völkerrechtlichen Verträgen heute Bestandteil des allgemeinen Völkerrechts sind, ist besonders deshalb wichtig, weil viele Staaten, wie z. B. Südafrika, die USA und Israel im Gegensatz zu Nikaragua nicht durch die Ratifikation internationaler Menschenrechtsverträge spezielle Verpflichtungen übernommen haben. Die USA haben z. B. weder die Konvention gegen Rassendiskriminierung noch die Konventionen über Bürger- und politische Rechte oder über wirtschaftliche, soziale und kulturelle Rechte oder die Konvention gegen die Diskriminierung der Frau ratifiziert, um nur die wichtigsten zu nennen. Das aber sind Konventionen, die die Sandinistas sofort ratifiziert haben und an deren Realisierung sie gerade durch die Intervention der USA gehindert werden. Das wird zwar in dem IGH-Urteil nicht so gesagt, ergibt sich aber aus den vom Gericht seiner Entscheidung zugrunde gelegten Tatsachen. Es ist im übrigen in den Beratungen des Nikaragua-Berichts im internationalen Menschenrechtskomitee deutlich ausgesprochen worden.[52]

In unserem Zusammenhang ist jedoch von Bedeutung, daß der IGH implizite auf seine Barcelona Traction Entscheidung von 1970 zurückkommt, indem er —

[49] O. Schachter, The legality of pro-democratic invasion, Bd. 78 AJIL, 1984, S. 645.
[50] Ebenda, S. 649. Vgl. ebenfalls kritisch S. Regourd, Raids „anti-terroristes"..., a. a. O., S. 101 f.; D. Simon/L. A. Sicilianos, La contre-violence unilaterale..., a. a. O., S. 57ff.
[51] Vgl. die Entscheidung des IGH im Barcelona Traction-Fall, in: I. C. J. Reports, 1970, pa. 34.
[52] A/38/40, pa. 223.

vielleicht um andersartigen Auslegungen seiner Entscheidung zu begegnen[53] — mit großem Nachdruck feststellt, daß die Frage der Menschenrechte nicht als Vorwand zur Inanspruchnahme von allgemeinen Interventionsrechten mißbraucht werden darf. Ausdrücklich wiederholt, bekräftigt und konkretisiert er seine Aussage im Barcelona-Traction-Fall, daß man Verletzungen grundlegender Rechte des allgemeinen Völkerrechts zum Schutz der menschlichen Person von Verletzungen einzelner Bestimmungen der Menschenrechtsverträge unterscheiden muß, die durch das in den Verträgen vereinbarte Regime geregelt werden.[54] Völlig unmißverständlich heißt es in dem Urteil, daß Verpflichtungen aus solchen Verträgen nicht den USA, sondern den Vertragspartnern gegenüber bestehen. Infolgedessen können daraus auch im Falle der Verletzung solcher Verpflichtungen keine Berechtigungen für die USA zu Gegenmaßnahmen entstehen. Das würde voraussetzen, daß sie in ihren Rechten verletzt wurden, eine ihnen gegenüber eingegangene Verpflichtung nicht erfüllt worden ist. Außerdem aber gelte für die völkerrechtliche Gewährleistung der Verpflichtungen aus Menschenrechtsverträgen ein spezielles Regime: „Where human rights are protected by international conventions, that protection takes the form of such arrangements for monitoring or ensuring respect for human rights as are provided for in the conventions themselves.“ (267) Jedenfalls, so stellt das Urteil zusammenfassend fest: „While the United States might form its own appraisal of the situation as to respect for human rights in Nicaragua, the use of force could not be the appropriate method to monitor or ensure such respect. With regard to the steps actually taken, the protection of human rights, a strictly humanitarian objective, cannot be compatible with the mining of ports, the destruction of oil installations, or again with the training, arming and equipping of the *contras*. The Court concludes that the argument derived from the preservation of human rights in Nicaragua cannot afford a legal justification for the conduct of the United States...“ (268)

Wir haben uns bewußt darauf beschränkt, auf einige Grundaussagen des Urteils aufmerksam zu machen, die darauf gerichtet sind, eine strikte Einhaltung des Gewaltverbots zu fördern. Indem der Internationale Gerichtshof alle Versuche zurückweist:

— die Anwendung bewaffneter Gewalt als Selbstverteidigung zu rechtfertigen, wenn kein bewaffneter Angriff vorliegt,
— kollektive Selbstverteidigung zuzulassen, wenn kein Fall der individuellen Selbstverteidigung gegeben ist oder keine Maßnahmen der kollektiven Selbstverteidigung vom angegriffenen Staat angefordert werden,

[53] Beispiele dafür B. Simma, Fragen der zwischenstaatlichen Durchsetzung vertraglich vereinbarter Menschenrechte, in: Staatsrecht — Völkerrecht — Europarecht, Festschrift für H.-J. Schlochauer, Berlin/New York 1981, S. 635 (S. 643); M. Hanz, Zur völkerrechtlichen Aktivlegimitation zum Schutze der Menschenrechte, München 1985, S. 110.

[54] I. C. J. Reports 1970, pa. 91: in diesem Sinne auch J. A. Frowein, Collective Enforcement of International Obligations, a. a. O., S. 76.

— bewaffnete Repressalien zu legalisieren,
— Drittstaaten ein Recht zu Gegenmaßnahmen zuzugestehen, wenn dafür keine spezielle Rechtsgrundlage gegeben ist,
— aus der Verletzung von Erga omnes-Verpflichtungen automatisch ein einseitiges Recht zu Gegenmaßnahmen nicht unmittelbar betroffener Staaten abzuleiten,

wendet er sich nicht nur dagegen, das grundlegende Prinzip der gegenwärtigen Völkerrechtsordnung — das Gewaltverbot — zu schwächen. Er orientiert zugleich darauf, das bestehende Sicherheitssystem einzuhalten und auszubauen. Eine Stärkung der „rule of law" in den internationalen Beziehungen kann nicht durch ein Mehr an einseitiger rechtswidriger Gewaltanwendung, sondern nur durch ein Mehr an internationaler Zusammenarbeit zur Gewährleistung des Friedens und der internationalen Sicherheit erreicht werden.

Резюме

Б. Грэфрат/К. Захариев

Запрещение применения силы и проблема законности ответных мер по международному праву в решении Международного Суда по делу „Никарагуа против США"

27-го июня 1986 г. Международный Суд ООН вынес своё — вероятно самое значительное за всю его историю — решение по делу „Военных и полувоенных действий против Никарагуа", в котором он осудил политику вмешательства и насилия со стороны администрации США против Никарагуа. Суд имел возможность определить свою позицию по ряду важнейших юридических вопросов, имеющих решающее значение для структуры и развития современного международного права. Сюда относится, например, принцип запрещения применения силы и угрозы силой, принцип невмешательства во внутренние дела других государств, а также принцип суверенного равенства всех государств. Подчёркивая, что эти принципы являются „краеугольным камнем усилий миролюбивого человечества в мире, раздираемом вооружёнными конфликтами", Суд установил общеобязывающий характер этих принципов, которые — несмотря на то, что в данном случае они не могли быть применены на основе договорного права, — сохраняют свою юридическую силу в качестве обычно-правовых норм. В своём решении Суд чётко различает между принудительными мерами, куда он относит вооружённое нападение, что предопределяет право жертвы нападения на самоборону, и другими нарушениями принципов неприменения силы и невмешательства, оправдывающими только лишь ответные меры без применения силы.

Подтверждая почти одинаковые сферы действия ст. 51 Устава ООН и соответствующей обычно-правовой нормы, Суд отвергнул утверждения о том, что, якобы, самооборона имеет по обычному праву более широкую сферу применения, включая такие запрещённые действия как „гуманитарную интервенцию" или вооружённые репрессалии в ответ на действия, не являющимися вооружённым нападением.

По мнению Суда оказание помощи и поддержка вооружённых банд в другом государстве с целью свержения его правительства — есть явное нарушение принципа невмешательства. В то же время эти действия отличаются от засылки вооружённых банд, что являлось бы вооружённым нападением согласно ст. 3 [д] определения агрессии.

Суд однозначно подтвердил, что участие в коллективной самообороне зависит от запроса государства, рассматривающего себя жертвой вооружённого нападения и не может иметь место без наличия согласия со стороны этого государства. В соответствии с этим Суд пришёл к заключению, что ссылка на коллективную самооборону не может служить оправданием для действий США против Никарагуа.

Другое важное определение Суда касается допустимости применения ответных мер государствами, не затронутыми непосредственно противоправными деяниями. Решением Суда подтверждено прежде всего то, что ответные меры, связанные с применением силы третьими государствами против нарушений, не являющихся вооружённым нападением, недопустимы.

Решение Суда содержит в себе также аргументы в пользу той точки зрения, согласно которой международные преступления и другие нарушения норм или положений многосторонних договоров не дают автоматически третьим государствам права применять экономические санкции или иные односторонние принудительные меры. Такие меры могут быть приняты лишь непосредственно затронутыми государствами или, в соответствии с решением компетентного международного органа, международным сообществом государств.

Судом были также отвергнуты попытки оправдать применение принудительных мер третьими государствами в защиту прав человека или против „коммунистической идеологии". Суд подтвердил право каждого народа на свободный выбор пути своего политического, экономического, социального и культурного развития. Он также подчеркнул, что в тех случаях, когда права человека защищены международными конвенциями, эта защита имеет место в соответствии с формами и методами имплементации, предусмотренными в этих конвенциях, и что применение силы ни в коем случае не может быть подходящим способом защиты прав человека.

Общая оценка решения Международного Суда ООН по делу Никарагуа против США показывает, что Судом были отвергнуты попытки подорвать принцип запрещения применения силы. Решение является призывом для всех государств способствовать укреплению существующей системы международной безопасности и международной законности.

Summary

B. Graefrath/K. Sachariew

The Prohibition of the Use of Force and Questions of the Legality of Countermeasures under International Law in the Nicaragua-Judgement of the I.C.J.

On 27(th) June, 1986 the International Court of Justice passed its — probably most significant — judgment in the case 'Military and Paramilitary Acitivities in and against Nicaragua', condemning the interventionist policies of the US-administration against Nicaragua. The Court had ample opportunity to take a stand in a series of legal questions of fundamental importance for the structure and process of present-day international law such as those concerning the prohibition of the threat or use of force, of non-intervention in the internal affairs of other States as well as the principle of sovereign equality of States. Emphasizing that these principles are 'the very cornerstone of the human effort to promote peace in a world torn by strife' the Court established the universal binding nature of these principles, which — even if not applicable as multilateral treaty law — retain their legal force under customary general international law.

In its judgment the Court made a clear distinction between forceful measures which constitute an armed attack and give rise to a right of legitimate self-defence and other forms of the use of force which amount to a breach of the prohibition of the use of force and/or the principle of non-intervention and justify only countermeasures but not measures of self-defence. By confirming the almost identical scope of Article 51 of the UN-Charter and the corresponding customary rule, the Court rejected allegations according to which the right of self-defence under customary international law is broader than Art. 51 and includes such prohibited actions as 'humanitarian intervention' or armed reprisals as a response to acts which do not amount to an armed attack.

The Court considered that support and assistance for armed bands in another State in order to overthrow its government amount to a clear breach of the principle of non-intervention. Such acts should not be equated with the sending of armed bands what would constitute an armed attack under the terms of Art. 3 (g) of the Definition of aggression.

The Court declared explicitly that the exercise of the right of collective self-defence is contingent upon a request by the State which regards itself as the victim of an armed attack and that this requirement is additional to the requirement that such a State should have declared itself to have been attacked. Accordingly, the I.C.J. concludes that US-actions against Nicaragua could not be justified by a claim of collective self-defence.

Another important finding in the Judgment relates to the admissibility of countermeasures by States not directly affected by an internationally wronful act. The Judgment confirms, first of all, that forcible countermeasures by third States in response to a wrongful act, which is not an armed attack, are prohibited. It gives arguments in support of the opinion that international crimes and other violations of *erga omnes* rules or of multilateral treaty provisions do not authorize States not directly affected by the offence to apply economic sanctions or other unilateral enforcement measures. Such measures may be applied only by directly injured States, or —upon a decision of a competent international organ — by the international community of States.

The Court also rejected attemps to justify the application of coercive measures by third States against alleged violations of human rights or against 'communist ideology.' It confirmed the sovereign right of every nation to choose freely its political, social, economic and cultural system. It stresses, furthermore, that 'where human rights are protected by international conventions, that protection takes the form of such arrangements for monitoring or ensuring respect for human rights as are provided for in the conventions themselves' and that anyway the use of force cannot be the appropriate method to ensure such respect.

An overall appraisal of the Judgment shows that the I.C.J. rejected recent attempts on the fundamental principle of the prohibition of the threat or use of force. It is a strong reminder for all States to strengthen the existing system of international security and promote the rule of law in international relations. A sensible way to achieve these goals lies in strengthening international co-operation to the benefit of peace and security, instead of relying on unilateral coercive measures.

A. Jacewicz

The Strategic Defense Initiative (SDI) and the ABM Treaty

1. What is the Strategic Defence Initiative?

As it is known, on March 23, 1983, President R. Reagan announced (in what has been called the "star wars speech") that the United States would "embark on a program to counter the awesome Soviet missile threat with measures that are defensive."[1] This effort was described as the ultimate salvation from the nuclear threat, because in neutralizing incoming missiles the envisaged defenses are supposed to render nuclear weapons "impotent and obsolete" and thereby facilitate nuclear disarmament.[2] The President also said in the conclusion of his statement: "Tonight, consistent with our obligations under the ABM Treaty and recognizing the need for close consultation with our allies, I am taking an important first step. I am directing a comprehensive and intensive effort to define a long-term research and development program to begin to achieve our ultimate goal of eliminating the threat posed by strategic nuclear missiles."[3]

National Security Decision Directive-119 signed by the President on January 6, 1984 marked the start of implementation of the idea of a research and development program which has become known as the Strategic Defense Initiative (SDI). The special SDI Organization (SDIO) was set up to handle the program. The creation of ballistic missile defence was originally supposed to include the following steps: the research phase (the period of time from the President's March 23, 1983 speech to the early 1990's when a decision could be made on processing into systems development); the systems development (or full scale engineering development) phase (the period of time beginning in the early 1990's when the prototypes of defense system components are designed, built, and tested); the transition phase (the period of time during which there is incremental, sequential deployment of defensive systems); and the final phase (the period of time during which deployments of highly effective multiphased defensive systems are completed).[4]

[1] Peace and National Security. Address to the nation, Washington, D.C., March 23, 1983, in: Department of State Bulletin, vol. 83 (1983), No. 2073, p. 14.
[2] See ibid.
[3] Ibid.
[4] See Lt-Gen. Abrahamson Statement to Congress (excerpts), May 9, 1984, in: Survival, vol. XXVII (1985) 2, p. 75.

It is not the writer's intent here to provide technical specifics of the proposed antimissile "shield"[5] the more so as the relevant concepts are being intensely altered all the time. "A number of different concepts, involving a wide range of technologies, are being examined," says a pamphlet released by the White House in January 1985.[6] There is no doubt though that the greatest hopes are placed in the new "exotic" kinds of weapons which are referred to as directed energy weapons including, for instance, lasers and particle beams. The systems which might include these and other weapons and devices[7] could create layered ballistic missile defence, designed to destroy attacking missiles during each of the four phases (boost, post-boost, mid-course, and terminal) of their flight thereby neutralizing effectiveness of the enemy's nuclear strike. The new antimissile weapons would mainly be based in outer space. This is why the proposed antimissile systems have often been termed "star wars".

The name of SDI has the word "defence". A number of western writers have no doubt that the project is to be seen as a measure to provide the United States with a first nuclear strike capability.[8] The Soviet Union presented its position only a few days after the speech by R. Reagan. Replying to a question by a correspondent of Pravda General Secretary Y. Andropov said: "On the face of it, laymen may find it even attractive as the President speaks about what seem to be defensive measures. But this may seem to be so only on the face of it and to those who are not conversant with these matters. In fact the strategic offensive forces of the United States will continue to be developed and upgraded at full tilt and along quite a definite line at that, namely that of acquiring a first nuclear strike capability. Under these conditions the intention to secure itself the possibility of destroying, with the help of the ABM defenses, the corresponding strategic systems of the other side, that is of rendering it unable of dealing a retaliatory strike, is a bid to disarm the Soviet Union in the face of the US nuclear threat. One must see this clearly in order to appraise correctly the true purport of this 'new conception'."[9]

The bilateral ABM Treaty whose full name reads: Treaty Between the United States of America and the Union of Soviet Socialist Republics on the Limitation

5 Basic information is lucidly provided in: J. Tirman (ed.), The Fallacy of Star Wars, New York 1984, chapters 2—7.

6 The President's Strategic Defense Initiative, in: Department of State Bulletin, vol. 85 (1985), No. 2096, p. 66.

7 Provided for are five elements of a new program: 1) surveillance, acquisition, and tracking; 2) directed energy weapons; 3) kinetic energy weapons; 4) systems analyses and battle management; and 5) support programs; see Lt-Gen. Abrahamson Statement to Congress, op. cit., p. 76.

8 See J. Dahlitz, ASAT and Related Weapons: Proposals for the Prevention of an Arms Race in Outer Space, in: Arms Control, vol. 4 (1983) 3, p. 178; M. Thee, The Strategic Defense Initiative, A New Turn in the Arms Race, PRIO Paper, 1985, No. 8, p. 17; K. Konstantinidis, Some Military Aspects That Do Not Promote Peace, in: Peace and Sciences, 1986, No. 2, pp. 44—45.

9 General Secretary Andropov's Replies to Pravda Correspondent (excerpts), March 26, 1983, in: Survival, vol. XXV (1983) 3, pp. 130—131.

of Anti-Ballistic Missile Systems is in force between these two states. Is the creation of ballistic missile defense compatible with the limitations the Treaty provides for? Let us the look into the relevant provisions of the ABM Treaty in order to determine whether and which defensive systems it allows.

2. The Substance of the ABM Treaty

The ABM Treaty was signed in Moscow on May 26, 1972 and entered into force on October 3 that year.[10] The philosophy underlying the conclusion of the agreement proceeded from the premise that when territories of both States-signatories are exposed to a strike of ballistic nuclear missiles of the other Party, both sides will practically refrain from seeking the opportunity of striking first, which would of course be followed by a retaliatory strike with similar consequences, thus leading to mutual destruction.

By concluding the agreement under discussion, its Parties undertook to adopt substantial limitations with regard to ABM systems. For the purpose of the Treaty ABM system was defined in Article II (1) as "a system to counter strategic ballistic missiles or their elements in flight trajectory, currently consisting of: (a) ABM interceptor missiles...; (b) ABM launchers...; and (c) ABM radars..."

2.1. What is explicitly prohibited under the ABM Treaty?

The ABM Treaty includes a number of prohibitions or limitations, part of them regarding quite detailed questions. Most of them are discussed in the relevant contexts below. At this point two principal prohibitions of the Treaty are to be indicated: the general prohibition of deployment of ABM systems, with one exception discussed below, and the prohibition of development, testing, and deployment of sea-based, air-based, space-based, or mobile land-based ABM systems and components. Article I (2) provides that each of the two Parties agrees "not to deploy ABM systems for a defense of the territory of its country and not to provide a base for such a defense, and not to deploy ABM systems for defense of an individual region except as provided for in Article III..." While, Article V (1) of the Treaty says: "Each Party undertakes not to develop, test, or deploy ABM systems or components which are sea-based, air-based, space-based, or mobile land-based."

2.2. Wheat exception is permitted by the ABM Treaty?

The juxtaposition of the above quoted Articles I (2) and V (1) demonstrates that the exception provided for by Article III with regard to the prohibition of deploy-

[10] Text in: Arms Control and Disarmament Agreements. Texts and Histories of Negotiations, Washington, D.C., 1982, pp. 139—142.

ment of ABM defenses can only apply to fixed land-based ABM systems and components, which really is the case. Article III allows the possibility of creating two ABM system deployment areas, one centered on the Party's national capital, the other containing ICBM (intercontinental ballistic missile) silo launchers. Some very explicit reservations with regard to the sizes of the relevant areas as well as the quantity and quality of the ABM components have also been established. The Protocol to the Treaty Between the United States of America and the Union of Soviet Socialist Republics on the Limitation of Anti-Ballistic Missile Systems, which was signed in Moscow on July 3, 1974 and entered into force on May 24, 1976,[11] limits each side to one ABM deployment area. The Soviet Union had chosen to maintain its ABM defense of Moscow, and the United States chose to maintain defense of its ICBM emplacements near Grand Forks, North Dakota. The U. S. eventually dismantled its ABM system. The Soviet system is still operational.

Article IV of the ABM Treaty reads: "The limitations provided for in Article III shall not apply to ABM systems or their components used for development or testing, and located within current or additionally agreed test ranges. Each Party may have no more than a total of fifteen ABM launchers at test ranges."

The Treaty provides that, subject to its other provisions, "modernization and replacement" of ABM systems and their components may be carried out (Article VIII).

2.3. The question of ABM systems based on other physical principles

When the Treaty was signed ABM systems included ABM interceptor missiles, ABM launchers, and ABM radars. Article III of the Treaty carries restrictions on development of these components as regards quantities and qualities. The Treaty does not ban development and testing of fixed land-based ABM systems or components, except launchers for launching more than one ABM interceptor missile at a time from each launcher and systems for rapid reload of ABM launchers (Article V (2)). Is this to say that should new "exotic" ABM systems be developed their deployment would be permitted? Viewing the question in terms of a purpose one may assume that such new weapons and devices are being developed and tested for subsequent deployment.

The conclusion that deployment of any kind of ABM systems and components other than those listed in Article III is inadmissible is rather natural. Still, the presumable determination of the Parties to the Treaty to clarify the handling of "exotic" systems and components was reflected in a relevant statement. It is to be noted that along with the signing of the ABM Treaty released were Agreed

[11] Text in: ibid., pp. 162—163.

Statements, Common Understandings, and Unilateral Statements Regarding the Treaty Between the United States of America and the Union of Soviet Socialist Republics on the Limitation of Anti-Ballistic Missiles.[12]

Agreed Statement D reads. "In order to insure fulfillment of the obligation not to deploy ABM systems and their components except as provided in Article III of the Treaty, the Parties agree that in the event ABM systems based on other physical principles and including components capable of substituting for ABM interceptor missiles, ABM launchers, or ABM radars are created in the future, specific limitations on such systems and their components would be subject to discussion in accordance with Article XIII and agreement in accordance with Article XIV of the Treaty." Thus the Parties to the Treaty agreed that if new "exotic" ABM components were capable of substituting for one or more of the three permitted types of components mentioned in Article III, the question of their development would be settled by an amendment to the Treaty.

G. Schneiter provides, what seems to be a convincing description of how the Parties to the Treaty handle the systems based on other physical principles: "Consistent with explicitly permitting modernization and replacement of the types of ABM components it allows (and the implied continuation of research and development), the treaty addresses future discovery of new ways to counter strategic ballistic missiles, ways not covered explicitly in the treaty itself. When the treaty was negotiated, it was anticipated that one day directed-energy devices, such as lasers or particle-beam generators, might reach a stage of development that would permit their use as ABM components. The treaty permits only certain kinds of ABM components — interceptor missiles, launchers, and radars. Should ABM systems using lasers rather than missiles be allowed to substitute for the permitted traditional systems? To whose advantage would permitting such systems be? It was not possible in 1972 to answer such questions, and their answers are not clear even today. Accordingly, a formula was found that neither precluded nor permitted such systems in the future."[13] The writer concludes this argument by pointing out that in the light of Agreed Statement D the question under discussion has been left for future settlement in accordance with Articles XIII and XIV of the Treaty.[14]

2.4. The question of research

While the ABM Treaty banning, with the exception provided for by Article III, deployment of fixed land-based ABM systems and components, does not extend

[12] Text in: ibid., pp. 143—147.

[13] G. Schneiter, The ABM Treaty Today, in: A. B. Carter/D. N. Schwartz (eds.), Ballistic Missile Defense, Washington, D.C., 1984, p. 227.

[14] See ibid., pp. 227—228.

the prohibition over development and testing, the instrument concerning ABM systems and components which are sea-based, air-based, space-based, or mobile land-based carries an expressis verbis prohibition of their development, testing, and deployment. The Treaty has no mention of research. Does this mean that research concerned with ABM systems or components that are sea-based, air-based, space-based, or mobile-land-based is consistent with the Treaty? The American side insists that the ABM Treaty explicitly permits research.[15]

There is diversity of opinion in this regard among the scholars. Most of the lawyers find such research permissible.[16] Yet, there have also been other views. For instance, A. Cocca contends that as the research is a first step towards the development, testing, and deployment, it is also to be prohibited.[17] J. Goldblat refers to the spirit of the ABM Treaty to point out that while research alone is not unlawful per se it is hard to reconcile with the purpose of the agreement: renunciation by either Party to the Treaty of defending its territory against ballistic missiles.[18] "Planning for such a defence with whatever means, current or 'futuristic', contradicts the spirit of the ABM Treaty," concludes this same author.[19] It is sensible to assume that costly and complicated research is never pursued with no underlying intent to make use of its outcome.

Upon formal examination the ABM Treaty appears not to ban the research. However, definition of what is research allowed by the agreement is obscured by the fact that "the distinction between research and development is not clear-cut."[20] The term "development" was not defined in the Treaty. Hence the question about the limits of the research permitted by the Treaty and the signs of the development which is prohibited with regard to other than fixed land-based ABM systems and components. The outcome of the hearings before the U.S. Congress in 1972 indicates a functional nature of the difference between "research" and "development". It was explained that: "The prohibitions on development contained in the ABM Treaty would start at that part of the development process where field testing is initiated on either a prototype or breadboard model. It was under-

[15] See The President's Strategic Defense Initiative, op. cit., pp. 70, 71.

[16] See P. L. Meredith, The Legality of a High-Technology Missile Defense System: The ABM and Outer Space Treaties, in: The American Journal of International Law (hereinafter quoted as AJIL), vol. 78 (1984) 2, pp. 421, 422; A. Chayes/A. Handler Chayes/E. Spitzer, Space Weapons: The Legal Context, in: Daedalus, vol. 114 (1985) 3, p. 215; K. C. Kennedy, Treaty Interpretation by the Executive Branch: The ABM Treaty and "Star Wars" Testing and Development, in: AJIL, vol. 80 (1986) 4, pp. 857, 860; D. Goedhuis/S. Gorove/N. Matte, in: The International Law Association. Report of the Sixty-First Conference held at Paris, August 26th to September 1st, 1984, London 1985, pp. 366, 367, 368.

[17] See ibid., p. 367.

[18] See J. Goldblat, New Means of Ballistic Missile Defence: The Question of Legality and Arms Control Implications, in: Arms Control, vol. 5 (1984) 2, p. 177.

[19] Ibid., pp. 177—178.

[20] P. L. Meredith, The Legality of a High-Technology Missile Defense System, op. cit., p. 422.

stood by both sides that the prohibition on 'development' applies to activities involved after a component moves from the laboratory development and testing stage to the field testing stage, wherever performed. The fact that early stages of the development process, such as laboratory testing, would pose problems for verification by national means is an important consideration of reaching this definition."[21]

Where the official Soviet position on this question is concerned worth noting is a statement made by Marshal S. F. Akhromeyev, the Chief of the General Staff of the Soviet Armed Forces, in October, 1985. It said: "We do not deny the right and the possibility of conducting some kinds of basic research. However, to conduct studies and research under laboratory conditions is one thing, and to develop mock-ups and prototypes and test samples of space weapons is entirely another thing."[22] The view that the scope of research permitted by the ABM Treaty is restricted to "research and testing conducted in laboratories" was presented in 1986 also by General Secretary M. Gorbachev.[23]

2.5. The question of components

The ABM Treaty bans development, testing, and deployment of ABM systems and components which are sea-based, air-based, space-based, or mobile land-based. The Treaty never defines the concept of a component, though. Article II which has a definition of ABM system next lists only the three components it included in 1972. What would the term "component" refer to where the new "exotic" systems are concerned?

In all likelihood the drafters of the ABM Treaty expected the components of future ABM systems to be substitutes for missiles, launchers, and radars. At any rate this is the sense in which components are referred to in Agreed Statement D. One can also meet with the view that: "Systems currently under consideration may have no direct analogues to the 'missiles', 'launchers', or 'radars' of any earlier technology. The functions previously performed by these 'components' may be redistributed among the elements of the system in different ways. It is possible that a complete ABM system could be made up of elements no one of which would perform the specific functions of a missile, launcher, or radar of earlier technology."[24] Assuming this to be too far-going a supposition it still

[21] Military Implications of the Treaty on the Limitation of Anti-Ballistic Missile Systems and the Interim Agreements on Limitation of Strategic Offensive Arms. Hearings before the Senate Armed Services Committee, 92nd Congress, 2nd Session, p. 377 (1972).

[22] Quoted in: L. H. Gelb, Soviet Offers to Cut Warheads If U.S. Limits its Space Plan, in: International Herald Tribune, October 14, 1985.

[23] Speech by Mikhail Gorbachev, General Secretary of the CPSU Central Committee on Soviet TV, in: Moscow News, 1986, Supplement to issue No. 43, pp. 2, 3.

[24] A. Chayes/A. Handler Chayes/E. Spitzer, Space Weapons, op. cit., p. 204.

prompts the question whether it is right at the present moment to perceive the concept of the component of ABM system as a substitute for a traditional ABM missile, launcher, or radar when the basic system concepts are different.

It is an accepted rule of interpretation that it can only be done in accordance with the ordinary meaning to be given to the terms of the treaty. A dictionary definition of the word "component" is: "helping to form (a complete thing)."[25] In the literature on the ABM Treaty one can encounter proposals of establishing the principle that: "any device especially designed to be part of an ABM component is itself a component as far as the Treaty is concerned."[26]

When components of ABM systems are discussed worth mentioning is the following question. Agreed Statement D concerned the components of future fixed land-based ABM systems. The permission to develop and test such components was attended by the expectation that at a right time the Parties would reach agreement as to using them to replace missiles, launchers, and radars permitted consistently with Article III of the Treaty. As regards ABM systems or components which are sea-based, air-based, space-based, or mobile land-based there exists the prohibition of their development, testing, and deployment. The prohibition is all-embracing and unconditional. V.S. Vereshchetin accentuates that Article V (I) "bans not some 'advanced' stages in the creation of space-based ABM systems and components, but prohibits ab initio their development."[27] The problem of substitutes is not simply found in this context, for the latter can only be taken account of where components of fixed land-based ABM systems are concerned. It is to be noted here though, that the problem under discussion is easier to solve in theoretical than in practical terms, which is inter alia a consequence of the presence of a relationship with the below discussed question of dual-purpose technologies. This explains why the pragmatically-minded authors are considering the wisdom of the drawing up by U.S. and Soviet experts of lists specifying the kinds of devices that are banned.[28]

2.6. The question of dual-purpose technologies

In practice the development and testing of some ABM systems and components often proves to be less or more similar to the development and testing of some

[25] A. S. Hornby, with A. P. Cowie, Oxford Advanced Learner's Dictionary of Current English, Warszawa 1981, p. 173.

[26] A. B. Sherr, Removing the Star War Obstacle, in: Bulletin of the Atomic Scientists, vol. 42 (1986) 10, p. 12.

[27] V. S. Vereshchetin, "Strategic Defense Initiative" and International Law, in: Proceedings of the Twenty-Ninth Colloquium on the Law of Outer Space, New York 1987, p. 94.

[28] See G. R. Schneiter, Implications of the Strategic Defense Initiative for the ABM Treaty, in: Survival, vol. XXVII (1985) 5, pp. 218—219; A. B. Sherr, Removing the Star War Obstacle, op. cit., p. 12.

antisatellite (ASAT) systems.[29] Much ASAT technology has ABM implications since basic functions of tracking, pointing, and destroying objects in space are broadly similar, which creates opportunities for undertaking actions prohibited by the ABM Treaty under the guise of their alleged relating to ASAT systems.[30] So far no treaty banning development or testing ASAT weapons as such has been concluded.

Article II of the ABM Treaty defines ABM system as "a system to counter strategic ballistic missiles." The description of the components it lists seems to indicate that their distinctive feature is that they are construed and deployed for an ABM role, or of a type tested in an ABM mode. Is it right to assume then, that the development and testing of ASAT systems based on dual-purpose technologies is permitted in the light of the ABM Treaty?

It is to be pointed out that ASAT weapons are not the only systems which represent a guise for the creation of ABM defenses. The ABM Treaty does not lay down limitations with regard to other kinds of defenses i.e. systems to counter non-strategic ballistic missiles, such as, for instance, anti-tactical ballistic missile (ATBM) systems, and surface-to-air missile (SAM) systems. Yet, the ABM Treaty has the provision which states that: "To enhance assurance of the effectiveness of the limitations on ABM systems and their components provided by the Treaty, each Party undertakes: (a) not to give missiles, launchers, or radars, other than ABM interceptor missiles, ABM launchers, or ABM radars, capabilities to counter strategic ballistic missiles or their elements in flight trajectory, and not to test them in an ABM mode..." (Article VI). The immediate reason for the establishment of this limitation was the drafters' determination to preclude the possibility of transforming non-ABM components into ABM components, and also to prevent the testing of non-ABM components for ABM purposes. In Unilateral Statement B added to the ABM Treaty the United States provided examples of what should be perceived as testing in an ABM mode with regard to such components as launchers, interceptor missiles, and radars, and said that Article VI did not prevent the testing of non-ABM components for non-ABM purposes.

Could the constraints of Article VI be extended over the new "exotic" systems? It does not include the general term "components" but specifies missiles, launchers, and radars. The basic purpose of this Article could however arguably, by inference, be a reason for extending its provisions over the "exotic" as well as conventional systems.[31] Still even if this were the case, with the ASAT components not being perceived as having the capabilities to counter strategic ballistic missiles on their elements in flight trajectory, nor not being tested in an ABM mode, their develop-

[29] Basic information on technical aspects of ASAT systems is lucidly provided in: J. Tirman (ed.), The Fallacy of Star Wars, op. cit., chapters 9—10.

[30] See A. B. Carter, The Relationship of ASAT and BMD Systems, in: Daedalus, vol. 114 (1985) 2, passim.

[31] See A. Chayes/A. Handler Chayes/E. Spitzer, Space Weapons, op. cit., pp. 207, 215.

ment, testing, and deployment involving the employment of dual-purpose technologies would remain permitted all the same. The literature of this subject-area points out that, "in the case of dual-purpose technologies that might achieve, but do not yet have, ABM capability, the intention of the party conducting the development will always be in doubt."[32] Quite common is the view that the ABM Treaty "allows claims that a weapons system under development is intended to be an ASAT when the real or potential objective is missile defense."[33]

Let us also note the presence of the opposed opinions. "The above assumption is mistaken because intent regarding how the weapons shall be used is immaterial. If the creation of an ASAT system should, simultaneously, also develop an ABM system, then the ASAT utility of those developments and tests will not exclude them from the operation of the ABM Treaty," says J. Dahlitz.[34]

Ch. Paine holds the view that in the making of the judgement whether one is confronted with a component of ABM system, essential is also taking account of military and political purposes the Party engaged in field testing of space-based components with at least the potential to contribute to a future space-based ABM system chooses to pursue. He says: "When does a 'component' become an 'ABM system component' whose field testing and development are prohibited under the terms of the Treaty? Inevitably, each side's view of the other's longer range objectives plays an important role in making this assessment."[35]

Beyond all doubt dual-purpose technologies represent a very difficult problem. Where preventing a possible erosion of the prohibition expressed in Article V (1) of the ABM Treaty is concerned an optimum measure to be taken might be the conclusion of a treaty banning development, testing, and deployment of ASAT systems or preferably of all space-based systems or their components designed to counter any targets.

2.7. Summary observations

Let us now recapitulate the above reasoning. In the ABM Treaty its Parties undertook not to deploy ABM systems for a defense of territories of their respective countries and also not to provide a base for such a defense. With regard to deployment of ABM systems for defense of an individual region the Treaty limited

[32] Ibid., p. 206.

[33] J. Tirman (ed.), The Fallacy of Star Wars, p. 224. Cf. also W. von Kries, International Space Law Implications of the U.S. SDI and ASAT Programs: The Current Legal Debate, in: Zeitschrift für Luft- und Weltraumrecht, vol. 35 (1986) 4, pp. 316—317.

[34] J. Dahlitz, The ABM Treaty and Outer Space BMD, in: Armes nucléaires et droit international, in: Actes du colloque préparés par Z. Meriboute, Torino 1985, p. 71. Cf. also A. B. Sherr, Removing the Star War Obstacle, op cit., p. 12.

[35] Ch. Paine, The ABM Treaty: Looking for Loopholes, in: Bulletin of the Atomic Scientists, vol. 39 (1983) 7, p. 16.

the number allowed to two ABM system deployment areas and eventually, consistent with the 1974 Protocol to the Treaty to one such area. The deployment opportunities include the specified quantity and quality of fixed land-based ABM system components. The Treaty allows modernization and replacement of fixed land-based ABM systems or their components but in the event of creation in the future of ABM systems based on other physical principles the Parties will reach agreement as to specific limitations affecting deployment of such systems. It is prohibited to develop, test, or deploy ABM systems or components which are sea-based, air-based, space-based, or mobile land-based. The ABM Treaty does not ban research pursued in laboratories, but one could wonder whether pursuit of such research with regard to ABM systems or components other than fixed land-based is consistent with the spirit of the agreement. Some questions, such as the concept of a component of ABM system or the limits of admissibility of developing, testing, and deploying systems and components based on employment of dual-purpose technologies involve difficulties of interpretation. These however could be overcome if the Parties to the Treaty show equal determination in this respect.

3. The "New" Interpretation of the ABM Treaty

3.1. The nature of the "new" interpretation

On October 6, 1985 quite unexpectedly the then Assistant to the President for National Security Affairs, R. McFarlane when interviewed in the "Meet the Press" TV program came up with the opinion that the ABM Treaty explicitly allows testing and developing ABM systems based on new physical concepts. Referring to a journalist's question about the President's interpretation of the concept of research as one including both research and testing McFarlane remarked. "I think that the President is guided by the ABM Treaty, and the terms of that treaty are explicit in Articles II, III, IV, and V, plus Agreed Statement D. They. make clear that on research involving new physical concepts, that that activity, as well as testing, as well as development, indeed are approved and authorized by the treaty. Only deployment is foreclosed, except in accordance with Articles XIII and XIV. So our program is compatible with the treaty and will remain so."[36] When the journalist continued to push the official for even more explicit statement by saying: "But the treaty, it seems to me, would also be clearly read to say any testing of a space-based antimissile systems is clearly fobidden. It says that very explicitly, doesn't it?" McFarlane's reply was: "The Agreed

[36] Mr. McFarlane's Interview on "Meet the Press", in: Department of State Bulletin, vol. 85 (1985), No. 2105, p. 33.

Statement D, which is compatible with the other terms of the treaty, provides that research on new physical principles is authorized as is testing and development."[37]

Such reading of the ABM Treaty had occasionally been aired before by western authors, most of whom were not lawyers in fact.[38] This did not trigger unusual heat for there was also a legitimate belief that both concerned Parties to the agreement, the U.S.S.R. and the U.S. would deem illegal the development, testing, and deployment of sea-based, air-based, space-based, or mobile land-based ABM systems or components.

The official American interpretation of the ABM Treaty could then be found, inter alia, in Arms Control Impact Statements the President has been submitting to the Congress for a number of years anually.[39] The afore-mentioned pamphlet on the SDI of January 1985 had this explicit statement: "As directed by the President, the SDI research program will be conducted in a manner fully consistent with all U.S. treaty obligations, including the 1972 ABM Treaty. The ABM Treaty prohibits the development, testing, and deployment of ABM systems and components that are space-based, air-based, and sea-based, or mobile land-based."[40] An identical interpretation of the ABM Treaty could be found in the public addresses of the individual members of the U.S. Administration.[41] Not surprisingly then the above quoted McFarlane's statements of October 6, 1985 left the many shocked and triggered criticism.

Secretary of State G. Shultz said, on October 14, 1985 that President Reagan favoured a more restrictive interpretation of the ABM Treaty.[42] Yet, he also remarked that "a broader interpretation of our authority is fully justified."[43] Members of the U.S. Administration began to disseminate that position, and 16 days after the statements by McFarlane, A. D. Sofaer, the Legal Adviser of the Department of State made out a case at the Congress for legitimacy of a broader interpretation of the ABM Treaty.

37 Ibid.

38 See B. Jasani, The Reagan Star War Syndrome and Militarization of Outer Space, in: Bulletin of Peace Proposals, vol. 14 (1983) 3, pp. 244—245; P. Nahin, Space Based Directed-Energy Beam Weapons, in: B. Jasani (ed.), Space Weapons — The Arms Control Dilemma, London/Philadelphia 1984, p. 99.

39 For reference see A. Chayes/A. Handler Chayes, Testing and Development of "Exotic" Systems Under the ABM Treaty: The Great Reinterpretation Caper, in: Harvard Law Review, vol. 99 (1985—1986) 8, p. 1969, note 43.

40 The President's Strategic Defense Initiative, op. cit., p. 69.

41 See P. H. Nitze, SDI and the ABM Treaty, in: Department of State Bulletin, vol. 85 (1985), No. 2101, pp. 37, 38; K. L. Adelman, SDI: Setting the Record Straight, in: ibid., No. 2103, p. 43.

42 See Arms Control, Strategic Stability, and Global Security. Secretary Shultz's address before the North Atlantic Assembly in San Francisco on October 14, 1985, in: ibid., No. 2105, p. 23.

43 Ibid.

Sofaer contends that the perception of the prohibition expressed in Article V (1) of the ABM Treaty depends upon the sense which is attached to the term "ABM systems and components."[44] He argues that enumeration of components in Article II (1) is not functional but exhaustive.[45] Other provisions of the ABM Treaty, he goes on to say referring to the examples of Articles II (2) and V (2), consistently use the phrases "ABM system" and "components" in contexts that reflect that these mean systems and components based on known technology.[46] Next he advances the following views:

"Systems and components based on future technology are not discussed anywhere in the Treaty other than in Agreed Statement D. In that provision, the parties felt a need to qualify the term — systems and components created in the future — with the phrase 'based on other physical principles.' If 'ABM system' and 'components' actually meant all systems or devices that could serve ABM functions, whether based on present or future technology, the parties would not have needed to qualify these terms in Agreed Statement D. That this qualification was added suggests that the definitions of 'ABM system' and 'component' in Article II (1) extended only to those based on presently utilized physical principles and not on 'other' ones.

"The existence of Agreed Statement D poses a fundamental problem for the restrictive view. Nothing in that Statement suggests that it applies only to future systems that are fixed land-based; on the contrary, it addresses all ABM systems and components that are 'based on other physical principles.' However, the restrictive interpretation would render this provision superfluous. If Article II (1) extended to all ABM systems and components, based on present as well as on future technology, then Article III implicitly would have banned all future fixed land-based systems and components. Such an interpretation, by rendering a portion of a treaty superfluous, violates accepted canons of construction."[47]

Sofaer also provides the so-called historical interpretation of the ABM Treaty and specifically contends that the classified negotiating record could legitimize a broader interpretation.[48] In a later document he analyses the U.S. postnegotiation interpretation of the Treaty and arrives at the conclusion that the U.S. interpretative public statements "made at or near the time of the Treaty's signature and ratification offer fairly consistent support for the broader interpretation now adopted as USG policy. In contrast several later statements favor the 'restrictive' view of the Treaty."[49] Sofaer believes that it is to be assumed that the

[44] See Statement of the Legal Adviser, Department of State, at Hearing before the Subcommittee on Arms Control, International Security and Science of the House Committee on Foreign Affairs, October 22, 1985, in: International Legal Materials, vol. XXVI (1987) 1, p. 287.

[45] See ibid.

[46] See ibid.

[47] Ibid., p. 288.

[48] See ibid., pp. 289—290.

ealier readings reflected the true meaning of the Treaty more accurately than the later ones.[50]

3.2. Criticism of the "New" Interpretation

For all the assurances that the President virtually adhered, for the time being, to the restrictive interpretation, the statements by McFarlane and the efforts to provide official justification for the legitimacy of the "new" interpretation triggered a heated debate in the United States on the substance of the ABM Treaty and generated a sense of uncertainty as to the future U.S. policy on this question.

Is the "new" reading of the ABM Treaty according to which it could allow development and testing of all ABM systems and components based on new physical principles, including space-based ABM systems and components (and other listed in Article V (1)) really acceptable in the light of analysis of the Treaty's provisions? Let us examine the above-mentioned reasons Sofaer, or actually the U.S. Administration, advanced against the traditional reading.[51]

One could agree with Sofaer's view that the scope of the prohibition expressed in Article V (1) of the ABM Treaty is a consequence of a narrower or broader perception of ABM system. Article II (1) which defines this concept describes it broadly as "a system to counter strategic ballistic missiles or their elements in flight trajectory," and points out that "currently" it includes ABM interceptor missiles, ABM launchers, and ABM radars. Thus, Article II (1) defines the ABM systems on the basis of performance, not technology. The inclusion of the word "currently" indicates the mode which could hardly evoke doubts with an analyst acting in good faith that the enumeration of ABM components has functional nature and the concept of ABM system also covers other conceivable components. As R. Garthoff, the Executive Secretary and a Senior Adviser in the U.S. delegation that negotiated the ABM explained, "the word 'currently' was deliberately inserted into a previously adopted text of Article II at the time agreement was reached on the future systems ban in order to have the very effect of closing a loophole to the ban on futures in both Articles III and V (and many others)."[52]

[49] Analysis of U.S. and Soviet Postnegotiation Public Statements Interpreting the ABM Treaty's Application to Future Systems, submitted by the Legal Adviser, Department of State, in response to question posed during hearing before the Subcommittee on Arms Control, International Security and Science of the House Committee on Foreign Affairs, October 22, 1985, in: ibid., p. 297.

[50] See ibid.

[51] This argument and its extension can be also found in A. D. Sofaer, The ABM Treaty and the Strategic Defense Initiative, in: Harvard Law Review, vol. 99 (1985—1986) 8.

[52] Correspondence: Mr. Garthoff replies, in: International Security, vol. 2 (1977—1978) 1, p. 108.

As the concept of ABM system includes the system of any design or vintage that counters strategic ballistic missiles or their elements in flight trajectory, it is logical to infer that the prohibition of developing, testing, and deploying expressed in Article V (1) concerns all ABM systems and components which are based in the mode specified therein.[53] That some other provisions of the ABM Treaty including Articles II (2) and V (2) Sofaer quotes refer to ABM components listed in Article II (1) does not necessarily imply that the very concept of ABM system is to cover them only. Since the ABM Treaty allows as the sole exception to the general prohibition of deployment of ABM systems certain quantities and qualities of components specified in Article II (1) it is no surprise that it is them that are quoted in other Articles in the context of some additional limitations or definitions.

Sofaer says that with ABM system and components meaning all systems or devices, the Parties to the Treaty would not need to qualify systems and components based on future technology in Agreed Statement D. No part of this Statement indicates that it applies to future systems which are fixed land-based. Moreover a restrictive reading would make "a portion of treaty superfluous, violating accepted canons of construction."

Let us first look closely at this last assertion. Agreed Statement D is not a portion of the ABM Treaty. It is part of an additional document regarding the ABM Treaty agreed upon initialed by the Heads of the delegations negotiating the Treaty in order to make certain questions perfectly clear. A. Chayes and A. Handler Chayes rightly point out that: "Because article III begins with an undertaking 'not to deploy ABM systems or their components except' as provided in the article, the implication is that only systems using such components, that is, conventional technology, could be deployed. Agreed Statement D makes this implicit limitation explicit by stating expressely that deployment of systems based on exotic technology is prohibited by the obligations undertaken in article III."[54] Agreed Statement D implies only that the purpose the Parties set themselves is to retain the general prohibition of deploying ABM systems and their components with

[53] A. B. Sherr advances the view that additionally: "any other reading would make Article V nonsensical — a result strongly disfavored under international law. Sofaer's interpretation requires that we think that the negotiators and the scientific advisers on both sides believed that 1972-era missiles, launchers, and radars could somehow be transferred to airplanes, placed on or under the sea, or launched into outer space, and that they sought to proscribe this. But the negotiators were not so uninformed; rather, they understood the potential of futuristic devices such as lasers and sought to restrict them. Contrary to Sofaer's reasoning, the obvious purpose of Article V was to cut off development, testing, and deployment of ABM systems in precisely those areas — air, sea, space, and mobile land — that were *not* in use in 1972." A. B. Sherr, Sound Legal Reasoning or Policy Expedient? The "New Interpretation" of the ABM Treaty, in: ibid., vol. 11 (1986—1987) 3, p. 76.

[54] A. Chayes/A. Handler Chayes, Testing and Development of "Exotic" Systems Under the ABM Treaty, op. cit., p. 1963.

the exception provided for in Article III, and that in the event of future possibility of replacing ABM components allowed under Article III with components based on other physical principles it would be necessary to introduce a relevant amendment to the Treaty. G. Schneiter rightly stresses the fact that "the statement applies only in cases where the new components (based on new physical principles) *substitute* for one of the three *permitted* types of components."[55] It does not apply to Article V (1) of the ABM Treaty which bans all space-based (as well as sea-based, air-based, or mobile land-based) ABM systems and components. One is not confronted here with the problem of substitutes for the permitted systems or components for the Treaty envisages no permitted devices except the fixed land-based ones.

J. Dahlitz rightly notes that: "There is no qualification whatsoever in Article V, prohibiting the developing, testing or deployment of space-based ABM. Had there been an intention to permit some other form of ABM — a logical absurdity in view of the overall thrust of the agreement — then even a most inexperienced draftsman would have found the means to express that intention explicitly. Certainly, the intention would not have been concealed in an oblique reference to further discussions regarding 'specific limitations' on new technologies."[56]

M. Krepon says the following of Sofaer's position: "This interpretation, in effect, means that both parties consented to an Agreed Statement directly contradicting central Treaty provisions. Put another way, the United States and the Soviet Union agreed to a marriage and a divorce at the same time."[57]

The afore quoted A. Chayes and A. Handler Chayes raise this rhetorical question: "Is it conceivable that a treaty text, hammered out over two years of arduous negotiations and review, would mandate such an absurdly self-contradictory result, to be rescued, and then only partially, by the device of an Agreed Statement, appended at the last moment?"[58]

These opinions are well-worth subscribing to, but it is also to be noted that the "new" reading of the ABM Treaty is in the first place incompatible with its objective. It is an accepted rule of interpretation to examine issues in the light of the object and purpose of a treaty. The fundamental intent of the Parties to the ABM Treaty was to prohibit national anti-ballistic defenses, either of the territory of each country or its individual region, except for the two (later one) allowed areas. Read as a whole, the overall purpose of the ABM Treaty is to bar defense of the national territories of the Parties against strategic ballistic missiles, so as to make retaliatory weapons on both sides survivable. This was done by restricting the

[55] G. Schneiter, The ABM Treaty Today, op. cit., p. 228.

[56] J. Dahlitz, ASAT and Related Weapons, op. cit., p. 181.

[57] M. Krepon, Dormant Threat to the ABM Treaty, in: Bulletin of the Atomic Scientists, vol. 42 (1986) 1, p. 31.

[58] A. Chayes/A. Handler Chayes, Testing and Development of "Exotic" Systems Under the ABM Treaty, op. cit., p. 1963.

permitted U.S. and Soviet defenses to virtually symbolic proportions. That the number of allowed regions of deployment of fixed land-based ABM systems was reduced in the 1974 Protocol to one against two permitted by the Treaty clearly reflects the intent of the Parties. Can the measure allowed consistent with the "new" reading of the ABM Treaty be described differently than as seeking ends clearly inconsistent with the basic aim underlying the conclusion of the Treaty?

Apart from banning deployment of ABM systems, both States renounced in the Treaty to provide a base for a defense of the territories of their respective countries. As one advances the theory that the development and testing of futuristic ABM systems and components which are space-based would not clearly violate the prohibition expressed in Article V (1) and would never lead to practical deployment of those devices, while "the line between a full test of a system and deployment of that system is a fuzzy one,"[59] it is to be remembered that all this would be incompatible with the requirement of non-creating a base for defense of the territory of each Party all the same.

Sofaer's interpretation of the ABM Treaty also resorted to historical reasons. He intended to prove that during a period immediately following the signing of the Treaty the broader reading prevailed, by presenting a selection of excerpts of statements by members of President Nixon Administration made before, inter alia, Senate committees in the ratification process.

Ironically the records such as documents of the Senate hearings, statements by members of the Administration, or facts quoted by those directly engaged in the SALT I, a prelude to the conclusion of the ABM Treaty totally gainsay Sofaer's allegations. For lack of space the extensive evidence of records is not be presented here. The contributions of smaller or larger sizes to the creation of the relevant documentary studies were given by American international lawyers. Says K. C. Kennedy referring to an analysis of the Senate ABM Treaty hearings in 1972: "Considering this legislative history as a whole, the Reagan administration's permissive interpretation of the ABM Treaty appears to differ substantially from the Senate's understanding of the Treaty. A fair reading of the Senate hearings strongly suggests two conclusions about the meaning of the ABM Treaty: first, that when Article III, paragraph 1 of Article V and Agreed Statement D are read together, their import is that the developing and testing of 'Star Wars' technology in any basing mode other than fixed, land-based mode is prohibited; and, second, that the deployment of such technology in even the fixed, land-based mode is prohibited under the Treaty."[60]

The Legal Adviser of the Departament of State was confronted with the following charges: "1. Judge Sofaer has provided the Congress with an incomplete and misleading analysis of the record in an effort to justify his interpretation of the ABM

[59] A. B. Sherr, Sound Legal Reasoning or Policy Expedient?, op. cit., p. 83.
[60] K. C. Kennedy, Treaty Interpretation by the Executive Branch, op. cit., p. 866.

Treaty," and: "2. The process used by Judge Sofaer to review the negotiating record was fatally flawed."[61] These were based on extensive and convincing evidence.[62]

Would it be possible to oppose the view of the legitimacy of the narrower reading of the ABM Treaty stemming from the historical interpretation by resort to the contents of the secret negotiating record of which Sofaer made the major use addressing the Congress?[63] It might seem, as A. B. Sherr aptly observes that: "There is no reason to believe that the Executive Branch conspired to withhold from the Senate secret elements of the negotiation record that would have changed the Senators' understanding of the ABM Treaty."[64] Still, a number of Senators attempted to get the Reagan Administration to grant the Senate direct and independent access to the classified negotiating records of the 1972 ABM Treaty as well as other relevant documents.[65] S. Nunn, the Chairman of the Senate Armed Services Committee made a use of the access to the records of 1971—1972 negotiations that was eventually granted, by declaring on March 13, 1987 that: "The preponderance of evidence in the negotiating records supports the Senate's original understanding of the treaty, that is, the traditional interpretation."[66]

The above examination of the argumentation aimed at legitimizing the "new" reading of the ABM Treaty apparently demonstrates that it is incompatible both with the text of the agreement and with its object and purpose. Likewise, the historical interpretation based on both public statements and classified negotiating record provides no grounds for acceptance of the argumentation. It is therefore no mistake to conclude that it has been promoted not for legal reasons, but on the contrary, attempts have been made to strain law for political and military considerations.

4. The Future of the ABM Treaty

The program designed to provide for the completion of ballistic missile defense of the United States is to include four phases. Now the first — the research phase

[61] Letter form U. S. Senator concerning the Reinterpretation of the ABM Treaty, December 1, 1986, in: International Legal Materials, vol. XXVI (1987) 1, p. 303.

[62] See ibid., pp. 303—310.

[63] It is also to be noted that Sofaer later disavoved his original analysis of the ratification debate. He said that an incomplete review had been prepared by young lawyers on his staff. He also stressed that the Administration's permissive interpretation of the ABM Treaty was borne out by the secret record of the Treaty talks. See P. Towell, Nunn Blasts Administration on ABM Treaty, in: Congressional Quarterly Weekly Report, vol. 45 (1987), No. 11, p. 458.

[64] A. B. Sherr, Sound Legal Reasoning or Policy Expedient?, op. cit., p. 80.

[65] See Statement made by U.S. Senator on Senate floor concerning the Access to ABM Treaty Negotiation Record, July 25, 1986, in: International Legal Materials, vol. XXVI (1987) 1, pp. 298—301.

[66] Quoted in: P. Towell, Nunn Blasts Administration on ABM Treaty, op. cit., p. 458.

is on. Theoretically it should be consistent with the letter of the ABM Treaty. What it is actually going to include though, is development and testing of ABM system space-based components pursued under the guise of misleading rhetoric. V. S. Vereshchetin provides the following assesment of such proceedings: "The verbal trick of substituting the term 'testing' for the term 'demonstration' in no way changes the substance of the matter... Nor is the substitution of the words 'subcomponents,' 'devices,' etc. for the term 'components' anything but an exercise in verbal trickery resorted to with the view of dodging the ban on the development and testing components of a space-based ABM system."[67]

An examination of the ABM Treaty demonstrates that it really does not have definitions of some concepts. There is however the Standing Consultative Commission created under Article XIII of the Treaty which could serve as forum to present and solve troublesome questions. The absence of willingness to use such opportunities attended by controversial practical steps taken by the United States appear to examplify, to say the least, absence of good faith on its part in the treatment of the agreement and pursuit of evasion of its bans. For the behaviour of the U.S. Administration must also be judged in the context of the aim whose pursuit it does not conceal: the creation and deployment of the mainly space-based ballistic missile defense of the U.S. territory.

Unlike the present phase in which the United States tries to conceal its plans to practically exceed the limits of research and contends that its actions are consistent with the ABM Treaty, the start of the second and the next phases of the "star wars" program which are to involve development, testing, and deployment of ABM space-based systems would make the violation of the ABM Treaty an overt action. Assuming that the U.S. Administration will chose not to seek the situation in which it could face the charges of violating provisions of the Treaty, but it will not cease to pursue the "star wars" program either, there is a likelihood of emergence of the following three options: first, amendment to the Treaty; second, withdrawal from the Treaty; and, third, attempts to evade the prohibitions the Treaty provides for. The "new" reading of the Treaty which originated in late 1985 could be a sign of adoption of this last approach. Here is a brief analysis of these options.

4.1. Option 1 — an amendment to the ABM Treaty

The ABM Treaty provides that each Party may propose amendments to the agreement (Article XIV (1)). It also determines that five years after its entry into force, and at five-year intervals thereafter, the Parties shall together conduct its review (Article XIV (2)).

[67] V. S. Vereshchetin, "Strategic Defense Initiative" and International Law, op. cit., p. 95.

Undoubtedly the U.S. Administration would see the altering, through a bilateral settlement, of those provisions of the ABM Treaty with which the United States feels uncomfortable, as a most convenient solution. As the repeatedly quoted above pamphlet on the SDI released by the White House says: "The ABM provides for possible amendments and periodic review sessions in which possible changes can be discussed. When the SDI research has produced specific options to develop and deploy a BMD system, we would then address the question of availing ourselves of these procedures in order to modify the Treaty."[68]

This does not seem very likely to take place though, for the other Party to the Treaty holds the view that its principal limitations must remain in force rightly assuming that their questioning would be incompatible with the effective execution of the object and purpose of the agreement as a whole. Presenting on Soviet TV the facts of the Soviet-American summit meeting held in Reykjavik in October 1986 M. Gorbachev stated: "I said firmly that we would never agree to help undermine the ABM Treaty with our own hands. This is to us a question of principle, a question of our national security."[69]

4.2. Option 2 — the U.S. withdrawal from the ABM Treaty

Article XV (1) provides that the ABM Treaty is of unlimited duration. Pursuant to Article XV (2) there is however a possibility of pulling out of the Treaty when a Party decides that extraordinary events related to the subject matter of this Treaty have jeopardized its supreme interests. The other Party is to be notified of the decision six months prior to withdrawal. Such notice should specify the extraordinary events the notifying Party regards as having jeopardized its supreme interests.

This however invites the question if it is allowable to point to extraordinary events by a State which chooses to pursue a program of undertakings whose completion inevitably leads to the killing of the Treaty, and which is more and more often referred to as one that is already an "anticipatory breach" of this agreement? As Ch. Paine says: "The mere desire to push forward with the unfettered pursuit of new ABM technology hardly makes the case that the Treaty is endangering supreme United States interests!"[70] And the Soviet scholar A. Arbatov notes: "It is only people with degenerated brains who can see the dramatic reductions and the subsequent elimination of nuclear armaments proposed by the Soviet Union as a threat to vital national interests."[71]

[68] The President's Strategic Defense Initiative, op. cit., p. 70.
[69] Speech by Mikhail Gorbachev, op. cit. p. 3.
[70] Ch. Paine, The ABM Treaty, op. cit., p. 13.
[71] A. Arbatov, Reykjavik i SDI (Reykjavik and the SDI), in: Nowe Czasy, 1986, No. 45, p. 19.

Apart from withdrawal from the ABM Treaty in line with its Article XV (2) possible is also another solution. It is an accepted rule of international law that a material breach of a bilateral treaty by one of the parties entitles the other to involve the breach as a ground for terminating the treaty or suspending its operation in whole or in part. For some time now the U.S. Administration has been conducting an intensive propaganda campaign on the alledged Soviet breaches of the ABM Treaty provisions. There are reasons to believe that in a future the United States will choose to use this to justify termination of the Treaty.[72]

Such behaviour raises two kinds of objections. It is believed that the accusations are deliberately exaggerated.[73] More importantly though, the criticism is being levelled by the Party that made the "star wars" program (which is intended to bring about the killing of the ABM Treaty) a non-negotiable centerpiece of its strategic policy.[74] As a study conducted by the Union of Concerned Scientists puts it: "America cannot have it both ways — pursuing a goal that is clearly in conflict with the treaty while invoking the treaty against Soviet BMD activities."[75]

At the afore-mentioned Reykjavik summit the Soviet Union advanced the proposal of not using the right to pull out of the ABM Treaty over the next ten years. The text proposed for negotiation with the American side reads: "The USSR and the United States would undertake in the course of ten years not to use their right to withdraw from the termless ABM Treaty and in the course of this period strictly to observe all its provisions. It is prohibited to test all space elements of an ABM defence in outer space except for research and testing conducted in laboratories."[76] Next the quoted text stated that during the afore-specified period of time there would take place a two stage reduction of offensive weapons of the USSR and the U.S. including their eventual scrapping by the end of 1996.[77] This package proposal was not approved of by the Americans, though.

As A.B. Sherr points out, should the United States decide to pull out of the ABM Treaty on account of extraordinary events allegedly jeopardizing its supreme interests, or choose to do this under "the reprisal doctrine" under the pretext of the alleged Soviet breaches of the agreement: "In either case, domestic American supporters of the treaty would likely force a serious examination of the factual basis for the witdrawal."[78] Taking all this into account it is obviously more con-

[72] See B. Keller, U.S. Interprets ABM Treaty as Allowing Tests of Space Arms, in: International Herald Tribune, April 22, 1985.

[73] See McG. Bundy/G. F. Kennan/R. S. McNamara/G. Smith, The President's Choice: Star Wars or Arms Control, in: Foreign Affairs, vol. 63 (1984—1985) 2, p. 275; J. Tirman (ed.), The Fallacy of Star Wars, op. cit., pp. 170—171.

[74] See McG. Bundy/G. F. Kennan/R. S. McNamara/G. Smith, The President's Choice, op. cit., p. 276.

[75] J. Tirman (ed.), The Fallacy of Star Wars, op. cit., p. 172.

[76] Speech by Mikhail Gorbachev, op. cit., p. 3.

[77] See ibid.

[78] A. B. Sherr, Sound Legal Reasoning or Policy Expedient?, op. cit., p. 84, note 23.

venient to cope with the problem by resorting to a suitable interpretation of the prohibitions preventing the implementation of the "star wars" program with the view to gaining grounds for asserting that the SDI is compatible with the agreement also where the phase of development and testing of space-based ABM systems is concerned. Worth quoting here is the pointed comment on the essence of the problem G. Gerasimov made in the title of his article: "How to 'have your cake and eat it, too.'" Explaining his ideas the writer says: "Why doesn't the USA simply give the necessary six month's advanced notification and abandon the treaty? Maybe because public opinion still has force and Washington has to take it into account. The allies are also against any ultimate scrapping of the ABM Treaty. But the US administration wants so badly to eat the cake . . ."[79]

4.3. Option 3 — resort to the "new" interpretation of the ABM Treaty

The "new" reading of the ABM Treaty begun by McFarlane was first referred to in statements by Administration officials as "a moot point,"[80] but soon became "the correct legal" interpretation of the Treaty.[81] Although it has been consistently stressed that President Reagan advocates continued abiding by the restrictive interpretation,[82] still the facts of the summit talks in Reykjavik seem to demonstrate that while the President refrains from calling things by their proper names he actually recognizes legitimacy of the "new" interpretation of the ABM Treaty. For what different sense might be ascribed to the U.S. proposal that "neither the United States nor U.S.S.R. deploy advanced strategic defenses for 10 years while conducting researeh, development, and testing, which are permitted by the ABM Treaty?"[83] This statement by no means concerns development and testing of fixed land-based ABM systems but refers in all likelihood to space-based ones which are indeed supposed to be heart of the futuristic ballistic missile defense of the U.S. Isn't such an attitude evidenced by the fact that the afore-quoted Gorbachev's proposal actually representing the traditional interpretation of the ABM Treaty was referred to by the American side as an amendment to the agreement which was impossible to accept as it "would kill the SDI program?"[84] Such was

[79] G. Gerasimov, How to "Have Your Cake and Eat It, Too", in: Moscow News, 1987, No. 9, p. 3.

[80] Arms Control, Strategic Stability, and Global Security, op. cit., p. 23; P. H. Nitze, SDI: Its Nature and Rationale, in: Department of State Bulletin, vol. 85 (1985), No. 2105, p. 70.

[81] See P. H. Nitze, Permitted and Prohibited Activities Under the ABM Treaty, in: ibid., vol. 87 (1987), No. 2118, p. 40.

[82] See Secretary's Interview on "Meet the Press", in: ibid., vol. 86 (1986), No. 2113, p. 34; The President's News Conference of March 19, 1987, in: Weekly Compilation of Presidential Documents, vol. 23 (1987), No. 11, p. 278.

[83] Nuclear and Space Arms Talks Close Round Six: President's Statement, Nov. 12, 1986, in: Department of State Bulletin, vol. 87 (1987), No. 2118, p. 41.

[84] P. H. Nitze, Permitted and Prohibited Activities Under the ABM Treaty, op. cit., p. 40.

also the experts' understanding of the President's position. As one of them says: "Unfortunately, President Reagan has elevated the new interpretation from a curious legal anomaly to the centerpiece of U.S. nuclear policy."[85]

The "new" reading of the ABM Treaty by the U.S. Administration triggered tough criticism on the part of the NATO allies of the U.S.[86] It also met with opposition in the Congress.[87] It is a general rule that when the Senate gives its advice and consent to a treaty on the basis of particular understanding of its meaning, the President, if he makes the treaty, must do so on the basis of the Senate's understanding.[88] Thus the reinterpretation of the ABM Treaty represents a problem which definitely needs consultation with the Senate and its approval to be resolved. As K. C. Kennedy puts it: "the Senate has the power to compel such consultation if it can muster the political will to challenge the President by threatening to or actually with-holding defense appropriations for SDI research."[89]

However, the Senate's consent to reinterpretation of the ABM Treaty is in fact most of all an American internal affair. The Treaty is an international agreement whose scope can not be changed by one Party without a consent by the other. After the "new" interpretation was announced the Soviet side strongly condemned it and defended the narrow interpretation of the Treaty. Marshall Akhromeyev described the "new" reading of the ABM Treaty as a "deliberate deceit."[90] The Soviet Union simply does not accept the permissive interpretation of the ABM Treaty.

The intentions of the U.S. Administration are clear: to remain a Party to the Treaty at the same time evading its limitations. Reinterpretation will not, however, resolve all the "problems" the Administration is confronted with where the "star wars" program is concerned. Were it carried into effect the ABM Treaty would permit the development and testing of ABM systems and components based on other physical principles. However, not all the weapons and other devices which could be employed in space-based ballistic missile defense have such nature. The

[85] A. B. Sherr, Removing the Star War Obstacle, op. cit., p. 13.

[86] See E. Pond, With Rising Urgency, Europe Calls of Narrow US View of ABM, in: Christian Science Monitor, February 17, 1987.

[87] In the letter to Reagan of February 6, 1987 the influential Chairman of the Senate Armed Services Committee warned the President that: "a unilateral Executive Branch decision to disregard the interpretation of the Treaty which the Senate believed it had approved when the accord was ratified in 1972 would provoke a constitutional confrontation of profound dimensions". The Nunn Letter: A Text, in: Congressional Quarterly Weekly Report, vol. 45 (1987), No. 7, p. 274.

[88] See A. Chayes/A. Handler Chayes, Testing and Development of "Exotic" Systems Under the ABM Treaty, op. cit., p. 1956.

[89] K. C. Kennedy, Treaty Interpretation by the Executive Branch, op. cit., p. 876.

[90] S. Achromeev, Utverždenija Vašingtona i dejstvitel'nye fakty (Washington's Contentions and the Real Facts), in: Pravda, October 19, 1985, Cf. also Obuzdat' gonku vooruženij. Press-konferencija v Moskve (To Curb an Arms Race. Press Conference in Moscow), in: Pravda, October 23, 1985.

Pentagon plans to develop and test kinetic energy weapons within the framework of the SDI. Could one insist that these weapons do employ any new physical principles? G. Gerasimov made this sarcastic remark: "It was David who used a weapon of directional kinetic energy — a stone shot from a sling — against Goliath. Therefore, an improved SDI sling still remains a sling in principle."[91]

In the light of the "new" reading of the ABM Treaty deployment of space-based ABM systems and components would remain prohibited too. Thus when this phase of implementation of the defensive program begins the present permissive reading of the Treaty might prove to be insufficient unless there emerges another "new" reading of the Treaty now permitting the deployment. If however this does not happen the U.S. might either choose to pull out of the ABM Treaty or to overtly violate it. It is to be emphasized though that "breach of the Treaty" is the only correct term to describe also development and testing of any space-based ABM systems and components (as well as all others except fixed land-based) which those championing the "new" interpretation seek to justify.

The ABM Treaty represents the most important agreement on arms control the Soviet Union and the United States have concluded so far. The Treaty is central to the present strategic arms control regime. The renunciation of possessing defenses against ballistic missiles by the U.S.S.R. and the U.S., and its consequence: preservation of the capacity to launch a retaliatory strike provides not only for a substantial decreasing of the risk of an outbreak of a nuclear conflict. It also lessens the impetus to the bilateral arms race for it eliminates the necessity of devising more efficient offensive arms designed to penetrate defensive systems of the other Party.

"To lose the Treaty in pursuit of the Star Wars mirage would be an act of folly," say the competent American authors.[92] Behind noting that this could of course trigger almost unpredictable consequences there lies this question: isn't it futile to conduct negotiations on arms control when the United States is overtly heading for wasting the most significant achievement in this field?

[91] G. Gerasimov, How to "Have Your Cake and Eat It, Too", op. cit., p. 3.

[92] McG. Bundy/G. F. Kennan/R. S. McNamara/G. Smith, The President's Choice, op. cit., p. 274.

Резюме

А. Яцевич

Стратегическая оборонная инициатива (СОИ) и Договор по ПРО

23 марта 1983 г. президентом США Р. Рейганом была выдвинута в его выступлении идея создания обороны против стратегических ядерных ракет. Имея возможность перехватить и уничтожить стратегические баллистические ракеты противника до момента достижения ими территории США или их союзников, такая оборона сделала бы, по идее бывшего президента США, ядерное оружие „бессильным и устаревшим". Эта идея, названная стратегической оборонной инициативой (СОИ), осуществляется в настоящее время. Предусматривается, что намеченная противоракетная оборона будет основана прежде всего на новых „экзотических" видах оружия под общим названием оружия направленной энергии. Главным местом размещения новых видов оружия предусмотрено космическое пространство. Первая часть настоящей статьи посвящена характеристике СОИ.

Две мировых державы связаны Договором между США и СССР об ограничении систем противоракетной обороны (Договор по ПРО) от 26 мая 1972 года. Смысловая сущность этого Договора состоит в предположении, что обоюдная угроза возможной атаки баллистических ядерных ракет на территорию противника практически принудит стороны отказаться от попыток применения первым ядерного оружия, так как это вызвало бы ответный ядерный удар, означающий обоюдное уничтожение. Во второй части статьи автор пытается ответить на вопрос, совместимо ли осуществление планов СОИ — то есть создание противоракетного „щита" — с положениями Договора по ПРО.

Анализируя Договор по ПРО, автор подчёркивает прежде всего то, что запрещается этим соглашением и что им разрешается, а также обсуждает некоторые особенно интересные проблемы, являющиеся предметом противоречивых толкований, в том числе следующие: проблему систем ПРО, основанных на иных физических принципах; проблему компонентов и проблему так называемой технологии двойного назначения. Анализ Договора приводит к следующим выводам: не разрешается создавать, испытывать и развёртывать любые системы или компоненты ПРО морского, воздушного, космического или мобильно-наземного базирования: разрешается создавать и испытывать на согласованных испытательных полигонах системы или компоненты ПРО стационарно-наземного базирования, однако, не разрешается их развёртывание за одним единственным исключением, точно определённом в Договоре; разрешается исследование в лабораторных условиях, хотя возникает сомнение относительно того совместимо ли это с духом Договора по ПРО. Некоторые проблемы, как понятие компонента или допустимость технологии двойного назначения, создают трудности при толковании и тем самым дают возможность недобросовестного толкования. Но всё-таки они не снимают сформулированных в Договоре запрещений. Так что, если СОИ перешла бы из стадии исследований в стадию создания, испытания и развёртывания систем или компонентов ПРО космического базирования, то она вступила бы в конфликт с Договором по ПРО.

Следующая часть статьи посвящена так называемому „новому“ пониманию Договора по ПРО. С 6 октября 1985 г. американская администрация пытается распространить новую интерпретацию Договора по ПРО, которая допускала бы создание и испытание любых систем или компонентов ПРО, основанных на иных физических принципах. Автор описывает ту аргументацию, которая используется для широкого толкования Договора по ПРО, после чего подвергает её принципиальной критике, доказывая, что для такого толкования нет никаких юридических оснований.

Последняя часть посвящена вопросу о том, каковой будет судьба Договора по ПРО в том случае, если американская администрация развернёт активности, противоречащие положениям Договора. Теоретически возможны три варианта: поправки к Договору, отказ США от Договора или обход запрещений Договора при помощи ложного толкования. Поправки к Договору требуют согласия СССР на СОИ, что немыслимо. Отказ США от Договора является — по политическим причинам — мало привлекательной альтернативой. По всей вероятности США выберут третий вариант, то есть обход запрещений Договора, оставаясь формально его стороной, но придерживаясь новой интерпретации этого Договора. Однако это будет представлять собой лишь попытку узаконить нарушение Договора.

Договор по ПРО считается одним из самых важных соглашений в области контроля за вооружениями, достигнутыми до сих пор между США и СССР. Его уничтожение может привести к невообразимым последствиям, ставя вопрос о том, есть ли смысл продолжать переговоры по разоружению, если со стороны США губятся достигнутые до сих пор с таким трудом результаты в этой области.

Resümee

A. Jacewicz

Strategische Verteidigungsinitiative (SDI) und der ABM-Vertrag

Am 23. März kündigte Präsident R. Reagan in seiner Fernsehrede ein Programm zur Entwicklung eines Abwehrsystems gegen strategische Nuklearraketen an. Es solle Kernwaffen durch das Abfangen und Zerstören ballistischer Raketen unwirksam machen, noch bevor sie das Territorium der USA oder die Territorien ihrer Verbündeten erreichen. Diese Konzeption, Strategische Verteidigungsinitiative (SDI) genannt, wird gegenwärtig umgesetzt. Man geht davon aus, daß die geplante Raketenabwehr vor allem auf neuen, „exotischen" Waffen basieren wird, die als Strahlenwaffen (directed energy weapons) bezeichnet werden. Die neuen Waffen wären hauptsächlich im Weltraum stationiert. Eine Beschreibung der Wesenszüge des SDI-Programms findet sich im ersten Teil des Artikels.

Beide Mächte bindet der Vertrag zwischen den Vereinigten Staaten von Amerika und der Union der Sozialistischen Sowjetrepubliken über eine Begrenzung der Raketenabwehrsysteme vom 26. Mai 1972, allgemein als ABM-Vertrag bekannt. Die Philosophie, die dieser Vereinbarung zugrunde liegt, geht von folgenden Voraussetzungen aus: Da die Territorien beider Vertragsstaaten dem Angriff ballistischer Nuklearraketen ausgesetzt sind, hält dies in der Praxis beide Seiten davon ab, den Erstschlag zu führen, dem mit Notwendigkeit der Gegenschlag mit ähnlichen Konsequenzen folgen würde, was zu gegenseitiger Vernichtung führen könnte. Im zweiten Teil des Artikels wird versucht, eine Antwort auf die Frage zu geben, ob die Realisierung des SDI-Programms, das auf die Schaffung eines „Raketen-Schutzschirms" zielt, mit den Bestimmungen des ABM-Vertrages vereinbar ist.

Bei der Darstellung des Regelungsbereichs des ABM-Vertrages wurde das Hauptgewicht darauf gelegt darzustellen, was er ausdrücklich verbietet und was er erlaubt; darüber hinaus werden jene Fragen erörtert, die entweder besonders hervorhebenswert oder Gegenstand divergierender Interpretationen sind. Hierzu gehören: das Problem der auf anderen physikalischen Prinzipien beruhenden ABM-Systeme; das Problem der Forschung; das Problem der Komponenten sowie das Problem der sog. Technologie der Doppelverwendbarkeit (dual-purpose technologies). Die sich aus diesen Überlegungen ergebenden Schlußfolgerungen können folgendermaßen formuliert werden: Verboten ist die Entwicklung, Erprobung und Stationierung jeglicher see-, luft-, weltraumgestützter oder beweglicher landgestützter ABM-Systeme und ihrer Komponenten. Erlaubt ist es, stationär landgestützte ABM-Systeme oder ihre Komponenten zu entwickeln und auf vereinbarten Versuchsfelder zu testen; verboten ist dagegen deren Stationierung bis auf den im Vertrag ausdrücklich zugelassenen Umfang. Erlaubt ist unter Laborbedingungen realisierte Forschung, obwohl man darüber diskutieren kann, ob dies mit dem Geist des ABM-Vertrages vereinbar ist. Manche mit dem ABM-Vertrag zusammenhängenden Fragen wie die Komponentendefinition oder die Technologie der Doppelverwendbarkeit bereiten Auslegungsprobleme und können somit in gewisser Weise vertragswidrigen Aktivitäten Raum lassen. Dadurch kann aber nicht das Wesen der im Vertrag verankerten Verbote verändert werden. Wenn somit das SDI-Programm aus der Phase der Forschung in die Phase der Entwicklung, Erprobung und Stationierung weltraumgestützter ABM-Systeme oder ihrer Komponenten übergehen sollte, würde man in den vom Vertrag verbotenen Entwicklungsbereich gelangen.

Der weitere Teil des Artikels gilt der sog. „Neuinterpretation" des ABM-Vertrages. Seit dem 6. Oktober 1985 versucht die USA-Administration eine neue Interpretation des ABM-Vertrages zu verbreiten, nach der die Schaffung und Erprobung aller ABM-Systeme oder ihrer Komponenten, die auf anderen physikalischen Prinzipien beruhen, zugelassen werden soll. Der Autor stellt die Argumentation dar, die dieser breiteren Auslegung des ABM-Vertrages zugrunde liegt und übt anschließend Kritik daran, indem er nachweist, daß diese Auslegung jeder Rechtsgrundlage entbehrt und sich lediglich aus dem Bestreben herleitet, die im Vertrag fixierten Verbote zu umgehen.

Im letzten Teil des Artikels wird die Frage nach dem Schicksal des ABM-Vertrages im Falle vertragswidriger Aktivitäten der USA-Administration erörtert. Theoretisch sind hier drei Varianten möglich: Revision des Vertrages; Kündigung des Vertrages durch die USA oder scheinbare Aufrechterhaltung des Vertrages bei gleichzeitigem Versuch der Umgehung seiner Bestimmungen. Zu einer Revision des ABM-Vertrags könnte es nur bei einer Anerkennung des SDI-Programmes durch die Sowjetunion kommen, was ausgeschlossen ist. Die Kündigung des Vertrages durch die USA scheint aus politischen Gründen keine verlockende Alternative zu sein. Alles weist darauf hin, daß die USA zur dritten Variante tendieren: Sie bleiben formal nach wie vor eine der Vertragsseiten und versuchen, durch eine gegenwärtig vorgenommene Neuinterpretation des ABM-Vertrages seine Bestimmungen zu umgehen. Dies würde jedoch nichts anderes bedeuten als einen Versuch, den Mißbrauch des Vertrags zu legalisieren.

Der ABM-Vertrag gilt als die wichtigste, im Bereich der strategischen Rüstungskontrolle zwischen den Vereinigten Staaten und der Soejetunion bisher abgeschlossene Vereinbarung. Seine Zerstörung kann nicht absehbare Folgen haben und den Sinn der Abrüstungsverhandlungen in Frage stellen, wenn die USA die auf diesem Gebiet so mühevoll erzielten Errungenschaften zunichte machen wollen.

И. И. Котляров

Международный контроль как средство укрепления доверия в межгосударственных отношениях

Международный контроль играет все большую роль в деле обеспечения соблюдения международных соглашений в различных сферах международного сотрудничества, и в особенности, в области разоружения, охраны окружающей среды, освоения космоса. По своему содержанию, смысловому значению понятия ,,контроль", ,,доверие", ,,проверка" очень близки. ,,Доверие" означает убежденность в чьей-либо искренности, честности, добросовестности и основанное на них отношение к кому-, чему-либо.[1] Под термином ,,контроль" понимается ,,наблюдение, надсмотр с целью проверки, проверка чего-либо".[2] Применительно к международным отношениям доверие между государствами может установиться и возрастать в силу добросовестного и взаимного отношения сторон к выполнению своих международных обязательств, что выявляется посредством деятельности контрольных органов. При систематическом, длительном и позитивном поведении субъектов международного права по отношению друг к другу доверие государств будет укрепляться, расти адекватно положительной информации, получаемой от контрольного органа. И, наоборот, в случае негативного отношения государства к соблюдению принятых обязательств, доверие к нему со стороны партнера будет уменьшаться. Поэтому международный контроль является средством укрепления доверия между государствами лишь в тех случаях, когда они добросовестно выполняют договорные обязательства. В противном случае — он выступает как инструмент выявления противоправного поведения государства. Как справедливо указывается в исследовании о последствиях создания международного агентства спутников контроля [МАСК][3], проверка соглашений служит нескольким целям: во первых, помогает обнаружить нарушения соглашения; во-вторых, повышая возможность выявления таких нарушений, она выступает в качестве сдерживающего фактора; в-третьих, если она выявляет, что соглашение фактически соблюдается, то она повышает взаимное доверие между сторонами.[4]

[1] Словарь русского языка в 4-х томах. — T.I — M., 1981, с. 412
[2] Словарь иностранных слов. — M., 1964, с. 327
[3] Меморандум Франции о создании МАСК. См.: Док. ООН A/S. 10/AC.1/7, 1978.
[4] Док. ООН A/AC.206/14, с. 96

В силу особенностей международных публично-правовых отношений, основанных на добровольном создании самими субъектами норм права, международный контроль, представляется, в своей основе является средством укрепления доверия, одной из гарантий поддержания международного правопорядка. Это подтверждает и практика межгосударственных отношений, правотворческая деятельность государств. Причем во всех документах, где речь идет об укреплении доверия, последнее, как правило, связывается с международным контролем. Так, в Делийской декларации о принципах свободного от ядерного оружия и ненасильственного мира подчеркивается, что „международная безопасность может быть обеспечена путем комплексных мер в области ядерного разоружения с использованием всех доступных и согласованных средств контроля и мер доверия“.[5] В фактологическом бюллетене № 44 ООН по разоружению в раздел „Возможные меры по разоружению и укреплению доверия“ включена проверка как „соответствующие меры, дополняющие меры доверия и направленные на проверку с помощью технических средств и/или инспекций действительного соблюдения принятых по договору обязательств“[6]. В Заключительном документе X. специальной сессии Генеральной Ассамблеи ООН отмечается, что „в соглашениях о разоружении и ограничении вооружений должны предусматриваться достаточные меры проверки, удовлетворительные для всех соответствующих государств-участников, с тем чтобы создать необходимое доверие и обеспечить их соблюдение всеми сторонами“ [пункт 31].[7]

Указывая на необходимость заключения соглашения между СССР и США о предотвращении гонки вооружений в космосе, М. С. Горбачев отметил важность установления контроля как средства доверия за его соблюдением. При этом он подчеркнул, что „соглашение на этот счет возможно и оно поддается проверке. Должен заметить, что мы верим американцам не больше, чем они нам, и потому также, как они, заинтересованы, чтобы каждое соглашение поддавалось надежной проверке“.[8]

Концепция безъядерного, ненасильственного мира, с которой выступил Советский Союз, включает и новые подходы в решении проблем международного контроля, о чем неоднократно заявляли советские руководители.

„В самой философии нашего подхода к проблеме реального контроля, — подчеркнул Э. А. Шеварднадзе на Конференции по разоружению в августе 1987 г, — с особой полнотой и наглядностью проявилась эволюция наших воззрений, оформившихся ныне в систему нетрадиционных политических взглядов, иначе говоря, — нового политического мышления.

[5] Правда, 1986, 28. 11.
[6] Док. ООН. Разоружение. Фактологический бюллетень. № 44. — 1986., май, с. 14
[7] Док. ООН А/40/535, с. 97
[8] Горбачев М. С. Ответы американскому журналу „Тайм“, Правда, 3. 9. 1985

Безошибочные, неоспоримые, надежные, предельно строгие и скрупулезные способы, обеспечивающие стопроцентную уверенность в том, что вооружения ликвидируются, обязательства в отношении остающихся вооружений и разрешенной военной деятельности соблюдаются, запреты не обходятся — таким и никаким иным видится нам контроль".[9]

Страны социализма занимают конструктивную позицию в вопросах применения международного контроля, предполагающую установление адекватных мер контроля содержанию договорных обязательств. Ярким подтверждением тому являются, например, положения о контроле, нашедшие отражение в изложенной строго оборонительной военной доктрине государств — участников Варшавского Договора.

Одной из целей, которой они добиваются, является „строгий контроль за всеми мерами разоружения, основанный на сочетании национальных технических средств и международных процедур, включая создание соответствующих международных органов, обмен военной информацией, проведение инспекций на местах".[10]

Для капиталистических государств типичным является фетишизация контрольной деятельности, отрыв ее от предмета и содержания договоренностей, что, по существу, может привести к подрыву авторитета международного контроля. Инициативы западных стран по использованию института международного контроля в области разоружения, сводятся не к принятию реальных мер по разоружению, а к контролю над вооружениями, что способствовало бы дальнейшей гонке вооружений и ведению разведывательной деятельности под предлогом международного контроля.

Политические и военные деятели социалистических стран, юристы — международники принимают активные меры к тому, чтобы осуществление международного контроля способствовало реализации достигнутых соглашений, созданию доверия между государствами, укреплению политики мира и предотвращению войны.

Формы и методы международного контроля

Как известно, международное общение не знает надгосударственного органа, способного обеспечивать выполнение международных обязательств. Поэтому государства прибегают к поиску различных мер, способствующих соблюдению договоров. Одной из таких мер является международный контроль. Что же он представляет собою по существу, в чем заключается деятельность контрольных органов? Как показывает международная практика, цель контроля состоит в том, чтобы путем проверки убедиться, насколько

[9] Правда, 1987, 7. 8.
[10] Известия, 1987, 30. 5.

соответствуют действия субъектов международного права принятым обязательствам по международным договорам. В подтверждение сказанного может быть приведен, например, Договор об Антарктике, подписанный 1 декабря 1959 года. В соответствии с п. 1 ст. VII этого документа „для содействия достижению целей и для обеспечения соблюдения положений настоящего Договора каждая Договаривающаяся Сторона . . . имеет право назначать наблюдателей для проведения любой инспекции, предусмотренной настоящей статьей . . .“.

Вместе с тем, как свидетельствует международная практика, государства не во всех случаях учреждают контрольные органы, но это вовсе не значит, что по этой пригине международные соглашения не соблюдаются или могут не соблюдаться. К тому же, контрольные органы, как правило, не наделяются властными полномочиями, и, естественно, не могут безусловно обеспечить соблюдение международного соглашания всеми его участниками. Как отмечает венгерский юрист Л. Буса, контроль сам по себе не гарантирует законности в международной жизни.[11]

Поэтому говорить о контроле как гарантии соблюдения принятых обязательств и абсолютизировать его значение в этом смысле — значит переоценивать его роль.

На практике фактическое выполнение международных соглашений обеспечивается, а точнее — гарантируется, прежде всего, самими субъектами международного права, как равноправными участниками международного общения. Поэтому учреждение контроля, на наш взгляд, имеет прежде всего превентивное занчение в том отношении, что контрольные органы, информируя о фактическом положении дел в контролируемой области, тем самым как бы предостерегают государства от возможных нарушений условий международных договоров.

В советской и зарубежной юридической литературе нет единой точки зрения в определении способов осуществления международного контроля. Так, А. Н. Талалаев, говоря об установлении международного контроля за запрещением атомного оружия, пишет, что предусматриваются различные формы такого контроля: инспекция, обследования, специальные обследования, учет, разработка и предписание контрольным органом правил технологического контроля для предприятий и пр.[12]

Рассматривая специальный контроль, предусмотренный Конвенцией по охране человеческой жизни на море 1960 года, С. А. Малинин и В. А. Мусин называют такие действия контрольных органов, как проверка наличия на

[11] Busa L. International Control as a Safeguard of Legality in International Life, in: Questions of International Law, Budapest, 1966, S. 46—47

[12] Талалаев А. Н. Борьба СССР за запрещение атомного оружия и за установление над ним международного контроля. Автореферат на соискание ученой степени кандидата юр. наук. М., 1954, с. 15

борту непросроченного свидетельства о безопасности ядерного судна и дозиметрического излучения методами контроля.[13]

Р. Михайлов считает, что к методам контроля относятся применение национальных технических средств, обмен информацией, а также доступ к местам взрывов по Договору между СССР и США о подземных ядерных взрывах в мирных целях 1976 года и Протоколу к нему.[14]

Болгарский юрист И. Генов отмечает, что международной практике известны различные формы и методы контроля.[15]

Венгерский ученый Л. Буса различает типы контроля в зависимости от того, каким органом осуществляется контроль, чье поведение подвергается контролю и т. д.[16]

Говоря о контроле в области разоружения, польский юрист А. Каркошка называет различные виды контроля в зависимости от времени его осуществления [начальный, последующий, завершающий] и пространства, в котором он находит применение [на территории, не находящейся под суверенитетом государств, или на территории, не подлежащей чьему-либо суверенитету).[17]

Из приведенных высказываний видно, что ученые по-разному интерпретируют организационные аспекты осуществления контроля, хотя в это понятие они вкладывают одно и то же содержание.

По организационной структуре и составу элементов органов контроля, на наш взгляд, можно было бы выделить следующие формы международного контроля:

— международный контроль, осуществляемый органами международных организаций;
— международный контроль, осуществляемый специально созданным государствами международным контрольным органом;
— международный контроль, осуществляемый национальными органами (средствами, в том числе техническими);
— международный контроль, основанный на сочетании международных процедур и деятельности национальных органов и/или технических средств.

Функции контроля органами международных организаций могут осуществляться в соответствии с их уставами или на основе достигнутого особого соглашения между участниками этих организаций.

[13] Малинин С. А., Мусин В. А. Правовые проблемы морской атомной деятельности. — Л., 1974, с. 18

[14] Михайлов Р. Правовые основы регулирования подземных ядерных взрывов в мирных целях, „Советское государство и право“, 1977, № I, с. 95

[15] Генов И. Международното право в съвремените международни отношения, София, 1985, с. 180.

[16] L. Busa, International Control as a Safeguard of Legaility in International Life, a. a. O. S. 46f.

[17] A. Karkoszka, Mozliwosci Kontroli rozbrojnia, Sprawy miedzynarodowe, 1972, Nr. 10, S. 32.

Так, Устав Международного Агентства по атомной энергии (МАГАТЭ) предусматривает систему гарантий[18] с целью исключения использования в военных целях ядерных материалов, оборудования, технических средств и сведений, предоставляемых Агентством (ст. III).

Агентство, в соответствии со ст. ст. III.A.5, III.B.2 и XII Устава, осуществляет контроль за использованием в мирных целях ядерных материалов, оборудования и технической информации в случаях:

— когда оно на основе договора с каким-либо государством предоставляет ему материалиы, оборудование или информацию;
— если какое-либо государство получает помощь в области атомной энергии в соответствии с двусторонними и многосторонними договорами, участники которого заключили с Агентством соглашение о гарантиях;
— если какое-либо государство по договоренности с Агентством в одностороннем порядке согласилось поставить под его контроль свою деятельность в области атомной энергии. Кроме того, гарантии Агентства применяются к любым находящимся под его контролем ядерным материалом и оборудованию.

Для выполнения контрольных функций организационно в МАГАТЭ имеется департамент гарантий и инспекций, состоящий из оперативного и научно-исследовательского отделов. Руководство департаментом осуществляется Генеральным инспектором.

Генеральный инспектор и сотрудники отдела инспекций назначаются Генеральным директором в качестве сотрудников Агентства после того, как он представит рекомендуемых им кандидатов на утверждание Совета управляющих.

Для выполнения контрольных функций в соответствии со ст. XII Устава МАГАТЭ учреждается штат инспекторов, процедура назначения и направления которых установлена Документом об инспекторах.[19]

При выполнении своих функций инспекторы Агентства пользуются практически полным дипломатическим иммунитетом. Система контроля МАГАТЭ оказалась настолько эффективной, что к ее помощи прибегли государства при подписании Договора о нераспространении ядерного оружия 1968 года. В соответствии со ст. III этого Договора, государства — участники должны заключить контрольные соглашения с МАГАТЭ и определить объем и содержание контроля. „Каждое из государств — участников договора, не обладающих оружием, обязуется принять гарантии, как они изложены в соглашении, о котором будут вестись переговоры и, которое будет заключено

[18] Сборник действующих договоров, соглашений и конвенций, заключенных СССР с иностранными государствами. — Вып. XIX, М., 1960, с. 195—218.

[19] Документ МАГАТЭ, GC (v) INF/39.

с Международным Агентством по атомной энергии в соответствии с настоящим Договором, с тем, чтобы не допустить переключения ядерной энергии с мирного применения на ядерное оружие или другие ядерные взрывные устройства . . .“

В 1971 году была закончена разработка типового соглашения о гарантиях, которое впоследствии послужило основой для заключения контрольных соглашений между участниками договора, не обладающих ядерным оружием, и МАГАТЭ.

В качестве примера можно привести Соглашение между Ираном и МАГАТЭ по применению гарантий в связи с Договором о нераспространении ядерного оружия, вступившее в силу 15 мая 1974 года.[20] Этим соглашением предусматривается национальная система учета и контроля за ядерными материалами, подлежащими гарантиям. „Агентство применяет гарантии таким образом, чтобы иметь возможность проверять данные системы Ирана с целью удостовериться, что не имелось никакого переключения ядерного материала с мирного использования на производство ядерного оружия или других ядерных взрывных устройств“.[21] Правительство Ирана в соответствии с настоящим соглашением должно представлять информацию Агентству, касающуюся ядерного материала, подлежащего гарантиям, а также характеристики установок, имеющих отношение к постановке под гарантии такого материала. В соглашении предусматривается также проведение Агентством независимых измерений и наблюдений (ст. 7 ч. 1 Соглашения).

С каждым годом увеличивается число государств, заключивших контрольные соглашения с МАГАТЭ. Если к началу 1975 года около 40 государств заключили и ввели в действие соглашения о контроле с МАГАТЭ, то к середине 80-х годов такие соглашения действовали в 90 государствах.[22] На их основе под контролем Агентства находится свыше 850 ядерных установок, находящихся в различных районах мира.

Практика показывает, что контрольный механизм МАГАТЭ работает надежно. Это неоднократно отмечалось на Конферециях государств-участников Договора о нераспространении ядерного оружия, состоявшихся в 1975, 1980, 1985 годах. В частности, в 1985 году на III Конференции государств-участников Договора о нераспространении ядерного оружия по рассмотрению его действия была отмечена важная роль системы контроля МАГАТЭ и выражено полное удовлетворение тем, что СССР и другие ядерные державы поставили под контроль МАГАТЭ часть своей мирной деятельности.

[20] Международное Агенство по атомной энергии. Информационный циркуляр INFCIRC/214, January 1975.

[21] Там же.

[22] Известия, 1984, 12.4.

Определенный интерес представляет система контроля, принятая Международной организацией труда (МОТ). Как известно, эта организация была создана в 1919 году. Одной из главных задач МОТ является выработка и принятие конвенций и рекомендаций о труде, т. е. нормотворческая деятельность. Однако деятельность организации не исчерпывается лишь выработкой конвенций, но состоит и в установлении контроля за их реализацией правительствами. Насколько последние выполняют свои обязательства, выявляет контрольный орган МОТ. Контроль осуществляется Комитетом экспертов и Комитетом конференции по применению конвенций и рекомендаций путем изучения докладов государств о мерах, принятых ими в целях введения в действие положений конвенций, участниками которых они являются.

Ко второй форме международного контроля, как уже отмечалось, относится деятельность специально создаваемых государствами международных органов по контролю за соблюдением международных обязательств.

Так, в соответствии с Протоколом[23] и Декларацией о нейтралитете Лаоса[24], подписанными 23 июля 1962 года, наблюдение за выполнением этих соглашений возлагалось на двух председателей Международного Совещания по урегулированию лаосского вопроса 1961—1962 годов. Ими были Министр иностранных дел СССР и Министр иностранных дел Ее Британского Величества. Оба председателя осуществляли общее руководство Международной Комиссией по наблюдению и контролю в Лаосе, созданной на основе Женевских соглашений из представителей Индии, Канады и Польши. Комиссия состояла из инспекционных групп, в состав которых входили представители названных государств. С согласия Королевского правительства Лаоса Комиссия осуществляла наблюдение и контроль за прекращением огня в Лаосе в рамках Соглашения о прекращении огня, а также наблюдение и контроль за выводом с территории Лаоса иностранных регулярных и нерегулярных войск, иностранных полувоенных формирований и иностранного военного персонала. (ст. ст. 9,10 Протокола).

Свои функции Международная комиссия по контролю осуществляла в тесном сотрудничестве с Королевским правительством Лаоса и представляла единый орган Международного совещания по урегулированию лаосского вопроса 1961—1962 годов.

Таким образом, организационная структура контрольных органов по названным соглашениям состояла из следующих элементов: Государств — участников Международного Совещания по урегулированию лаосского вопроса — Двух Председателей этого Совещания — Международной комиссии по наблюдению и контролю — инспекционных групп.

[23] Сборник действующих договоров СССР, Вып. XXII, М., 1967, с. 30—35.
[24] Там же, с. 26—29.

Специальный контрольный орган — Комитет по ликвидации расовой дискриминации — учрежден для проверки соблюдения государствами Международной конвенции о ликвидации всех форм расовой дискриминации.[25]

Еще одной формой международного контроля является такая система его органов, которая создается непосредственно отдельными государствами на своей территории, на территории других государств — участников соглашения или на территории, не подлежащей чьему-либо суверенитету, а деятельность по контролю осуществляеся с помощью национальных органов или технических средств.

С этой точки зрения представляет интерес организация контроля, установленная Соглашением СССР и Финляндии об Аландских островах 1940 года.[26]

В соответствии с этим документом „Финляндия обязуется демилитаризовать Аландские острова, не укреплять их и не предоставлять их для вооруженных сил других государств . . .“ (ст. 1 Соглашения).

Осуществление контроля за выполнением принятых Финляндией обязательств по данному соглашению возложено на консульство СССР, „в компетенцию которого, — как отмечается в ст. 3 соглашения, — кроме обычных консульских функций, входит проверка проведения в жизнь обязательств по статье 1-й настоящего Соглашения о демилитаризации и неукреплении Аландских островов“.

Или другой пример. В соответствии с Договором об Антарктике 1959 года стороны вправе назначать наблюдателей для проведения любой инспекции. Причем, наблюдатели должны быть гражданами тех договаривающихся сторон, которые их назначают.

Наблюдатели по Договору имеют „полную свободу доступа в любое время и в любой или все районы Антарктики“ (п. 2 ст. VII). Кроме того, этим же Договором предусмотрен контроль за выполнением обязательств государствами путем наблюдения с воздуха.

Она может „производиться в любое время над любым или всеми районами Антарктики каждой договаривающейся стороной, имеющей право назначать наблюдателей“ (пункт 4 ст. VII Договора).

Развитие науки и техники оказывает воздействие на все стороны жизни общества, в том числе и на международные отношения, правовой основой которых являются принципы и нормы международного права. Будучи составной частью международно-правовой системы, нормы, определяющие формы и методы международного контроля, также испытывают на себе влияние научно-технического прогресса.

[25] Там же, Вып XXУI, М., 1973, с. 109—118.
[26] Там же, Вып. X, М., 1955, с. 17—19.

Появление авиации, ее технические возможности привели к тому, что в 1959 году она начинает применяться для контроля за соблюдением государствами обязательств по Договору об Антарктике, о чем уже было сказано.

Развитие космонавтики, внедрение новых достижений в области радиолокации и сейсмологии, создание современных образцов фотоаппаратуры с высокой разрешающей способностью явилось мощной научно-технической базой, определившей появление национальных технических средств контроля (НТСК). В качестве таковых стали применяться космические, радиолокационные, сейсмические и другие средства.

Эффективность их настолько высока, что позволяет, — как отметил М. С. Горбачев, — из космоса различать номера на автомашинах.[27]

Одним из первых международных документов, в котором нашли юридическое закрепление НТСК, был Договор между СССР и США об ограничении систем противоракетной обороны 1972 года (Договор по ПРО). Государства — участники этого договора взяли на себя обязательства не чинить помех НТСК, не применять преднамеренные меры маскировки, затрудняющие осуществление контроля такими средствами. К сожалению, американская администрация в стремлении достичь военного превосходства над СССР посредством создания и реализации программы „звездных войн" ведет дело к подрыву Договора по ПРО, являющегося важным политико-правовым средством в деле сдерживания гонки стратегических наступательных вооружений.

К обсуждению проблемы использования космических средств контроля за соблюдением соглашений все чаще обращаются советские и зарубежные ученые. В 1978 году внимание международного сообщества было привлечено к французкому предложению о создании МАСК, о чем уже было сказано выше.

Его применение мыслилось для обеспечения проверки тех соглашений в области ограничения вооружений и разоружения, которые существуют и будут подписаны в будущем.[28]

Однако в рамках ООН оно не нашло поддержки. Советский представитель на XXXIII сессии Генеральной Ассамблеи ООН в связи с обсуждением предложения Франции отметил, что затруднительно создать такой универсальный орган, который был бы применим к любым соглашениям в области разоружения, так как для каждого из них необходимы особые формы и методы контроля, соответствующие мерам по разоружению.[29]

[27] Горбачев М. С. Ответы американскому журналу „Тайм", Правда, 2. 9. 1985 г.

[28] Далбелло Р. (США) предлагает разработать „дорожные правила", которые определяли бы порядок мирного освоения космоса и высказывает свои соображения по поводу создания специальных правил о проверке в космосе. См.:
R. Dalbello "Rules of the road": legal measures to strengthen the peaceful uses of outer space, in: Proceedings of the XXVIII-th Colloquium on the Law of Outer Space, New York 1986, S. 8.

[29] Ср. Док. ООН A/AC. I/33/PV. 53.

В инициативах СССР по предотвращению милитаризации космоса, внесенных в ООН в начале 80-х годов (о запрещении размещения в космическом пространстве оружия любого рода; о запрещении применения силы в космическом пространстве и из космоса в отношении Земли) также предусматривалось использование НТСК.

Принципиальное отличие советских предложений заключалось в том, что в них предполагалось применение НТСК адекватно конкретным мерам, в данном случае, по предотвращению милитаризации космоса. В советском предложении об освоении космического пространства совместными усилиями всех государств в мирных целях внесенном на 41-й сессии Генеральной Ассамблеи ООН, предлагается создание Всемирной космической организации (ВКО), одной из функций которой было бы осуществление международного контроля. „В целях такого контроля, — отмечается в советском документе, — она (ВКО — И. К.) использовала бы первоначально технические средства, предоставляемые космическими державами, а в последующем — собственные такие средства“.[30]

Новые инициативы по осуществлению контроля за недопущением размещения в космосе оружия любого рода были внесены Советским Союзом на Конференции по разоружению в Женеве (1987 г.).[31] Они предусматривают создание системы международного контроля, которая включала бы: инспекцию каждого космического запуска международными контролерами и более того — постоянное присутствие инспекторских групп на всех полигонах для запусков космических объектов; право проведения инспекции на месте, если возникнет подозрение, что запуск произведен с необявленной стартовой площадки; инспекцию складов, промышленных предприятий, лабораторий, испытательных центров и т. д. — при полном запрете ударных космических вооружений. Такая контрольная система надежно гарантировала бы, что выводимые в космос объекты не являются оружием и не оснащены какими-либо видами оружия.

СССР высказался также за учреждение международной системы глобального контроля за радиационной безопасностью с использованием космических линий связи. Она была бы полезной с точки зрения новышения эффективности контроля за соблюдением запрета на ядерные испытания, когда такой запрет будет введен. С ее помощью можно было бы следить за степенью загрязнения атмосферы, почвы, подземных и морских вод в глобальном и региональном масштабах.

Соблюдение соглашения между СССР и США о взаимном сокращении ракет средней дальности (РСД) и оперативно-тактических ракет (ОТР)

[30] Известия, 1986, 12. 6.

[31] Шеварнадзе Э. А. Выступление на Конференции по разоружению в Женеве, Известия, 1987, 7. 8.

обеспечивается жестким контролем. Он включает: обмен исходными данными об имеющихся у сторон ракетах и сверку этих данных с помощью инспекции на местах; непрерывным наблюдением за процессом уничтожения ракет, за ликвидацией соответствующей производственной базы и инфраструктуры; доступ на военные объекты СССР и США в третьих странах, где могут размещаться ракеты.

Своими предложениями по созданию системы контроля Советский Союз пошел по пути максимального расширения зоны доверия, открывая для инспекций свою территорию.

Из сказанного видно, что государства в целях проверки договорных обязательств могут использовать национальные органы (наблюдателей, консулов, специально назначенного персонала) или технические средства, которые, как правило, предусматриваются международными соглашениями, однако организацией их деятельности занимаются сами государства.

В то же время государства могут использовать названные формы контроля за соблюдением международных обязательств в их сочетании. На такую форму проверки указывается, например, в п. 31 Заключительного документа специальной сессии Генеральной Ассамблеи ООН по разоружению.[32] Своеобразное сочетание форм международного контроля предусмотрено, например, договором по космосу, Соглашением о Луне, Договором по ПРО и др.

Международный контроль в описанных формах может осуществляться различными методами: представлением отчетов, докладов, обменом информацией, наблюдением с летательных аппаратов (самолетов, космических средств), установлением контрольных постов, инспекцией на месте, посещением объектов на Луне и других небесных телах, проведением консультаций, рассмотрением жалоб и др.

Так, МАГАТЭ осуществляет контроль за выполнением государствами обязательств с помощью методов, указанных в ст. XII его Устава.
Они включают:

— рассмотрение и утверждение планов специализированных установок с той точки зрения, что они не служат поощрению каких-либо военных целей, что они соответствуют подлежащим применению нормам здравоохранения и безопасности и что они позволяют эффективное применение гарантий;
— рассмотрение докладов, представляемых государствами;
— направление на территории государств — получателей инспекторов, которые назначаются Агентством по консультации с заинтересованными государствами и должны иметь доступ в любое время во все места, ко

[32] Заключительный документ специальной сессии Генеральной Ассамблеи ООН.

всем данным и ко всем лицам, необходимым для учета доставленных исходных и специальных расщепляющихся материалов и для учета расщепляющихся продуктов и др.

Специфичные методы контроля за выполнением государствами обязательств предусмотрены Договором о принципах деятельности государств по исследованию и использованию космического пространства, включая Луну и другие небесные тела, 1967 года.[33]

В соответствии с ним государства взяли на себя, например, обязательства не устанавливать на небесных телах любых объектов с ядерным оружием или любыми другими видами оружия массового уничтожения и не размещать его в космическом пространстве каким-либо иным образом. Несмотря на то, что Договор по космосу не содержит прямых указаний на осуществление международного контроля за соблюдением государствами указанных запретов, тем не менее обеспечение посещений станций, установок, оборудования и космических кораблей на Луне и на других небесных телах, предусмотренных ст. XII, может быть предпринято и в целях международного контроля не иначе, как с использованием космических средств.

Несмотря на то, что в международной практике контроль используется давно, среди советских и зарубежных юристов — международников нет единой точки зрения в деле определения понятия международного контроля.

О. В.Богданов, например, считает, что понятие международного контроля применяется главным образом для обозначения методов проверки проведения в жизнь того или иного соглашения.[34]

Согласно исследованию, проведенному в рамках СИПРИ А. Каркошкой, контроль в области разоружения определяется как специально установленный или обусловленный соглашением о разоружении процесс, осуществляемый индивидуально государствами либо международным органом, созданным или уполномоченным осуществлять такой процесс при помощи персонала или технических средств, чтобы установить степень соблюдения участниками соглашения его положений и тем самым выполнения ими своих обязательств по договору.[35]

Польский юрист В. Моравецкий под контролем понимает „действия, направленные на установление фактического поло жения и его оценку с точки зрения соответствия определенной правовой норме".[36]

В американской литературе контроль в области разоружения, рассматривается как комплекс средств (в том числе и инспекция), с помощью которых

[33] Сборник действующих договоров СССР, Вып. XXУ, М., 1972, с. 41—45.
[34] См. Богданов О. В. Всебщее и полное разоружение, М., 1967, с. 276.
[35] Strategic Disarmament, Verification and National Security. SIPRI. — L., 1977, S. 13—14.
[36] Моравецкий В., Функции международной организации, М., 1976, с. 175.

государство может определить, соблюдает ли другое государство обязательства по соглашению об ограничении вооружений или разоружению.[37]

Представляется, что при определении понятия международного контроля необходимо исходить прежде всего из того, что его осуществление должно обязательно основываться на международном соглашении. Кроме того, в определении понятия международного контроля должна найти отражение его цель, которая состоит в том, чтобы, с одной стороны, убедиться насколько действия государств соответствуют принятым обязательствам, а, с другой стороны, способствовать их соблюдению, о чем уже говорилось выше. Важно также отметить, что осуществление контроля заключается именно в проверке соответствия деятельности государств принятым ими обязательствам, но при этом, безусловно, должно быть исключено вмешательство во внутренние дела государств.

С учетом сказанного, на наш вягляд, можно было бы сформулировать определение понятия международного контроля, как действия субъектов международного права, которые осуществляются на основе международных договоров и заключаются в проверке соответствия деятельности государств принятым обязательствам с целью обеспечения их соблюдения.

Международный контроль, несомненно, представляет собой институт, составляющий часть общей системы гарантий в международном праве. Можно предполагать, что его значение для обеспечения соблюдения международных соглашений будет постоянно расти, так как неуклонно повышается значение точного выполнения государствами взятых на себя международных обязательств ввиду расширения и усложнения межгосударственного сотрудничества. Поэтому представляется актуальным исследование вопросов, связанных с правомерностью применения института контроля.

Критерии правомерности международного контроля

Бесспорным является тот факт, что чем ответственней и сложнее возлагаются задачи на тот или иной контрольный механизм, тем острее ставится вопрос о правомерности осуществления им своих функций, а также применения тех или иных методов.

Что же является критерием правомерности осуществления международного контроля?

Отвечая на этот вопрос, необходимо подчеркнуть, что мерилом, критерием правомерности любых действий в международных отношениях является их соответствие основным принципам международного права, т. е. определенным правилам поведения государств в международных отношениях.

[37] Verification and Response in Disarmament Agreements, Words Hole Summer Study, Washington, 1962, S. 2; Myrdal A. The game of disarmament, New York, 1976, S. 294.

Это в равной степени относится и к деятельности государств по осуществлению контроля.

Основные принципы международного права, как известно, юридически закреплены в Уставе ООН, в Декларации о принципах международного права, касающихся дружественных отношений и сотрудничества между государствами в соответствии с Уставом ООН, принятой Генеральной Ассамблеей ООН в октябре 1970 года, а также в Заключительном акте Хельсинкского совещания по безопасности и сотрудничеству в Европе.

За дальнейшее утверждение и развитие принципов международного права в процессе сотрудничества между государствами высказался XXVII съезд КПСС: „Решать общечеловеческие, глобальные проблемы силами одного государства или группы государств нельзя. Здесь необходимо сотрудничество в общемировом масштабе, тесное конструктивное взаимодействие большинства стран. Сотрудничество на основе полного раноправия, уважения суверенитета каждого. На основе добросовестного выполнения принятых обязательств, норм международного права“.[38]

К принципам международного права, имеющим самое непосредственное отношение к контрольной деятельности, относятся: принцип невмешательства в дела других государств, входящие по существу в сферу их внутренней компентенции; принцип суверенного равенства государств; принцип добросовестного выполнения государствами международных обязательств.

Соблюдение принципа невмешательства в дела других государств тесно связано с полномочиями контрольных органов. С одной стороны, они должны установить реальное состояние дел в контролируемой области в соответствии со своей компетенцией, а с другой стороны, — исключить вмешательство в деятельность, компетенцию внутренних органов государств, которая существует независимо от международного права.

Избежать вмешательства в дела других государств в процессе контроля — это прежде всего значит наделить контрольные органы полномочиями, исключающими такое вмешательство, конкретно ограничить рамки их деятельности в международном договоре.

Для обеспечения правомерности международного контроля важным является соблюдение принципа суверенного равенства государств.
В. И. Ленин указывал, что „соглашаться могут только равные. Чтобы соглашение на деле было соглашением, а не словесным прикрытием подчинения, для этого необходимо действительное равноправие сторон“.[39]

Принцип суверенного равенства государств особенно важен при формировании органов контроля, а также методов его осуществления.

Никакие преимущества политического, экономического и военного характера государств не должны влиять на незыблемость этого принципа.

[38] Материалы XXVII съезда Коммунистической партии Советского Союза, М., 1986, с. 19.
[39] В. И. Ленин, Полн. собр. соч., т. 32, с. 5.

Данный принцип проявляется прежде всего в том, что государства обеспечивают взаимные интересы при осуществлении контроля, имеют равные права на постановку и обсуждение вопросов, выдвижение предложений при создании органов контроля и представительства в них, истребование информации и пр., а также на них возлагаются и равные обязанности.

На правах взаимности контроль должен осуществляться не только по двусторонним соглашениям, но и по многосторонним.

Если какое-либо государство-участник международного соглашения, допустим, отступит от этого требования и не представит предусмотренную международным договором информацию или окажет препятствие инспекторам (наблюдателям) другой стороны в доступе к объекту контроля, т. е. не выполнит свои обязательства по контролю, то такие действия рассматриваются как неправомерные.

Неправомерно и осуществление контроля с использованием односторонних преимуществ, так как это также противоречит принципу суверенного равенства государств.

Противоправной была бы и такая деятельность по осуществшению контроля, которая в одностороннем порядке подменяла бы согласованные международные меры контроля национальными.

Еще одним принципом международного права, имеющим прямое отношение к деятельности контрольных органов, является принцип добросовестного выполнения государствами международных договоров. Он обязывает участников соглашений неукоснительно соблядать и обязательства, касающиеся осуществления международного контроля.

Недобросовестность выполнения контрольными органами своих функций может вызвать недоверие, трения между государствами, подорвать саму идею контроля.

Таким образом, при установлении и осуществлении международного контроля одним из главных критериев его правомерности являются общепризнанные принципы международного права.

Целесообразно сформулировать также специальные принципы международного контроля, которые также, на наш взгляд, являются критериями правомерности в деятельности его органов.

Одним из них является необходимость закрепления системы контроля в договорном порядке. Значение соблюдения этого принципа состоит в том, что только путем заключения международных соглашений государства принимают на себя права и обязанности вообще, а также по осуществлению контроля, в частности: определяют полномочия, формы и методы контрольной деятельности, сферу ее применения и др.

Система международного контроля, как показывает практика, может быть предусмотрена уставами международных организаций, устанавливаться теми же соглашениями, на обеспечение которых направлена деятельность его органов, включаться в приложения или протоколы к соглашениям. Кроме того, государства, исходя из взаимной заинтересованности в регулировании тех или иных вопросов, заключают специальные соглашения по контролю или наблюдению.

Следующим специальным принципом, соблюдение которого является обязательным при осуществлении контроля как правомерной деятельности, является соответствие объема контроля объему обязательств, подлежащих реализации государствами. Иначе говоря, меры по контролю должны быть адекватны договорным обязательствам по существу. Касаясь проблемы соразмерности разоружения и контроля, М. С. Горбачев на XXVII съезде подчеркнул, что „разоружение без контроля неозможно, но и контроль без разоружения не имеет смысла“.[40]

Этот принцип, в частности, нашел отражение в меморандуме польского правительства по вопросу сокращения вооружений и укрепления доверия в Центральной Европе, врученном 22 июля 1987 г. МИД ПНР главам дипломатических представительств стран-участниц Совещания по безопасности и сотрудничеству в Европе, аккредитованным в Варшаве. В нем, наряду с достаточно широкими мерами по сокращению вооружений и повышения доверия в Центральной Европе, предлагается установить соответствующую, адекватную систему проверки соблюдения договорных обязательств, включающей средства национального и международного контроля.[41]

Разумеется, что контроль и его объект должны быть соразмерны, и, как уже отмечалось, обусловлены соглашением. Однако это вовсе не значит, что государства не могут установить контроль не над всем, что является объектом договора, а лишь над его какой-то частью и не применять его к какой-то части взятых по договору обязательств. Если выполнение отдельных положений договора представляет, например, особую значимость для государств, то они вправе установить контроль за выполнением именно этих положений, оставив вне сферы контроля другие, так как эти другие должны соблюдаться как само собой разумеющееся на основе общепризнанных принципов и норм международного права. Поэтому, на наш взгляд, государства могут устанавливать контроль с целью проверки выполнения государствами как договора, в целом, так и его части.

Важным элементом этого принципа является необходимость осуществления контроля в строгом соответствии с целями заключаемых соглашений. Ведь цель контроля состоит в том, чтобы убедится в соблюдении государствами принятых обязательств и этим как бы предостеречь государства от возможных нарушений договора, о чем было уже сказано, то есть в конеч-

[40] Материалы XXУII съезда Коммунистической партии Советского Союза, М., 1986, с. 67.
[41] Правда, 1987, 23. 7.

ном итоге деятельность контрольных органов должна быть направлена на достижение цели международных соглашений.[42] Если же осуществление контроля будет противоречить этому принципу, то, естественно, возникает сомнение в его правомерности. „Мы за контроль над прекращением ядерных взрывов, — отметил М. С. Горбачев, — но мы против того, чтобы прекращение испытаний подменялось их продолжением в присутствии наблюдателей".[43]

Рассматривая вопросы международного контроля, необходимо остановиться и на таком специальном принципе, относящемся к деятельности его органов, как одновременность осуществления контроля и выполнения обязательств, принятых государствами по договору.

Выше нами уже отмечалось, что составной частью международных договоров является формулирование прав и обязанностей их участников по осуществлению контроля. Поэтому, естественно, деятельность контрольных органов не может предшествовать по времени вступлению договоров в законную силу. Как известно, целью контроля является проверка выполнения государствами международных договоров и было бы абсурдным проверять те обязательства, которые, хотя и приняты государствами, но к выполнению которых они еще не приступили. Такая проверка соблюдения международных договоров была бы противоречивой и ничего не имеющей общего с понятием международный контроль.

Как правильно отмечает С. Стефанова, контроль не имеет самостоятельного значения и не может предшествовать созданию соответствующей правовой нормы — источника конкретных прав и обязтельств, за соблюдением которых контроль призван следить.[44]

Таким образом, правомерность осуществления международного контроля, на наш взгляд, представляет собою комплексное понятие. Оно включает соблюдение субъектами международного права как общепризнанных принципов и норм международного права, так и специальных принципов контрольной деятельности.

Сказанное позволяет сделать ряд выводов:

— международный контроль — это институт составляющий часть общей системы гарантий в международном праве, основная цель которого — способствовать обеспечению выполнения договорных обязательств и укреплению доверия между государствами. Его роль будет постоянно повышаться, так как неуклонно возрастает значение точного выполнения государствами договорных обязательств ввиду расширения и усложнения

[42] См. Тимербаев Р. М. Контроль за органичением вооружений и разоружением, М., 1983, с. 18—24.

[43] Горбачев М. С. Ответы на вопросы корреспондента ТАСС, Правда, 1985, 14. 8.

[44] См. Стефанова С. По въпроса за контролата при разоръжаванего, „Годишник на Софийския университет", т. II, София, 1961, с. 475—476.

сферы межгосударственного сотрудничества. Применение государствами НТСК, являющихся результатом научно-технического прогресса, влияет на формирование международно-правовых норм, которые в договорном порядке закрепляют формы и методы международного контроля;

— критерием правомерности международного контроля являются общепризнанные принципы и нормы международного права, а также специальные принципы контрольной деятельности.

Resümee

I. I. Kotljarov

Internationale Kontrolle als Mittel zur Festigung des Vertrauens in den den zwischenstaatlichen Beziehungen

Der vorliegende Artikel betont die große Bedeutung von Kontrollmechanismen für die internationalen Beziehungen. Er unterstreicht die spezielle Rolle, die die internationale Kontrolle in Abrüstungs-, Umweltschutz- und Weltraumverträgen spielt. Unter dem Gesichtspunkt der organisatorischen Struktur der Kontrolle gibt es folgende Möglichkeiten:

— internationale Kontrolle durch Organe internationaler Organisationen;
— internationale Kontrolle durch ein internationales Kontrollorgan, das speziell zu diesem Zweck von den Staaten geschaffen wurde;
— internationale Kontrolle durch nationale Organe und Mittel (einschließlich nationaler technischer Mittel);
— internationale Kontrolle auf der Grundlage einer Kombination internationaler Verfahren und der Nutzung nationaler Organe und/oder technischer Mittel.

Der Artikel behandelt die Methoden internationaler Kontrolle wie die Unterbreitung von Berichten und Materialien durch die Staaten, den Austausch von Informationen, die Beobachtung aus Flugzeugen und Weltraumobjekten, die Einrichtung von Kontrollposten, Besuche von Objekten auf Himmelskörpern, Konsultationen, Untersuchungen von Beschwerden usw.

Der Autor gibt eine Definition der internationalen Kontrolle und betont, daß es sich hierbei um ein kompliziertes Problem handelt. Dies resultiert aus den unterschiedlichen Auffassungen von Staaten verschiedener sozialökonomischer Systeme im Hinblick auf die Rolle, die Bedeutung und die Nutzung internationaler Kontrolle. Die sozialistischen Staaten sehen diese Institution unter funktionellen Aspekten und betrachten die Vertragspflichten der Staaten und die Kontrolle ihrer Einhaltung als untrennbare Einheit. Dagegen neigen bürgerliche Staaten oft dazu, Kontrollmechanismen zu überschätzen und sie, z. B. auf dem Gebiet der Abrüstung, von den inhaltlichen Verpflichtungen zu trennen.

Eine Reihe völkerrechtlicher Verträge über Abrüstung, Umweltschutz und den Weltraum sieht die Nutzung „nationaler technischer Mittel" für die Kontrolle der Einhaltung der von den Staaten eingegangenen Verpflichtungen vor.

Nach Ansicht des Autors umfassen diese Mittel sämtliche vorhandenen technischen Kontrollmittel, darunter auch Weltraumobjekte. Trotz ihrer nationalen Zugehörigkeit stellen diese Objekte insofern eine Form internationaler Kontrolle dar, als ihr Einsatz auf die Kontrolle der Einhaltung international-völkerrechtlicher Verpflichtungen gerichtet ist.

Der Artikel unterstreicht, daß Kriterium für die Rechtmäßigkeit internationaler Kontrolle die Prinzipien des Völkerrechts sind. Direkt die internationale Kontrolle betreffende Prinzipien sind: das Prinzip der Nichteinmischung, das Prinzip der souveränen Gleichheit und das Prinzip der Vertragstreue. Spezielle Kontrollprinzipien sind: die Ausübung der Kontrolle auf der Grundlage eines Vertrages, die Angemessenheit der Kontrolle hinsichtlich des Umfangs und des Inhalts der Vertragspflichten sowie die Gleichzeitigkeit von Kontrolle und Vertragserfüllung durch die Staaten.

Der Artikel verweist auf den Einfluß des Fortschritts in Wissenschaft und Technik auf die rechtlichen Aspekte internationaler Kontrolle.

Der Autor sieht in der internationalen Kontrolle ein Mittel zur Stärkung internationaler Gesetzlichkeit und des Vertrauens zwischen den Staaten.

Summary

I. I. Kotljarov

International Control as a Means to Enhance Confidence in Inter-state Relations

The present article underscores the great importance of control and verification in international relations. The article points out the special role of international control under the treaties on disarmament, environmental protection and the use of outer space. From the point of view of the organizational structures of control the following possibilities exist:

- international control exercised by organs of international organizations;
- international control exercised by an international control body specially set up by States for this purpose;
- international control exercised by national bodies and means (including national technical means);
- international control based on the combination of international procedures and the activity of national bodies and/or technical means.

The article deals with methods of international control such as the presentation of reports and papers by States, exchange of information, observation from aircraft and space objects, establishment of control posts, visits to objects on celestial bodies, consultations, investigations of complaints, etc.

The author offers a definition of international control, and points out that its establishment is a complex and difficult problem because of a different approach to the role, importance and use of this institution on the part of the States belonging to different socio-economic systems. While the socialist countries adhere to a functional approach to the use of international control and consider that treaty commitments of States and the verification of their performance form an inseparable unity, the position of Western States often tends to overestimate control activities and to separate their contents from the scope of commitments, for example, in the sphere of disarmament.

A number of international agreements on disarmament, environmental protection and the use of outer space provide for the use of 'national technical means' in order to control the observance of commitments undertaken by States.

In the author's opinion such means comprise all existing technical means of control including space objects. Although national as to their belonging, space objects nevertheless are one of the forms of international control since the aims and the content of the tasks carried out by them concern the verification of the observance of international commitments.

The article stresses that the principles of international law are the criterion for the legitimacy of international control. The principles directly concerning international control are: the principle of non-interference in internal affairs, the principle of sovereign equality of States, and the principle of performance by States of their international commitments in good faith. There are also principles specifically relating to control activities such as the exercise of control on a treaty basis, the adequacy of control to the scope and content of treaty obligations, as well as the simultaneous exercise of control and performance by States of their treaty commitments.

In the article reference is made to the influence of progress in science and technology on the legal issues concerning the exercise of international control.

In the author's opinion international control is one of the means of strengthening international legality and trust between States.

G. Mencer

Das Problem des Überlebens der Menschheit, bewaffnete Konflikte und das Völkerrecht

„Es geht nicht nur um eine Konfrontation zweier Gesellschaftssysteme, sondern um die Wahl zwischen *Überleben* und gegenseitiger Vernichtung.“[1] Dieser Satz, den M. Gorbatschow im November 1985 auf der Pressekonferenz ausgesprochen hat, die zum Schluß seiner Besprechungen mit R. Reagan in Genf veranstaltet wurde, wurde von allen bedeutenderen Tageszeitungen im Westen und im Osten veröffentlicht und übereinstimmend kommentiert. Mit dem Problem des „*Überlebens der Menschheit*“ und der Notwendigkeit seiner Gewährleistung befassen sich seither zahlreiche Abhandlungen und Studien und viele Konferenzen wissenschaftlichen wie auch politischen Charakters.

Zum erstenmal in der Geschichte der internationalen Gemeinschaft finden sich die Völker diesem leider sehr aktuellen Problem gegenübergestellt. Es hat viele Dimensionen: Den politischen Aspekten der Problematik schließen sich Sicherheits- und militärische Aspekte, ideologische, philosophische, soziologische, ökologische, biologische, humanitäre und nicht zuletzt auch völkerrechtliche Aspekte an. In dieser Studie geht es uns vor allem um diese letztgenannten Aspekte.

Unter allen globalen Problemen, die die Menschheit bedrohen und deren Lösung unvorstellbar ist ohne eine internationale Zusammenarbeit, nimmt in der Hierarchie der Bedrohungen für die gesamte Menschheit und für ihr Überleben den ersten Platz ganz unumstritten das Problem des Krieges und Friedens ein. Im Rahmen dieses Problems kommt ein absoluter Vorrang der Gefahr eines Nuklearkrieges und überhaupt eines mit Massenvernichtungswaffen geführten Krieges zu.

Zum Unterschied von vielen globalen Problemen, die in größerem oder kleinerem Maße einen relativ schleichenden, dabei aber bedrohlichen Charakter haben (Verschlechterung der Umwelt, Nahrungsmittelkrise, Bevölkerungsexplosion usw.), stellt die Anhäufung von riesigen Mengen von Kernwaffen und anderen Massenvernichtungswaffen schon heute eine wirkliche und völlig reale Gefahr für die gesamte Menschheit dar.

Auf die globalen Probleme, die wir mit dem Attribut „schleichend“ bezeichneten, hat der Generalsekretär der Organisation der Vereinten Nationen mit großem Nachdruck schon in seinem Bericht vom 26. Mai 1969 aufmerksam gemacht, also zu einer Zeit, als die Lage noch bei weitem nicht so bedrückend war wie heute.

[1] Neues Deutschland v. 22. Nov. 1985, S. 3 (Hervorhebg. — G. M.).

Unter anderem hat er in diesem Bericht angeführt: „Zum erstenmal in der Geschichte der Menschheit ist eine die gesamte Welt umfassende Krise entstanden, die sowohl die entwickelten Länder wie auch die Entwicklungsländer einschließt, eine Krise der Umwelt. Die Ursachen dieses Krisenzustandes sind schon lange offensichtlich... Es ist deutlich, daß — falls die gegenwärtigen Entwicklungstrends fortschreiten werden — die Zukunft des *Lebens auf der Erde* gefährdet werden kann. Es ist daher dringend nötig, die Aufmerksamkeit der Welt auf diese Probleme zu konzentrieren."[2]

Wir gedenken nicht, uns an dieser Stelle mit globalen Problemen dieses Charakters zu befassen. Das haben wir in zahlreichen anderen Publikationen getan.[3] Wir wollen uns hier ausschließlich auf die Problematik des *Überlebens* im Zusammenhang mit bewaffneten Konflikten und infolge solcher Konflikte beschränken.

Wir möchten die *Drohung des Nichtüberlebens* den Grundsätzen und Regeln des Völkerrechts und insbesondere den Bestimmungen und Normen gegenüberstellen, die unter der Bezeichnung internationales Kriegsrecht, humanitäres Völkerrecht, Recht der bewaffneten Konflikte, jus in bello bekannt sind. Wir werden unsere Aufmerksamkeit vor allem internationalen bewaffneten Konflikten (also dem Ersten Ergänzungsprotokoll vom 8. Juni 1977 zu den vier Genfer Konventionen vom 12. August 1949 zum Schutz der Kriegsopfer)[4] widmen, werden aber bewaffnete Konflikte, die keinen internationalen Charakter haben (also das Zweite Ergänzungsprotokoll) auch nicht außer acht lassen. Bei Erwägungen über die völkerrechtlichen Aspekte des Überlebens können allerdings auch jene Teile des Völkerrechts nicht völlig außer acht gelassen werden, die gewöhnlich in den Bereich des internationalen Schutzes der Menschenrechte eingereiht werden (z. B. das Grundrecht des Menschen auf Leben und das Recht des Menschen auf Leben im Frieden). Erwähnenswert ist schließlich auch die Tatsache, daß kurz nach dem zweiten Weltkrieg ein internationales Abkommen ausgearbeitet und durch

[2] E/4667, S. 4 (Hervorhebg. — G. M.).

[3] Vgl. O. C. Kolbasov (Hrsg.), Socializm i ochrana okruščajuščej sredè, Moskva 1979, S. 237 bis 297; Z. Madar/G. Mencer, Životní prostředí, III. (Umwelt, III.), Praha 1980; s. weiter G. Mencer, K otázce mezinárodněprávních zásad ochrany životního prostředí v rámci RVHP (Zur Frage der völkerrechtlichen Grundsätze des Umweltschutzes im Rahmen des RGW), in: Právník, 1/1975, S. 295ff.; ders., K otázce mezinárodněprávní ochrany životního prostředí (Zur Frage des völkerrechtlichen Umweltschutzes), in: ebenda, 7/1973, S. 601ff; ders., Helsinská konferencia, ochrana životného prostredia a RVHP (Die Helsinki-Konferenz, Umweltschutz und RGW), in: Právo a životné prostredie v socialistickej spoločnosti (Recht und Umwelt in der sozialistischen Gesellschaft), Bratislava 1977, S. 189ff.

[4] Vgl. Text der Genfer Abkommen vom 12. August 1949, in: Völkerrecht, Dokumente, Teil 1, Berlin 1980, S. 231ff.; (dt.) Text der Zusatzprotokolle u. a. in: F. Berber/A. Randelzhofer (Hrsg.), Völkerrechtliche Verträge (Beck-Texte, dtv 5031), München 1979, S. 406ff.; s. dazu auch Commentary on the Additional Protocols of 8 June 1977 to the Geneva Conventions of 12 August 1949, ICRC, Geneva 1987.

viele Staaten (einschließlich aller sozialistischen Staaten) ratifiziert wurde, das rechtlichen Schutz vor der *Gefahr des Nichtüberlebens* zwar nicht für die gesamte Menschheit als solche, aber doch für Menschengruppen (nationale, rassische, ethnische oder religiöse Gruppen) bezweckt. Es handelt sich um die Konvention über die Verhütung und Bestrafung des Verbrechens des Völkermordes (Genozid) vom Jahre 1948.[5]

Vom Gesichtspunkt der Problematik des Überlebens der Menschheit ist in der Gegenwart besonders bedrohlich, daß die Welt zum 1. Januar 1986 über eine phantastische, aber leider reale Menge von Kernwaffen verfügte, der beinahe 16 Milliarden Tonnen TNT entsprechen. Ihre Vernichtungskraft ist 5000mal größer als die Gesamtheit der Vernichtungskraft, die von allen kriegführenden Parteien an allen Fronten des zweiten Weltkriegs verwendet wurde. Das ist mehr als 1 Million Bomben des Typs Hiroshima. Jeder Mensch in der Welt sitzt — bildlich gesprochen — auf 3 Tonnen TNT. Mit anderen Worten gesagt — darin stimmt die einschlägige Literatur in Ost und West überein — könnte jede Person zwölfmal nacheinander getötet werden. Sollte nur ein kleiner Teil dieser Waffen verwendet werden, würde die menschliche Zivilisation und vielleicht überhaupt das Leben auf unserem Planeten verschwinden.

Mit der Problematik des Überlebens stehen auch andere Massenvernichtungswaffen in engem Zusammenhang, vor allem die chemischen, bakteriologischen und biologischen Waffen. Die bestehenden Arsenale dieser Waffen könnten schon heute die zweifache Oberfläche aller Kontinente bedecken.

In der letzten Zeit wird in politischen, militärischen und soziologischen Dokumenten ausdrücklich betont, daß die Entwicklung konventioneller Waffen schon heute eine solche Stufe erreicht hat, daß sich ihre Vernichtungskraft infolge der Militarisierung des technischen Fortschritts der Vernichtungskraft der Massenvernichtungswaffen nähert. Überdies werden alle diese Waffen — ob es sich um Massenvernichtungs- oder konventionelle Waffen handelt — unablässig vervollkommnet. Die konventionellen Waffen werden fast zu Massenvernichtungswaffen, und die Massenvernichtungswaffen werden noch „massenhafter". Nach Berichten, die Mitte Januar 1986 in den Vereinigten Staaten von Amerika veröffentlicht wurden[6], sind die hochleistungsfähigen Lasereinrichtungen, die nach dem Programm der „Sternenkriege" entwickelt werden, keineswegs Verteidigungswaffen. Sie stellen vielmehr aggressive Waffen dar, die Großstädte und in einigen Stunden die Bevölkerung eines ganzen Staates vernichten können. Es wird zwar keine Kernexplosion erfolgen, das Ergebnis aber wird das gleiche sein.

Die im August 1945 von den Vereinigten Staaten von Amerika auf Hiroshima und Nagasaki abgeworfenen Atombomben sind im Verhältnis zu den heutigen

[5] Text in: Völkerrecht, Dokumente, Teil 1, a. a. O., S. 220ff.

[6] Vgl. Los Angeles Times vom 13. Januar 1986 unter Hinweis auf Arbeiten einer militärischen Forschungsgesellschaft (in Kalifornien); s. weiter die Januarausgabe der amerikanischen Zeitschrift Physics and Society sowie Rudé právo, vom 14. Januar 1986, S. 7.

Bomben nur kleine „Minibömbchen“. Sie sind aber groß genug, daß sich die Menschheit der Gefahr bewußt werde, die sie für ihr Überleben in sich bergen, und dasselbe kann von den chemischen und biologischen Waffen (teilweise auch von den „Umweltwaffen“) gesagt werden, die die Vereinigten Staaten von Amerika in ihrem unlängst geführten Aggressionskrieg gegen Vietnam verwendet haben.[7] Die barbarische Verheerung und das barbarische Gemetzel, das in Vietnam stattgefunden hat, sind nicht nur lehrreich für jeden, der sich mit dem Aspekt des *Überlebens der Menschheit* und allgemein mit Problemen des humanitären Rechts befaßt, sondern bedeuten zugleich eine ungeheuere Warnung für die menschliche Zivilisation.

Die Charta der Organisation der Vereinten Nationen bestätigte schon in ihrer Präambel den Entschluß, „die künftigen Generationen vor der Geißel des Krieges zu bewahren, die zweimal zu unseren Lebzeiten unsagbares Leid über die Menschheit gebracht hat“, und sie verpflichtete, um dieses Ziel zu erreichen, die Staaten, „Toleranz zu üben und als gute Nachbarn in Frieden miteinander zu leben“.

In Art. 2 Abs. 4 der Charta verpflichteten sich die Mitgliedsstaaten, sich in ihren Beziehungen nicht nur der Anwendung, sondern auch der Androhung von Gewalt gegen die territoriale Integrität oder die politische Unabhängigkeit eines Staates zu enthalten. Das Recht der Staaten, einen Aggressionskrieg zu führen, ist für immer erloschen. Aggression wurde durch das Völkerrecht nicht nur ver-

[7] Aus der in Fußnote 3 angeführten Monographie von Z. Madar und G. Mencer sollen im Zusammenhang mit der Problematik des Überlebens der Menschheit wenigstens einige Sätze wiedergegeben werden (S. 60f.[tschech.]):

„Es ist bekannt, daß die Vereinigten Staaten von Amerika in den Jahren 1972—1974 in Südostasien Regenfälle hervorriefen, beschleunigten oder, im Gegenteil, nach ihrem Bedarf abbremsten ... Neben den verheerenden Folgen von Herbiziden, Defolianten und Pestiziden, die auf Tausenden und aber Tausenden Hektaren von Wäldern und Feldern vielleicht auf die Dauer eines Jahrhunderts die Vegetation, die Ernte, die Bäume und alles vernichtet haben ... sollen einige weitere Devastationsfolgen wenigstens in sehr groben Zügen erwähnt werden. Nach Berichten aus den Dokumenten der Untersuchungskommission der Demokratischen Republik Vietnam vom 15. März 1973, weiter nach einem Artikel in der Washington Post vom 1. Mai 1975 und nach einem Bericht der Nationalen Akademie der Wissenschaften der Vereinigten Staaten von Amerika ... sowie der Monographie des amerikanischen Wissenschaftlers Arthur H. Westlings ‚Environmental Consequences of the Second Indochina War‘ und schließlich nach einer Reihe von Publikationen des schwedischen Forschungsinstitutes für den Frieden SIPRI gab es in Südvietnam etwa 10 Millionen Krater, verursacht durch Bombardierung aus der Luft oder durch schwere Artillerie ... Es wurden 100000 Pfund Defoliante und 13000000 Tonnen Sprengstoff gegen Indochina verwendet, was zu einer außerordentlich bedrohlichen Verseuchung der Atmosphäre, der Gewässer und des Bodens geführt hat ... Die Verseuchung der Atmosphäre hat bei 700000 Menschen eine Vergiftung hervorgerufen ... Mißgeburten, kongenitale Anomalien und physiologische Störungen bei Frauen waren in allen diesen Gebieten auf der Tagesordnung ...“

Vgl. hierzu auch A. H. Westling, Herbicides in War. The Longterm Ecological and Human Consequences, London/Philadelphia 1985, S. 5, 22, 115.

boten, sondern überdies ausdrücklich zu einem internationalen Verbrechen erklärt.[8]

Die Praxis der jüngsten Vergangenheit und auch die Gegenwart zeigen uns jedoch, daß auch das rechtliche Verbot des Aggressionskrieges nicht imstande war, die bewaffneten Konflikte zu beseitigen. Seit dem zweiten Weltkrieg erlebte die Menschheit etwa 200 bewaffnete Konflikte. Von den ungefähr 15 500 Tagen, die uns vom Ende des zweiten Weltkriegs trennen, gab es insgesamt nur 60 Tage, an denen in der Welt nicht geschossen wurde. Mehr als 25 Millionen Menschen wurden unmittelbar oder mittelbar zu Opfern von Kriegsaktionen. Obwohl diese Kriege begrenzter waren als der erste oder der zweite Weltkrieg, waren die Verluste an Menschenleben — insbesondere unter der Zivilbevölkerung — verhältnismäßig höher. Während sich die Anzahl der zivilen Opfer des ersten Weltkriegs um 5% der Gesamtverluste bewegte, betrug sie im zweiten Weltkrieg schon 50%; im Aggressionskrieg gegen Vietnam und in den unlängst geführten bewaffneten Konflikten beläuft sich dieser Anteil schon auf mehr als 70%, und in der Gegenwart übersteigt er auf vielen Schlachtfeldern (z. B. Libanon, Nikaragua, Afghanistan) schon 80%. Sollte es zu einem mit Kernwaffen oder mit anderen Massenvernichtungswaffen geführten Krieg kommen, könnte man von einem Anteil der Zivilbevölkerung an den Gesamtverlusten schon überhaupt nicht mehr reden, sondern bloß vom *Überleben oder Nichtüberleben* der menschlichen Zivilisation.

Das Erfordernis maximaler Humanisierung des Krieges, das die *Hauptfunktion des humanitären Völkerrechts* bildet, kann auch mit anderen Worten ausgedrückt werden: Wenn es einstweilen nicht möglich war, in den Beziehungen zwischen den Staaten den Krieg völlig auszuschließen, so ist es jedenfalls nötig, auf Grund *gemeinsam vereinbarter Normen* seine Folgen soweit wie möglich zu beschränken, vor allem das Leid von Menschen, ob Kombattanten oder Nichtkombattanten, besonders aber die Leiden der Zivilbevölkerung zu mildern. Das minimale Erfordernis einer realen Humanisierung des Krieges besteht darin, das Überleben *der Zivilbevölkerung und dadurch auch das Überleben der Menschheit* zu gewährleisten.

1. Schutz der Zivilbevölkerung

Wie ist die Einstellung des Völkerrechts zum Problem des Überlebens der Zivilbevölkerung und damit auch zum Problem des Überlebens der Menschheit? Wir stellen die Frage auf diese Art, weil wir glauben, daß keine Rechtsvorschrift den Kombattanten das Recht auf Überleben realistisch zusichern kann. Die Definition der Kombattanten, die sich in Artikel 43 Abs. 2 des Ersten Ergänzungsprotokolls

[8] Vgl. Aggressionsdefinition von 1974 (Art. 5), Text in: Völkerrecht, Dokumente, Teil 3, Berlin 1980, S. 919ff.

befindet, lautet: „Mitglieder der Streitkräfte einer Konfliktpartei (mit Ausnahme des Sanitäts- und Seelsorgepersonals im Sinne des Artikels 33 der Dritten Konvention) sind Kombattanten, d. h. sie sind berechtigt, sich unmittelbar an Kampfhandlungen zu beteiligen." Der Ausdruck „sich unmittelbar an Kampfhandlungen beteiligen" bedeutet, daß ein Kombattant berechtigt ist, auf einen Kombattanten des Gegners zu schießen, berechtigt ist, den Gegner mit allen erlaubten Methoden und Mitteln der Kriegführung anzugreifen. Die gleichen Rechte hat selbstverständlich auch ein Kombattant des Gegners. Aus der Logik der Sache folgt also, daß das humanitäre Völkerrecht (gewöhnlich bezeichnet als Genfer Recht) und vor ihm bereits das internationale Kriegsrecht (gewöhnlich bezeichnet als Haager Recht) zwar zahlreiche Bestimmungen enthalten, die die Kombattanten in verschiedenen Situationen rechtlich schützen, jedoch keine realistischen Bestimmungen enthalten und auch nicht enthalten können, in denen das Recht auf Überleben der Kombattanten verbürgt wird. Völlig anders ist allerdings die Lage in bezug auf die Zivilbevölkerung als solche und insoweit auch für die Menschheit.

Der Zweck dieser Studie ist es, mit einer Reihe von Argumenten deutlich zu machen, daß das gegenwärtige humanitäre Völkerrecht der Zivilbevölkerung als solcher (und damit im wesentlichen auch der gesamten Menschheit und der menschlichen Zivilisation) das Recht auf Überleben nicht nur gewährleistet, und zwar expressis verbis durch viele Bestimmungen des positiven Rechts, einschließlich des Gewohnheitsrechts, sondern daß es in der Gegenwart schon möglich ist, geradezu von einem „Grundsatz des Überlebens" zu sprechen.

Es ist logisch, daß das Erfordernis der Humanisierung des Krieges und dadurch auch das Erfordernis des Überlebens mit der Frage des Verbots der Forschung, Entwicklung, Herstellung, hauptsächlich aber mit der Frage des Verbots der Anwendung einiger Waffen in engem Zusammenhang steht. Es steht aber in nicht geringerem Maße zugleich im Zusammenhang mit den Methoden (Arten) und Mitteln der Kriegführung und ihrer rechtlichen Regelung. Die Frage des Verbots einiger Methoden und Mittel der Kriegführung war schon vor mehr als hundert Jahren außerordentlich wichtig (und sogar schon im antiken römischen Recht bestanden viele Regeln, die die freie Wahl von Methoden der Kriegführung einschränkten, z. B. das Verbot, Trinkwasser und dann allgemein Brunnen zu vergiften), also schon zur Zeit der St. Petersburger Deklaration von 1868 sowie auch in der Zeit der Annahme der Haager Abkommen von 1899 und 1907 (auf die sich in seinem Urteil der Internationale Militärgerichtshof in Nürnberg und auch die Diplomatische Konferenz 1947—1977 über die Kodifikation des neuen humanitären Völkerrechts stützten), zu einer Zeit also, in der noch keine Militärflugzeuge existierten (und folglich auch keine Bombardierung aus der Luft bekannt war; zu ihr kam es zuerst im Jahre 1911) und in der die Militärtechnik mit der Technik und Ausrüstung von heute nicht zu vergleichen war. Um so bedeutsamer und wichtiger ist diese Frage in der Gegenwart, deren charakteristisches Merkmal nicht nur die wissenschaftlich-technische Revolution, sondern zugleich auch die ausgeprägte und sehr intensive Militarisierung des wissenschaftlich-technischen Fortschritts darstellt.

Die Massenvernichtungswaffen und gleichfalls einige neue Waffenarten und Kriegsmittel, die als konventionelle Waffen oder als solche bezeichnet werden, die sich an der Grenze zwischen konventionellen und Massenvernichtungswaffen befinden, unterscheiden nicht und können auch nicht unterscheiden zwischen Soldaten und der Zivilbevölkerung. Ihre Verwendung steht daher in krassem Widerspruch zu einem der tragenden — und vielleicht auch der grundsätzlichsten — Prinzipien des humanitären Völkerrechts und des Kriegsrechts, das (unter anderem zum Beispiel auch in Artikel 51 des Ersten Ergänzungsprotokolls) befiehlt, zwischen zivilen und militärischen Zielen bedingungslos, unter allen Umständen, jederzeit und überall streng zu unterscheiden. Der Grundsatz der „strengen Unterscheidung" zwischen zivilen und militärischen Zielen ist in seinen Folgen nichts anderes als ein Ausdruck des Grundsatzes des Überlebens. Nicht zu vergessen ist auch, daß Teil IV des Ersten Ergänzungsprotokolls, der den Titel „Zivilbevölkerung" trägt, eine Regel enthält, der direkt im Titel das Attribut „Grundregel" erteilt wurde. Diese Regel, verankert im Artikel 48, enthält einen einzigen, nicht langen, dafür aber klaren und treffenden Satz: „Um die Achtung und den Schutz der Zivilbevölkerung und ziviler Objekte zu gewährleisten, werden die Konfliktparteien zwischen der Zivilbevölkerung und Kombattanten sowie zwischen zivilen Objekten und militärischen Zielen *jederzeit* unterscheiden und dementsprechend ihre militärischen Operationen *ausschließlich* gegen militärische Ziele richten" (Hervorhebung — G. M.). Die Worte „jederzeit" und „ausschließlich" sind vollkommen klar und — man kann sagen — sie lassen keinen Kompromiß und keine Ausnahmen zu. Aus der Tatsache, daß diese Regel auf der Diplomatischen Konferenz 1974—1977 im Konsens zur „Grundregel" erklärt wurde, ergibt sich einerseits, daß im Sinne des Artikels 19 der Wiener Konvention über das Recht der Verträge gegen sie keine Vorbehalte erhoben oder geltend gemacht werden könnten (dies wäre im Widerspruch zu dem „Inhalt und Ziel" des Protokolls), andererseits aber auch, daß alle anderen Regeln unmittelbar von dieser „Grundregel" abgeleitet sind.

Daß das Wort „Überleben" im Wortlaut der Grundregel nicht vorkommt, ist selbstverständlich nicht relevant. Es läßt sich einerseits aus der logischen Auslegung der angeführten Regel ableiten, andererseits davon, daß in einer Reihe weiterer Regeln dieser Ausdruck expressis verbis benutzt wird. So trägt Artikel 54 den Titel „Schutz von Objekten, die für das *Überleben* der Zivilbevölkerung unentbehrlich sind" (Hervorhebung — G. M.), und Absatz 2 desselben Artikels verbietet ausdrücklich Angriffe auch auf Objekte, die die Zivilbevölkerung zum *Überleben* braucht. Dieser Absatz lautet: „Es ist verboten, Objekte, die für das *Überleben* der Zivilbevölkerung unentbehrlich sind, anzugreifen, zu zerstören, zu beseitigen oder unbrauchbar zu machen . . ." (Hervorhebung — G. M.); und als Beispiele führt dieser Absatz (u. a.) das Verbot von Angriffen auf Lebensmittelvorräte, „auf landwirtschaftliche Gebiete, die zur Produktion von Lebensmitteln dienen", auf Viehbestände, auf Trinkwassereinrichtungen, auf Wasserversorgungs- und Bewässerungsanlagen an. Ein charakteristisches Merkmal dieses Verbots und daher auch ein charakteristisches Merkmal des als jus cogens zwingenden Grundsatzes des Überlebens besteht darin, daß die Absicht des Angreifers bei diesen militärischen Aktionen völlig irrelevant und von Wichtigkeit nur das Risiko des Nichtüberlebens ist. Das Verbot gilt also auch im Falle, daß das Nichtüberleben der Zivilbevölkerung vom Angreifer nicht beabsichtigt wird. Wie sich aus dem weiteren Wortlaut des Artikels 54 Abs. 2 ergibt, ist das Verbot unabhängig davon verbindlich, ob die destruktive Aktion „mit der Absicht erfolgt, Zivilpersonen auszuhungern oder zum Weggehen zu zwingen, oder *aus anderen Gründen*" (Hervorhebung — G. M.) vorgenommen wird.

Im Zusammenhang mit dem Ausdruck „Aushungern" im angeführten Satz und im Zusammenhang mit dem Erfordernis des Überlebens der Zivilbevölkerung soll daran erinnert werden, daß Artikel 54 Abs. 1 ganz kategorisch und eindeutig erklärt, daß das „Aushungern von Zivilpersonen als Methode der Kriegführung verboten ist". Die Diplomatische Konferenz 1974—1977 hatte bei der Formulierung und Erklärung dieser Regel und des darin ausgedrückten Verbots nicht nur den Versuch der systematischen Methode der Aushungerung im Sinn, die die Vereinigten Staaten von Amerika noch zu Beginn der Konferenz in ihrem Aggressionskrieg gegen das vietnamesische Volk anwandten, sondern z. B. auch die 29 Monate dauernde Umzingelung und Bombardierung von Leningrad durch die Armeen Hitlers. Diese Aktion hatte — wie bekannt — den Tod von fast einer Million Menschen zur Folge.

Das Erfordernis des Überlebens (wobei das Wort „Überleben" ausdrücklich gebraucht wird) wurde auch im Zusammenhang mit dem Umweltschutz ausdrücklich als Kriterium normiert, und zwar in Artikel 55 des Protokolls I. Dieser Artikel bestimmt, daß „bei der Kriegführung die natürliche Umwelt vor ausgedehnten, lang anhaltenden und schweren Schädigungen zu schützen ist. Dieser Schutz schließt das Verbot der Anwendung von Methoden oder Mitteln der Kriegführung ein, die dazu bestimmt sind oder von denen erwartet werden kann, daß ihr Einsatz solche Schädigungen der natürlichen Umwelt verursacht und dadurch *die Gesundheit oder das Überleben* der Bevölkerung gefährdet" (Hervorhebung — G. M.). Der Zusammenhang zwischen dem Verbot einer ökologischen Kriegführung und damit auch eines nuklearen Krieges und dem kategorischen Gebot, „die Gesundheit oder das Überleben" der Bevölkerung zu schützen oder zu gewährleisten, liegt auf der Hand. Dieser Zusammenhang wird ausdrücklich von dem Völkerrechtler G. Herczegh hervorgehoben: „Environmental protection is . . . no purpose in itself, the Protocol protects the environment as a prerequisite for the health and survival of people".[9] Von den westlichen Autoren soll — zum Beispiel — der schwedische

[9] G. Herczegh, Development of International Humanitarian Law, Budapest 1984, S. 165.

Professor Esbjörn Rosenblad genannt werden, der das Gebot, das Erfordernis des Überlebens zu beachten, geradezu zum grundlegenden „*Prinzip des Überlebens*" erhob.[10]

Das Gebot, „die Gesundheit und das Überleben der Bevölkerung" nicht zu gefährden, ist verbindlich, unabhängig von der Absicht des Angreifers. Es gilt auch im Falle, daß der Angreifer keine solche Schädigung beabsichtigte. Es genügt, wenn „erwartet werden kann, daß solche Schädigungen" eintreten könnten.

Im Interesse des Überlebens und um „schwere Verluste unter der Zivilbevölkerung" zu vermeiden, sind durch Protokoll I auch Angriffe auf gefahrenträchtige Bauten und Einrichtungen verboten, also auf Bauten, die der Angreifer eigentlich als militärische Objekte oder als militärische Ziele betrachten könnte, wenn es den Grundsatz des Überlebens nicht gäbe. In diesem Zusammenhang verbietet Art. 56 Angriffe „auf gefahrenträchtige Bauten oder Einrichtungen, insbesondere auf Dämme, Deiche und Kernkraftwerke ..., auch wenn sie militärische Objekte sind, falls ein solcher Angriff gefährliche Kräfte freisetzen und dadurch *schwere Verluste* unter der Zivilbevölkerung verursachen kann" (Hervorhebung — G. M.).

Von diesen humanitären Gedanken geht auch das Zweite Ergänzungsprotokoll aus, das sich mit dem Schutz von Opfern nichtinternationaler bewaffneter Konflikte befaßt. Artikel 13 formuliert die kategorische Regel, daß „die Zivilbevölkerung als solche und einzelne Zivilpersonen kein Gegenstand von Angriffen sein dürfen", und Artikel 14 spricht von der „Unerläßlichkeit des Überlebens der Zivilbevölkerung" nicht nur im Text, sondern auch im offiziellen Titel des Artikels selbst. Es soll noch daran erinnert werden, daß auch Protokoll II, wenn seine Voraussetzungen gegeben sind, nach der Bestimmung des Artikels 4 Abs. 2 „jederzeit und an jedem Ort" verbindlich ist.

Parallel zu den zwei Ergänzungsprotokollen ist eine weitere internationale Konvention entstanden, die die Umwelt und das Klima und so indirekt auch den Menschen, die menschliche Zivilisation und ihr Überleben schützen soll, und zwar diesmal vor der Anwendung von Techniken, die zu militärischen oder anderen feindlichen Zwecken die Umwelt und das Klima negativ beeinflussen.[11] Diese Konvention wurde am 18. Mai 1977 von vielen Staaten unterzeichnet, darunter von der UdSSR, von den Vereinigten Staaten von Amerika und von allen europäischen sozialistischen Staaten. In ihrem Artikel 1 Abs. 1 verbietet diese Konvention die Anwendung von Techniken bzw. Mitteln, die „weitreichende, lang anhaltende oder ernste Schädigungen" der Umwelt verursachen könnten. Gleicherweise wie das Erste Ergänzungsptotokoll im zitierten Artikel 55 (und ebenfalls in Artikel 35) benützt diese Konvention die Ausdrücke „weitreichende, lang anhal-

[10] Vgl. E. Rosenblad, International Humanitarian Law of Armed Conflicts, Geneva 1979, S. 70—72.

[11] Konvention über das Verbot militärischer oder sonstiger feindseliger Anwendung von Mitteln zur Einwirkung auf die Umwelt, Text in: Völkerrecht, Dokumente, Teil 3, a. a. O., S. 1022ff.

tende, ernste" Schädigungen. Im Interesse des *Überlebens der Menschheit* und der Erhaltung ihrer Umwelt (einschließlich des Klimas, der Flora und der Fauna) ist also das Verbot analog, aber bei weitem nicht identisch. Worin ist der Unterschied zu erblicken? Im Protokoll I wird der Ausdruck „weitreichende, lang anhaltende und ernste" benützt, dagegen ist in der Konvention vom 18. Mai 1977 in diesem Ausdruck das Wörtchen „und" durch das Wort „oder" ersetzt. Das Wörtchen „und" bedeutet, daß im Sinne des Protokolls I die Folgen der verbotenen Tätigkeit nicht nur weitreichend, nicht nur lang anhaltend, sondern zugleich auch ernst sein müssen. Dagegen ergibt sich aus dem Wort „oder" in der Konvention vom 18. Mai 1977, daß für das Verbot der Anwendung von Techniken bzw. Mitteln auch nur eine einzige von den angeführten drei Eigenschaften genügt, und zwar welche auch immer. Das Verbot ist also in diesem Falle breiter und strenger.[12] Wir glauben aber, daß vom Gesichtspunkt des Überlebens dieser Unterschied als irrelevant betrachtet werden kann.

2. Verbot der Anwendung von Kernwaffen

In der Gegenwart gibt es für den Schutz der Menschheit nichts Wichtigeres als die Verhütung der nuklearen Gefahr. Erwägungen über den Schutz der Zivilbevölkerung im Lichte des Völkerrechts können daher nicht anders beginnen als mit der Frage: Sind die Atomwaffen durch das Völkerrecht verboten, oder sind sie es nicht? Die sozialistische Lehre vom Völkerrecht geht eindeutig davon aus, daß die Verwendung dieser Waffen durch das Völkerrecht verboten ist. Dagegen ist der Standpunkt westlicher Autoren zu dieser Frage bei weitem nicht so eindeutig. Einige von ihnen argumentieren mit der unbestreitbaren Tatsache, daß es einstweilen kein spezifisches internationales Abkommen gibt, das die Kernwaffen expressiv verbis verbieten würde. Das ist wahr, aber dieses Argument kann *keinesfalls* zur Unterstützung der unsinnigen und geradezu zynischen Behauptung benützt werden, daß die Verwendung der Atomwaffen demzufolge erlaubt ist. Wir meinen dabei selbstverständlich die „Erstanwendung" von Atomwaffen, da die Frage ihrer Anwendung als Antwort auf einen vorangehenden atomaren Angriff im Lichte des gegenwärtigen Rechts begreiflicherweise anders steht.

Bei Erwägungen über das Verbot der Atomwaffen ist einerseits von den allgemeinen Grundsätzen des Kriegsrechts und des humanitären Völkerrechts, anderer-

[12] In diesem Zusammenhang vgl. auch die Studie von G. Mencer, A környezetvédelem a stockholmi és a helsinki értekezlet, valamint nehány-ujonna készülö kodifikációs tervezet fényében (Der Umweltschutz im Lichte der Konferenzen von Stockholm und Helsinki sowie einiger anderer Kodifikationsentwürfe), in: Jogtudományi Közlöny, 6/1977, S. 336ff.; zur Auslegung beider Bestimmungen s. ebenfalls H. Blix, Arms Control Treaties Aimed at Reducing the Military Impact on the Environment, in: Essays in International Law in Honour of Judge Manfred Lachs, Haag/Boston/Lancaster 1984, S. 701 (S. 709, 713).

seits von den bestehenden Abkommen und, schließlich, von der opinio juris auszugehen, ausgedrückt in bedeutsamen Resolutionen der Vollversammlung der Organisation der Vereinten Nationen und in Gutachten anerkannter völkerrechtlicher Institute.

Die Resolution der Vollversammlung der Organisation der Vereinten Nationen 1653 (XVI) vom 24. November 1961, die „Deklaration über das Verbot der Anwendung nuklearer und thermonuklearer Waffen"[13], bestimmt ausdrücklich, daß „jeder Staat, der nukleare oder thermonukleare Waffen anwendet, als ein die Charta der Vereinten Nationen verletzender Staat betrachtet werden soll, der gegen die Gesetze der Menschlichkeit verstoßen und Verbrechen gegen die Menschlichkeit und die Zivilisation begangen hat ..." Von einer Reihe ähnlicher Resolutionen soll wenigstens die „Deklaration über die Verhütung einer nuklearen Katastrophe " genannt werden, die die Vollversammlung der Organisation der Vereinten Nationen am 9. Dezember 1981 als Resolution 36/100 angenommen hat. In dieser Deklaration wird feierlich erklärt, daß „Staaten und Staatsmänner, die als erste zur Anwendung von Kernwaffen greifen, ... das schwerste Verbrechen gegen die Menschheit (begehen)".[14]

Das internationale Kriegsrecht geht einerseits davon aus, daß das Ziel des Krieges nur darin bestehen darf, die bewaffneten Kräfte des Gegners gewaltsam (militärisch) zu brechen, andererseits von dem in älteren wie auch in den neuesten Abkommen verankerten Grundprinzip, daß „die Konfliktparteien, um dieses Ziel zu erreichen, kein unbegrenztes Recht haben, Methoden und Mittel der Kriegführung zu wählen". Von diesem Grundsatz, der in Form einer „Grundregel" im Artikel 35 Abs. 1 des Protokolls I wiederum bestätigt wurde, wurde noch im vergangenen Jahrhundert ein weiterer — schon etwas konkreter formulierter — Grundsatz abgeleitet und auf der Diplomatischen Konferenz 1974—1977 neuerlich bestätigt nämlich der Grundsatz, daß „es verboten ist, Waffen, Geschosse und Material sowie Methoden der Kriegführung anzuwenden, die ihrer Natur nach übermäßige Verletzungen oder unnötiges Leiden verursachen würden". Diese letzterwähnte Regel wurde als eine „Grundregel" in Artikel 35 Abs. 2 des Protokolls I ebenfalls verankert.

Die Vereinigten Staaten von Amerika, Großbritannien und Frankreich behaupteten schon auf der Diplomatischen Konferenz 1974—1977, daß die Ergänzungsprotokolle an der Rechtslage der Atomwaffen nichts ändern und sie im wesentlichen nicht betreffen. Einen ähnlichen Sinn haben auch die Vorbehalte, die zu den Ergänzungsprotokollen bei ihrer Ratifizierung von Belgien und Italien gemacht wurden.[15] Der amerikanische Professor R. Baxter (später Richter des

[13] Text in: Resolutionen zur Abrüstung und zur Kodifizierung des Völkerrechts (Die Vereinten Nationen und ihre Spezialorganisationen, Dokumente, Band 3, Teil I), Berlin 1981, S. 478ff.

[14] Text in: DDR-Komitee für Menschenrechte, Schriften und Informationen, 3/1982, S. 34f.

[15] Text in: International Review of the Red Cross, 1986 Nr. 251, S. 113, und Nr. 252, S. 186.

Internationalen Gerichtshofes) meinte, daß die Protokolle im Bereich der Atomwaffen „nichts Neues“ gebracht haben.[16]

Wie immer auch ähnliche Erklärungen und Vorbehalte zu den Protokollen sein mögen, ob diese Instrumente an der Rechtslage der Atomwaffen viel, wenig oder gar nichts änderten, eines ist sicher, nämlich daß die Atomwaffen schon zur Zeit der Eröffnung der Diplomatischen Konferenz und schon lange vor ihr durch das Völkerrecht verboten wurden und auch heute verboten sind. Das grundlegende Prinzip und ein tragender Pfeiler des internationalen Kriegsrechts und des humanitären Völkerrechts ist und bleibt der *Grundsatz der Menschlichkeit*. Dieser Grundsatz durchdringt alle Bestimmungen des Kriegsrechts und des humanitären Völkerrechts. Er wird allgemein als ein Grundsatz zwingenden Charakters (jus cogens) betrachtet.

Schon die St. Petersburger Deklaration von 1868, nachdem sie in Absatz 2 erklärt, daß „die Staaten in der Kriegführung berechtigterweise nur ein Ziel verfolgen sollen, nämlich die *militärischen* Kräfte des Feindes zu schwächen“, stellt in Absatz 4 fest, daß „dieses Ziel *überschritten* wird, wenn Waffen angewendet werden, die die Leiden der kampfunfähig Gewordenen unnötigerweise vergrößern oder deren *Tod unvermeidlich machen*“ (Hervorhebung — G. M.).[17]

Ein Versuch um ein ausdrückliches Verbot der Anwendung solcher Waffen und Kriegsmethoden wurde schon im Genfer Abkommen von 1864 zur Verbesserung des Loses der Verwundeten der Streitkräfte im Felde und dann weiter in der Brüsseler Deklaration von 1874 über die Gesetze und Gebräuche des Krieges unternommen. Der Hauptgedanke aller drei angeführten Dokumente wurde dann in die Haager Abkommen von 1899 und 1907 und in ihre Anlage übernommen, die den Titel „Landkriegsordnung“ führt.[18] Artikel 22 dieser Ordnung stellt kategorisch fest, daß die kämpfenden Parteien kein unbegrenztes Recht haben, Mittel zur Schädigung des Feindes zu wählen, und unmittelbar darauf verbietet dann ihr Artikel 23 Waffen, Geschosse oder Stoffe, die geeignet sind, unnötige Leiden zu verursachen. Beide Grundsätze wurden als „Grundregeln“ in Artikel 35 des Ersten Ergänzungsprotokolls übernommen. Sie waren aber schon als allgemein anerkannte Grundsätze des Gewohnheitsrechts gültig und rechtsverbindlich, was vom Nürnberger Militärgerichtshof und dann auch von der Vollversammlung der Organisation der Vereinten Nationen ausdrücklich anerkannt wurde.

Wenn es auch kein spezifisches Abkommen gibt, das ein ausdrückliches Verbot der Atomwaffen enthält, gibt es außer den erwähnten Dokumenten noch eine ganze Reihe weiterer Argumente, die dieses Verbot belegen. Das Genfer Protokoll von

[16] Vgl. R. Baxter, Modernizing the Law of War, in: Military Law Review, Bd. 78 (1977), S. 180; vgl. auch O. E. Bring/H. B. Reimann, Redressing a wrong question; The 1977 Protocols Additional to the 1949 Geneva Conventions and the issue of nuclear weapons, in: Netherlands International Law Review, Bd. 33 (1986) 1, S. 99ff.

[17] Text bei H. Standke/L. Krumbiegel, Der Krieg im Völkerrecht, Berlin 1961, S. 170.

[18] Text in: Völkerrecht, Dokumente, Teil 1, a. a. O., S. 56ff.

1925 über das Verbot chemischer und bakteriologischer Waffen[19] hat die Anwendung von Stick-, Gift- und ähnlichen Gasen im Kriege verboten, ebenso wie die Anwendung aller ähnlichen Flüssigkeiten, Stoffe *oder Verfahrensarten*. Das alles kann nicht anders ausgelegt werden als so, daß dieses Verbot erst recht die bei weitem viel schädlicheren radioaktiven Stoffe einschließt.

Schon das vierte Genfer Abkommen von 1949 und nach ihm dann besonders ausgeprägt und ausdrücklich das Erste Ergänzungsprotokoll von 1977 verbot solche militärischen Operationen, die nicht unterscheiden, was ihre Wirkungen und Folgen betrifft. Im Rahmen der Vorbereitung der Diplomatischen Konferenz 1974—1977 fand in Genf im Jahre 1969 eine bedeutsame wissenschaftliche Konferenz statt, an der sich Theoretiker aus West und Ost beteiligten. Auf dieser Konferenz kam es zu einer absoluten Übereinstimmung der Ansichten nicht nur darüber, daß der Grundsatz der Unterscheidung — ungeachtet der Tatsache, daß er in der Praxis oft verletzt wurde — ein Grundprinzip des Gewohnheits- wie auch des Vertragsrechts, des Kriegsrechts und des humanitären Rechts darstellt, sondern auch darüber, daß er in der neuerlich vorbereiteten Kodifikation zu bestätigen und weiterzuentwickeln ist (dazu kam es im Teil IV des Protokolls I), und zwar so, daß er auf die gegenwärtige Epoche der technischen Entwicklung völlig anwendbar sein soll.[20] Dies kann als *opinio juris* zu dieser Problematik betrachtet werden. In diesem Sinne äußerten sich u. a. der polnische Professor Skubiszewski, die sowjetischen Wissenschaftler Uschakov und Poltorak und viele andere. Poltorak bezeichnete diesen Grundsatz als „Grundpfeiler (cornerstone) des Kriegsrechts".[21] In diesem Zusammenhang soll die ältere, aber inhaltlich identische Äußerung von L. Oppenheim nicht unerwähnt bleiben: „Die *Immunität* (!) der Nicht-Kombattanten vor einem direkten Angriff bildet eine der Grundregeln des Kriegsrechts, die zu denen gehört, die als *unbedingt unumstritten* zu betrachten sind (Hervorhebung — G. M.)."[22]

Das Institut für Völkerrecht (Institut de Droit International) hat auf seiner bekannten Tagung in Edinburgh im Jahre 1969 eine Resolution angenommen, laut welcher die Anwendung solcher Waffen, deren Vernichtungskraft so groß ist, daß sie auf voraus bestimmte militärische Ziele nicht beschränkt werden kann, oder deren Folgen unkontrollierbar sind, als verboten zu betrachten ist.[23] Die Resolution der Vollversammlung der Organisation der Vereinten Nationen 2444 (XXIII) vom 13. Januar 1969, die einmütig (!) angenommen wurde,[24] hat in ihrem

[19] Text in: ebenda, S. 78f.

[20] Vgl. The Law of Armed Conflicts, Conference on Contemporary Problems of the Law of Armed Conflicts, Geneva, 15—20 September 1969, New York 1971, S. 14ff.

[21] Vgl. ebenda, S. 71.

[22] L. Oppenheim, Meždunarodnoe pravo (International Law), Band II, Moskva 1950, S. 84f. (russ.).

[23] Vgl. Resolution, in: Annuaire de l'Institut de Droit International, Band 53 (1969), S. 116—118.

[24] Dt. Text in: UNO-Bilanz 68/69, Berlin 1969, S. 228.

operativen Absatz 1 einen entsprechenden Wortlaut. Dasselbe gilt für die Studie des Generalsekretärs der Organisation der Vereinten Nationen vom Jahre 1973.[25]

Diese Ansicht wird nicht nur von allen sozialistischen Autoren, sondern auch von vielen westlichen Autoren geteilt.[26]

Bei Erwägungen zum Überleben der Zivilbevölkerung und damit der Menschheit kann die sogenannte Martenssche Klausel nicht unerwähnt bleiben; sie geht von der Notwendigkeit aus, die Grundsätze der Menschlichkeit und das öffentliche Gewissen jederzeit und an jedem Ort zu beachten. Diese Klausel bildete schon einen rechtsverbindlichen Bestandteil der Haager Abkommen von 1899 und 1907, und ihre Verbindlichkeit ist jetzt auf Grund eines Konsenses im Artikel 1 Abs. 2 des Protokolls I erneut bekräftigt worden. Nachdem Absatz 1 des zitierten Artikels feststellt, daß das Protokoll „unter allen Umständen" eingehalten werden muß, unterstreicht Absatz 2 den Grundsatz der Menschlichkeit und die Bedeutung des öffentlichen Gewissens mit folgenden Worten: „In Fällen, die von diesem Protokoll oder anderen internationalen Übereinkünften nicht erfaßt sind (die Vereinigten Staaten von Amerika, Großbritannien, Frankreich, Belgien und Italien behaupten, daß das Protokoll die Anwendung von Atomwaffen nicht berührt — G. M.), verbleiben Zivilpersonen und Kombattanten (mit einem Wort die gesamte Bevölkerung — G. M.) unter dem Schutz und der Herrschaft der Grundsätze des Völkerrechts, wie sie sich aus den bestehenden Gewohnheiten, aus den Grundsätzen der Menschlichkeit und aus den Forderungen des öffentlichen Gewissens ergeben." Im Zusammenhang mit dem behandelten Problem des Überlebens bedarf dieser Absatz keines weiteren Kommentars.

3. Recht auf Leben

Das Recht auf Leben als eines der grundlegendsten und wichtigsten Menschenrechte verdient im Zusammenhang mit dem Prinzip des Überlebens außerordentliche Aufmerksamkeit. In der Charta der Organisation der Vereinten Nationen ist

[25] Vgl. A/9215: "Existing rules of international law concerning the prohibition or restriction of use of specific weapons".

[26] Vgl. z. B. B. Graefrath, Die Bedeutung des Ergänzungsprotokolls für den Schutz der Zivilbevölkerung, in: Etudes et essais sur le droit et sur le principes de la Croix-Rouge en l'honneur de Jean Pictet, Genf/Den Haag 1984, S. 167ff.; weiter G. Herczegh, Development of International Humanitarian Law, a. a. O., S. 139ff.; I. Blischtschenko, Menschenrechte und die Rechte der Völker im Kontext der Entwicklungsprobleme, in: Bulletin der Sowjetischen Kommission bei der UNESCO, 2/1985, S. 25ff.; M. Potočný, Le droit international contemporain interdit-il l'emploi des armes nucléaires?, in: Bulletin de droit Tchécoslovague, 1—2/1984, S. 51; E. David, A propos des certaines justifications théoriques à l'emploi de l'arme nucléaire, in: Etudes et essais sur le droit international humanitaire et sur les principes de la Croix-Rouge, a. a. O., S. 325ff.; weiter J. F. Fried, International law prohibits the first use of nuclear weapons, in: Revue Belge de Droit International, 1981—1982, S. 37; E. Castren, The Present Law of War and Neutrality, Helsinki 1954, S. 206ff.; vgl. neuerdings den internationalen Aufruf der Juristen gegen Nuklearkrieg, in: Neue Justiz, 9/1987, S. 342.

der internationale Schutz der Menschenrechte mit der Erhaltung des internationalen Friedens und der Sicherheit eng verbunden. Während die Präambel der Charta Nachdruck auf die „Grundrechte des Menschen“ sowie „Würde und Wert der menschlichen Persönlichkeit“ legt, wird in Artikel 1 der Charta auch die Pflicht, „die Achtung der Menschenrechte und Grundfreiheiten für alle ... zu fördern und zu stärken“, neben der Erhaltung des internationalen Friedens und der Sicherheit und neben der Entwicklung freundschaftlicher Beziehungen zwischen den Völkern expressis verbis direkt als eines der drei Ziele der Organisation der Vereinten Nationen formuliert.

Aus der Logik der Sache ergibt sich, daß das Recht des Menschen auf Leben geradezu eine Voraussetzung — eine conditio sine qua non — für die übrigen Menschenrechte ist. Ohne das Recht auf Leben können die übrigen Menschenrechte zu einer Illusion und bloßer Fiktion werden. Es ist daher begreiflich, daß dieses Recht mit dem eindeutigen Satz „tout individu a droit à la vie“ in Artikel 13 der „Allgemeinen Erklärung der Menschenrechte“ vom 10. Dezember 1948 fest verankert wurde.[27]

Das Recht auf Leben wurde in den späteren internationalen Abkommen und Dokumenten nicht nur neu bestätigt, sondern auch konkretisiert und vertieft. So spricht zum Beispiel Artikel 6 der Internationalen Konvention von 1966 über Bürger- und politische Rechte von dem Recht jedes menschlichen Wesens auf Leben als von einem „natürlichen Recht“ (inherent right)[28], und Artikel 1 der Deklaration über die Umwelt, die im Jahre 1972 in Stockholm auf der Konferenz der Vereinten Nationen über die menschlichen Umweltbedingungen angenommen wurde, formuliert den ersten Grundsatz nicht nur als Recht auf Leben, sondern schon ausdrücklich als Recht „auf ein würdiges und glückliches Leben“.[29]

Das zügellose Wettrüsten der westlichen Staaten stellt eine ernsthafte Bedrohung des Lebens dar. Dies gilt besonders im Zusammenhang mit der Herstellung, Lagerung und Drohung der Anwendung von Kernwaffen und anderen Massenvernichtungswaffen und mit der Vorbereitung auf eine nukleare Aufrüstung des Kosmos. Darum wird nicht nur das Recht auf Leben, sondern auch das Recht auf Frieden und vor allem das Recht des Menschen auf Leben im Frieden und das Recht der Menschheit auf Überleben als das „Recht aller Rechte“[30] immer dringlicher in den Vordergrund gestellt. Auch das internationale Menschenrechtskomitee interpretiert und kommentiert in seinen „General Comments“ das Recht auf Leben im

[27] Dt. Text in: Völkerrecht, Dokumente, Teil 1, a. a. O., S. 224ff.
[28] Dt. Text in: Völkerrecht, Dokumente, Teil 2, Berlin 1980, S. 552ff.
[29] Vgl. Report of the UN Conference on Human Environment, A/CONF.48/14 vom 3. 7. 1972.
[30] Mit diesem treffenden Ausdruck bezeichnete der sowjetische Wissenschaftler V. A. Kartaškin das Recht auf Leben in seinem Referat auf der internationalen wissenschaftlichen Konferenz in Moskau, Juni 1987.

Zusammenhang mit der Kriegsgefahr und mit einem ausdrücklichen Hinweis auf die Drohung eines nuklearen Krieges.[31]

Nach Artikel 4 der Internationalen Konvention über Bürger- und politische Rechte hat zwar der Staat im Falle eines bewaffneten Konflikts das Recht, eine Reihe von Menschenrechte zu beschränken oder zeitweilig aufzuheben, er kann dies aber nach Artikel 4 Abs. 2 in bezug auf einige grundlegende Menschenrechte, zu denen ausdrücklich und an erster Stelle das Recht auf Leben gehört, nicht tun. Dieses Recht gilt also und besteht als solches in zwingender Form (jus cogens) auch in bewaffneten Konflikten.

Von der Existenz des „Rechts auf Leben im Frieden" ist auch die Organisation der Vereinten Nationen ausgegangen. Auf ihrer Vollversammlung wurde am 15. Dezember 1978 bei Stimmenthaltung Israels und der USA die Resolution 33/73 angenommen, die es für angebracht und nötig hielt, dieses Recht nicht nur zu formulieren, sondern in gewissem Maße auch zu definieren. In der Resolution, die den Titel „Deklaration über die Vorbereitung der Völker auf ein Leben in Frieden" trägt[32], wird das Recht „des Individuums, der Staaten und der gesamten Menschheit", im Frieden zu leben, bestätigt. Es wird feierlich erklärt, daß alle Völker und alle Menschen ein unveräußerliches (inaliénable) *Recht auf Leben im Frieden* haben. Die Deklaration über das Recht der Völker auf Frieden (Resolution 39/11 vom 12. November 1984) erklärt, daß „die Völker unseres Planeten ein heiliges Recht auf Frieden haben".[33] Inzwischen verteidigen auch viele Theoretiker im Westen die Ansicht, daß zwischen dem Recht auf Leben und dem Recht auf Frieden ein untrennbarer Zusammenhang und eine gegenseitige Abhängigkeit besteht. Das „Recht auf Überleben" bahnt sich den Weg nicht nur im Bereich des humanitären Völkerrechts und des Kriegsrechts, sondern auch im Bereich des internationalen Schutzes der Menschenrechte.

[31] Vgl. die General Comments 6(16) und 14(23), in: Report of the Human Rights Committee, A/37/40, S. 93 und A/40/40, S. 162; s. dazu den dt. Text in: DDR-Komitee für Menschenrechte, Schriften und Informationen, 2/1985, S. 133ff.

[32] Text in: UNO-Bilanz, 1978/79, Berlin 1979, S. 111ff.

[33] Text in: DDR-Komitee für Menschenrechte, Schriften und Informationen, 1/1985, S. 69.

Резюме

Г. Менцер

Проблема выживания человечества, вооружённые конфликты и международное право

Среди глобальных проблем, представляющих угрозу для человечества, проблема войны и мира является, несомненно, наисерьёзнейшей, ставящей под угрозу существование человеческой цивилизации и представляющей опасность для выживания человечества; в свою очередь в контексте этой проблемы абсолютный приоритет принадлежит угрозе ядерной войны. Впервые за всю историю существования международного сообщества человечество столкнулось с проблемой быть ему или не быть. Настоящая работа посвящена прежде всего международно-правовым аспектам проблемы выживания человечества.

Автор сопоставляет угрозу выживания человечества, принципы и нормы международного права и, в частности, нормы международного гуманитарного права. В центре внимания находятся международные вооруженные конфликты; в то же время надлежащее внимание уделено и внутренним вооружённым конфликтам. В этой связи рассматриваются также некоторые вопросы прав человека (например, основного права человека на жизнь).

Основная функция гуманитарного права заключается в том, чтобы, по мере возможностей, защищать комбатантов и гражданское население. По логике вещей гуманитарное право, хотя оно и охватывает целый ряд положений, касающихся комбатантов, не в состоянии обеспечить право комбатантов на выживание. В отношении гражданского населения как такового, а в этом смысле и в отношении человечества, мы сталкиваемся с совершенно иным положением.

По мнению автора, современное гуманитарное право предоставляет гражданскому населению и всему человечеству право на на выживание, причём не только на основании положений позитивного права, но и на основе принципов и норм обычного права. В настоящее время можно непосредственно говорить о „принципе выживания“.

Необходимым условием для гуманизации вооружённых конфликтов и для выживания человечества является запрет проиводства, разработки и научных исследований применительно к определённым видам оружия и, прежде всего, запрет на их применение. Если запрещение определённых методов и средств ведения войны играло уже сто лет тому назад важную роль (во времена Гаагских конвенций 1899 и 1907 годов и Ст. Петербургской Декларации 1886 года), то на сегодня оно обладает тем более повышенной важностью, когда мы имеем дело с вооружениями, обладающими несравненно большей разрушающей силой, а также с милитаризацией научно-технического прогресса.

Оружия массового уничтожения не позволяют проводить различия между вооружёнными силами и гражданским населением. Их применение находится в противоречии с основными принципами гуманитарного права (например, ст. 51.1 Дополнительного протокола к Женевским конвенциям 1949 года), которые требуют проведения строгого различия между гражданскими объектами и военными целями. Принцип проведения различия является следствием и выражением принципа выживания. Это правило было объявлено государствами в качестве „основной нормы“ путём консенсуса. Оно должно применяться при всех условиях и без исключения. Это означает, что (в соответствии с Венской конвенцией о праве международных договоров) оговорки в отношении этой нормы недопустимы. Это означает также, что все остальные нормы вытекают из этой „основной нормы“. В этой связи автор цитирует и даёт толкование не только тех статей, в которых принцип выживания находит своё непосредственное закрепление (например, ст. ст. 54 и 55 I. Протокола и ст. 14II. Протокола), но и целого ряда других положений, содержащих косвенные указания на этот принцип (например, ст. 54.1 I Протокола).

Суть и основная идея принципа выживания гражданского населения в определённой мере были уже закреплены в Ст. Петербургской декларации 1886 года и в Гаагских конвенциях 1899 и 1907 годов, а также в Женевских конвенциях. Из этого следует, что эта норма является не только договорной, но и обычно-правовой, обязывающей все государства, в частности также и те, которые ещё не ратифицировали Дополнительные протоколы 1977 года или сделали оговорки при ратификации (как, например, Бельгия и Италия).

Проблема выживания тесно связана с проблемой запрещения применения ядерного и других видов оружия массового уничтожения. Доля потерь среди мирного населения в вооружённых конфликтах постоянно растёт (в настоящее время они составляют 70—80%). В случае термоядерного конфликта уже не будет идти речь о той или иной доле потерь среди мирного населения. Здесь встанет вопрос о выживании человечества. Автор принципиально высказывается в пользу запрещения ядерного оружия современным международным правом. Имеется в виду применение первым ядерного оружия, так как ответный удар на ядерную агрессию встает в несколько ином свете с точки зрения международного права.

В работе приводится научная аргументация в пользу этой точки зрения. Факт отсутствия конкретного международного соглашения, запрещающего применение ядерного оружия (один из доводов западных государств и теоретиков) не может означать, что применение ядерного оружия допустимо, так как его запрет закреплён в общепризнанных принципах международного права, в праве вооружённых конфликтов и гуманитарном праве. Он вытекает из оговорки Мартенса, из ряда конвенций, а также из резолюций и деклараций Генеральной ассамблеи ООН, на что также указывается в настоящей работе. Автор приводит также взгляды известных западных учёных и представителей социалистической науки международного права, известную Эдинбургскую декларацию Института международного права и другие источники.

Последняя глава работы посвящена „праву всех прав" — праву человека, народов и всего человечества на мирную жизнь. В этой связи приводятся многочисленные резолюции Генеральной Ассамблеи ООН по этому вопросу.

Summary

G. Mencer

The problem of the survival of mankind, armed conflicts and international law

Among all global problems presenting a menace to mankind it is the problem of war and peace that stands at the head in the hierarchy of threats to human civilization and to its survival and within this problem absolute priority belongs to the threat of nuclear war. For the first time in the history of the international community mankind faces the problem of surviving or not surviving, a problem of many dimensions. The present study deals, above all, with its international law aspects.

The author confronts the threat to survival with the principles and rules of international law and, in particular, with the provisions and norms known as law of warfare, international humanitarian law, *jus in bello*. He pays attention, above all, to international armed conflicts, but does not leave out of account non international armed conflicts either. It is, however, only logical that, while considering the international legal aspects of survival, he deals also with those parts of public international law that usually belong to the sphere of international protection of human rights (for instance, the fundamental right of man to life).

The main function of international humanitarian law is to humanize war as much as possible and to protect combatants and non-combatants, above all the civilian population. A definition of combatants is to be found in Article 43, paragraph 2 of Protocol I Additional to the Geneva Conventions. From the logic of the matter it follows that international humanitarian law, though it encloses numerous provisions protecting in the legal sphere combatants in various situations, has not and cannot have any realistic provision which would ensure to combatants the right to survival. As regards the civilian population as such and thereby also mankind the situation is, of course, entirely different.

The purpose of the author's study is to contribute, by a number of legal arguments, to the view that contemporary international humanitarian law grants the civilian population (and thereby essentially also the whole of mankind and the human civilization) the right to survival not only by many explicit provisions of positive law, but also by legally binding rules of customary law. At present it is possible already to speak directly of the 'principle of survival'.

It is logical that the requirement of the humanization of war and also the requirement of survival is closely connected with the prohibition of research into, development and production of some weapons and mainly with the prohibition of their use. If the prohibition of some methods and means of warfare was important already more than 100 years ago (in the time of the Declaration of St. Petersburg of 1868 and then in the time of the Hague Conventions of 1899 and 1907 and of the Geneva Protocol of 1925), i.e. at a time when practically no military aircraft were in existence and when military hardware was not to be compared at all with the weapons and equipments of today, the more important is this question in the present time in view of the intensive militarization of scientific and technical progress.

Weapons of mass destruction do not and cannot make any distinction between members of the armed forces and the civilian population. Their use is therefore in flagrant contradiction to one of the most fundamental principles of international humanitarian law and of the law of war, which (for instance, in Article 51 of Protocol I) orders unconditionally, under all circumstances, at all times and all places to distinguish strictly between civilian objects and military objectives. The principle of strict distinction is in its consequences but an expression of the principle of survival.

Article 48 of Protocol I formulates and codifies the 'basic' rule of the general protection of the civilian population against the effects of hostilities. This rule requires to distinguish 'at all times' between the civilian population and combatants and to direct military operations 'only against military objectives'. In declaring this categorial rule by consensus a 'basic' rule, States manifested clearly that it has to be applied unconditionally and without exceptions and that (in accordance with the Vienna Convention on the Law of Treaties) no reservations are permissible as regards this rule. In this context the word 'basic' means also that all other rules are derived from this rule. In this connection the author quotes and interprets not only the articles in which the principle of survival of the civilian population is firmly established *expressis verbis* (for instance, Articles 54, 55 of Protocol I and Article 14 of Protocol II), but also a number of articles, from which the principle of survival follows indirectly (for instance, the prohibition of starvation of civilians as a method of warfare according to Article 54, paragraph 1).

The essence and the basic idea of the principle of survival of the civilian population were, however, embodied to some extent already in the Declaration of St. Petersburg of 1868, in the Hague Conventions of 1899 and 1907 and then also in the Geneva Conventions. It is thus a rule not only of the law based on international treaties, but also of customary law and is therefore binding also upon States which have so far not ratified the Additional Protocols of 1977 or have ratified them, but with reservations (for instance, Belgium and Italy).

It is logical that the problem of survival is closely connected also with the question of the prohibition of the use of nuclear weapons and other weapons of mass destruction. The share of the civilian population in the total loss of lives in armed conflicts is incessantly growing (it amounts today already to 70 to 80 per cent). In case of a nuclear war it is not any more a question of the share of the civilian population in losses, but of its survival or non-survival. The author defends as a matter of basic principle the point of view that the use of nuclear weapons is prohibited by international law. He has, of course, in mind their first use, since the use of an atomic blow in response to a preceding atomic attack by an aggressor appears in international law in a different light.

The study presents a number of objective and scientific arguments to support this point of view. The fact that there is no specific international agreement prohibiting explicitly the use of these weapons (one of the arguments of some Western States and lawyers) is regarded as legally irrelevant, since the prohibition of the use of nuclear weapons follows from the generally recognized principles of public international law, from the law of warfare as well as from humanitarian international law, from the peremptory nature (*jus cogens*) of the principle of humanity, from the so-called Martens' clause, from various conventions and from a number of resolutions and declarations of the General Assembly of the United Nations.

The last Chapter of the study is devoted to the 'right of all rights', namely to the most fundamental human right, i.e. to the right to life, to the right of man, of nations and of the whole of mankind to peace, shortly to the right of man to life in peace. The author's considerations in this respect coincide fully with numerous resolutions of the General Assembly of the United Nations, which he quotes and duly comments.

R. Müller

Das antarktische Vertragssystem — Grundlage für die Entwicklung der friedlichen Zusammenarbeit auf dem 6. Kontinent

1. Die Antarktis — ihre Entdeckungsgeschichte und bestehende Nutzungsinteressen

Der Begriff „Antarktis" erfaßt nach allgemeinem Verständnis das südliche Polargebiet, das im Norden von der Zone des Zusammenflusses und der Vermischung der arktischen und antarktischen Gewässer (antarktische Konvergenz) begrenzt wird. Dazu gehören das Festlandsgebiet mit den angrenzenden Gletschern des Festlandsockels — eine Fläche von ca. 14 Mill. km^2 — sowie die Inseln und Inselgruppen Süd-Shetland, Süd-Orkney, Süd-Georgien und die Bouvet-Inseln. Das Festland ist fast vollständig von einer Eisschicht bedeckt, die durchschnittlich 2000 m dick ist und sich von den Höhen in der Mitte des Kontinents auf das Meer zu bewegt, wobei sich Eisberge abspalten. Die mittlere Jahrestemperatur bewegt sich um —50 °C, im „Antarktis-Sommer" werden Temperaturen um 0 °C erreicht.[1]

Unter diesen schwierigen klimatischen Bedingungen hat sich kein eigenständiges Leben auf dem Kontinent entwickelt, auch das Vorkommen an Pflanzen ist gering. Die für die Schiffahrt ungünstigen Witterungsverhältnisse im Südpolarmeer verhinderten lange Zeit die Erforschung der Antarktis. Zu ersten Erkenntnissen führten die Reisen des Niederländers Gherrits (1578) und des Engländers Cook (1773/75). Die Entdeckung des antarktischen Festlandes und die Überlieferung wichtiger geographischer Kenntnisse blieben jedoch den Expeditionen der russischen Seefahrer Bellinghausen und Lasarew in den Jahren 1819—21 vorbehalten, und in Würdigung der Verdienste dieser Forscher wurde eines der Südpolarmeere nach Bellinghausen benannt.[2]

Mit Beginn des 20. Jahrhunderts nahm die Erforschung der Antarktis breite Ausmaße an. Argentinien leitete diesen Prozeß im Jahre 1904 mit dem Bau einer Wetterstation auf der Laurie-Insel ein; internationale Größenordnungen erreichte die antarktische Forschung seit dem Geophysikalischen Jahr 1957/58.[3] Den größten Anteil an der Erforschung des 6. Kontinents hat die UdSSR, die zeitweilig zwölf

[1] Diese Angaben wurden zusammengestellt nach der ersten Studie des UN-Generalsekretärs zur Antarktisfrage, A/39/583 v. 31. 10. 1984, Teil I, S. 10—12 sowie nach Meyers Neues Lexikon, Bd. 1, Leipzig 1971, S. 348f.

[2] Vgl. R. Müller/G. Reintanz, 20 Jahre Antarktisvertrag, in: Deutsche Außenpolitik, 12/1979, S. 102f.; vgl. weiter auch J. Deporow, Antarctica: A Zone of Peace and Cooperation, in: International Affairs (Moskau), 11/1983, S. 29.

[3] Vgl. dazu und zu den vorangegangenen „Internationalen Polarjahren" R. E. Guyer, The Antarctic System, in: Recueil des Cours de l'Académie de Droit International, Bd. 139 (1973/II), S. 165ff.

wissenschaftliche Stationen unterhält, davon sieben im Dauerbetrieb.[4] Die USA unterhalten acht Stationen, davon sind vier ständig besetzt.[5]

Die DDR ist seit fast 30 Jahren an der antarktischen Forschung beteiligt. In enger Zusammenarbeit mit sowjetischen Expeditionen und mit logistischer Unterstützung der UdSSR verwirklichen Wissenschaftler unseres Landes eigenständige Programme — u. a. auf den Gebieten der Meteorologie, der Geophysik, zur Untersuchung der polaren Hochatmosphäre, der Isotopenforschung und der Geologie — und haben dabei international anerkannte Ergebnisse erzielt. Eine neue Qualität der Expeditionsvorbereitung und -ausrüstung wurde seit 1976 mit dem Bau einer relativ selbständigen DDR-Forschungsbasis in der Höhe der sowjetischen Station Novolazarevskaja erzielt,[6] die mit Wirkung vom 1. 7. 1987 in die DDR-Antarktisforschungsstation „Georg Forster“ umgewandelt wurde. Im Oktober 1987 hat die DDR ihre erste selbständige Antarktisexpedition entsandt. Zu ihren Aufgaben gehören die Inbetriebnahme einer Funkstation sowie die Fortführung glaziologischer, klimatischer, geologischer und biologischer Untersuchungen.

Die seit 1957 intensiv betriebene und international weitgehend abgestimmte Erforschung des 6. Kontinents führte nicht nur zu Erkenntnissen von globalem Interesse — z. B. den Auswirkungen der klimatischen Verhältnisse der Antarktis auf die meteorologischen Bedingungen der Erde —, sondern auch zu präzisen Kenntnissen über die wichtigsten Gesetzmäßigkeiten des Geomagnetismus, der Ionosphäre und der kosmischen Strahlung wie auch über den geologischen Aufbau dieses Gebietes.

Die Periode der geographischen Entdeckungen und der übersichtsmäßigen Erforschung ist praktisch abgeschlossen. Es gilt als gesichert, daß die Eismassen der Antarktis etwa 70% des gesamten Süßwasservorrates der Erde enthalten, die antarktischen Meere sind reich an lebenden Ressourcen — die Ausbeutung der Robben und Wale begann schon im 19. Jahrhundert, in jüngster Zeit treten der Fischfang im südlichen Ozean und die Nutzung des Krill in den Vordergrund —, und bisherige Forschungen deuten darauf hin, daß die mineralischen Rohstoffe (Kupfer, Mangan, Blei, Kohle sowie Erdgas und Erdöl) wahrscheinlich beachtlich sind. Die unbedingte Notwendigkeit, den Schutz der antarktischen Umwelt sicherzustellen und außerordentlich hohe Investitionskosten für die Entwicklung von Abbautechnologien und -verfahren sowie auch für die Bewältigung anfallender Versorgungsleistungen für das in Förderunternehmen tätige Personal und die

[4] Vgl. E. Tolstikov, Kontinent mira i sotrudničestva, in: Meždunarodnaja žizn (zitiert als: MŽ), 12/1986, S. 146.

[5] Vgl. United States Activities in Antarctica, in: 1. Studie des UN-Generalsekretärs zur Antarktisfrage, A/39/583 v. 9. 11. 1984, Teil II, S. 103.

[6] Vgl. dazu German Democratic Republic (National Programme for Antarctic Research), Summary Report of the GDR Antarctic Scientific Campaigns since 1959 and future Activities, 1987, S. II und 129ff.

Lösung der Transportproblematik bilden jedoch gewichtige Gründe für die Vermutung, daß diese Vorkommen in absehbarer Zeit ungenutzt bleiben.[7]

Allerdings reichten schon Vermutungen über dieses Rohstoffpotential aus, daß „Länder mit starker Seefahrtstradition und Länder, die im Hinblick auf ihre geographische Lage diesem Kontinent am nächsten stehen",[8] sehr frühzeitig mit Gebietsansprüchen und Forderungen nach direkter Teilung des antarktischen Territoriums auftraten, am nachdrücklichsten Großbritannien, Chile, Australien und Argentinien.[9] Zur völkerrechtlichen Begründung dieser Ansprüche wurden das Entdeckungs- bzw. Erforschungsprinzip[10] sowie die Kontiguitäts- und Kontinuitätstheorie[11] herangezogen, selbst eine angebliche päpstliche Bulle soll die erhobenen Ansprüche legitimieren.[12] Lediglich auf 15% des antarktischen Festlandes werden keine Ansprüche erhoben.[13]

Da sich die Ansprüche zwischen Argentinien, Chile und Großbritannien überschneiden, kam es wiederholt zu Spannungen zwischen diesen Staaten — erinnert sei in diesem Zusammenhang auch an den Falkland/Malvinas-Konflikt.[14] Der Versuch Großbritanniens, die Rechtslage 1955 durch den Internationalen Gerichtshof der Vereinten Nationen klären zu lassen, scheiterte daran, daß sich Argentinien und Chile nicht der Rechtssprechung dieses Gerichtshofes unterwarfen.[15]

Die in der Antarktis erhobenen Territorialansprüche werden von keinem anderen Staat der Erde anerkannt. Das trifft auch auf die Haltung der UdSSR und der

[7] Diese Angaben wurden entnommen bei H. Kautzleben/R. Frey, Forschungsobjekt Antarktis — völkerrechtliche Situation und generelle Forschungsergebnisse, in: Wissenschaft und Fortschritt, 3/1986, S. 73ff. und Rundtischgespräche zur Antarktisfrage: Vorbild — sechster Erdteil, in: Neue Zeit, 47/1986, S. 18f. Vgl. zur wirtshaftlichen Nutzung der lebenden Ressourcen R. Lagoni, Die Bundesrepublik Deutschland und der Antarktisvertrag, in: Europa-Archiv (zitiert als: EA), Bd. 34 (1979), S. 391f. und zu den Schwierigkeiten der Nutzung mineralischer Ressourcen R. Rich, A minerals regime for Antarctica, in: The International and Comparative Law Quarterly (zitiert als: IaCLQ), Bd. 31 (1982), S. 710.

[8] J. Lobos, Antarktika — Kontinent der Zukunft, in: Internationale Politik, Belgrad, 683/1978, S. 21.

[9] Vgl. R. Müller/G. Reintanz, 20 Jahre Antarktisvertrag, a. a. O., S. 103.

[10] Vgl. dazu u. a. I. Seidl-Hohenveldern, Völkerrecht, Köln/Berlin (West)/Bonn/München 1969, S. 178f.

[11] Vgl. H. Weber, Falkland-Islands oder Malvinas, Frankfurt (Main) 1977, S. 102f.

[12] Vgl. The Heritage Foundation, Antarctica should remain off limits to United Nations meddling. A United Nations Assessment Project Study, Washington 1986, S. 4.

[13] Vgl. B. A. Boczek, The Soviet Union and the Antarctic Regime, in: American Journal of International Law (zitiert als: AJIL), Bd. 78 (1984), S. 840; einen Überblick über die Ansprüche vermittelt die Karte in der 1. Studie des UN-Generalsekretärs zur Antarktisfrage, a. a. O., (Teil I), S. 14.

[14] Vgl. bei A. Randelzhofer, Der Falkland-Konflikt und seine Bewertung nach geltendem Völkerrecht, in: EA, Bd. 38 (1983), S. 685ff.

[15] Vgl. K. Strupp/H.-J. Schlochauer, Wörterbuch des Völkerrechts, Bd. I, Berlin (West) 1960, S. 75; siehe auch E. Luard, Who owns the Antarctic, in: International Affairs (London), 1984, S. 1178.

USA zu, die sich jedoch auf Grund der erhobenen Ansprüche und ihrer umfangreichen und intensiven antarktischen Forschungen vorbehalten, eine Basis für eigene Ansprüche zu haben.[16]

Insbesondere wegen der Konflikte zwischen den Anspruch erhebenden Staaten wie auch möglicher Kontroversen mit Ländern, die diese Ansprüche ablehnen, jedoch Interesse an der wissenschaftlichen Erforschung des 6. Kontinents haben, erwies sich eine internationale Regelung als vonnöten. Die USA versuchten zunächst, das völkerrechtliche Regime der Antarktis in Absprache mit den Territorialanspruchstaaten allein zu lösen, ohne die UdSSR daran zu beteiligen. Gegen eine solche Separatlösung erhob die sowjetische Regierung Protest und verlangte eine internationale Vereinbarung, „die den legitimen Interessen aller beteiligten Staaten entspricht".[17]

Voraussetzungen dafür schuf zweifelsohne die Realisierung des wissenschaftlichen Forschungsprogramms für die Antarktis im Rahmen des Geophysikalischen Jahres 1957/58, an dem die sieben Territorialanspruchstaaten (Australien, Großbritannien, Argentinien, Neuseeland, Norwegen, Frankreich und Chile) und fünf weitere Staaten (UdSSR, USA, Japan, Belgien, Südafrika) beteiligt waren. Diese Staaten entsandten Expeditionen in die Antarktis, errichteten ständige wissenschaftliche Stationen und entwickelten erfolgreich erste Ansätze einer internationalen Zusammenarbeit.[18]

2. Das Antarktisvertragssystem

Im Ergebnis des Geophysikalischen Jahres schlugen die USA die Durchführung einer internationalen Konferenz vor, zu der die zwölf an der antarktischen Forschung beteiligten Staaten eingeladen wurden. Die Konferenz fand 1958/59 in Washington statt und endete mit der Unterzeichnung des offenen und zeitlich unbefristeten Antarktisvertrages am 1. 12. 1959.[19] Der Vertrag trat nach Hinterlegung der Ratifikationsurkunden am 23. 6. 1961 in Kraft.[20]

„In dem Bewußtsein, daß die Antarktis im Interesse der Menscheit auch künftig nur friedlichen Zwecken dienstbar sein und nicht zum Schauplatz oder Gegenstand internationaler Differenzen werden darf" (Präambel), vereinbarten die Vertrags-

[16] Die Erklärungen der UdSSR und der USA sind auszugsweise abgedruckt in: 1. Studie des UN-Generalsekretärs zur Antarktisfrage, a. a. O., (Teil I), S. 17.

[17] J. Deporow, Antarctica: A Zone of Peace and Cooperation, a. a. O., S. 31 (engl.).

[18] Vgl. M. Wolff, International co-operation in Antarctica, in: ANARE News (Kingston), Juni 1986, S. 10.

[19] Vgl. O. Chlestov/V. Golicyn, Antarktika — Arena mirnogo sotrudničestva, in: MŽ, 7/1978, S. 69.

[20] Text in: United Nations, Treaty Series, Bd. 402, Nr. 5778, S. 72; für die DDR: GBl. II 1975 Nr. 4 S. 69ff. bzw. Völkerrecht, Dokumente, Teil 2, Berlin 1980, S. 469ff.

staaten Rechtsprinzipien für die Antarktis, die noch heute als Modell gelten können für die Lösung internationaler Spannungen und die Entwicklung einer gleichberechtigten, allseitig vorteilhaften zwischenstaatlichen Zusammenarbeit.[21]

Die wichtigsten Prinzipien sind zweifellos in Artikel I und V enthalten. Danach darf die Antarktis ausschließlich zu friedlichen Zwecken genutzt werden; verboten sind jegliche Maßnahmen militärischen Charakters und — besonders bedeutsam — jede Kernexplosion und jede Ablagerung radioaktiver Abfälle. Der Antarktisvertrag ist folglich das einzige völkerrechtliche Instrument, das einen gesamten Kontinent in eine vollständig demilitarisierte Zone verwandelt und vorschreibt, daß alle eingeleiteten Forschungs- und Nutzungsaktivitäten ausschließlich friedlichen Zwecken zu dienen haben. Damit sind wesentliche Voraussetzungen geschaffen, um die Ausdehnung des besorgniserregenden Wettrüstens auch auf dieses Gebiet zu verhindern und stattdessen eine fruchtbare Zusammenarbeit auf der Grundlage der friedlichen Koexistenz zwischen allen interessierten Staaten zum Wohle und im Interesse der gesamten Menschheit zu ermöglichen.

Es sei nur darauf verwiesen, daß Artikel I und V inhaltlich in Artikel IV Satz 2 des Weltraumvertrages von 1967[22] und Artikel III des Mondvertrages von 1979[23] übernommen wurden, um die vollständige Demilitarisierung des Mondes und der anderen Himmelskörper völkerrechtlich zu regeln.[24]

Um die strikte Einhaltung aller Vertragsbestimmungen und namentlich der Demilitarisierungsbestimmungen zu gewährleisten, wurde mit Artikel VII des Antarktisvertrages ein Inspektionssystem vereinbart, das sich als wirksam und vertrauensbildend erwiesen hat und auch künftigen Erfordernissen gerecht wird.[25]

Möglich wurden diese weitreichenden Bestimmungen durch die Beseitigung der Grundlage für Konflikte, die sich aus den Souveränitätsansprüchen einiger Staaten ergaben. Nach Artikel IV ist es zwar jedem Vertragsstaat vorbehalten, die vor Abschluß des Antarktisvertrages zum Status dieses Gebietes eingenommene Rechtsposition aufrechtzuerhalten — unabhängig davon, ob es sich um Territorialansprüche, Grundlagen für derartige Ansprüche oder um die Ablehnung

[21] Die nachstehende Bewertung des Antarktisvertrages wird von einer Vielzahl von Autoren geteilt. Vgl. als Auswahl: V. V. Golicyn, Tolkovanie Dogovora ob Antarktike, in: Sovetskoe gosudarstvo i pravo (zitiert als: SGP), 7/1978, S. 104ff.; D. Shapley, Pax Antarctica, in: Bulletin of the Atomic Scientist (Washington), 6/1984, S. 30ff.; K. Bockslaff, Zwischen Nutzung und Konservierung zum „Wohle der Menschheit“, in: Vereinte Nationen (zitiert als: VN), 2/1985, S. 50f. und M.-F. Labouz, Les aspects stratégiques de la Question de l'Antarctique, in: Revue Générale de Droit International Public Bd. 90 (1986), S. 579f.

[22] Text in: Völkerrecht, Dokumente, Teil 2, a. a. O., S. 576ff.

[23] Text in: EA, Bd. 35 (1980), S. 667ff.

[24] Vgl. dazu R. Müller, The prevention of an arms race in Outer Space — the present international law and aspects of its necessary improvements, in: Proceedings of the 29th Colloquium on the Law of Outer Space, New York 1987, S. 62ff.

[25] Vgl. dazu Rundtischgespräch zur Antarktisfrage: Vorbild — sechster Erdteil, a. a. O., S. 21, und United States, Antarctic Observer Team Report, Washington 1985, S. 2f.

jeder Form von Ansprüchen handelt —, er hat jedoch gleichzeitig sicherzustellen, daß „keine Handlung oder Betätigung eine Grundlage dafür (bildet), einen Anspruch auf territoriale Souveränität . . . zu erheben oder zu bestreiten“ oder „Souveränitätsrechte in diesem Raum“ zu begründen (Abs. 2). Allgemein wird diese Formel als „Einfrieren“[26] territorialer Ansprüche bezeichnet. Sie wird durch das Verbot ergänzt, neue Ansprüche zu erheben und bestehende zu erweitern.

Die bisherige Vertragspraxis bestätigt, daß sich alle Vertragsstaaten strikt an diese Bestimmungen halten — trotz bestehender Versuche einiger Anspruchstaaten, die gewohnheitsrechtliche Anerkennung ihrer Ansprüche durch die internationale Staatengemeinschaft nachzuweisen.[27]

Tragendes Prinzip für die Verwirklichung des in der Präambel verankerten „Gemeinwohl“-Gedankens[28] ist die Freiheit der wissenschaftlichen Forschung in der Antarktis (Art. II); auch hier drängt sich der Vergleich zum Weltraumvertrag auf. Hervorhebung verdienen jedoch ebenfalls die in Artikel III statuierten Zusammenarbeitspflichten; sie umfassen u. a. die Koordinierung der Pläne für die wissenschaftliche Arbeit, den Austausch wissenschaftlichen Personals zwischen Expeditionen und Stationen und die Zielstellung, daß die im Rahmen der antarktischen Forschung erzielten Untersuchungsergebnisse und wissenschaftlichen Erkenntnisse frei verfügbar sind und allen Staaten zugänglich werden. Vorliegende Analysen[29] bestätigen die strikte Verwirklichung dieser Pflichten: Wissenschaftler und Experten aus Ländern, die allen bestehenden Gesellschaftsformationen angehören, arbeiten an gemeinsamen oder abgestimmten Projekten und tauschen die erlangten Ergebnisse auf der Basis der Gleichberechtigung und der Nichtdiskriminierung aus; die Veröffentlichung der wichtigsten Ergebnisse ist bewährte Praxis.

Damit wird das in der UNO-Prinzipiendeklaration von 1970 enthaltene Gebot, die zwischenstaatliche Zusammenarbeit auf den Gebieten von Wissenschaft und

[26] Vgl. Autorenkollektiv, Völkerrecht, Lehrbuch, Teil 1, Berlin 1981, S. 269.

[27] Beispielsweise geht Neuseeland davon aus, daß es seit 1923 Souveränität im beanspruchten antarktischen Sektor ausübt und Art. IV des Antarktisvertrages diese Souveränität schützen würde; vgl. in: Ministry of Foreign Affairs of New Zealand, Antarctica and New Zealand, Information Bulletin Wellington, 8/1984, S. 8 und 14. Auf argentinische Bestrebungen zur Untermauerung der Gebietsansprüche verweist die Frankfurter Rundschau (Frankfurt/Main) vom 30. 12. 1986. Vgl. mit ähnlichen Belegen auch Greenpeace, Submission of Greenpeace International to the Secretary General on the Question of Antarctica, Washington 1986, S. 22ff. Die australische Haltung beschreibt R. Rich, A minerals regime for Antarctica, a. a. O., S. 719, Fußnote 66.

[28] Vgl. dazu ausführlich — am Beispiel des Weltraumrechts — B. Maiorsky, A few reflections on the meaning and the interrelation of "province of all mankind" and "common heritage of mankind" notions, in: Proceedings of the 29th Colloquium on the Law of Outer Space, a. a. O., S. 58ff.

[29] Vgl. ausführlich E. Tolstikov, Kontinent mira i sotrudničestva, a. a. O., S. 147; Rundtischgespräch zur Antarktisfrage: Vorbild — sechster Erdteil, a. a. O., S. 20f.; The Heritage Foundation, Antarctica should remain off limits to United Nations meddling, a. a. O., S. 4ff.

Technik zu fördern,[30] für den 6. Kontinent in grundsätzlichen Aspekten erfüllt und ein Beitrag zur Weiterentwicklung des völkerrechtlichen Zusammenarbeitsprinzips geleistet: Forschungsprojekte, die einzelstaatlich oder gemeinsam von mehreren interessierten Ländern geplant, durchgeführt und finanziert sind, werden zum Nutzen aller interessierten Staaten unabhängig von einer möglichen Beteiligung und ohne Forderung finanzieller Leistungen international publiziert und einer breiten Öffentlichkeit zugänglich gemacht.[31]

Der Antarktisvertrag steht allen Mitgliedstaaten der UNO und jedem anderen Staat, der von den Vertragsmitgliedern eingeladen wird, zum Beitritt offen. Zum gegenwärtigen Stand hat der Vertrag 38 Mitglieder, darunter die fünf Staaten mit dem größten Anteil an der Weltbevölkerung, die fünf ständigen Mitglieder des UN-Sicherheitsrates und alle kernwaffenbesitzenden Staaten.[32] Die DDR ist dem Antarktisvertrag mit Wirkung vom 19. 11. 1974 beigetreten.

Artikel IX sieht einen Konsultationsmechanismus vor, um Maßnahmen festzulegen, die die Beachtung der Grundsätze und die Verfolgung der Ziele des Antarktisvertrages sicherstellen. An diesem Mechanismus, auch als Konsultativrat bekannt, nehmen die zwölf ursprünglichen Mitglieder des Vertrages teil (Abs. 1) und jede andere Vertragspartei, „solange sie ihr Interesse an der Antarktis dadurch bekundet, daß sie dort wesentliche wissenschaftliche Forschungen betreibt, z. B. durch Errichtung einer Station oder Entsendung einer Expedition" (Abs. 2). Diesem Aktivitätenkriterium — als Voraussetzung und Ausdruck für die Übernahme einer besonderen Verantwortung bei der Realisierung des Vertrages[33] — haben sich bislang die VR Polen (1977), die BRD (1981), Brasilien und Indien (1983) Uruguay und die VR China (1985) sowie Spanien und Schweden (1988) erfolgreich gestellt.[34] Mit der Umwandlung der Forschungsbasis der Akademie der Wissenschaften der DDR in die selbständige Forschungsstation „Georg Forster" am 1. 7. 1987 und der Entsendung der ersten selbständigen Antarktisexpedition hatte auch die DDR alle erforderlichen Voraussetzungen geschaffen, um auf der XIV.

[30] Vgl. Deklaration über die Prinzipien des Völkerrechts betreffend die freundschaftlichen Beziehungen und die Zusammenarbeit zwischen den Staaten in Übereinstimmung mit der Charta der Vereinten Nationen vom 24. 10. 1970, in: Völkerrecht, Dokumente, Teil 3, Berlin 1980, S. 713.

[31] In diesem Sinne äußerte sich auch der Vertreter Großbritanniens im 1. Komitee der UN-Vollversammlung während der 39. UN-Vollversammlung, vgl. A/C.1/39/PV.52, S. 36.

[32] Vgl. mit dieser Einteilung M. Wolff, International co-operation in Antarctica, a. a. O., S. 10.

[33] Vgl. dazu u. a. E. F. Jung, Die Antarktis in der internationalen Politik, in: Außenpolitik, 1/1984, S. 83; desweiteren U. J. Nussbaum, Rohstoffgewinnung in der Antarktis. Völkerrechtliche Grundlagen der Nutzung nichtlebender Ressourcen (Forschungen aus Staat und Recht, Bd. 69), Wien/New York 1985, S. 133f.

[34] Eine Aufstellung der Konsultativstaaten ist enthalten bei: E. Tolstikov, Kontinent mira i sotrudničestva, a. a. O., S. 146. Vgl. zum Erwerb des Konsultativstatus auch F. M. Auburn, Consultative Status under the Antarctic Treaty, in: IaCLQ, Bd. 28 (1979), S. 518f.

Antarktiskonsultativtagung mit Wirkung vom 5. 10. 1987 den Konsultativstatus zu erhalten. Ebenfalls positiv entschieden wurde über den entsprechenden Antrag der Republik Italien.

Es soll hier nur angedeutet werden, daß von einigen Konsultativstaaten gegenwärtig erwogen wird, eine breite Auslegung des Aktivitätenkriteriums vorzuschlagen. Ursächlich dafür sind Überlegungen, daß die Aufforderung, Stationen zu errichten, nachteilige Auswirkungen auf die antarktische Umwelt haben könnte, Forschungsaktivitäten infolge technischer Entwicklungen auch ohne ständige Präsenz entfaltet werden können und es für wirtschaftlich weniger starke Staaten hilfreich wäre, gemeinsame Stationen bzw. gemeinsame Programme vorzusehen.[35]

Zur Wahrnehmung der Aufgabe, die Richtung der Vertragstätigkeit zu bestimmen und die Einhaltung des Vertrages zu gewährleisten, ist der Konsultativrat berechtigt, Empfehlungen zu erlassen, die in der Regel das Ergebnis der im Vertrag vorgesehenen regelmäßigen Konferenzen sind. Sie treten in Kraft, nachdem sie von den im Konsultativrat vertretenen Staaten gebilligt worden sind (contracting-out-Verfahren). Dieses in Abs. 4 des Artikels IX verankerte Konsensusprinzip ist von außerordentlicher Bedeutung für das erfolgreiche Funktionieren des Antarktisvertrages: Es verhindert, daß irgendeine Entscheidung gegen den Willen eines Staates oder einer Staatengruppe getroffen werden könnte, und bewirkt den allseitigen Interessenausgleich.[36] Alle anderen Mitgliedstaaten nehmen zwar nicht am Entscheidungsprozeß der Konsultativstaaten teil, sind jedoch verpflichtet, diese Maßnahmen zu beachten und zu ihrer Erfüllung beizutragen. Das ergibt sich vor allem daraus, daß jeder Staat, der dem Antarktisvertrag beitritt, sein Einverständnis mit Geist und Buchstaben dieses Vertrages erklärt, einschließlich dem in Artikel IX vorgesehenen Recht der Konsultativstaaten, die Grundrichtung der Vertragstätigkeit zu bestimmen. Im übrigen sind alle Vertragsmitglieder gemäß Artikel X verpflichtet, „geeignete, mit der Charta der Vereinten Nationen zu vereinbarende Maßnahmen zu treffen, damit niemand in der Antarktis sich in einer Weise betätigt, die den Grundsätzen oder Absichten dieses Vertrages zuwiderläuft".

Seit Bestehen des Antarktisvertrages haben 14 ordentliche Konsultativtreffen stattgefunden, auf denen u. a. Maßnahmen zu so wichtigen Fragen wie der strikten Begrenzung negativer Einflüsse des Menschen auf die antarktische Umwelt im Rahmen wissenschaftlicher Forschungstätigkeit oder auch touristischer Expedi-

[35] Vgl. dazu den Diskussionsbeitrag des US-amerikanischen Delegationsleiters zu den antarktischen Mineralverhandlungen R. Tucker Scully, in: R. Wolfrun (Hrsg.), Antarctic Challenge II (Veröffentlichungen des Instituts für Internationales Recht an der Universität Kiel, Bd. 95), Berlin (West) 1986, S. 292; L. A. Kimball (Hrsg.), Future directions for the management of Antarctic Science, Wisconsin 1986, S. 38f.

[36] In diesem Sinne äußert sich auch M. Brinkmann, Einstimmigkeit und Konsensusverfahren, in: VN, 6/1979, S. 203f.

tionen, der Bildung besonders geschützter Gebiete oder auch der Festlegung von Orten von besonderem wissenschaftlichen Interesse getroffen wurden.[37]

Durch diese Maßnahmen, die einen integralen Bestandteil des antarktischen Vertragssystems — zu verstehen als Gesamtheit der von den Konsultativstaaten vereinbarten Regelungen in bezug auf die Antarktis und der sie umgebenden Öko-Systeme[38] — bilden, ist es gelungen, diesen aus ökologischer Sicht so empfindlichen Kontinent als einzige unberührte Zone der Welt zu belassen. Das bringt nicht nur Vorteile für die unmittelbar daran gelegenen Staaten, sondern für alle Länder der Welt. Es ist wissenschaftlich erwiesen, daß schon geringfügige Veränderungen der antarktischen Umwelt spürbare Auswirkungen auf das Klima der Erde haben können.

Während der Antarktisvertrag hinsichtlich der wissenschaftlichen Forschungstätigkeit ausdrücklich das Freiheitsprinzip statuiert, enthält er keine direkte Regelung zur Frage der Ressourcennutzung. Ob dafür der Umstand ursächlich war, daß zum Zeitpunkt der Vertragsschaffung die wirtschaftliche Nutzung der Ressourcen überhaupt nicht in Erwägung gezogen wurde[39] oder aber die Gefahr bestand, daß die Fertigstellung des Vertrages durch die Einbeziehung dieser Problematik gefährdet, zumindest aber verzögert worden wäre,[40] kann dahingestellt bleiben. Es ist jedenfalls unberechtigt, die Nutzung der Antarktis als vom Vertrag überhaupt nicht erfaßt zu bezeichnen.[41] Vielmehr erlaubt Artikel I die Nutzung des Gebietes zu friedlichen Zwecken — also auch zu wirtschaftlichen —, und der Konsultativrat ist damit legitimiert, diese Fragen gemäß Artikel IX zu beraten.

Hinsichtlich der lebenden Ressourcen wurde das mit Erfolg gemacht; als Ergebnis liegt die Konvention über die Erhaltung der lebenden Meeresressourcen der Antarktis vom 20. 5. 1980[42] vor. Ziel der Konvention ist die Erhaltung und rationelle Nutzung der lebenden Ressourcen (Art. II) im Raum südlich des 60. Breitengrades südlicher Breite und im Raum zwischen diesem Breitengrad und der antarktischen Konvergenz (Art. I). Hervorhebung verdient die enge Verbindung zum Antarktisvertrag: Jedes Mitglied der Konvention, ob Teilnehmer des Ant-

[37] Vgl. Handbook of the Antarctic Treaty System, Fifth Edition, Part I, Cambridge 1985, S. 1101 ff. Zu den wiederholten Aufforderungen der Konsultativstaaten an Nichtkonrultativstaaten, *alle* Elemente des Antarktisvertragssystems zu beachten und einzuhalten vgl. ebenda. S. 6501 ff. (Activities of States that are not Consultative Parties).

[38] Vgl. zum Begriff U. J. Nussbaum, Rohstoffgewinnung in der Antarktis, a. a. O., S. 104 f. mit weiteren Belegen.

[39] Vgl. R. Wolfrum, The Use of Antarctic Non-Living Resources: The Search for a Trustee?, in: R. Wolfrum (Hrsg.), Antarctic Challenge I (Veröffentlichungen des Instituts für Internationales Recht an der Universität Kiel, Bd. 88), Berlin (West) 1984, S. 143.

[40] Vgl. E. Hambro, Some notes on the future of the Antarctic Treaty Collaborations, in: AJIL, Bd. 68 (1974), S. 221.

[41] Auf derartige Auffassungen verweist u. a. E. Luard, Who owns the Antarctic?, a. a. O., S. 1184.

[42] Deutscher Text in: GBl. der DDR Teil II 1982 Nr. 4 S. 61 ff.

arktisvertrages oder nicht, wird verpflichtet, die Grundsätze dieses Vertrages zu respektieren, insbesondere gilt das für das Demilitarisierungsgebot (Art. III der Konvention) im Geltungsbereich des Antarktisvertrages. Ebenso ist jeder Teilnehmerstaat an Artikel IV des Antarktisvertrages gebunden, mit dem territoriale Ansprüche „eingefroren“ werden (Art. IV der Konvention).

Es ist sogar feststellbar, daß die Konvention den Artikel IV des Antarktisvertrages räumlich und sachlich auf ihren Geltungsbereich erweitert: Sie beschränkt sich nicht auf dessen Wiederholung, sondern erfaßt zusätzlich die Meeresgebiete in ihrem Geltungsbereich und die ansonsten im Einklang mit dem Völkerrecht auszuübenden küstenstaatlichen Befugnisse. Es ist demzufolge ausgeschlossen, in den Meeresgebieten, die den beanspruchten Sektoren vorgelagert sind, Territorialgewässer oder Ausschließliche Wirtschaftszonen zu errichten — mit Ausnahme der Kerguelen- und Krozet-Inseln.[43]

Die enge Verbindung zum Antarktisvertrag wird auch durch Artikel V der Konvention gewährleistet: Nichtmitglieder des Antarktisvertrages haben mit ihrem Beitritt zur Konvention die besonderen Pflichten und Verantwortlichkeiten der Konsultativstaaten anzuerkennen und die von ihnen erlassenen Maßnahmen in bezug auf die Tier- und Pflanzenwelt einzuhalten. Ebenfalls sind alle Konventionsmitglieder verpflichtet, mit völkerrechtsgemäßen Mitteln eine Verletzung der Konvention durch Drittstaaten zu verhindern. Damit ist die Bezeichnung der Konvention als Bestandteil des Antarktisvertrages vollauf gerechtfertigt.

Zur Durchführung der Ziele der Konvention haben die Teilnehmerstaaten eine Kommission gebildet, in der die Signatarstaaten der Konvention Mitgliedschaftsrechte besitzen sowie jedes weitere Konventionsmitglied während der Zeit seiner Forschungs- und Fangtätigkeit.[44] Auch hier ist der Bezug zum Antarktisvertrag offensichtlich. Allerdings wurde der DDR die Möglichkeit eingeräumt, ursprüngliches Konventionsmitglied zu werden — ohne den Konsultativstatus zu besitzen — auf Grund ihres Interesses an der Erforschung und Nutzung der lebenden Ressourcen.

Die Kommission entscheidet grundsätzlich alle Sachfragen durch Konsensus — auch hier werden die Vorzüge des bewährten Antarktisvertrages erhalten —, die beschlossenen Erhaltungsmaßnahmen erlangen nach dem contracting-out-Verfahren Rechtsverbindlichkeit. Die bisherigen Aktivitäten der Kommission — u. a. die Festlegung von Fangverboten im Umkreis von 12 Seemeilen um die Süd-Georgien-Inseln, die Fangbeschränkungen für bestimmte Arten lebender Ressourcen

[43] Vgl. dazu V. N. Trofimov, Konvencija o sochranenii morskich živych resursov Antarktiki, in: SGP, 5/1981, S. 100; sowie mit Verweis auf mögliche Kontroversen zwischen den Konsultativstaaten E. Luard, Who owns the Antarctic?, a. a. O., S. 1181; M. J. Peterson, Antarctic Implications of the New Law of the Sea, in: Ocean Development and International Law (Massachusetts), 2/1986, S. 153ff.; R. Lagoni, German Activities and Problems of Jurisdiction over Marine Areas, in: GYIL, Bd. 23 (1980), Berlin (West) 1981, S. 399f.

[44] Vgl. Art. VII der Konvention, a. a. O., S. 62.

oder auch die Vergabe von Mindestmaschengrößen für Netze — werden den Zielen und Aufgaben der Konvention gerecht.[45] Die Konvention — wie der Antarktisvertrag zeitlich unbefristet abgeschlossen — steht allen interessierten Staaten zum Beitritt offen.

Mit der Frage des Abbaus mineralischer Rohstoffe beschäftigt sich der Konsultativrat seit 1972 und hat dazu verschiedene Empfehlungen verabschiedet: Mit Res. IX 1[46] wird empfohlen, „jede Erforschung und jeden Abbau antarktischer Rohstoffe zu unterlassen", solange sich der Konsultativrat um die rechtliche Regelung dieser Problematik bemüht, und mit Res. XI-1[47] wird die Dringlichkeit der Ausarbeitung und des Abschlusses eines Mineralressourcen-Regimes betont und zu diesem Zweck die Einberufung einer Speziellen Konsultativkonferenz beschlossen. Dabei herrscht Einigkeit zwischen den Konsultativstaaten, daß der Abbau mineralischer Rohstoffe absehbar nicht zu realisieren ist und das auszuhandelnde Regime in erster Linie darauf abzielt, rechtlichen Vorlauf zu schaffen und die notwendigen Sicherheitsvorkehrungen und Beschränkungen vorab zu vereinbaren.[48]

Diese Konsultativkonferenz tagt seit 1981 unter dem Vorsitz des stellvertretenden Außenministers Neuseelands, Beeby. Während an der Konferenz zunächst nur die Konsultativstaaten beteiligt waren, wurde auf der XII. ordentlichen Konsultativratstagung in Canberra beschlossen, Nichtkonsultativstaaten mit Beobachterstatus zu den Verhandlungen einzuladen.[49] Das ist nach Auffassung vieler Nichtkonsultativstaaten ein deutliches Zeichen für die Weiterentwicklung des Antarktisvertragssystems.[50] Am 2. 6. 1988 wurde die Spezielle Konsultativtagung mit der Annahme der Konvention über die Regelung der Tätigkeiten im Zusammenhang mit den mineralischen Ressourcen der Antarktis erfolgreich beendet.[51]

Es ist hier nicht der Platz, dem weiteren Gang der Verhandlungen vorzugreifen. Folgende Tendenzen erscheinen jedoch gesichert genug, um auf sie einzugehen:

[45] Vgl. K. H. Kock, Present Knowledge of Antarctic Marine Living Resources and Means of Ensuring the Compliance with Protection Measures, in: R. Wolfrum, Antarctic Challenge II, a. a. O., S. 60ff.

[46] Handbook of the Antarctic Treaty System, Part I, a. a. O., S. 1607 (engl.).

[47] Vgl. ebenda, S. 1612.

[48] Vgl. Tenth Session of the Special Consultative Meeting on Antarctic Mineral Resources, Montevideo: 11—20 May, 1987, Press Realease by Chairman (D. Beeby).

[49] Vgl. die Eröffnungsansprache des belgischen Außenministers L. Tindemans zur XIII. ordentlichen Konsultativtagung, in: Final Report of the XIIIth Antarctic Treaty Consultative Meeting, a. a. O., S. 111.

[50] Vgl. die Erklärung des australischen Vertreters R. A. Woolcoot im 1. Komitee der 41. Vollversammlung zum Tagesordnungspunkt 66 (Antarktisfrage) im Namen der Mitgliedstaaten des Antarktisvertrages, A/C.1/41/PV.51, S. 14.

[51] Vgl. Convention on the Regulation of Antarctic Mineral Resource Activities vom 2. 6. 1988, AMR/SCM/88/78

Von zentraler Bedeutung ist die enge Verbindung zwischen Antarktisvertrag und Mineralkonvention. Es ist vorgesehen, daß der Beitritt zum Antarktisvertrag die Vorbedingung ist für den Beitritt zum Mineralregime. Damit ist gesichert, daß der Antarktisvertrag in seiner Gesamtheit gestärkt wird und er auch für mineralische Aktivitäten als „Dach“ dient. Vor allem wurde verhindert, daß die Frage der Souveränitätsansprüche erneut zur Diskussion stand und eine mögliche Kontroverse zwischen Antarktisvertragsstaaten und Mineralregimemitgliedern, die nicht Mitglieder des Antarktisvertrages sind, hinsichtlich dieser Frage auftreten kann.

Zur Bildung von Institutionen wurde geregelt, daß das Regime über eine Art „Vollversammlung“ verfügen wird, in der alle Mitgliedstaaten mit empfehlenden Befugnissen mitwirken, während als Hauptorgan eine Kommission vorgesehen ist, in der die Konsultativstaaten und ein erfolgreicher Antragsteller für die Dauer der ihm eingeräumten Nutzungsrechte vertreten sein werden. Ergänzt wird dieser Mechanismus durch Regelungsausschüsse mit begrenzter Mitgliedschaft für spezielle Abbaugebiete und ein Ratgebendes Umweltorgan, das offen für alle Regimemitglieder ist.[52] Das Recht auf Durchführung von Abbauaktivitäten wurde in Anlehnung an Kap. XI der Seerechtskonvention von 1982[53] geregelt, d. h., grundsätzlich können Staaten, Staatsbetriebe sowie natürliche und juristische Personen Anträge stellen; für letztere ist jedoch eine enge Beziehung zum sog. „sponsoring state“ erforderlich, der die Einhaltung der Bestimmungen des Regimes durch die natürlichen und juristischen Personen zu gewährleisten hat.[54]

Hinsichtlich der Entscheidungsprinzipien für die jeweiligen Organe konnten sich die sozialistischen Staaten unterstützt von einer Reihe anderer Staaten, mit ihrer Auffassung durchsetzen, daß das Prinzip der besonderen Verantwortung und der Einstimmigkeit der Konsultativparteien als Grundlage für das Vertragssystem auch im Mineralregime für alle Grundsatzfragen erhalten bleiben muß.[55] Dadurch würde Versuchen vorgebeugt, mit Verweis auf bestehende Gebietsansprüche direkt oder indirekt Vorzugsrechte sichern zu wollen bzw. dem Monopolkapital in der Antarktis bei der Ressourcentätigkeit möglichst großzügige Spielräume zu gewähren.[56] Es wäre garantiert, daß auch bei der wichtigen Frage der wirtschaftlichen Nutzung der Antarktis Maßnahmen nicht gegen den Willen wichtiger Staaten und Staatengruppen vorgenommen werden können und die Interessen aller bestehenden gesellschaftlichen Systeme gewahrt bleiben. Auch das Erfordernis des besonderen Schutzes der antarktischen Flora und Fauna wurde zufriedenstellend gelöst.

[52] Vgl. dazu auch M. J. Peterson, Antarctic Implications of the New Law of the Sea, a. a. O., S. 147ff. und Greenpeace International to the Secretary General, a. a. O., S. 9ff.

[53] Art. 153 Abs. 2b), in: A/CONF.62/122 v. 7. 10. 1982, S. 62.

[54] Vgl. C. Beeby, Antarctic Mineral Resources, a. a. O., Art. 1, S. 4.

[55] Vgl. dazu u. a. Grußansprache des DDR-Vertreters D. Heyne zur XIII. ordentlichen Konsultativtagung, a. a. O., S. 167.

[56] Vgl. so auch J. Deporow, Antarctica: A Zone of Peace and Cooperation, a. a. O., S. 36; ebenfalls E. Luard, Who owns the Antarctica?, a. a. O., S. 1185.

Ehe es überhaupt zu Ausbeutungsaktivitäten in einem Gebiet der Antarktis kommt, muß dieses Gebiet durch das Hauptorgan der Konvention, die Kommission, durch Konsensus aller Mitglieder für derartige Aktivitäten geöffnet werden. Doch selbst die Kommission entscheidet nicht autonom, sondern hat die Auffassungen des Ratgebenden Umweltorgans sowie der Vollversammlung gebührend zu berücksichtigen. Es bedarf der Erwähnung, daß insbesondere das Ratgebende Umweltorgan direkt aufgefordert ist, mit Umweltorganisationen, darunter nichtstaatlichen, und Umweltexperten außerhalb des antarktischen Vertragssystems zusammenzuarbeiten und die Berichte des Organs öffentlich zugänglich sein werden. Dieses Organ prüft sowohl die Umweltverträglichkeit der vorgesehenen Aktivitäten als auch deren Verträglichkeit mit den Zielen und Prinzipien der Konvention insgesamt. Die als Maßstab für diesen Prüfprozeß vereinbarten Kriterien und die auf ihrer Grundlage zu erarbeitenden Standards sind hinsichtlich ihrer Strenge bislang ohne Beispiel in der diesbezüglichen völkerrechtlichen Praxis. Um deren Wirksamkeit auch tatsächlich zu sichern, haben die Teilnehmer an den Verhandlungen vereinbart, daß keine Mineralaktivität stattfindet, bis die Konvention in Kraft tritt — praktisch eine Verlängerung des in Empfehlung IX-1 statuierten Moratoriums. Die Konvention und der damit gleichzeitig vereinbarte Final Act begünstigen also nicht etwa Mineralaktivitäten, sondern machen deren Durchführung von der Erfüllung strengster Anforderungen abhängig, die ein Höchstmaß an Schutz der antarktischen Umwelt beinhalten.[57]

Sollten dennoch bei der Durchführung von Mineralaktivitäten Schäden an der Umwelt eintreten, findet der Grundsatz der strikten Haftung der Unternehmen Anwendung. Dieser Grundsatz stellt darauf ab, die negativen Folgen einer Schädigung so zu beseitigen, daß der ursprüngliche Zustand wiederhergestellt wird. Hervorhebung verdient, daß die Haftung nicht auf die Unternehmen beschränkt bleibt. Vielmehr haftet zusätzlich der Staat wenn er seine Verpflichtungen bei der Zulassung von Unternehmen nicht erfüllt hat und die Schäden darauf zurückzuführen sind. Dabei ist zu betonen, daß die Konvention selbst nur die Grundzüge des Haftungsregimes enthält. Alle notwendigen Details, die einen umfassenden Schutz der Umwelt garantieren, werden in einem Zusatzprotokoll geregelt. Ein Antrag auf eine Erforschungs- oder Erschließungserlaubnis kann erst gestellt werden, wenn dieses Protokoll für den einen solchen Antrag stellenden Teilnehmerstaat in Kraft ist.

Unter Berücksichtigung dessen, daß die Ratifizierung der Konvention einen längeren Zeitraum in Anspruch nehmen wird, daß die Erarbeitung des Zusatzprotokolls ebenfalls gründlicher Verhandlungen bedarf, hauptsächlich aber, weil eine technologisch und ökonomisch sinnvolle Ausbeute der antarktischen Mineralressourcen überhaupt nicht in Aussicht steht, ist die Einschätzung gerechtfertigt,

[57] Vgl. M. Costello, ständiger Vertreter Australiens für alle Mitgliedstaaten des Antarktisvertrages im 1. Komitee der 43. UNO-Vollversammlung. New York, Nov. 1988, S. 5.

daß die erfolgreiche Beendigung der Verhandlungen zur Mineralkonvention eine Besonderheit im Prozeß der Kodifikation und Weiterentwicklung des Völkerrechts darstellt: Es wurden nicht die Herausbildung und Ausübung einer internationalen Praxis völkerrechtlich nachvollzogen, sondern im vorhinein Normen geschaffen, die die Ausübung von antarktischen Mineralaktivitäten — sollten sie jemals stattfinden — nur in einem präzise geregelten Rahmen zulassen. Für das antarktische Vertragssystem, seine Festigung und Weiterentwicklung ist die Lösung dieser komplizierten Frage der Nutzung der mineralischen Ressourcen ein besonderer Erfolg: Auf der Basis des Art. IV des Antarktisvertrages wurde ein Kompromiß gefunden, der die Interessen aller Staaten berücksichtigt.[58]

3. Die Antarktisfrage in den Vereinten Nationen

Fast 25 Jahre lang konnte davon ausgegangen werden, daß die Staaten, die nicht Mitglied des Antarktisvertrages sind, den Vertrag akzeptieren und ihre Interessen — falls überhaupt vorhanden — durch die Möglichkeit des Beitritts oder auch des Rechts auf Teilnahme an der Erforschung des 6. Kontinents im Rahmen der Vertragsstaaten ausreichend gesichert sahen. Das führte zu der m. E. gerechtfertigten Feststellung, daß der Antarktisvertrag in seinen wesentlichen Teilen — z. B. Nutzung der Antarktis ausschließlich für friedliche Zwecke, Verbot der Einrichtung von militärischen Stützpunkten, Kernwaffenverbot, Freiheit der wissenschaftlichen Forschung — bereits geltendes Völkergewohnheitsrecht darstellt und damit gemäß Art. 38 Wiener Vertragsrechtskonvention von 1969[59] für alle Staaten verbindlich ist.[60] Diese Auffassung wird durch die Tatsache erhärtet, daß der Antarktisvertrag in völliger Übereinstimmung steht mit den Zielen und Prinzipien der Charta der Vereinten Nationen und der zu ihrer Interpretation angenommenen Dokumente. Nachweisbar realisiert der Vertrag die völkerrechtliche Verpflichtung der Staaten, miteinander im Geiste des Friedens und der guten Nachbarschaft zu leben und zur Entwicklung freundschaftlicher Beziehungen zwischen den Nationen, unabhängig von deren unterschiedlichen politischen, wirtschaftlichen und gesellschaftlichen Systemen oder deren Entwicklungsstand, beizutragen.

Neben den dargestellten Zusammenarbeitspflichten verdient die von den Vertragsparteien übernommene Verpflichtung Beachtung, alle Normen des Vertrages nach Treu und Glauben zu erfüllen und jede auftretende Streitigkeit mit aus-

[58] Das war die erklärte Zielstellung der DDR; Vgl. Grußansprache des DDR-Vertreters D. Heyne zur XIII. ordentlichen Konsultativtagung, a. a. O., S. 170.

[59] Deutscher Text in: Völkerrecht, Dokumente, Teil 2, a. a. O., S. 646.

[60] Vgl. in diesem Sinne V. V. Golicyn, Tolkovanie Dogovora ob Antarktike, a. a. O., S. 106f.; R. E. Guyer, The Antarctic Treaty System, a. a. O., S. 223f. sowie I. Seidl-Hohenveldern, Völkerrecht, a. a. O., S. 180, Auf Meinungen, daß das Schweigen von Nichtvertragsmitgliedern keine gewohnheitsrechtliche Bindung erzeugen würde, verweisen u. a. R. Rich, A minerals regime for Antarctica, a. a. O., S. 715 und U. J. Nussbaum, Rohstoffgewinnung in der Antarktis, a. a. O., S. 99.

schließlich friedlichen Mitteln beizulegen. Darin dokumentiert sich das Streben zur Minderung der internationalen Spannungen, zur Stärkung des gegenseitigen Vertrauens in einem wesentlichen Teil der Welt und des auf der UN-Charta basierenden Sicherheitssystems.

Die Verpflichtung der Vertragsstaaten, chartagemäße Maßnahmen zu ergreifen, um die Anwendung der Grundsätze des Antarktisvertrages für alle hier angesiedelten Aktivitäten zu sichern, ist ebenfalls unter diesem Aspekt zu sehen und steht im Einklang mit dem Prinzip der souveränen Gleichheit der Staaten.[61] Sie entspricht der Tatsache, daß mindestens die auf die Erhaltung des Friedens und die Festigung der internationalen Zusammenarbeit gerichteten Prinzipien des Vertrages ein „objektives Regime" darstellen, das eine Rechtswirkung erga omnes entfaltet.[62] Erhärtend ist darauf zu verweisen, daß auch die III. UN-Seerechtskonferenz das antarktische Vertragssystem respektierte: Die im Geltungsbereich der Konvention zum Schutz der lebenden antarktischen Meeresressourcen gelegenen antarktischen Meere bildeten für sie keinen Verhandlungsgegenstand.[63]

Es war deshalb überraschend, daß nach erfolgreichem Abschluß der UN-Seerechtskonferenz eine Gruppe von Entwicklungsländern unter Führung von Malaysia und Antigua und Barbuda den Antrag stellte, den Punkt „Antarktisfrage" auf die Tagesordnung der 38. UN-Vollversammlung zu setzen. Das Auftreten dieser Staatengruppe im 1. Komitee ließ alsbald erkennen, daß das Hauptziel dieser Initiative darin besteht, das Antarktisvertragssystem durch ein neues Regime zu ersetzen, dem der Gedanke zugrunde liegt, den 6. Kontinent — zumindest jedoch die hier lagernden mineralischen Ressourcen — zum „Gemeinsamen Erbe der Menschheit" zu erklären.

Während es auf der 38. UN-Vollversammlung gelang, den Konsensus der Mitgliedstaaten zu wahren und den UN-Generalsekretär einvernehmlich zu ersuchen, eine „umfassende und objektive Tatsachenstudie über alle Aspekte der Antarktis" vorzulegen — die Studie stand auf der 39. Vollversammlung zur Diskussion, die Beratungen wurden wiederum mit Konsensusentscheidung auf die 40. Vollver-

[61] Zu diesem Ergebnis gelangen übereinstimmend u. a. O. Chlestov/V. V. Golicyn, Antarktika — arena mirnogo sotrudničestva, a. a. O., S. 69f.; D. Shapley, Pax Antartctica, a. a. O., S. 32f.; F. Solly, The Development of the Antarctic Treaty, in: R. Wolfrum, Antarctic Challenge I, a. a. O., S. 19ff.; M. Wolff, International co-operation in Antarctica, a. a. O., S. 10.

[62] Vgl. dazu u. a. Autorenkollektiv, Völkerrecht, Lehrbuch, Teil 1, a. a. O., S. 270; E. Klein, Statusverträge im Völkerrecht, Berlin (West)/Heidelberg/New York 1980, S. 120ff.; P. Birnie, The Antarctic Treaty as an Objective Regime today, in: R. Wolfrum, Antarctic Challenge II, a. a. O., S. 255ff.; E. F. Jung, Die Antarktis in der internationalen Politik, a. a. O., S. 83; U. J. Nussbaum, Rohstoffgewinnung in der Antarktis, a. a. O., S. 122ff., insbes. S. 138.

[63] So erklärte der Präsident der Seerechtskonferenz Amerashingue (Sri Lanka): "I should make it clear that the question of the status of Antarctica is in no way linked with the issues before the Conference on the Law of the Sea . . ." (A/PV.2380, S. 16).

sammlung vertagt[64] —, verzichteten die Entwicklungsländer 1985 bei der Entscheidung über die weitere Behandlung der Antarktisfrage auf den Konsensus mit den Mitgliedstaaten des Antarktisvertrages und brachten drei Resolutionen zur Abstimmung, die zu einer offenen Konfrontation zwischen Vertragsstaaten und Nichtvertragsstaaten führte. Dieser Trend setzte sich auf der 41. UN-Vollversammlung[65] fort, flankiert von Forderungen der OAU[66] nach Einführung des „gemeinsamen Erbe"-Konzepts für die Antarktis, während die Bewegung der Nichtpaktgebundenen auf dem Harare-Gipfel 1986[67] bestrebt war, diese extremen Forderungen zu entschärfen.

Eine Analyse der Argumentation der von Malaysia geführten Entwicklungsländer läßt folgende Zielstellungen erkennen: Obwohl die politisch-völkerrechtlichen Grundsätze des Antarktisvertrages formal unterstützt werden, wird ihm vorgeworfen, durch die Unterscheidung von Konsultativ- und Nichtkonsultativstaaten das Prinzip der souveränen Gleichheit zu verletzen. Damit verbunden wird die Forderung nach einem neuen Vertrag, der die Ressourcen des 6. Kontinents zum „gemeinsamen Erbe" erklärt — wobei das Rechtsregime ihrer Verwaltung im Rahmen der UNO auszuhandeln sei. Dabei wird gezielt ein Zusammenhang zum Tiefseebodenregime der UN-Seerechtskonvention konstruiert, und die bestehenden Territorialansprüche werden als unrechtmäßig zurückgewiesen.[68]

Gesonderter Erwähnung bedarf die Forderung, das rassistische Regime Südafrikas von den Konsultativtagungen auszuschließen. Die sozialistischen Staaten stimmten 1986 geschlossen für diese Forderung, wobei die durch das Apartheidregime in Südafrika weiter zugespitzte Lage in Rechnung gestellt wurde.[69]

Die Antarktisvertragsstaaten setzen sich geschlossen für die Erhaltung und Stärkung des Vertragssystems ein und betonen dessen Rechtmäßigkeit und Vor-

[64] Vgl. zur Entwicklung der Behandlung der Antarktisfrage in der UNO J. P. Beck, The United Nations and Antarctica, in: Polar Record, London 1984, S. 137ff.; R. Lagoni, Die Vereinten Nationen und die Antarktis, a. a. O., S. 473f.; K. Bockslaff, Zwischen Nutzung und Konservierung zum „Wohle der Menschheit", a. a. O., S. 51. Zum Ergebnis der 39. UN-Vollversammlung vgl. Report of the First Committee, A/39/756.

[65] Zu den Ergebnissen vgl. Report of the First Committee, A/41/902.

[66] Vgl. den Bericht des Komitees A der 42. Tagung des Ministerrates der OAU vom Juli 1985, CM/1298 (XLII), Add. IV.

[67] Vgl. Pkt. 180 des Abschlußberichtes des 8. Gipfeltreffens der Bewegung der Nichtpaktgebundenen vom Sept. 1986 in Harare, in: A/41/697-S/18392.

[68] Vgl. wertend J. Deporow, Antarctica: A Zone of Peace and Cooperation, a. a. O., S. 37; K. Bockslaff, Zwischen Nutzung und Konservierung zum „Wohle der Menschheit", a. a. O., S. 50; H. Kautzleben/R. Frey, Forschungsobjekt Antarktis, a. a. O., S. 73f.; The Heritage Foundation, Antarctica should remain off limits to United Nations meddling, a. a. O., S. 2 und 9ff.; P. J. Beck, The United Nations and Antarctica, a. a. O., S. 140f.

[69] Vgl. UN-Vollversammlungsresolution 41/88C, para. 2. Der Text der Resolution sowie das Abstimmungsergebnis sind enthalten in: Press Release GA 7463, S. 192 bzw. 194.

züge.[70] Sie verweisen darauf, daß das Einfrieren der Territorialansprüche, die Demilitarisierung des gesamten Kontinents und die Entwicklung einer breiten wissenschaftlichen Zusammenarbeit ein Paket darstellen und das Herauslösen einzelner Elemente die gegebene Balance zerstören würde.[71] Zudem bedürfe ein völkerrechtsgemäßer Vertrag nicht der Überprüfung durch außenstehende Staaten — eine angestrebte Vertragsänderung ohne die Zustimmung seiner Mitglieder sei sogar völkerrechtswidrig —, noch dazu fordert die UN-Charta in Abschnitt 1 Satz 3 ihrer Präambel ausdrücklich Respekt vor abgeschlossenen Verträgen.[72]

Ebenso gewichtig erscheint mir der Hinweis darauf, daß viele Staaten bisher kein Interesse an der Antarktis gezeigt haben — etwa 2/3 der UN-Mitglieder reagierte nicht auf die Aufforderung des Generalsekretärs, zur angestrebten Antarktis-Studie beizutragen[73] —, sie sich nun aber auf Ressourcen konzentrieren, deren Ausbeutung aus Umweltgründen jedoch nicht gefördert werden soll.[74] Auch ist der Beitritt zum Antarktisvertrag von 1959 nicht mit der Übernahme finanzieller Verpflichtungen verbunden und deshalb jedem Staat möglich.

Wenn Konsultativstaaten zur Verteidigung ihres Status — der nicht Vorrechte, sondern eine besondere Verantwortung für die Einhaltung aller Bestimmungen des Vertragssystems beinhaltet[75] — auf gleichgelagerte Beispiele in der völkerrechtlichen Vertragspraxis verweisen,[76] ist das wohl begründet: Ähnliche Modelle der Verantwortungszuweisung sind aus dem UN-Sicherheitsrat und einer Reihe von UN-Spezialorganisationen bekannt und werden von allen Mitgliedstaaten gebilligt (u. a. ICAO, WMO, IMO, UNIDO), auch INMARSAT und INTELSAT können als Beispiel dafür dienen.[77]

[70] Das belegt u. a. die Erklärung des australischen Vertreters R. A. Woolcoot auf der 41. Vollversammlung: "... This is a joint statement, reflecting the views of consultative and non-consultative parties ..." (a. a. O., S. 11).

[71] Vgl. die Zusammenfassung diesbezüglicher Argumentationen in para 156 der 1. Studie des UN-Generalsekretärs zur Antarktisfrage, a. a. O. (Teil I), S. 37.

[72] Vgl. in diesem Sinne u. a. O. Rebagliati, Panel Discussion, in: R. Wolfrum, Antarctic Challenge II, a. a. O., S. 344; auch P. Birnie, Antarctic Regime, Ziff. 4, Third States Demands for a New Antarctic Regime, in: ebenda, S. 260, muß das zugestehen.

[73] Vgl. dazu Teil II der 1. Studie des UN-Generalsekretärs zur Antarktisfrage, a. a. O., S. 3ff. Daraus geht hervor, daß lediglich 54 Staaten die Note des Generalsekretärs, ihre Haltung zur Antarktis zu verdeutlichen, beantwortet haben.

[74] Vgl. dazu u. a. die Empfehlung X-1, paras. 3 und 4 der Konsultativstaaten, in: Handbook of the Antarctic Treaty System, a. a. O., S. 1609; ebenfalls den Vertreter Großbritannien, Heap, im 1. Komitee der 39. Vollversammlung, A/C.1/39/PV.52, S. 31.

[75] Vgl. u. a. para. 143 der 1. Studie des UN-Generalsekretärs zur Antarktisfrage, a. a. O., (Teil I), S. 35; T. R. Scully, Institutionalization of the Antarctic-Treaty Regime, in: R. Wolfrum, Antarctic Challenge II, a. a. O., S. 295, bezeichnet die Verbindung von Aktivitäten und Verantwortung als Grund für den Erfolg des Vertragssystems.

[76] Vgl. O. Rebagliati, Panel Discussion, in: ebenda, S. 344.

[77] Vgl. bei Wolfrum, Neue Elemente im Willensbildungsprozeß internationaler Wirtschaftsorganisationen, in: VN, 2/1981, S. 50ff. und ders., Die Internationalisierung staatsfreier Räume (Beiträge zum ausländischen öffentlichen Recht und Völkerrecht, Bd. 85), Berlin (West)/

Schließlich bedarf die Forderung, die Antarktis unter UNO-Verwaltung zu stellen und ihre Ressourcen — bei analoger Anwendung des Teiles XI der UN-Seerechtskonvention von 1982 — zum „gemeinsamen Erbe der Menschheit" zu erklären,[78] der politisch-völkerrechtlichen Bewertung: Eine solche Forderung ist nicht begründet. Artikel 1 Abs. 1 der Seerechtskonvention definiert das Gebiet, dessen Ressourcen gemäß Artikel 136 zum „gemeinsamen Erbe" erklärt werden, ausdrücklich als Meeresgrund und -untergrund **jenseits** staatlicher Jurisdiktion.[79] Abgesehen davon, daß entsprechend dieser Definition allenfalls Teile des antarktischen Festlandsockels in Betracht kämen,[80] bestehen jedoch für die Antarktis völkerrechtsgemäße Verträge, die die Grundprinzipien der UN-Charta verwirklichen und hinsichtlich der in ihnen enthaltenen Schutzverpflichtungen in bezug auf die natürliche Umwelt durch Artikel 237 der UN-Seerechtskonvention, der alle Konventionen und Vereinbarungen, die auf den Schutz und die Erhaltung der Meeresumwelt gerichtet sind, unberührt läßt, bestätigt werden.[81] Es bedarf der Erwähnung, daß Artikel 237 UN-Seerechtskonvention zur Unterstützung ihrer allgemeinen Prinzipien auch neue eigenständige Konventionen zuläßt. Die in Ziff. 2 des Artikels 237 enthaltene Maßgabe, nach der jede dieser Konventionen in Übereinstimmung zu sein hat mit den Zielen und Prinzipien der Seerechtskonvention, wird durch die strengen Umweltnormen und -standards des Antarktisvertragssystems in jeder Weise gewährleistet. Folglich erfüllt das Gebiet weder das notwendige Kriterium „res nullis" im Sinne von regelungsbedürftig und schon gar nicht das „jenseits staatlicher Jurisdiktion"[82] — immerhin werden, wenngleich nicht anerkannte, Souveränitätsansprüche erhoben. Diese Ansprüche haben unter

Heidelberg/New York/Tokio 1984, S. 295ff.; vgl. auch bei P. Rösgen, Rechtsetzungsakte der Vereinten Nationen und ihrer Sonderorganisationen, Diss., Bonn 1985, S. 39ff., S. 79ff., S. 99ff.

78 Vgl. dazu u. a. H. P. Rajan, India as a New Consultative Party, Ziff. 3: The Question of Antarctica in the United Nations and the Principle of Common Heritage of Mankind, in: R. Wolfrum, Antarctic Challenge II, a. a. O., S. 313f.

79 "Area means the sea-bed and ocean floor and subsoil thereof, *beyond the limits of national jurisdiction*" (Art. 1 Abs. 1 der UN-Seerechtskonvention, a. a. O., S. 2; Hervorheb. — R. M.).

80 Und zwar insoweit, als bislang der Geltungsbereich des Mineral-Regimes nicht geklärt ist und sich Nichtteilnehmer des Antarktisvertrages auf den Standpunkt stellen könnten, Gebiete außerhalb des Geltungsbereiches des Antarktisvertrages seien rechtsfrei. Vgl. auch die zurückhaltende Stellungnahme in der 2. Studie des UN-Generalsekretärs zur Antarktisfrage, A/41/722 v. 17. 11. 1986, para. 124; U. J. Nussbaum, Rohstoffgewinnung in der Antarktis, a. a. O., S. 179ff., insbes. S. 198, weist indessen nach, daß der antarktische Festlandsockel nicht Gegenstand der offiziellen Verhandlungen auf der UN-Seerechtskonferenz war und der Kompetenzbereich der geplanten Internationalen Meeresbergbaubehörde auch wegen der Gültigkeit des völkerrechtlichen Festlandsockelregimes durch die seewärtige Grenze des antarktischen Festlandsockels beschränkt ist.

81 Vgl. dazu u. a. S. Müller, The Impact of UNCLOS III on the Antarctic Regime, in: R. Wolfrum, Antarctic Challenge I, a. a. O., S. 172f.

82 Vgl. dazu u. a. R. Müller, Die Zusammenarbeit der Staaten zur friedlichen Nutzung souveränitätsfreier Räume, in: Neue Justiz, (zitiert als: NJ), 7/1987, S. 173; weiter auch die 1. Studie des UN-Generalsekretärs zur Antarktisfrage, a. a. O. (Teil I), para. 158, S. 38.

den Bedingungen des Artikels IV Antarktisvertrag eine gewisse Legitimierung erfahren — sie bleiben „eingefroren" erhalten, wobei diese Beschränkung nach Auffassung der Anspruchstaaten nicht im Verhältnis zu Drittstaaten gilt.[83]

Ähnlich gelagerte Erfahrungen hinsichtlich der Ansprüche der Äquatorialstaaten auf Segmente des geostationären Orbits belegen, daß die Lösung des Problems derartiger Präferenzrechte wohl kaum in der rigorosen Ablehnung der Position jener Staaten gesehen werden kann. Notwendig ist vielmehr der Interessenausgleich.[84] Ein solcher wird z. B. von der DDR in den von ihr vorgeschlagenen „Prinzipien zur Regelung der Aktivitäten der Staaten bei der Nutzung des geostationären Orbits"[85] für dieses besonderer Gebiet des Weltraumes angestrebt. Er besteht für die Antarktis mit Artikel IV des Vertrages. Der Beitritt zu diesem Vertrag durch noch außenstehende Staaten wäre demnach ein effektiver Beitrag zur Stabilisierung des Friedens und zur Stärkung der internationalen Zusammenarbeit auf dem 6. Kontinent.[86]

Wenn hier der Nachweis erbracht wurde, daß sich das Antarktisvertragssystem bewährt hat und auf der Basis des allgemein-demokratischen Völkerrechts zugleich zukunftsorientiert ist — die Flexibilität des vorhandenen Entscheidungsmechanismus sowie der Abschluß der Konventionen zum Schutz der lebenden Ressourcen und zu den mineralischen Rohstoffen belegen das —, bedeutet das nicht, notwendige Entwicklungsprozesse abzulehnen oder auszuschließen.[87] Das ist auch von den Konsultativstaaten erkannt; ihr Bemühen, alle Vertragsmitglieder noch stärker an den Maßnahmen der Vertragsverwirklichung sowie an der Vervollkommnung des Vertragssystems zu beteiligen, ist offensichtlich. Dazu gehörte die Entscheidung des Konsultativrates, Nichtkonsultativstaaten zu seinen regulären Tagungen mit Beobachterstatus einzuladen und sie mit dem gleichen Status an den Mineralverhandlungen zu beteiligen.[88] Eine Reihe von Vertragsstaaten, darunter die DDR, bewerten diese Entwicklungen sehr positiv — insbesondere auch die Tatsache, daß den Nichtkonsultativstaaten in diesen Verhandlungen voller Zugang zu allen offiziellen und inoffiziellen Beratungen gewährt und die Möglichkeit eingeräumt wird, zu den anstehenden Problemen umfassend Stellung zu be-

83 Vgl. so ausdrücklich O. Rebagliati, Panel Discussion, a. a. O., S. 343; auch R. Lagoni, Die Vereinten Nationen und die Antarktisfrage, a. a. O., S. 479.

84 Vgl. W. Hampe, Aktuelle Fragen der Entwicklung des Weltraumrechts im Rahmen der UNO, in: NJ 10/1982, S. 442.

85 GDR: Working paper — Principles governing the activities of States in the utilization of the geostationary Orbit, A/AC. 105/C.2/L.153.

86 Vgl. Erklärung des australischen Vertreters R. A. Woolcoot namens aller Mitgliedstaaten des Antarktisvertrages vor der 41. Vollversammlung, a. a. O., S. 18f.

87 Vgl. dazu auch E. Luard, Who owns the Antarctica?, a. a. O., S. 1184.

88 Vgl. u. a. para. 143 der 1. Studie des UN-Generalsekretärs, a. a. O. (Teil I), S. 35; The Heritage Foundation, Antarctica should remain off limits to United Nations meddling, a. a. O., S. 2f. Die entsprechenden Entscheidungen der Konsultativstaaten sind enthalten in Handbook of the Antarctic Treaty System, Teil 1, a. a. O., S. 6106ff.

ziehen.[89] Dieses Verständnis des Beobachterstatus durch den Konsultativrat[90] trägt m. E. dazu bei, vorhandene Vorbehalte gegen das Mitgliedschaftssystem des Antarktisvertrages abzubauen — der Trend, daß Staaten unterschiedlicher Gesellschaftsordnung dem Antarktisvertrag gerade in den letzten Jahren beitreten, bestätigt das[91] — und berechtigt zu der Hoffnung, daß für die künftige Nutzung der mineralischen Rohstoffe auf der Grundlage der Konvention von 1988 ein offenes und tatsächlich demokratisches Regime entsteht, das den Interessen aller direkt und indirekt beteiligten Staaten entspricht.[92]

Auch die Entscheidung der Konsultativstaaten, dem UN-Generalsekretär und damit der Weltorganisation die Abschlußberichte der regulären Konsultativtagungen zur Verfügung zu stellen sowie das Handbuch über das Antarktisvertragssystem in geeigneter Weise der interessierten Öffentlichkeit zugänglich zu machen,[93] können dazu dienen, die Transparenz des Antarktisvertragssystems zu erhöhen und alle Staaten von den Vorteilen dieser fruchtbaren Zusammenarbeit zu überzeugen.

Die hier skizzierten Maßnahmen der Konsultativstaaten sollen nicht den Eindruck erwecken, als hätte das Antarktisvertragssystem vor ihrem Inkrafttreten isoliert gewirkt. Die Berichte des UN-Generalsekretärs von 1984 und 1986 demonstrieren überzeugend das intensive Engagement internationaler staatlicher und auch nichtstaatlicher Organisationen in der Antarktis und das Zusammenwirken dieser Organisationen mit dem Antarktiskonsultativrat.[94]

Auf der XIV. Konsultativtagung wurde diese Zusammenarbeit noch weiter formalisiert: Nach der hier beschlossenen Änderung der Verfahrensregeln können mit Zustimmung aller Konsultativstaaten nunmehr Vertreter internationaler Organisationen, die an der Behandlung einer bestimmten Frage wissenschaftliches

[89] Vgl. Erklärung des DDR-Vertreters, H. Süß, im 1. Komitee der 39. UN-Vollversammlung, A/C.1/39/PV.52, S. 2f.

[90] Vgl. dazu u. a. K. Bockslaff, Zwischen Nutzung und Konservierung zum „Wohle der Menschheit", a. a. O., S. 52; ungerechtfertigt negativ dagegen E. Luard, Who owns the Antarctica?, a. a. O., S. 1180.

[91] Vgl. so u. a. P. J. Beck, The United Nations and Antarctica, a. a. O., S. 138; H. P. Rajan, India as a New Consultative Party, a. a. O., S. 318. Die jüngsten Beitrittserklärungen wurden von Griechenland, der KDVR, und Südkorea, Ekuador und Kanada abgegeben, damit erhöht sich die Anzahl der Mitgliedstaaten des Antarktisvertrages auf 35.

[92] Darin besteht erklärtermaßen das Ziel der Konsultativstaaten, einschließlich der Beachtung des örtlichen Geltungsbereiches des Teiles XI der UN-Seerechtskonvention; d. h. das künftige Mineralregime wird sich auf alle Förderaktivitäten beziehen, die auf dem antarktischen Kontinent stattfinden bzw. auf den vorgelagerten Tiefseegebieten, jedoch ohne Übergriff auf den Tiefseeboden, der in der Seerechtskonvention (Art. 1) als das „Gebiet" bezeichnet wird. Vgl. Empfehlung XI-1 der Konsultativstaaten, para. 7 IV, a. a. O., S. 1613 und paras. 311, 313, 314 der 1. Studie des UN-Generalsekretärs, a. a. O. (Teil I), S. 71 sowie Art. 5 der Konvention.

[93] Vgl. Final Report of the XIIIth Antarctic Treaty Consultative Meeting, a. a. O., S. 6ff. (Operation of the Antarctic Treaty System).

[94] Vgl. dazu insb. die 2. Studie des UN-Generalsekretärs zur Antarktisfrage, a. a. O., Kapitel II.

oder technisches Interesse haben, als Experten zu der jeweiligen Frage eingeladen werden. An der XIV. Konsultativtagung nahmen bereits Experten der WMO und der IUCN teil.

In Anbetracht dessen, daß das System des Antarktisvertrages in voller Übereinstimmung mit den Zielen und Prinzipien der Charta der Vereinten Nationen steht und die gleichberechtigte Zusammenarbeit aller interessierten Staaten in der Antarktis gewährleistet, sind die Anstrengungen der Vertragsstaaten, den Antarktisvertrag zu erhalten und zu stärken, nicht nur verständlich und legitim, sondern gemessen an dem völkerrechtlichen Grundprinzip, völkerrechtsgemäße Verträge nach Treu und Glauben zu erfüllen und die internationale Rechtsstabilität zu wahren,[95] sogar zu erwarten.

Hinzu kommt, daß Versuche der Revision des Antarktisvertrages von 1959 nicht nur negative Folgen für die antarktische Region und die daran angrenzenden Länder haben werden, sondern für die Interessen der gesamten Menschheit. Sie würden dazu führen, das bewährte und ausgewogene System von Friedenserhaltung und Kooperation zum Nutzen der gesamten Menschheit ernsthaft zu gefährden, wenn nicht sogar zu zerstören.[96] Damit wäre aber keinem Staat der Erde gedient.

Im Zusammenhang mit Auffassungen, auch in eine neue Konvention könnten Friedenserhaltungs- und Demilitarisierungspflichten übernommen werden, ist notwendig daran zu erinnern, daß diese Grundsatzbestimmungen als Paket, das das Einfrieren der Territorialansprüche einschließt, zustandegekommen sind. Niemand kann jedoch gewährleisten, daß ein solches Paket unter den gegenwärtigen Bedingungen nochmals konsensusfähig ist.[97] Die Auflösung des Paketes im Zuge von Revisionsbestrebungen könnte eher dazu führen, daß die Antarktis in das internationale Wettrüsten einbezogen würde und territoriale Ansprüche wiederbelebt oder ausgedehnt und neu hervorgebracht würden.[98] Die DDR tritt deshalb gemeinsam mit den anderen Mitgliedern des Antarktisvertrages konsequent für die Erhaltung und Stärkung des gesamten Vertragssystems ein und lehnt jegliche — wie auch immer begründete — Revisionsbestrebungen ab. Wiederholt hat die DDR erklärt,[99] daß nicht die Revision des Antarktisvertrages zur Interessensicherung noch außenstehender Staaten beiträgt, sondern deren Bereitschaft, dem Vertrag beizutreten, seine Vorzüge in Anspruch zu nehmen und sich zugleich den hier statuierten Verpflichtungen zu stellen.

[95] Vgl. zur Pflicht, völkerrechtsgemäße Verträge strikt einzuhalten und zu erfüllen, Autorenkollektiv, Völkerrecht, Teil 1, a. a. O., S. 127ff.; G. Arangio-Ruiz, The UN-Declaration on friendly relations and the System of Sources of International Law, Germantown 1979, S. 145ff.

[96] Beispielhaft dafür sei auf die Erklärung des Vertreters der Volksrepublik Polens im 1. Komitee der 39. UN-Vollversammlung verwiesen, A/C.1/39/PV.52, S. 38.

[97] Darauf verweisen u. a. J. Heap, Comment, in: R. Wolfrum, Antarctic Challenge I, a. a. O., S. 40; auch R. Lagoni, Die Vereinten Nationen und die Antarktis, a. a. O., S. 475ff.

[98] Vgl. so auch J. Deporow, Antarctica: A Zone of Peace and Cooperation, a. a. O., S. 37.

[99] Vgl. u. a. die Erklärung des DDR-Vertreters, H. Süß, im 1. Komitee der 39. UN-Vollversammlung, a. a. O., S. 67f.

Р. Мюллер

Договорная система Антарктики — основа для развития мирного сотрудничества на шестом континенте

В статье рассматриваются международно-правовые вопросы сотрудничества государств в области научных исследований на шестом континенте, а также настоящего и будущего использования ресурсов Антартики.

Реализация согласованных международных программ по исследованию Антарктики (ГДР принимает в ней участие вот уже почти 30 лет с собственной программой) принесла значительные результаты; так, например, были собраны обширные знания об основных закономерностях геомагнитного и геологического строя этого континента. Период географических открытий и обзорного исследования здесь закончен.

Предположения о существовании в Антарктике крупных естественных ресурсов привели к тому, что страны с большими традициями в области мореплавания и страны, которые в силу их географического положения находятся в непосредственном соседстве с этим континентом, стали предъявлять территориальные претензии, признание которых привело бы в конечном счёте к разделу Антарктики. Эти претензии не были, однако, признаны со стороны других государств.

Необходимость международного регулирования этого вопроса возникла, с одной стороны, вследствие конфликта между государствами, имеюими территориальные претензии, и, с другой стороны, из-за возможности возникновения спора с теми государствами, которые отказываются признавать эти притязания и в тоже время проявляют интерес в научном исследовании шестого континента.

В 1958/59 г. в Вашингтоне состоялась по случаю окончания международного геофизического года конференция 12-ти государств, принявших участие в исследовании Антарктики. На этой конференции был подписан 1. 12. 1959 г. Договор об Антартике, вступивший в силу 23. 6. 1961 г. Он был подписан 38 государствами. Договор открыт для всех государств. Срок его действия неограничен.

В соответствии с Договором, согласно ст. ст. 1 и 5, весь шестой континент может быть использован исключительно в мирных целях. Инспекционная система, которая предусматривается ст. 7 Договора об Антарктике, обеспечивает соблюдение всех предписаний Договора и служит укреплению доверия.

Особенное значение для предотвращения конфликтов имеет ст. 4. В ней

„заморожен" вопрос о существующих территориальных претензиях и высказывается запрет на выдвижение новых или расширение существующих претензий.

Консультативная система, которая предусматривается ст. 9 Договора, служит установлению мер, обеспечивающих соблюдение основных положений Договора и одновременно содействующих осуществлению целей Договора об Антарктике. Для того, чтобы войти в эту систему, в так называемый Консультативный совет, необходимо представить значительные научные достижения в области исследования Антарктики (например, учреждение научной станции или проведение экспедиции). В настоящее время консультативным статусом обладают 22 государства-члены Договора.

Хотя в Договоре об Антарктике провозглашается принцип свободы научных исследований в этом районе, договором не регулируется непосредственно вопрос использования ресурсов этого континента. Но так как Договор регулирует использование Антарктики в мирных целях, то Консультативный совет имеет право заниматься всеми вопросами, возникающими в этой связи, согласно ст. 9 Договора.

В рамках Договора об Антарктике его членами была разработана Конвенция о сохранении морских живых ресурсов Антарктики, которая была принята 20. 5. 1980 г. Главной целью Конвенции является сохранение и рациональное использование живых ресурсов в районе южнее 60 градусов ю. ш. и в районе между этой широтой и антарктической конвергенцией.

С 1982 г. Консультативный совет занимается вопросом разработки минеральных ресурсов и по этому поводу им был принят ряд рекомендаций. При этом государства — участники Консультативного совета единодушно считают, что в ближайшее будущее разработка минеральных ресурсов на этом континенте пока не осуществима и что целью режима антарктических минеральных ресурсов будет являться в первую очередь предотвращение неконтролируемой добычи природных ресурсов и обеспечение безопасности и экологической сохранности Антарктики.

По решению 12. очередной консультативной сессии, на переговорах о режиме антарктических минеральных ресурсов в качестве наблюдателей могут принимать участие и те государства, которые не имеют консультативного статуса. Это — наряду с другими мерами — свидетельствует о том, что договорная система Антарктики развивается дальше.

Что касается режима минеральных ресурсов, то здесь упор делается на уже согласованные позиции (например, связь Договора, об Антарктике с режимом, справедливое регулирование между государствами, заявляющими претензии и государствами их не предъявляющими, вопрос о принципах принятия решений в соответствуюших органах).

Статья также рассматривает и попытки государств, не являющихся членами Договора об Антарктике, добиться перестройки существующей договорной системы Антарктики. В основе таких попыток лежит требование об объявлении Антарктики, по крайней мере минеральных ресурсов этого континента, „общим наследием человечества“. Так, в 1985 г. в рамках ООН имела место прямая конфронтация по этому вопросу между государствами — членами Договора и государствами, не являющимися его членами. Тогда группа развивающихся стран под руководством Малайзии потребовала передать на голосование резолюцию по вопросу Антарктики. Таким образом группа отказалась от существующей процедуры принятия резолюций по Антарктике консенсусом. Эта тенденция нашла своё выражение и на 41 сессии ООН, при этом требования ОАЕ о введении концепции „общего наследия человечества“ в антарктическую договорную систему также поддерживает эти попытки.

Государства — члены Договора неоднократно указывали на то, что „замораживание“ территориальных претензий, демилитаризация и широкое научное сотрудничество в Антарктике представляют собой пакет и что попытки вырвать из него отдельные элементы нарушают существующий баланс.

Требования об установлении контроля над Антарктикой при аналогичном применении XI части Конвенции ООН по морскому праву 1982 г. не являются обснованными, принимая во внимание политические и международно-правовые факторы.

Автор доказывает, что договорная система Антарктики доказала свою надёжность на деле и что она имеет перспективы развития на основе общего демократического международного права.

Таким образом укрепление и сохранение существующей договорной системы Антарктики представляет собой общий интерес всех государств, выражением чего могло бы стать присоединение дальнейших государств к Договору об Антарктике 1959 года.

Summary

R. Müller

The Antarctic Treaty System — Basis for the Development of Peaceful Co-operation on the Sixth Continent

The contribution deals with international legal aspects of international cooperation of states in the scientific exploration of the Antarctic as well as in the present and future use of its resources.

Point of departure is the fact that the scientific exploration of the Antarctis has been done on a large scale since the beginning of the 20th century.

Thus exploration programmes with a fair degree of international accord, in which the GDR has been actively engaged in order to contribute to Antarctic Research for almost 30 years, have led both to results of global interest and precise knowledge about the most important laws of geomagnetism and of the geological structure of the area. The period of geographical discoveries and overall exploration are virtually completed. At a relatively early time assumptions concerning the Antarctic raw material potential induced countries with strong navigational traditions and also those countries that are closest to the continent to come forward with territorial claims and demands for a direct splitting up of the Antarctic territory. Claims of this kind are, however, not recognised by any other state.

Due to conflicts arising among states making these claims and also because of potential controversies with states rejecting them, which in their turn are, however, interested in the scientific exploration of the sixth continent, an international regulation was considered necessary.

As a result of the International Geophysical Year a conference of the twelve countries involved in the exploration of the Antarctic was held in Washington in 1958/59. There the open Antarctic Treaty, which is of unlimited duration, was signed on Dec. 1, 1959 and entered into force on June 23, 1961. At present the treaty comprises 38 member states.

In accordance with the treaty, in particular Articles I and V, the entire sixth continent shall be completely demilitarized — by prohibiting measures of a military nature, including an explicit ban on nuclear explosions and radioactive waste deposits — and may only be used for peaceful purposes. In order to ensure strict compliance with the provisions of the Treaty, a comprehensive system of on-site inspection is provided for in Article VII, which has proved efficient and confidence-building.

Of special importance, particularly with a view to avoiding conflicts, is Article IV which "freezes" the existing territorial claims of some member states to the Antarctic Treaty and prohibits to make new claims or extend existing ones.

In Article IX a consultation mechanism was established for recommending measures in furtherance of the principles and objectives of the Antarctic Treaty, especially the protection of the natural environment of Antarctica. Participation in this mechanism, which is also known as the Consultative Council, presupposes substantial scientific research activities in the Antarctic such as the establishment of a scientific station or the dispatch of a scientific expedition. Currently 22 member states to the Treaty have a Consultative status, including, since Oct. 5, 1987, the GDR.

While explicitly stating the principle of freedom of scientific research activities, the Antarctic Treaty does not contain any direct regulation concerning the issue of the use of resources. Since, however, a use of the Antarctic for peaceful purposes is not excluded, the Consultative Parties are entitled to deal with related issues according to Article IX.

As far as living resources are concerned, the Member States to the Antarctic Treaty concluded the Convention on the Conservation of Antarctic Marine Living Resources (CCAMLR) on May 20, 1980. Its objective is to ensure the preservation and the rational use of the living resources in the area south of latitude 60° S and within the area between this latitude and the Antarctic convergence.

Since 1982 the Consultative Parties have been concerned with the question of exploitation of mineral resources adopting several recommendations on this issue. There is general consensus among the Consultative Parties that the exploitation of mineral resources. is simply not feasible in the foreseeable future and that the regime under discussion is aimed in the first place at establishing the legal prerequisites for avoiding an uncontrolled scramble for resources if mining activities do ever take place in Antarctica. There is also agreement on the need to prevent unacceptable risks to the environment and to ensure the continuation of peace and stability in the continent.

Based upon a decision adopted at the XIIth Regular Consultative Meeting, also Non-Consultative States are entitled to take part as observers in the current negotiations dealing with the Mineral Resources Regime. Apart from other measures, this is a definite indication of the continuing development of the Antarctic Treaty system.

In connection with the Mineral Resources Regime some well-established basic issues are dealt with in the present contribution (e.g. correlation between the Antarctic Treaty and the future Mineral Regime, the balance between Claimants and Non-claimants problems related to the principles of decision making for the relevant organs). This is followed by a study of the efforts made by non-member states to the Antarctic Treaty to rearrange the existing Antarctic Treaty system with the intention of declaring the sixth continent, or at least its mineral resources, the "common heritage of all mankind". Thus, in 1985 there was an open controversy between Treaty States and states not members of the Antarctic Treaty within the United Nations when a group of developing countries headed by Malaysia submitted resolutions to vote breaking down the consensus procedure governing previous UN-discussions of Antarctica. This trend continued at the 41st UN General Assembly and was even supported by the demand of the OAU to introduce the "common-heritage concept" for the Antarctic.

The Antarctic Treaty Member States have repeatedly suggested that the principal features of the Treaty (freezing of territorial claims, denuclearization and demilitarization, freedom of scientific investigation on the sixth continent) form a package and that singling out individual elements would destroy the existing balance.

Besides, the demand to place the Antarctic under UN administration through analogous application of Part XI of the UN Convention on the Law of the Sea of 1982 is rejected in the present article as not justified for political and legal reasons.

Proof is furnished for the effectiveness of the Antarctic Treaty system and for its orientation towards the future, based on general international law.

It is therefore in the interest of all states to maintain and to strengthen this Treaty system — which can also be done by acceding the Antarctic Treaty of 1959.

K. Nagy

Bemerkungen zur legitimen Verteidigung im Völkerrecht

1. Einleitung

Die legitime Verteidigung — als Institution und Terminus — kann im Völkerrecht erst auf eine verhältnismäßig kurze Vergangenheit zurückblicken. Im allgemeinen Völkergewohnheitsrecht hat es nämlich keine legitime Verteidigung gegeben. Dieser Ausdruck hätte auch keinen Sinn gehabt, da der Krieg erlaubt war und so nicht nur die Verteidigung, sondern auch der Angriff selbst als rechtmäßig galten.[1] Wie Jimenez de Aréchaga und auch andere feststellen, konnte erst dann von einer berechtigten Verteidigung gesprochen werden, als der Angriff selbst völkerrechtswidrig geworden war.[2] Eine gewisse Einschränkung des Rechts zur Führung von Kriegen wurde erst durch die Satzung des Völkerbundes eingeführt. Das Verbot von Aggressionskriegen wurde im Briand-Kellogg- (oder auch Pariser) Pakt verankert, die Staaten verzichteten auf das Recht des Krieges als Mittel der natio-

[1] Dementsprechend verwendeten die älteren Verfasser den Ausdruck „legitime Verteidigung" nicht, sondern benutzten die rechtlich weniger bestimmten Termini „Notwehr"; z. B. A. Faatz, Notwehr und Notstand im Völkerrecht, Inaugural-Diss., Greifswald 1919. Aber der ausschließliche Gebrauch des Ausdrucks Notwehr kam auch bei späteren Autoren vor. So benutzt z. B. P. Guggenheim in seinem Lehrbuch konsequent nur diesen Terminus. Vgl. P. Guggenheim, Lehrbuch des Völkerrechts, Bd. 2, Basel 1951, S. 561 f. Die offizielle deutsche Übersetzung der UN-Charta übersetzt die englische Bezeichnung „self-defence" als „Selbstverteidigung". Daß stattdessen aber auch der Begriff „legitime Verteidigung" benutzt werden kann, davon zeugen die ebenfalls offiziellen Ausdrücke im Französischen und im Spanischen (legitime défense, legitima defensa). Unter den heutigen Autoren macht F. A. F. von der Heydte innerhalb des Ausdrucks „Notwehr" zwischen „legitimer Verteidigung" und „Selbstschutz" einen Unterschied; selbst den Ausdruck „legitime Verteidigung" gebraucht er als einen Sammelbegriff, der in Selbstverteidigung und Notwehr aufgeteilt werden kann. Vgl. Völkerrecht. Ein Lehrbuch, Bd. 2, Köln/Berlin 1960, S. 112. Meinerseits werde ich die im Artikel 51 der UN-Charta geregelte Verteidigung „legitime Verteidigung" nennen. Den Ausdruck „Selbstschutz" aber gebrauche ich im Unterschied zu F. A. F. von der Heydte nicht zur Bezeichnung der gegenüber Individuen auf fremden Staatsgebieten ergriffenen präventiven Sicherheitsmaßnahmen, sondern zur Bezeichnung der Verteidigung gegen einen nichtbewaffneten Angriff.

[2] Vgl. E. Jimenez de Aréchaga, Derecho constitucional de las Naciones Unidas, Comentario teóreco-practico de la Carta, Madrid 1958, S. 399. J. Kunz stellt ebenfalls fest, daß nur die Einschränkung oder das Verbot des Rechts zum Kriege der Selbstverteidigung rechtlichen Charakter gibt (legally meaningful). Vgl. J. Kunz, Individual and Collective Self-Defence in Article 51 of the Charter of the United Nations, in: American Journal of International Law (zitiert als: AJIL), Bd. 41, 1947, S. 846. C. A. Pompe drückt denselben Gedanken aus: „. . . a positive right of self-defence can only exist in a legal order in which the freedom to resort to force for political ends is abolished or restricted . . ."; Aggressive War an International Crime, s'Gravenhage 1953, S. 49.

nalen Politik. Keiner der beiden Verträge enthält jedoch Bestimmungen hinsichtlich der legitimen Verteidigung. Zugleich zeigt aber die Staatenpraxis, daß das Recht der Staaten auf legitime Verteidigung[3] nach Ansicht der Staaten vom Verzicht auf den Krieg nicht betroffen wurde. Sie wurde so angesehen, als stünde sie dem Staat unabhängig von diesen Verträgen zu oder sei in jedem Vertrag implizit enthalten.[4]

In Zusammenhang mit dem Verbot des Krieges ging die Charta der UNO weiter als der Briand-Kellogg-Pakt, denn Artikel 2 Abs. 4 verbietet nicht nur den Krieg, sondern alle Arten von Gewaltanwendung und -androhung.[5] Zugleich wird im Artikel 51 die legitime Verteidigung unter bestimmten Voraussetzungen zugelassen: „Die Bestimmungen der vorliegenden Charta beeinträchtigen in keiner Weise das unveräußerliche Recht auf individuelle oder kollektive Selbstverteidigung im Falle eines bewaffneten Angriffs gegen ein Mitglied der Vereinigten Nationen, bis der Sicherheitsrat die zur Aufrechterhaltung des Weltfriedens und der internationalen Sicherheit erforderlichen Maßnahme ergriffen hat. Maßnahmen, die von Mitgliedern in Ausübung dieses Selbstverteidigungsrechtes ergriffen worden sind, sind dem Sicherheitsrat sofort zu melden und berühren in keiner Weise die mit der vorliegenden Charta dem Sicherheitsrat gegebene Befugnis und Pflicht, jederzeit die Maßnahmen zu ergreifen, die er zur Aufrechterhaltung oder Wiederherstellung des Weltfriedens und der internationalen Sicherheit für notwendig hält." Im zitierten Artikel wird weder der Begriff der legitimen Verteidigung noch der des bewaffneten Angriffs bestimmt, und wir finden auch in anderen Artikeln der Charta keine Regelung darüber. Im Kodifikationsprojekt der Völkerrechtskommission der UNO zur Staatenverantwortlichkeit wird zwar auf die legitime Verteidigung eingegangen, diese wird aber nur als eine Ursache für den Ausschluß der Völkerrechtswidrigkeit erwähnt. Es handelt sich nur um einen einzigen Artikel (Artikel 34). Darin geht es jedoch weder um den Begriff der legitimen Verteidigung noch um die Bedingungen ihrer Anwendung oder Einschränkung. Unter Hinweis auf den Artikel 51 der UN-Charta wird im Entwurf nur festgehalten, daß eine in

[3] So stellt der französische Vertragsentwurf, den die französische Regierung am 20. April 1928 den Vereinigten Staaten, Großbritannien, Japan, Deutschland und Italien übergab, fest, daß die vertragsschließenden Parteien auf den Krieg als Mittel der nationalen Politik verzichten „sans entendre porter atteint à l'exercice de leurs droits de légitime défense dans le cadre de traités existant . . ." D. Hunter Miller, The Peace Pact of Paris, New York/London 1928, S. 186. Auch Japan erklärte im Zusammenhang mit dem Vertragsentwurf: „. . . la proposition des Etats-Unis ne contient rien qui soit des nature à priver les Etats indépendants du droit de la légitime défense." S. Calogeropoulos-Stratis, La légitime défense, in: Revue Hellenique de Droit International, 1952, S. 220.

[4] Das ist die Meinung von Calogeropoulos-Stratis, ebenda, S. 219.

[5] Artikel 2 Abs. 4 der UN-Charta hat folgenden Wortlaut: „Alle Mitglieder enthalten sich in ihren internationalen Beziehungen der Gewaltandrohung oder Gewaltanwendung, die gegen die territoriale Unverletzlichkeit oder politische Unabhängigkeit irgendeines Staates gerichtet oder in irgendeiner anderen Weise mit den Zielen der Vereinten Nationen unvereinbar ist."

Ausübung der legitimen Verteidigung begangene Handlung nicht völkerrechtswidrig ist.[6] Dieser Artikel der UN-Charta wirft daher zahlreiche, in der Völkerrechtswissenschaft umstrittene Fragen auf, zu deren Klarstellung aber die in den Jahren 1984 und 1986 ergangenene Entscheidungen des Internationalen Gerichtshofes im Streit zwischen Nikaragua und den USA in bedeutendem Maße beitrugen. Im Rahmen dieses Artikels ist nur die Behandlung von einigen dieser Probleme möglich.

2. Legitime Verteidigung in der UN-Charta und im Völkergewohnheitsrecht

Hierbei handelt es sich um die Frage, ob die Regelung der legitimen Verteidigung nach Artikel 51 die einzige Möglichkeit zur Anwendung der Selbstverteidigung ist oder ob legitime Verteidigung auch nach dem allgemeinen Völkerrecht möglich ist? Geht es überhaupt um das aus der Charta entstandene neue Recht oder nur einfach um die Einschränkung der schon existierenden, traditionellen legitimen Verteidigung?

Einige Völkerrechtler vertreten die Auffassung, daß die Charta keine Quelle von irgendeinem neuen Selbstverteidigungsrecht ist, sondern nur das früher bestehende, souveräne Recht der Staaten einschränke, so A. L. Goodhart[7] und J. Delivanis[8]. R. Ago, der zweite Berichterstatter des Kodifikationsprojektes „Staatenverantwortlichkeit", vertritt in seinem in der Völkerrechtskommission vorgetragenen achten Bericht einen ähnlichen Standpunkt: „. . . at the present time it is proper to regard self-defence as the form — or better, the only form — of 'armed self-protection' that is still conceded to a State by international law now in force."[9] D. Bowett vertritt direkt den Standpunkt, daß die Staaten auch weiterhin all die Rechte genießen, die ihnen vom allgemeinen Völkerrecht zugesichert werden, ausgenommen die Rechte, auf die sie gemäß der Charta verzichtet haben.[10] Die in der UN-Charta enthaltene Selbstverteidigung sieht F. Berber als eine Ausnahme vom Gewaltverbot an[11], dieselbe Ansicht vertritt auch A. Remiro Brotons[12].

[6] Der Artikel 34 des ILC-Artikelentwurfes lautet folgendermaßen: "The wrongfulness of an act of a State not in conformity with an international obligation to another State is precluded if the State committed the act in order to defend itself or another State against armed attack as provided for in Article 51 of the Charter of the United Nations." Yearbook of the International Law Commission (zitiert als: YBILC), 1980, Bd. II (Teil Eins), S. 70.

[7] So stellt A. L. Goodhart fest: "The Members of the United Nations when exercising their inherent powers do so not by grant but by already existing right. The Charter limits the sovereign rights of the States; it is not a source of those rights." The North Atlantic Treaty of 1949, in: Recueil des Cours (zitiert als: RdC), Bd. 79 (1951-II), S. 192.

[8] Vgl. J. Delivanis, La légitime défense en Droit International, Paris 1971, S. 49.

[9] YBILC, 1980, Bd. II (Teil Eins), S. 53.

[10] Vgl. D. W. Bowett, Self-Defence in International Law, Manchester 1958, S. 185.

[11] Vgl. F. Berber, Lehrbuch des Völkerrechts, Bd. 2, München/Berlin 1962, S. 48.

Auch das Urteil des Internationalen Gerichtshofs von 1986 geht davon aus, daß Maßnahmen des Artikels 51 als eine Ausnahme vom Gewaltverbot anzusehen sind.[13] Der Gerichtshof und mehrere Wissenschaftler halten also die legitime Verteidigung für eine Ausnahme von Artikel 2 Abs. 4 der Charta. Im Unterschied dazu vertritt E. Skakunov die Meinung, wenn es vom Gewaltverbot eine Ausnahme gäbe, würde dies bedeuten, daß das heutige Völkerrecht gewisse Formen des Rechtes zum Krieg „zulasse". Stehen zwei Handlungen, eine rechtmäßige und eine unrechtmäßige einander gegenüber, so ist es seiner Meinung nach nicht angebracht zu sagen, daß die erstere eine Ausnahme der letzteren darstelle.[14] Einen ähnlichen Standpunkt vertreten auch die Autoren des sechsbändigen sowjetischen Völkerrechtshandbuches.[15] Unter formalen Gesichtspunkten könnte die legitime Verteidigung als eine Ausnahme vom Gewaltverbot gesehen werden, was aber nicht meiner Auffassung entspricht.

Vom völkerrechtlichen Grundprinzip des Gewaltverbots — das übrigens imperativ oder anders ausgedrückt eine jus cogens Norm ist — gibt es wirklich keine Ausnahme.[16] Die Aggression ist in jedem Falle widerrechtlich und gehört noch dazu zur Kategorie der internationalen Verbrechen, der schwersten internationalen Rechtsverletzungen.[17] Die legitime Verteidigung ist demgegenüber keine zulässige Variante einer sonst verbotenen Handlung, sondern eine ganz andere Kategorie, *eine rechtmäßige Handlung, die sich auf die Abwehr eines widerrechtlichen Aktes richtet.* Gleichzeitig haben aber die zitierten Autoren zweifellos Recht darin, daß die legitime Verteidigung als internationale Kategorie nicht erst mit der UN-Charta geschaffen wurde. Sie besteht vielmehr, seit der Angriffskrieg in gewissen

[12] Vgl. A. Remiro Brotons, Derecho internacional publico. I. Principios fundamentales, Madrid 1983, S. 184.

[13] "Both Article 51 of the United Nations Charter and Article 21 of the Organization of American States Charter refer to self-defence as an exception of the principle of the prohibition of the use of force." Military and Paramilitary Activities in and against Nicaragua, Merits, Judgment, I.C.J. Reports 1986, S. 35.

[14] E. J. Skakunov, Samooborona v meždunarodnom prave, Moskau 1973, S. 8.

[15] „Die Anwendung von bewaffneter Gewalt aufgrund der Selbstverteidigung bedeutet keine Ausnahme von der im Artikel 2 Abs. 4 der UN-Charta enthaltenen Grundidee, die die Anwendung von Gewalt zwischen den Staaten verbietet." Kurs meždunarodnogo prava v 6-ti tomach, Bd. 4, Moskau 1958, S. 394.

[16] Anstatt des Ausdrucks „jus cogens" halte ich den Gebrauch des Ausdrucks „imperative Norm" für besser. Dieser Ausdruck wird in anderen Rechtsgebieten (z. B. im Internationalen Privatrecht) zur Bezeichnung von zwingend anzuwendenden Normen (peremptory norm) gebraucht, und im innerstaatlichen Recht sind darunter grundlegende Regeln öffentlich-rechtlichen Charakters zu verstehen. Im Völkerrecht sind diese Normen von allgemeinem Interesse und haben universellen Charakter, „mit ihrer unbedingten Geltung verknüpft sich das Interesse der ganzen Völkerrechtsgemeinschaft". G. Haraszti, A nemzetközi szerződések jogának főbb fejlődési tendenciái (Die Hauptentwicklungstendenzen des Rechts der internationalen Verträge), in: Jogtudományi Közlöny, 12 (1969), S. 631.

[17] Siehe dazu B. Graefrath, Völkerrechtliche Verantwortlichkeit für internationale Verbrechen, in: B. Graefrath (Hrsg.), Probleme des Völkerrechts 1985, Berlin 1985, S. 89f.

Fällen rechtswidrig ist, also seit dem Inkrafttreten der Satzung des Völkerbundes. Auch die in den authentischen Texten von Artikel 51 gebrauchten Ausdrücke wie „inherent right", „derecho inmanente", „droit naturel", „neotjemlennoe pravo" weisen darauf hin, daß es hier um die Anerkennung eines bereits früher bestehenden Rechts geht und nicht um die Entstehung irgendeines neuen Rechts.

Die Untersuchung des Textes des Artikels 51 läßt keinen Zweifel daran zu, daß die legitime Verteidigungssituation vom Vorliegen des bewaffneten Angriffs abhängt, also *ohne einen solchen Angriff gibt es keine legitime Verteidigung.*[18] Dieser Standpunkt ist in der Völkerrechtswissenschaft breit anerkannt, so sind K. A. Baginjan[19], V. K. Sobakin[20], E. I. Skakunov[21], H. Kelsen[22], A. Verdross[23], J. Kunz[24], P. Lamberti Zanardi[25], L. A. Podesta Costa[26] dieser Meinung. Auch R. Ago sah die legitime Verteidigung im Laufe der Kodifikationsarbeiten der Völkerrechtskommission der UNO zur Staatenverantwortlichkeit als eine Verteidigung gegenüber einem bewaffneten Angriff an[27], was sich im bereits erwähnten Artikel 34 des Konventionsentwurfes widerspiegelt.

Einige Völkerrechtler meinen, daß die legitime Verteidigung nicht nur aufgrund der UN-Charta, sondern auch aufgrund des Völkergewohnheitsrechts dem Staat zusteht, dieses Gewohnheitsrecht wird aber von der Charta eingeschränkt bzw. modifiziert.[28] Die Frage ist, inwiefern die nach dem Völkergewohnheitsrecht mögliche Selbstverteidigung mehr oder anders ist als die vom Artikel 51 zugelassene legitime Verteidigung. Das betrifft zunächst die Frage, ob eine im Völkergewohnheitsrecht entstandene internationale Rechtsinstitution, die später im Vertrag verankert wurde, eventuell als separat anwendbare gewohnheitsrechtliche Regel weiterbestehen kann. Der Internationale Gerichtshof befaßte sich in seinem Urteil zu den militärischen und paramilitärischen Aktivitäten der USA in und gegen Nikaragua ausführlich mit diesen Fragen. Nikaragua verlangte in seiner Klage

[18] Zutreffend beschreibt der holländische Völkerrechtler C. A. Pompe das Verhältnis von Aggression und Selbstverteidigung. Vgl. C. A. Pompe, Aggressive War an International Crime, a. a. O., S. 55.

[19] Vgl. K. A. Baginjan, Borba Sovetskogo Sojuza protiv aggressii, Moskau 1959, S. 237.

[20] Vgl. V. K. Sobakin, Kollektivnaja bezopasnosti, garantija mirnogo sosuščestvovanija, Moskau 1962, S. 302.

[21] Vgl. E. I. Skakunov, Samooborona v meždunarodnom prave, a. a. O., S. 92f.

[22] Vgl. H. Kelsen, The Law of the United Nations, London 1951, S. 797—798.

[23] A. Verdross stellt zum Artikel 51 der Charta erklärend fest: "Le droit de légitime défense individuelle ou collective, est donc strictement réservé du cas d'une agression armées." Idées directrices de l'Organisation des Nations Unies, in: RdC, Bd. 83 (1953), S. 59.

[24] Vgl. J. Kunz, Individual and Collective Self-defence in Article 51 of the Charter of the United Nations, a. a. O., S. 877.

[25] Vgl. P. Lamberti Zanardi, La legittima difesa nel Diritto Internazionale, Milano 1972, S. 131.

[26] Vgl. L. A. Podesta Costa, Derecho Internacional Publico, Bd. 1, Buenos Aires 1979, S. 129.

[27] Annuaire de la Commission du droit international (zitiert als: ACDI), 1980, Bd. II (Teil Eins), S. 51.

[28] Diese Ansicht vertritt J. Stone, Legal Controls of International Conflict, London 1954, S. 244.

nicht nur eine Bestätigung von Vertragsverletzungen der USA, sondern auch der Verletzung des allgemeinen Völkergewohnheitsrechts.[29] Der überwiegende Teil der von Nikaragua eingeklagten Handlungen der USA sind schwere Rechtsverletzungen (z. B. Androhung und Anwendung von Gewalt gegenüber Nikaragua oder die Einmischung der USA in die inneren Angelegenheiten von Nikaragua, die sowohl nach internationalem Gewohnheitsrecht als auch durch multilaterale internationale Verträge, wie die UN-Charta, die Charta der Organisation der Amerikanischen Staaten und den zwischen Nikaragua und den USA 1956 in Managua abgeschlossenen Vertrag über Freundschaft, Handel und Schiffahrt verboten sind). Die USA haben 1946 die obligatorische Gerichtsbarkeit des Internationalen Gerichtshofes mit Vorbehalten anerkannt. Einer der Vorbehalte besagt, daß sich die USA im Falle eines aus einem multilateralen Vertrag erwachsenden Streit der Gerichtsbarkeit des Gerichtshofs nur dann unterwerfen, wenn alle von der Entscheidung des Gerichts betroffenen Staaten am Prozeß teilnehmen oder wenn die USA mit einer Sondererklärung die Gerichtsbarkeit des Gerichtshofs akzeptieren.[30] Solche betroffenen Staaten waren nach der Meinung der USA Honduras, Costa Rica und El Salvador. Diese Staaten nahmen aber am Prozeß nicht teil.[31] Der Internationale Gerichtshof beschränkte sich deshab darauf, über die Klage von Nikaragua einerseits aufgrund des bilateralen Vertrages aus dem Jahre 1956 und andererseits aufgrund des internationalen Gewohnheitsrechtes zu urteilen.

Hinsichtlich des Bestehens und der Anwendung der in einem Vertrag verankerten gewohnheitsrechtlichen Regeln stellte das Gericht bereits in seiner Entscheidung vom 26. November 1984 entgegen dem Standpunkt der USA fest, der Gerichtshof „cannot dismiss the claims of Nicaragua under principles of customary and general international law, simply because such principles have been enshrined in the texts of the conventions relied upon by Nicaragua. The fact that the abovementioned principles recognized as such, have been codified or embodied in multilateral conventions does not mean that they cease to exist and to apply as principles

[29] So wird z. B. in der von Nikaragua eingereichten Klage vom Gerichtshof verlangt festzustellen: "That the United States, in breach of its obligation under general and customary international law has violated and is violating the sovereignty of Nicaragua by:
— armed attacks against Nicaragua by air, land and sea;
— incursions into Nicaraguan territorial waters;
— aerial trespass into Nicaraguan airspace;
— efforts by direct and indirect means to coerce and intimidate the Government of Nicaragua."
Auch die Punkte c), d), e) und f) der Klage Nikaraguas berufen sich auf die Verletzung des allgemeinen Gewohnheitsrechtes. Siehe I.C.J. Reports 1986, S. 18—19.

[30] Das war der sogenannte Vandenberg-Vorbehalt. Siehe Military and Paramilitary Activities in and against Nicaragua, Jurisdiction of the Court, Judgment of November 26, 1984, I.C.J. Reports 1984, S. 421—422 und die Sondermeinung von S. M. Schwebel, ebenda, S. 602.

[31] Zwar stellte El Salvador einen Interventionsantrag, dieser wurde aber vom Gerichtshof am 4. Oktober 1984 zurückgewiesen, vgl. I.C.J. Reports 1984, S. 215 und 216.

of customary law, even as regards countries that are parties to such conventions. Principles such as those of the non-use of force, non-intervention respect for the independence and territorial integrity of States and the freedom of navigation, continue to be binding as part of customary international law despite the operation of provisions of conventional law in which they have been incorporated."[32]

Der Gerichtshof bekräftigte seinen Standpunkt in dem am 27. Juni 1986 gefällten Sachurteil und war der Meinung, daß das Gewohnheitsrecht die Möglichkeit der gesonderten Anwendung auch dann nicht verliert, wenn es inhaltlich mit der Vertragsnorm übereinstimmt.[33] Nun ist jedoch nach der Ansicht von D. Bowett die Anwendung von Gewalt im Rahmen der legitimen Verteidigung aufgrund des Völkergewohnheitsrechts nicht nur zur Abwehr eines bewaffneten Angriffs, sondern auch bei Verletzung anderer, wesentlicher Rechte des Staates zulässig.[34] So z. B. zum Schutz der Staatsbürger, wenn deren Rechte durch den fremden Aufenthaltsstaat verletzt werden.[35] In der früheren Theorie des Völkerrechts gab es wirklich mehrere Vertreter dieser Auffassung,[36] und es kam vor, daß auch die Staaten ihre bewaffnete Einmischung auf diese Weise zu rechtfertigen suchten. So erschienen z. B. im Jahre 1951, als im Iran eine britische Firma — die Englisch-Iranische Ölgesellschaft (Anglo-Iranian Oil Company) verstaatlicht wurde, britische Kriegsschiffe auf dem Fluß Shatt-al Arab und im Hafen von Abadan unter dem Vorwand des „Schutzes britischen Lebens".[37] In einem anderen Fall begründete der Lord Chancellor die britisch-französisch-israelische Aggression gegen Ägypten am 1. November 1956 im Parlament folgendermaßen: „. . . drei gute Gründe haben wir zur Intervention: die unseren Bürgern drohende Gefahr, z. B. in Ismailia; die die Schiffahrt auf dem Kanal bedrohende Gefahr, . . . und die Gefahr, die die unschätzbar wertvollen Investitionen im Kanal gefährdet."[38] Diese Begründung hat — wie Bowett selbst bemerkt — den Schönheitsfehler, daß

32 I.C.J. Reports 1984, S. 424.

33 "...even if a treaty norm and a customary norm relevant to the present dispute were to have exactly the same content, this would not be a reason for the Court to take the view that the operation of the treaty process must necessarily deprive the customary norm of its separate applicability." I.C.J. Reports 1986, S. 94. (Der Gerichtshof wiederholt im Paragraph 179 dieses Urteils diesen Standpunkt.) Ebenda, S. 96.

34 Vgl. D. W. Bowett, Self-defence in International Law, a. a. O., S. 269—270.

35 Vgl. derselbe, ebenda, S. 87.

36 Hier muß in erster Linie der amerikanische Jurist E. Borchard erwähnt werden, der unter dem Titel des Schutzes von Staatsbürgern auch den Truppentransport in andere Länder für rechtmäßig hält, und dies ist seiner Meinung nach aus fünf Gründen zulässig. Vgl. auch E. Borchard, Diplomatic Protection of Citizens Abroad, New York 1916, S. 449. Auch A. von Wachter sieht die Einmischung aus humanitären Gründen als rechtmäßig an: „Es läßt sich nicht bestreiten, daß in einzelnen Fällen ein Recht zur Intervention besteht, wenn allgemeine Grundsätze der Menschlichkeit in gröblichster Weise verletzt werden". (Die völkerrechtliche Intervention als Mittel der Selbsthilfe, Inaugural-Diss., München 1911, S. 50).

37 Vgl. I. Brownlie, International Law and the Use of Force by States, Oxford 1963, S. 296.

38 D. W. Bowett, Self-defence in International Law, a. a. O., S. 104.

die Gefahr nicht durch die Versäumnisse der ägyptischen Behörden, sondern durch den Angriff der israelischen Truppen hervorgerufen wurde, während sich die britische Aktion jedoch ausschließlich gegen Ägypten richtete.[39]

Nach überwiegender Ansicht stimmen jedoch die gewohnheitsrechtlichen Regeln, die die Anwendbarkeit der legitimen Verteidigung und das Gewaltverbot betreffen, mit den Regelungen der UN-Chara überein. Darauf beriefen sich auch die Vereinigten Staaten in dem von Nikaragua gegen sie geführten Prozeß[40], und ähnlich nahm in dieser Frage auch die Völkerrechtskommission (ILC) Stellung: „. . . the great majority of international lawyers today unhesitatingly hold that Article 2 paragraph 4 together with other provisions of the Charter authoritatively declares the modern customary law regarding the threat or use of force".[41] Hinsichtlich Artikel 51 vertritt auch R. Ago, der Berichterstatter des Kodifikationsprojekts „Staatenverantwortlichkeit" der ILC, eine ähnliche Ansicht.[42] Danach haben die Vertreter der Staaten bei Erarbeitung der UN-Charta die in ihrem Rechtsbewußtsein bereits existierenden Prinzipien und Ideen nur schriftlich formuliert.[43]

Der Internationale Gerichtshof ging demgegenüber davon aus, daß die sich auf die legitime Verteidigung beziehende Bestimmung der Charta und die betreffenden Regeln des Völkergewohnheitsrechts nicht genau die gleichen sind. Die Charta bestimme weder den Begriff des bewaffneten Angriffs noch beinhalte sie die Regel der Verhältnismäßigkeit zwischen dem Angriff und den rechtmäßigen Verteidigungsmaßnahmen, letztere werden vom allgemeinen Völkergewohnheitsrecht geregelt.[44] Der Gerichtshof behauptete aber nicht, daß es einen Unterschied zwischen dem Vertragsrecht und der gewohnheitsrechtlichen Norm in bezug auf das Gewaltverbot gibt. Seiner Ansicht nach wird das Gewaltverbot vom Vertragsrecht wie vom Gewohnheitsrecht auf eine im wesentlichen gleiche Weise geregelt, was auch von den Parteien anerkannt würde.[45] Der Gerichtshof stellte ferner fest, daß sich im internationalen Gewohnheitsrecht, was die Verpflichtung zur Nichtan-

[39] Derselbe, ebenda, S. 104.

[40] "Article 2(4) of the Charter is customary and general international law", I.C.J. Reports 1986, S. 99.

[41] YBILC, 1966, Bd. II (Teil Eins), S. 247.

[42] ". . . the writers, who have gone most thoroughly into the substance of this problem have highlighted the plain truth (and the present writer is firmly convinced that it is the truth) that the principles that were current in general international law at the time when the Charter was drafted in no way differed as to substance, from those laid down in Article 51. "YBILC, 1980, Bd. II (Teil Eins), S. 67.

[43] Vgl. YBILC, 1980, Bd. II (Teil Eins), S. 61.

[44] Vgl. I.C.J. Reports 1986, S. 94.

[45] "The Court thus finds that both Parties take the view that the United Nations Charter corresponds in essentials, to those found in customary international law." I.C.J. Reports 1986, S. 99.

wendung von Gewalt betrifft, eine übereinstimmende Rechtsauffassung der Staaten herausgebildet hat.[46]

Wenn es also zwischen der in der UN-Charta verankerten legitimen Verteidigung und dem vom allgemeinen Völkergewohnheitsrecht anerkannten Notwehrrecht einen Unterschied gibt, *so besteht dieser nicht in bezug auf das Gewaltverbot.* Auch das geltende Gewohnheitsrecht erkennt die Rechtmäßigkeit der Anwendung von bewaffneter Gewalt bei Fehlen eines bewaffneten Angriffs nicht an. So verstößt die oben erwähnte Anwendung bewaffneter Gewalt unter dem Deckmantel des Schutzes von Staatsbürgern sowohl gegen Artikel 2 Abs. 4 der UN-Charta als auch gegen die entsprechenden Normen des Völkergewohnheitsrechts und ist auf jeden Fall rechtswidrig.

All das bedeutet aber nicht, daß man sich gegen einen nichtbewaffneten Angriff nicht verteidigen kann. Es gibt keine völkerrechtliche Regel — die UN-Charta inbegriffen—, die den Staat zur Duldung irgendeiner Rechtsverletzung zwingen würde. Im Gegenteil, aus dem durch eine Rechtsverletzung entstandenen Verantwortlichkeitsverhältnis steht dem verletzten Staat das Recht zu, gegen den Rechtsverletzer Sanktionen anzuwenden.[47] Demnach *kann sich ein Staat nicht nur gegen einen bewaffneten Angriff verteidigen, sondern gegen jede Verletzung seiner Rechte, auch wenn sie nicht in Form eines bewaffneten Angriffs erfolgt.* Weil der Staat aber bewaffnete Gewalt gemäß der UN-Charta nur im Falle eines bewaffneten Angriffs, also in einer rechtsmäßigen Verteidigungslage anwenden darf, so muß dieser einen unbewaffneten Angriff *ohne Anwendung bewaffneter* Gewalt abwehren. Wenn z. B. fremde Schiffe in den Küstengewässern eines Staates unberechtigt fischen, so verletzt das die Territorialhoheit des Staates, wogegen der Küstenstaat rechtmäßig auftreten und sich wehren kann. Dementsprechend gibt es heute zwei Varianten der Notwehr im Völkerrecht: die legitime Verteidigung nach Artikel 51 gegen den bewaffneten Angriff einerseits, andererseits die Vertei-

[46] Siehe I.C.J. Reports 1986, S. 99, para. 188.

[47] Dieser Standpunkt ist unter den sozialistischen Völkerrechtlern allgemein anerkannt. Diese Ansicht vertritt auch H. de Fiumel, W sprewie pojęcia odpowiedzialności panstwa we współczesnym prawie międzunarodowym (Zum modernen völkerrechtlichen Begriff der staatlichen Verantwortlichkeit), in: Panstwo i Prawo, 3/1976, S. 39; vgl. G. Herczegh, Állam nemzetközi felelőssége (Die internationale Verantwortlichkeit des Staates), Állam-és Jogtudományi Enciklopédia, Bd. 1, Budapest 1980, S. 366; P. Kuris, Meždunarodnye pravonarušenije i otvetstvennost' gosudarstva, Vilnjus 1973, S. 49; G. I. Tunkin, Die Fragen der Theorie des Völkerrechts, Budapest 1963, S. 295—296; D. B. Levin, Otvetstvennost' gosudarstva v sovremennom meždunarodnom prave, Moskau 1966, S. 11; V. David, Sankce w medzinárodnim prawu, Brno 1976, S. 44—45; B. Graefrath/E. Oeser/P. A. Steiniger, Völkerrechtliche Verantwortlichkeit der Staaten, Berlin 1977, S. 213. Diese Auffassung von der Verantwortlichkeit kommt auch in der bürgerlichen Rechtswissenschaft vor. M. Giuliano vertritt z. B. die Ansicht, daß die Rechtsverletzung das subjektive Recht für den Verletzten schafft, Repressalien anzuwenden. Diritto Internazionale, Bd. 1, Milano 1974, S. 597.

digung gegen alle anderen die Rechte des Staates verletzenden Angriffe, den Selbstschutz. Eine solche Unterscheidung machen auch B. Graefrath, E. Oeser, P. A. Steiniger.[48] G. Dahm hingegen bezeichnet beide Arten der Verteidigung mit dem Ausdruck „Selbstverteidigung“.[49] Eine solche Selbstschutzmaßnahme in dem erwähnten Sinne ergriff Island, als es sich mit dem Durchschneiden der Netze von den in seinen Küstengewässern fischenden fremden (hauptsächlich englischen) Schiffen gegen das von ihm für rechtswidrig gehaltene Fischen wehrte. Das Verhalten Islands war nur auf die Verhinderung, auf die Abwehr des rechtswidrigen Fischfangs gerichtet und kann insoweit von der legitimen Verteidigung unterschieden werden, als es nicht gegen einen bewaffneten Angriff gerichtet war. Daß ein solches Verhalten nicht nur einfach eine Anwendung einer Repressalie darstellt, kann damit bewiesen werden, daß Island sich das Recht vorbehalten hat, den Ersatz des durch die rechtswidrige Fischerei angerichteten Schadens zu verlangen bzw. im Falle der Verweigerung des Schadenersatzes auch Repressalien zur Durchsetzung des Anspruchs anzuwenden.

Ein weiterer Unterschied gegenüber der gegen einen bewaffneten Angriff anzuwendenden legitimen Verteidigung besteht darin, wie auch vom Internationalen Gerichtshof in seinem Urteil von 1986 festgestellt wurde, daß zur Ausübung der proportionalen Abwehrhandlung im Falle eines nicht bewaffneten Angriffs nur der angegriffene Staat berechtigt ist, dritte Staaten nicht.[50] Das bedeutet, daß der Selbstschutz nur dann kollektiv ausgeübt werden kann, wenn eine solche Handlung mehrere Staaten gleichzeitig verletzt und deshalb jeder in seinen Rechten verletzte Staat berechtigt ist, Gegenmaßnahmen zu ergreifen.

Schließlich unterscheidet sich der Selbstschutz von der legitimen Verteidigung gegen einen bewaffneten Angriff auch darin, daß der verletzte Staat verpflichtet ist, die Lösung auf friedlichem Wege zu suchen. Maßnahmen des Selbstschutzes können also — worauf J. Žourek hinweist[51] — nur als sekundäre angewendet werden, wenn die Lösung des Problems auf friedlichem Wege nicht möglich war.

[48] Vgl. B. Graefrath/E. Oeser/P. A. Steiniger, Völkerrechtliche Verantwortlichkeit der Staaten, a. a. O., S. 73—74.

[49] Vgl. G. Dahm, Völkerrecht, Bd. 2, Stuttgart 1961, S. 424 und 425.

[50] Nachdem der Gerichtshof festgestellt hatte, daß die Handlungen Nikaraguas nicht als ein bewaffneter Angriff angesehen werden können, erklärte er: “The acts of which Nicaragua is accused, even assuming then to have been established and imputable to the State, could only have justified proportionate countermeasures on the part of the State which had been the victim of these acts.... They could not justify countermeasures taken by a third State...”. I.C.J. Reports 1986, S. 127.

[51] Vgl. J. Žourek. La notion de légitime défense en droit international. Rapport provisoire, Annuaire de l’Institut de Droit International, Vol. 56, Session Wiesbaden 1975, S. 57.

3. Der Unterschied zwischen der legitimen Verteidigung einerseits, dem Notstand, der vis major (Höheren Gewalt) und der Selbsthilfe

Die legitime Verteidigung wurde sowohl in der Praxis als auch in der Rechtswissenschaft oft mit dem Notstand identifiziert.[52] Zwischen beiden Rechtsinstitutionen gibt es aber einen wesentlichen Unterschied. Der in einer legitimen Verteidigungslage Handelnde wehrt sich gegen eine Völkerrechtsverletzung, und die Rechtmäßigkeit seines Handelns basiert auf der Widerrechtlichkeit des Angriffs. Im Notstand kann demgegenüber der Gefährdete die unmittelbare Gefahr auf keine andere Weise abwehren als durch die Verletzung der Rechte eines an der Entstehung des Gefahrzustandes unschuldigen Staates.[53] Ein gutes Beispiel dafür ist die Versenkung der in Oran stationierten französischen Flotte im Juni 1940 durch Großbritannien. Zwischen den beiden Staaten bestand kein Kriegszustand, die Aktion wurde von den britischen Kriegsschiffen durchgeführt, um zu verhindern, daß die französischen Schiffe dem Dritten Reich in die Hände fallen.[54] Unmittelbare Gefahr für Großbritannien war also nicht Frankreich, sondern das Deutsche Reich. Die Gefahr muß — so meinen einige Völkerrechtler — die Existenz des Staates bedrohen.[55] Andere meinen, man kann sich zum Schutz aller rechtlich geschützten Interessen auf Notstand berufen.[56] Der Notstand ist keine aus der Selbsterhaltung stammende Berechtigung.[57] Der von der Notstandshandlung betroffene Staat ist nicht zu ihrer Duldung verpflichtet. Notstand ist einfach ein Umstand, der die Völkerrechtswidrigkeit der sonst als rechtswidrig angesehenen Handlung ausschließt. Zur rechtmäßigen Ausübung der Notstandhandlung braucht meiner Meinung nach keine die Existenz des Staates bedrohende Gefahr zu bestehen, diese kann sowohl im Falle der Gefährdung von menschlichem Leben als

52 Diese Anschauung kommt auch noch heute vor; so erwähnt z. B. I. von Münch die Begriffe Notwehr und Notstand als Variante der Notrechte. Völkerrecht, 2. Aufl. Berlin/New York 1982, S. 225.

53 Vgl. A. Verdross, Règles générales du droit international de la paix, in: RdC, Bd. 30 (1929-V), S. 488—489.

54 Vgl. P. A. Sereni, Diritto Internazionale, Bd. 3, Milano 1962, S. 1530—1531.

55 Diese Ansicht vertritt unter den älteren Autoren z. B. Heffter. Vgl. A. W. Heffter/H. Geffcken, Das europäische Völkerrecht der Gegenwart, 1888, §30; A. Faatz, Notwehr und Notstand im Völkerrecht, a. a. O., S. 31. Einen ähnlichen Standpunkt vertritt R. Ago, der die Notlage als schwere, unmittelbar drohende Gefahr für die Existenz des Staates, die nicht von dem Staat hervorgerufen wurde und nicht mit anderen Mitteln abgewehrt werden kann, versteht. Vgl. ACDI 1979, Bd. II (Teil Eins), S. 50.

56 Diese Ansicht vertritt L. Buza; The state of necessity in international law, in: Acta Juridica Academie Scientiarium Hungariae, Budapest 1959, Separatum, S. 213.

57 Im Gegensatz dazu leitet F. Berber nach der Aufzählung der in der Geschichte vorgekommenen zahlreichen Nothandlungen diese aus dem Recht der Selbsterhaltung ab. Vgl. F. Berber, Lehrbuch des Völkerrechts, Bd. 1, a. a. O., S. 196—197. Der Begriff „Selbstverteidigung" wird auch im Lexikon für Völkerrecht unter dem Titel „Selbsterhaltungsrecht" behandelt. K. Strupp/H.-J. Schlochauer, Wörterbuch des Völkerrechts, Bd. 3, Berlin 1962, S. 255—257.

auch im Interesse der Abwehr von Sachschaden begründet sein, was auch von der Staatenpraxis bestätigt wird. So lief z. B. 1967 zwischen der britischen und französichen Küste der liberianische Tanker „Torrey Canyoun“ infolge eines Sturmes auf ein Riff auf. Einige Tanks des auf dem Riff liegenden Schiffes blieben unversehrt. Flugzeuge der britischen Luftwaffe zerbombten deshalb das Wrack und zündeten die restliche Ölladung an, um eine Ölverschmutzung zu verhindern.[58]

Der Notstand wird oft auch mit höherer Gewalt (force majeure) gleichgesetzt, z. B. P. A. Sereni, László Buza und M. Giuliano[59]. Die beiden Institutionen sind tatsächlich einander sehr ähnlich, denn *in beiden Fällen geht es um eine unmittelbar drohende schwere Gefahr, die man nur auf dem Wege der Verletzung der Rechte von anderen abwehren kann.* Eine weitere Ähnlichkeit zwischen den beiden Institutionen besteht darin, daß der Staat, dessen Recht verletzt wird, an der Entstehung der Gefahr in beiden Fällen unschuldig ist. Während aber der sich in einer Notlage befindende Staat *absichtlich handelt*, *sich bewußt* für die Nothandlung und damit für den Verstoß gegen eine internationale Verpflichtung zum Zweck der Abwehr eines größeren Nachteils *entscheidet*, hat der unter dem Einfluß höherer Gewalt stehende Staat keine solche Wahlmöglichkeit. Er kann einfach seiner internationalen Verpflichtung nicht nachkommen und verletzt dadurch das Recht eines anderen Staates. Der Staat kann bei höherer Gewalt, z. B. infolge eines Hochwassers, Bürgerkrieges, Erdbebens usw. seine fälligen Schulden nicht bezahlen oder die vertraglich vereinbarte Ware nicht liefern. Es geht also im Falle höherer Gewalt um ein Unterlassen, um das Versäumen der Erfüllung einer Verpflichtung im Unterschied zur absichtlich begangenen Notstandshandlung. Notstandshandlungen und Unterlassungen infolge höherer Gewalt sind keine Antwort auf eine vorherige Rechtsverletzung wie die legitime Verteidigung.

Ganz anders ist die Lage bei der Anwendung der wichtigsten Art der Selbsthilfe, der Repressalie. Deren Anwendung geht eine rechtsverletzende Handlung voraus. Damit hängt es zusammen, daß die legitime Verteidigung von mehreren Völkerrechtlern als Selbsthilfe, also eine Sanktion des Völkerrechts aufgefaßt wird. So ist z. B. nach G. I. Tunkin die Selbstverteidigung ein spezieller Fall der Selbsthilfe, eigentlich nur eine im Falle eines bewaffneten Angriffs angewandte Selbst-

[58] Siehe dazu Ch. Rousseau, Cronique de faits internationaux, Revue générale de droit international publique (zitiert als: RGDIP), Bd. 71 (1967), S. 1092—1099; M. Spinedi, Problemi di diritto internazionale sollevati dal naufragio della Torrey Canyon, in: Rivista di Diritto Internazionale, 1967, S. 653—674; J. P. Quéneudec, L'incidence de l'affaire du Torrey Canyon sur le droit de la mer, Annuaire Français de Droit International, 1968, S. 701 ff.

[59] Siehe P. A. Sereni, Diritto Internazionale, a. a. O., S. 1526; L. Buza, The state of necessity in international law, a. a. O., S. 213. M. Giuliano erwähnt unter den die Verantwortlichkeit ausschließenden Ursachen die Zustimmung, die legitime Verteidigung und die höhere Gewalt; darunter versteht er auch — wie es scheint — die Notlage. M. Giuliano, Diritto Internazionale, Bd. I, a. a. O., S. 600—602.

hilfe.[60] Als Selbsthilfe wird die legitime Verteidigung auch von B. Graefrath, E. Oeser, P. A. Steiniger in ihrer gemeinsamen Arbeit behandelt.[61] Diese Ansicht vertreten auch R. Quadri[62], A. Verdross, B. Simma[63], D. Bowett[64], P. Kuris[65] und E. Skakunov[66].

Die Selbsthilfe ist eine interessante, viel umstrittene Frage des Völkerrechts, die im Inhalt — anderen Rechtsinstitutionen ähnlich — bedeutende Veränderungen im Laufe des 20. Jahrhunderts durchmachte. Unter Selbsthilfe wurden vor dem ersten Weltkrieg — aber von vielen auch noch danach — all die Maßnahmen verstanden, die vom Staat im Falle einer Rechtsverletzung ergriffen werden konnten. So wurden auch die Anwendung von bewaffneter Gewalt und auch der Krieg als Selbsthilfe angesehen.[67] Aus diesen Gründen wurde der Ausdruck „Selbsthilfe" von den polnischen Juristen M. Lachs und A. Skawronski auf einer wissenschaftlichen Tagung 1955 als ein Mittel der Unterordnung des Rechts unter die Gewalt qualifiziert.[68] Dieselbe Überlegung veranlaßte auch den sowjetischen Juristen D. B. Levin, sogar den Ausdruck „Selbsthilfe" abzulehnen unter Berufung auf die Tatsache, daß die Anwendung bewaffneter Gewalt im alten Völkerrecht als Selbsthilfe akzeptiert wurde.[69]

Die Selbsthilfe ist aber nicht der einzige Begriff, der sich in seinem Inhalt im Laufe der Zeit verändert hat. Die Selbsthilfe ist ein im Recht tief verwurzelter, bereits auch im römischen Recht gebräuchlicher Begriff. Im römischen Recht wurde der Ausnahmefall, wonach nicht nur — wie in der Regel — der Staat, sondern ein in seinen Rechten verletztes Individuum seinen Interessen aus eigener Kraft Geltung verschaffte, *erlaubte Eigenmacht genannt*. Die erlaubte Eigenmacht hatte drei Varianten: a) die *Notwehr*, die zur sofortigen Abwehr des den Verletzten betreffenden rechtswidrigen, unmittelbaren und auf keine andere Weise abwehrbaren Angriffs diente; b) die *Notstandshandlung*, d. h. erlaubte Selbstbefreiung aus

60 Vgl. G. I. Tunkin, O nekotorych woprosach meždunarodnogo dogovora v swjazi s varschavskim dogovorom, in: Sovetskoe Gosudarstvo i pravo, 1/1956, S. 100.

61 Vgl. B. Graefrath/E. Oeser/P. A. Steiniger, Völkerrechtliche Verantwortlichkeit, a. a. O., S. 73—74 und S. 129.

62 Vgl. R. Quadri, Diritto Internazionale Pubblico, 4. Aufl., Palermo (ohne Erscheinungsjahr), S. 227.

63 Vgl. A. Verdross/B. Simma, Universelles Völkerrecht, Berlin (West) 1976, S. 647.

64 "Reprisals and self-defence are forms of the same generic remedy, self-help." D. C. Bowett, Reprisals involving recourse to armed force, AJIL, Bd. 66 (1972), S. 2.

65 P. Kuris, Meždunarodnye pravonarušenije i otvetstvennost' gosudarstva, a. a. O., S. 42.

66 E. Skakunov, Samooborona v meždunarodnom prave, a. a. O., S. 12 und S. 23.

67 J. Kunz betont z. B. in einer 1960 von ihm erschienenen Abhandlung, daß die Repressalie und der Krieg die Sanktionen des Völkerrechts darstellen. Sanction in International Law, AJIL, Bd. 54 (1960), S. 326. Eine ähnliche Ansicht vertritt H. Kelsen, Unrecht und Unrechtsfolge im Völkerrecht, in: Zeitschrift für öffentliches Recht, 12/1932, S. 528. Vgl. L. Reitzer, La Réparation comme conséquence de l'acte illicite en Droit International, Paris 1938, S. 22.

68 Vgl. V. A. Vasilenko, Meždunarodno pravovye sankzii, Kiew 1982, S. 12.

69 Vgl. D. B. Levin, Meždunarodnoe pravo i sochranenie mira, Moskau 1971, S. 178.

sonstiger Notlage (Notstand); c) die *Selbsthilfe*, die die eigenmächtige Wiedergutmachung der schon eingetretenen Rechtsverletzung bedeutete (z. B. nahm der Verletzte vom Dieb den ihm gestohlenen Gegenstand zurück).[70] Die Selbsthilfe, die Notwehr und die Notstandshandlung wurden also schon im römischen Privatrecht voneinander getrennt, und diese drei Institutionen sind auch im heutigen Völkerrecht voneinander abgegrenzt.

Die Selbsthilfe ist ein Sammelbegriff, der all die im Recht inbegriffenen und außerrechtlichen Zwangsmittel umfaßt, mit denen der verletzte Staat die Wiedergutmachung des ihm widerfahrenen Rechtsnachteiles zu erzwingen sucht.[71] Anders gesagt *ist die Selbsthilfe das Mittel zum Erzwingen der aus dem Verantwortlichkeitsrechtsverhältnis stammenden Verpflichtung, die Sanktion auf die Rechtsverletzung*, deren Erscheinungsform in der Praxis hauptsächlich die Retorsion und die Repressalie ist.

Die legitime Verteidigung ist ebenfalls eine Art des internationalen Zwanges. Der angegriffene Staat kann gegen einen bewaffneten Angriff bewaffneten Zwang anwenden. Dieser Zwang ist aber — wie das auch von R. Ago und anderen betont wird — keine Sanktion[72], also nicht irgendeine erlaubte bewaffnete Repressalie.[73] Die im Rahmen der legitimen Verteidigung ergriffenen Maßnahmen haben einen defensiven Charakter, weil sie sich nur auf die Abwehr des Angriffs richten. Demgegenüber ist die Repressalie — wie das von M. Potočný richtig festgestellt wird — eine Einmischung offensiver Art in die Sphäre des Gegners. Sie ist nicht nur auf die Abwehr von weiteren Rechtsverletzungen gerichtet, sondern setzt auch die Wiedergutmachung des angerichteten Schadens durch.[74] Außerdem, wie das auch J. Žourek in seinem Bericht für die Tagung des Internationalen Rechtsinstituts

[70] Vgl. R. Brósz/E. Pólay, Római jog (Römisches Recht), Budapest 1974, S. 100; siehe im weiteren M. Kaiser, Römisches Privatrecht, 6. Aufl., München 1968, S. 141.

[71] Ähnlich V. A. Vasilenko: „Die ‚Selbsthilfe' ist ein entsprechender Sammelbegriff, der die individuellen Zwangsmittel objektiv umfaßt, die in allen geschichtlichen Perioden des Völkerrechts existierten". Hinzugefügt sei, daß es hier nur um rechtmäßige Zwangsmittel gehen kann. Meždunarodno pravovye sankzii, a. a. O., S. 13.

[72] "Il serait absolument erroné croire que la légitime défense puisse elle aussi définie comme une forme de sanction...", ACDI, 1980, Bd. II (Teil Eins), S. 53. Das betont auch F. A. F. von der Heydte: „Legitime Verteidigung und Selbstschutz sind Notwehrhandlungen, unmittelbare Reaktionen ‚nicht Sanktionen". Völkerrecht, Bd. 2, S. 121.

[73] Auch G. Dahm trennt die Repressalie und die legitime Verteidigung voneinander: „Notwehr und Repressalie sind verschiedene Dinge." G. Dahm, Völkerrecht, Bd. 2, a. a. O., S. 409. Was die Anwendung von bewaffneter Gewalt betrifft, hält auch K. Skubiszewski die Selbsthilfe und die legitime Verteidigung für verschiedene Dinge. Vgl. K. Skubiszewski, Use of force by States, Collective Security, Law of War and Neutrality, in: M. Sùrensen, Manual of Public International Law, London/New York/Toronto 1968, S. 751.

[74] Vgl. M. Potočný, Mezinárodni právo verejne, Prag 1978, S. 125—126; eine ähnliche Ansicht vertritt P. Lamberti Zanardi, a. a. O., S. 132—134 und auch G. Dahm, Völkerrecht, Bd. 2, a. a. O., S. 409—410.

1975 zum Ausdruck brachte, unterscheidet sich die Repressalie von der legitimen Verteidigung auch dadurch, daß sie gemäß der UN-Charta den Versuch einer friedlichen Lösung voraussetzt. Im Falle der legitimen Verteidigung besteht keine solche Verpflichtung, es handelt sich um einen unmittelbaren Akt gegen den Angriff.[75] Zwischen den beiden Institutionen besteht auch insofern ein Unterschied, als die Repressalie *eine Reaktion auf irgendwelche Akte sein kann*, während die legitime Verteidigung ausschließlich gegen einen bewaffneten Angriff angewendet werden kann.[76] Ferner kann die Repressalie sowohl ein positives Tun als eine Unterlassung sein,[77] demgegenüber zeigt sich die legitime Verteidigung im allgemeinen in einer positiven Form, also im Tun.[78] Ist nach der Niederschlagung der Aggression der Aggressor nicht bereit, den durch den bewaffneten Angriff angerichteten Schaden zu ersetzen, so kann es gegen ihn auch zur Anwendung von Repressalien kommen. *Die legitime Verteidigung und die Selbsthilfe können also aufeinanderfolgend, separat angewandt werden.*

Schließlich wird die legitime Verteidigung im Laufe des Angriffs als Abwehrhandlung *unmittelbar und sofort* ausgeübt. Die Selbsthilfe — als Sanktion — wird dagegen immer nach Ablauf einer bestimmten Zeit nach der Rechtsverletzung, *nachträglich* angewendet. Die Selbsthilfe ist daher der legitimen Verteidigung nur darin ähnlich, daß beide die Anwendung von Zwang gegen eine Rechtsverletzung darstellen und beide vom Verletzten ausgeübt werden. Der Staat macht also infolge des Fehlens eines zentralen Zwangsapparates *von rechtmäßiger Eigenmacht Gebrauch.*

Die erlaubte Eigenmacht als Sammelbegriff hat — meiner Meinung nach — im heutigen Völkerrecht *vier Erscheinungsformen:*

a) legitime Verteidigung gegen den bewaffneten Angriff;
b) Selbstschutz gegen irgendeinen anderen Angriff, wobei keine bewaffnete Gewalt angewandt werden darf;
c) Selbsthilfe zum Zweck der Vergeltung der erlittenen Rechtsverletzung und der Erzwingung der Wiedergutmachung;
d) Ausübung einer Nothandlung zum Zweck der Abwehr irgendeiner Gefahr.

Die legitime Verteidigung ist also eine mit bewaffneter Gewalt durchgeführte Abwehrhandlung gegenüber einem bewaffneten Angriff. Die Voraussetzungen für

[75] J. Žourek, La notion de légitime défense en droit international, a. a. O., S. 60.

[76] Auch P. Lamberti Zanardi betont diese Unterscheidung, La legittima difesa nel Diritto Internazionale, a. a. O., S. 131.

[77] Die Unterscheidung zwischen positiver und negativer Repressalie kann im Völkerrecht als allgemein anerkannt gelten. Diese Ansicht vertritt z. B. M. Potočný, Mezinárodni právo verejne, a. a. O., S. 124; H. Bokor-Szegö, Nemzetközi jog (Völkerrecht), Teil 2, Universitätslehrbuch, Budapest 1975, S. 109; L. Oliveiros Litrento, Manual de Dirito International Publico, Rio de Janeiro 1968, S. 359; R. Monaco, Cours général de Droit International Public, in: RdC, Bd. 125 (1968-III), S. 319.

[78] Vgl. J. Žourek, La notion de légitime défense en droit international, a. a. O., S. 60.

ihre Anwendung werden einerseits von der UN-Charta, andererseits vom internationalen Völkergewohnheitsrecht bestimmt.

4. Die Voraussetzungen zur Ausübung der legitimen Verteidigung

Die von der UN-Charta bestimmten Einschränkungen nach Artikel 51 bestehen einerseits darin, daß die rechtmäßigen Verteidigungsmaßnahmen nur solange ergriffen werden können, bis der Sicherheitsrat die notwendigen Maßnahmen trifft, andererseits müssen die Selbstverteidigungsmaßnahmen dem Sicherheitsrat sofort zur Kenntnis gebracht werden. Diese Einschränkungen interpretierte Nguyen Quoc Dinh 1948 so, daß die legitime Verteidigung daher subsidiär, provisorisch und kontrolliert sei.[79] Ihr subsidiärer Charakter ergibt sich seiner Ansicht nach aus Artikel 24 der Charta, der dem Sicherheitsrat die Hauptverantwortung für die Aufrechterhaltung des Friedens und der Sicherheit überträgt. Zugleich bemerkt er aber, daß wegen Nichterfüllung dieser Aufgabe die Staaten sehr oft selbst für ihren eigenen Schutz sorgen müssen, im Unterschied zum innerstaatlichen Rechtssystem, in dem für den Schutz der Rechtssubjekte der zentrale Zwangsapparat sorgt.[80] Auch ich bin der Meinung, daß sich seit 1948 der subsidiäre Charakter der legitimen Verteidigung nicht in der Staatenpraxis durchgesetzt hat. In der Praxis erfolgen nach einem bewaffneten Angriff meist keine Maßnahmen des Sicherheitsrates. Diese Tatsache macht auch den provisorischen Charakter der legitimen Verteidigung illusorisch. Wenn es keinen Eingriff mit dem Charakter „öffentlicher Gewalt" gibt, bleiben nur noch die legitimen Verteidigungsmaßnahmen der Staaten als endgültige und einzige Maßnahme. Das bedeutet auch, daß ihr kontrollierter Charakter häufig fehlt. Oft liegt kein gültiger Beschluß des Sicherheitsrates vor, somit ist die Anwendung von Sanktionen durch die UN ausgeschlossen.

Was die völkergewohnheitsrechtlichen Regeln betrifft, so sind die Forderungen der Notwendigkeit und der Verhältnismäßigkeit der Selbstverteidigungsmaßnahmen, die auch der Internationale Gerichtshof als die *sine qua non* Voraussetzung der kollektiven legitimen Verteidigung ansieht,[81] von besonderer Bedeutung.

Die Bedingung der *Notwendigkeit* der Maßnahmen bedeutet, daß nur solche Maßnahmen im Rahmen der legitimen Verteidigung ergriffen werden können, die zur Zurückschlagung des rechtswidrigen Angriffs, zu dessen Abwehr wirklich notwendig waren. Es wäre daher denkbar, daß die zur Abwehr ergriffenen Maßnahmen auch als legitime Verteidigung nicht für rechtmäßig angesehen werden

[79] Vgl. N. Quoc Dinh, La légitime défense d'après la Charte des Nations Unies, RGDIP 1948, S. 231.
[80] Vgl. derselbe, ebenda, S. 232—233.
[81] Vgl. I. C. J. Reports 1986, S. 122.

können, wenn z. B. der Angriff auch ohne die Anwendung von bewaffneten Kräften abwehrbar gewesen wäre. Ferner dürfen die ergriffenen Maßnahmen nicht die Form einer Repressalie tragen. Gegen den Angreifenden und somit rechtswidrig Handelnden sind daher auch Maßnahmen unzulässig, die nicht in unmittelbarem Zusammenhang mit der Abwehr des Angriffs stehen. Letzteres wird auch durch das Nikaraguaurteil des IGH bekräftigt. Die Vereinigten Staaten stellten ihre Handlungen gegen Nikaragua, wie die Ausbildung und die Ausrüstung der Kontras, den Durchflug über dem Territorium Nikaraguas, die Bombardierung von Öltanks, die Verminung der Häfen Nikaraguas usw. als eine rechtmäßige Verteidigungsmaßnahme dar, als würden sie irgendeinen nikaraguanischen Angriff abwehren. Von diesem angeblichen Angriff konnten die USA vor dem Internationalen Gerichtshof lediglich beweisen, daß Rüstungsmaterial durch das Gebiet Nikaraguas für die bewaffnete Oppositionsbewegung in El Salvador in den Jahren 1980 und 1981 transportiert wurde. Es konnte nicht festgestellt werden, wer das Kriegsmaterial lieferte, das nur durch das Gebiet von Honduras nach El Salvador gelangen konnte.[82] Der Gerichtshof vertrat die Ansicht, daß die Unterstützung der Kontras seitens der USA nicht in Zusammenhang mit der Verhinderung des Waffentransports nach El Salvador stand, weil das Ziel der Kontras nicht in der Verhinderung des Waffentransports nach El Salvador bestand, sondern in der Stürzung der jetzigen Regierung in Nikaragua.[83] Zu den Aktionen der USA kam es im übrigen erst mehrere Monate nach der großen Offensive der bewaffneten Opposition, die inzwischen von der salvadorischen Regierung zurückgedrängt wurde, so entsprach das Verhalten der USA nicht dem Erfordernis der Notwendigkeit.[84] Die von den USA ergriffenen Maßnahmen wären also auch nicht zu akzeptieren gewesen, wenn die Duldung oder die Nichtverhinderung des Waffentransports durch Nikaragua als eine Aggression anzusehen gewesen wären, denn sie waren nicht auf die Verhinderung der Waffenlieferung, sondern auf die Machtergreifung durch die bewaffnete Opposition gerichtet.

Die Bedingung *der Verhältnismäßigkeit* bedeutet in einer allgemeinen Formulierung, daß die legitimen Verteidigungsmaßnahmen zu der durch den Angriff erlittenen Verletzung im Verhältnis stehen müssen. Die Regel der Verhältnismäßigkeit beinhaltet meiner Ansicht nach dieselbe Forderung, die an die Anwendung der Notstandshandlung oder der Repressalie gestellt wird, also daß die ergriffenen Maßnahmen der Schwere der Rechtsverletzung angemessen sein sollen, um keine neue Rechtsverletzung zu begründen. In der Völkerrechtstheorie gibt es keine einheitliche Auffassung zur Verhältnismäßigkeit. Nach M. Sibert

[82] Vgl. ebenda, S. 35.
[83] Vgl. ebenda, S. 124.
[84] "On the question of necessity, the Court observes that the United States measures taken in December 1981 . . . cannot be said to correspond to a 'necessity' justifying the United States action against Nicaragua on the basis of assistance given by Nicaragua to the armed opposition in El Salvador", (I.C.J. Reports 1986, S. 122).

darf z. B. das Maß der Repressalie das zum Erreichen der Wiedergutmachung notwendige Maß nicht übertreffen.[85] In bezug auf die Notlage vertritt L. Buza[86] eine ähnliche Ansicht, A. Ross hält dagegen nur noch ein annäherndes Verhältnis für notwendig[87], G. von Glahn geht von einem „vernünftigen Verhältnis" aus[88], Ju. M. Kolosov fordert kein relatives Verhältnis mehr[89], J. Kunz lehnt nicht nur die Forderung nach der Verhältnismäßigkeit, sondern auch die nach der Notwendigkeit ab[90]. Die Verhältnismäßigkeit bedeutet im Falle einer Repressalie keine genaue Gleichheit. Wie M. Potočný richtig feststellt, kann der Nachteil, der von der Repressalie verursacht wird, auch größer sein als die erlittene Verletzung, aber die Repressalie darf zum Delikt nicht in einem unangemessenen Verhältnis stehen.[91] Diese Feststellung gilt auch für das Verhältnis von Angriff und legitimer Verteidigungsmaßnahme, wobei zu bedenken ist, daß es im Falle der Anwendung von bewaffneter Gewalt fast unmöglich ist, eine genaue Gleichheit zwischen dem Angriff und der Verteidigung zu fordern. Jedoch eine unangemessene Maßnahme würde z. B. vorliegen, wenn ein Staat auf einen Grenzzwischenfall mit einem allgemeinen bewaffneten Angriff reagiert. Es widerspricht aber der Regel der Verhältnismäßigkeit nicht, wenn der angegriffene Staat eine größere konventionelle bewaffnete Macht für seinen Schutz anwendet als die ihn angreifende Armee. Demgegenüber ist es aber völlig klar — wie der Internationale Gerichtshof festgestellt hat —, daß einem Staat nicht das Recht zusteht, gegen eine Rechtsverletzung, die kein bewaffneter Angriff ist, mit bewaffneter Gewalt vorzugehen.[92]

85 Vgl. M. Sibert, Traité de Droit International Public, Bd. 2, Paris 1951, S. 564.
86 Vgl. L. Buza, The state of necessity in international law, a. a. O., S. 212.
87 Vgl. A. Ross, A Text-book of International Law, London/New York/Toronto 1947, S. 245.
88 Vgl. G. von Glahn, Law among Nations, New York/London 1981, S. 131.
89 Vgl. Ju. M. Kolosov, Otvetstvennost' v meždunarodnom prave, Moskau 1975, S. 62.
90 ". . . necessity or proportionality are no condition for the exercise of self-defence under Art. 51." (J. Kunz, Individual and Collective Self-Defence, a. a. O., S. 878).
91 M. Potočný, Mezinárodni právo vereijne, a. a. O., S. 123.
92 "In the view of the Court, under international law in force today — whether customary international law or that of the United Nations system — States do not have a right of collective armed response to act which do not constitute an 'armed attack'". (I.C.J. Reports 1986, S. 110). Einen ähnlichen Standpunkt vertritt der Gerichtshof an einer anderen Stelle des Urteils (vgl. ebenda, S. 127).

К. Надь

Заметки о самообороне в международном праве

Самооборона — как институт и термин — существует в международном праве с тех пор, как вооружённое нападение стало считаться противоправным. Статьёй 51 Устава ООН допускается в определённых границах применение самообороны, однако, в ней не дано определение понятия вооружённого нападения, не определены пределы самообороны.

Институт самообороны рассматривается Комиссией международного права ООН, Международным судом, а также многими юристами исключением из обязательства воздерживаться от применения вооружённой силы. Однако, на самом деле, самооборона является средством борьбы с неправомерным актом, а не дозволенным вариантом запрещённого действия.

Институт самообороны возник ещё до появления Устава ООН в общем международном обычном праве; в Уставе он был закреплён и подвергся определённым ограничениям. Вот почему соответствующие нормы обычного права существуют и применяются независимо от Устава ООН, более того, некоторые вопросы самообороны регулируются исключительно нормами обычного права.

Основания для обращения к самообороне создаются совершением действий вооружённого нападения. Меры по обороне предпринимаются государством в тоже время не только в случае вооружённого нападения, но и в случае любого попирания суверенных прав государства. Этот вид обороны можно назвать самозащитой. В таких случаях право на применение пропорциональных принудительных мер имеет только то государство, права которого нарушены, а не какое-либо третье государство.

Необходимо различать между самообороной и положением крайней необходимости, непреодолимой силой и самопомощью. В случае возникновения крайней необходимости находящееся в опасности государство может преодолеть опасность лишь путём нарушения прав государства, невиновного в возникновении опасности; между тем самооборона применяется против государства, совершившего правонарушение, а в случае непреодолимой силы государство не в состоянии выполнить своё международное обязательство.

Самооборона отличается от самопомощи тем, что самопомощь представляет собой наступательное ответное действие с целью достичь репарацию правонарушения. Она имеет место вслед за нарушением в случае любого правонарушения, а самооборона носит защитный характер, имеет место во время нападения и имеет своей целью устранение нападения. Если после отражения нападения правонарушитель отказывается возместить причинённый им ущерб, то против него могут быть применены дополнительные меры самопомощи (например, в форме репрессалий). Самопомощь как один из видов правомерного самовластвования уже в римском праве различалась и от крайней необходимости и от самообороны; эти понятия различаются и в современном международном праве.

В международном праве правомерное самовластвование может проявляться в четырёх формах, а именно:
— самооборона против вооружённого нападения
— самозащита от иных, невооружённых форм нападения
— самопомощь как репрессалия в ответ на уже происшедшее правонарушение с целью принуждения к возмещению нанесённого ущерба
— действие по крайней необходимости с целью устранения опасности.

Пределы применения самообороны содержатся в Статье 51 Устава ООН и в правилах международного обычного права. По Статье 51 Устава ООН действия на основе самообороны могут осуществляться лишь только до принятия Советом Безопасности необходимых мер, кроме того, о мерах самообороны необходимо немедленно информировать Совет Безопасности.

Наиболее важные правила международного обычного права в отношении самообороны — это требования необходимости и пропорциональности. Требование необходимости означает, что оправданными мерами самообороны рассматриваются меры, целью которых является устранение нападения, и которые действительно необходимы для достижения этой цели.

Требования пропорциональности тождественны между собой в случае самообороны, крайней необходимоти и репрессалии. Требование пропорциональности сводится не к тождественности действий нападения и обороны, а означает только, что не должно быть очевидной диспропорциональности между правонарушением и ответными мерами.

Summary

K. Nagy

Some Remarks on Legitimate Self-Defence in International Law

Legitime self-defence — as institution and terminology — exists in international law since the time aggressive acts have been declared unlawful. Article 51 of the UN-Charter allows the exercise of legitimate self-defence within certain limits, but does not define the concept of armed attack or the limits of self-defence.

The institution of legitimate self-defence is considered by the International Law Commission, the International Court of Justice and numerous lawyers as an exception from the prohibition of the threat or use of force. However, legitimate self-defence is not just a legal variant of an otherwise forbidden act. It is the means to repel an especially dangerous unlawful act.

The legitimate self-defence was not created by the UN-Charter, it existed already earlier in general international customary law, the Charter only regulated and limited this right. Consequently the corresponding customary rules are operative and can be applied separately from the Charter. Moreover, some problems concerning the exercise of legitimate self-defence are regulated exclusively by these customary norms.

Legitimate action in self-defence is justified solely by an armed attack. Besides this, States may defend their rights not only against armed attack, but against any other attempts against their sovereignty not involving the use of force. This defence may be defined as self-protection. In such case the proportional countermeasure may be applied only by the injured State and not by third States.

Legitimate self-defence must be distinguished from the state of necessity, force majeure and self-help. In case of an act not of necessity the acting State has no other means to repel the danger but by an act in conformity with its obligations towards another State which has not acted illegally. Legitimate self-defence — as opposed to necessity — is used against a State committing a wrongful act. Force majeure applies in cases in which the State is unable to perform its legal obligations because of an inevitable event.

Legitimate self-defence differs from self-help too. Self-help is an offensive countermeasure aimed at obtaining reparation for an internationally wrongful act. It is applied subsequent to any breach of an international obligation. Legitimate self-defence while also a defensive measure it only can be used with a view to repelling an armed attack. Should the aggressor refuse to compensate for the damage caused, measures of self-help, e.g. reprisal, may be applied. Self-help as one of the forms of legitimate „Eigenmacht" was distinguished from acts of necessity and from legitimate self-defence already in Roman Law and these concepts reveal different features in present-day international law as well.

Legitimate „Eigenmacht" assumes four different forms in international law:

a) *legitimate self-defence* against an armed attack;

b) *self-protection* against any other — not armed attack;

c *self-help*, aiming to obtain reparation for an international wrong;

d) *act of necessity* — acting to avert an imminent danger.

The use and limits of legitimate self-defence are regulated partly in Article 51 of the UN-Charter and also by customary international law. As for Article 51 the legitimate self-defence may be used only until the Security Council has taken the necessary measures and the measures taken by the State have to be reported to the Security Council immediately.

The most important customary rules discussed above are those of necessity and proportionality. Necessity means that only such measures may be justified by a claim of legitimate self-defence which were really necessary to repel the armed attack and were applied as long as that attack continued. The rules concerning proportionality are the same in cases of legitimate self-defence, act of necessity, and of reprisals. Proportionality does not mean an exact equality between the attack and the defence, but does mean that the countermeasure should not be manifestly disproportional to the breach in question.

F.-R. Töpfer

Perspektiven der Schiedsgerichtsbarkeit im RGW

1. Vorbemerkung

Das Für und Wider der Entscheidung strittiger Probleme in den Wirtschaftsbeziehungen der Mitgliedsländer des Rates für Gegenseitige Wirtschaftshilfe durch ein völkerrechtliches Schiedsgericht wird seit langem kontrovers diskutiert.[1] Bereits das Komplexprogramm der sozialistischen ökonomischen Integration aus dem Jahre 1971 sah vor, bei der Erarbeitung der Rechtsgrundlagen für die Verantwortlichkeit der Staaten wegen der Verletzung von Verpflichtungen aus Wirtschaftsabkommen „die Ergebnisse des Studiums der Vorschläge für die Schaffung eines internationalen Arbitrageorgans des RGW" zu berücksichtigen[2].

In Erfüllung der Verpflichtung aus dem Komplexprogramm erarbeitete die Arbeitsgruppe „Staatenverantwortlichkeit", die später in die Ständige Beratung für Rechtsfragen des RGW übergeleitet wurde, einen Entwurf der „Bedingungen der materiellen Verantwortlichkeit der Staaten aus Abkommen über die wirtschaftliche und wissenschaftlich-technische Zusammenarbeit". Dieses Dokument wurde 1975 von der XXIX. Ratstagung des RGW angenommen und den Mitgliedsstaaten zur fakultativen Anwendung empfohlen.[3] Bisher kam es zu keiner Vereinbarung zwischen den Staaten, die „Bedingungen . . ." auf ein bestimmtes

[1] Vgl. B. W. Reutt, Rozstrzyganie sporow wynikajacych z odpowiedzialności majatkowej państw RWPG (Die Regelung von Streitigkeiten aus der materiellen Verantwortlichkeit der RGW-Mitgliedsländer), in: Problemy odpowiedzialności majatkowej państw RWPG (Probleme der materiellen Verantwortlichkeit der Mitgliedsländer des RGW) — Materiały z miedzynarodowej sesji naukowej, Warszawa 9.—11. November 1972 (Materialien der internationalen wissenschaftlichen Konferenz in Warschau 9.—11. November 1972), S. 109; G. Kalman, Material'naja otventstvennost' stran-členov SEV za ich èkonomičeskie objazatelstva, in: Acta Juridica Academiae Scientiarum Hungaricae, Bd. 16 (1974) 1—2, S. 98; M. Kemper, Die Erhöhung der ökonomischen Verantwortlichkeit der RGW-Staaten für die Einhaltung ihrer wechselseitigen wirtschaftlichen Verpflichtungen durch das sozialistische Recht, in: Sozialistische ökonomische Integration — Rechtsfragen, Berlin 1974, S. 161; M. Klang, Jednostranná opatření státu a jejich vliv na odpovědnost hospodárských organizaci pri dodavatelsko-odberatelskych vztazich v ramci RVHP (Einseitige Maßnahmen eines Staates und ihr Einfluß auf die Verantwortlichkeit der Wirtschaftsorganisationen in den Lieferer-Abnehmer-Beziehungen im Rahmen des RGW), in: Hospodárskè právo, 6/1981, S. 436.

[2] Komplexprogramm für die weitere Vertiefung und Vervollkommnung der Zusammenarbeit und Entwicklung der sozialistischen ökonomischen Integration der Mitgliedsländer des RGW, Abschn. 15, Ziffer 3, in: Grunddokumente des RGW, Berlin 1978, S. 135.

[3] Vgl. dazu H. de Fiumel, Prawno-miedzynarodowa odpowiedzialnosc majatkowa państw (Die völkerrechtliche Vermögensverantwortlichkeit der Staaten), Wrocław u. a. 1979, S. 56f.

Abkommen anzuwenden, und Kemper hat im einzelnen zu den Ursachen dieser ablehnenden Haltung in der Praxis der sozialistischen ökonomischen Integration Stellung genommen.[4] Während Kemper vorwiegend die materiell-rechtliche Seite der Problematik untersucht hat, soll im folgenden die damit untrennbar verbundene prozessuale Seite dargestellt werden. Obwohl im Schwerpunkt dieses Beitrages Probleme der völkerrechtlichen Schiedsgerichtsbarkeit analysiert werden, erfordert die Verzahnung völkerrechtlicher und zivilrechtlicher Beziehungen in der Praxis der sozialistischen ökonomischen Integration, einige Seitenblicke auf prozeßrechtliche Entwicklungserfordernisse auf der Ebene der Wirtschaftseinheiten zu werfen. Die Komplexität der Integrationsbeziehungen erfordert, sowohl die Regelung der Verantwortlichkeit der Staaten und der Wirtschaftseinheiten aufeinander abzustimmen als auch das Prozeßrecht beider Ebenen in ihrer Wirkung und Wechselwirkung zu betrachten.

2. Internationales Verfahrensrecht in der sozialistischen ökonomischen Integration

Die Einheit materieller und prozeduraler Regelung ist ein allgemeines Merkmal des Rechts und somit auch der völkerrechtlichen Regelung zur Bewältigung von Störungen in den ökonomischen Beziehungen der RGW-Staaten.

Marx schrieb dazu: „. . . das *materielle Recht* hat seine *notwendige eingeborene Prozeßform*“ und „Es muß *ein* Geist sein, der den Prozeß und der die Gesetze beseelt, denn der Prozeß ist nur die *Lebensart des Gesetzes*, also die Erscheinung seines innern Lebens“.[5] Das Primat in diesem Verhältnis kommt daher eindeutig dem materiellen Recht zu, während das Verfahrensrecht die notwendige, jedoch sekundäre Komponente des Rechts darstellt. Beide Elemente bilden eine dialektische Einheit, d. h. sie sind voneinander abhängig, beeinflussen sich gegenseitig, verfügen andererseits auch über eine relative Selbständigkeit.[6] Eine wirksame verfahrensrechtliche Regelung ist ein entscheidendes Instrument zur Gewährleistung subjektiver Rechte und zur Durchsetzung juristisch fixierter Pflichten. Javič befürchtet in diesem Zusammenhang durch die häufig anzutreffende Hypertrophierung der Festlegung von Rechten und Pflichten der Rechtssubjekte und der

[4] Vgl. M. Kemper, Erfüllungssicherung völkerrechtlicher Vereinbarungen im Rahmen der sozialistischen ökonomischen Integration, in: B. Graefrath (Hrsg.), Probleme des Völkerrechts 1987, Berlin 1987, S. 165ff.

[5] K. Marx, Debatten über das Holzdiebstahlgesetz, in: K. Marx/F. Engels, Werke, Bd. 1, Berlin 1974, S. 145.

[6] Das kommt u. a. darin zum Ausdruck, daß „prozeßrechtliche Normen nur im Verein mit materiell-rechtlichen Regelungen wirken — eine Aussage, die allerdings nicht umkehrbar ist“ (K. A. Mollnau, Zur Spezifik von Effektivitätsanalysen prozeßrechtlicher Regelungen, in: Neue Justiz, 2/1983, S. 50).

regulativen Rolle des materiellen Rechts eine Abwertung seiner prozessualen Komponente und eine „deformierte Bewertung" des Rechts überhaupt.[7]

Einheit von materiellem Recht und Verfahrensrecht bedeutet aber auch, daß beide in ihrer Spezifik wesentlich durch den entsprechenden Regelungsgegenstand bestimmt werden. Das gilt in besonderem Maße innerhalb des völkerrechtlichen Systems, weil die Spezifika zwischenstaatlicher Rechtsbildung und Rechtsanwendung auch auf das Verhältnis von materiellem Recht und Verfahrensrecht ausstrahlen. Dennoch gelten die angeführten allgemeinen rechtstheoretischen ‚Zusammenhänge' mutatis mutandis auch für das Normensystem des Völkerrechts, und der von Pušmin konstatierte weit verbreitete „prozessuale Nihilismus" in der Völkerrechtswissenschaft[8] findet in der praktischen Rechtsverwirklichung keine Stütze. Zutreffend klassifiziert Mironov die Normen des Völkerrechts in Abhängigkeit von ihrer Funktion als materielle oder prozessuale Rechtsnormen.[9] Dabei wird der Begriff des Prozeß- bzw. Verfahrensrechts in einem weiten Sinn verwandt und eine von bürgerlichen Völkerrechtlern vertretene Einengung auf das Verfahren vor internationalen Gerichten und Schiedsgerichten abgelehnt.

Das entspricht auch der Situation in den zwischenstaatlichen Rechtsbeziehungen im Rahmen des RGW. Obwohl ein völkerrechtliches Schiedsgericht in den Integrationsbeziehungen bisher noch nicht tätig wurde, existiert eine Vielzahl prozeßrechtlicher Regelungen. Prozeßnormen in den internationalen Wirtschaftsbeziehungen der RGW-Staaten sind m. E. im Unterschied zu materiellen Rechtsnormen, die die Rechtsstellung und den Inhalt von Rechten und Pflichten festlegen, solche Normen, die zur Realisierung unklarer oder umstrittener rechtserheblicher Tatsachen, Rechte und Pflichten einen bestimmten Verhaltensalgorithmus vorsehen oder verschiedene Algorithmen zur Wahl stellen. Das schließt den Lösungsalgorithmus für solche, mit der Verantwortlichkeit der Staaten verbundenen komplizierten Fragen ein, wie Beweis der Pflichtverletzung, des Schadens, der Kausalität zwischen Schaden und Pflichtverletzung, der Befreiung von der Verantwortlichkeit usw.

Zum Verfahrensrecht in den Wirtschaftsbeziehungen der RGW-Staaten gehören sämtliche Regelungen, die die Subjekte eines Rechtsverhältnisses in bestimmten Situationen auffordern, sich einer juristisch geregelten Prozedur zu unterziehen. Diese Situationen ergeben sich zum Teil aus den Eigenschaften des Rechts selbst, aus der Flexibilität der Rechtsnormen, aus deren Auslegungsbedürftigkeit, zum

[7] Vgl. L. S. Javič, Obščaja teorija prava, Leningrad 1976, S. 204. Alekseev betont, daß das materielle Recht von entwickelten prozessualen Formen durchdrungen sein muß; vgl. S. S. Alekseev, Struktura sovetskogo prava, Moskva 1975, S. 237.

[8] Vgl. E. A. Pušmin, O processual'nych voprosach sovremennogo meždunarodnogo prava, in: Sovetskoe gosudarstwo i prawo, 1/1982, S. 107.

[9] Vgl. N. V. Mironov, Meždunarodnoe pravo: normy i ich juridičeskaja sila, Moskva 1980, S. 29; s. auch J. Osincev/E. Turbin, Bor'ba SSSR za soveršenstvovanie processa mirnogo uregulirovanija sporov, Moskva 1983, S. 35ff.

Teil aber auch aus einem Dissens bei Vertragsabschluß oder aber aus Meinungsverschiedenheiten bzw. Streitigkeiten, die aus unterschiedlichen nationalen ökonomischen Interessen resultieren.

Der Ansatzpunkt des Verfahrensrechts liegt eindeutig im Vorfeld einer Streitigkeit, da die Mehrheit der zu klärenden Probleme, selbst bei Prozessen zur Lösung von Interessenwidersprüchen, nicht die Qualität von Streitigkeiten im Sinne des Prinzips der friedlichen Streitbeilegung[10] erreicht. Es handelt sich in der Regel um objektiv und subjektiv bedingte Entwicklungsprobleme der ökonomischen Integration, die einer rechtlichen Form zu ihrer Überwindung bedürfen. Zu ihnen zählen auch Fragen der Verantwortlichkeit der Staaten für Pflichtverletzungen, wenn diese auch durch die hohe Vertragstreue der Staaten zu den Ausnahmeerscheinungen gehören. Kommt es zu Pflichtverletzungen, ist ihre Ursache meist in der Kollision nationaler Interessen zu suchen. Die Staaten sind dabei als Träger gleichartiger und spezifisch nationaler ökonomischer Interessen zu betrachten. Obwohl in jüngster Zeit beträchtliche Unterschiede im Herangehen der sozialistischen Staaten an die Lösung ökonomischer Aufgaben zu verzeichnen sind, verbindet sie andererseits eine Reihe grundlegender, gemeinsamer Wirtschaftsinteressen, die in dem Ziel eines vereinigten Marktes der Mitgliedsländer des RGW münden.[11]

Der Prozeß der sozialistischen ökonomischen Integration erfordert angesichts der Dynamik der Ökonomie und der damit verbundenen Veränderungen der Realisierungs- und Effektivitätsbedingungen eine Interessenübereinstimmung, die stets aufs neue herbeigeführt werden muß. In diesem Prozeß treten aber naturgemäß auch Widersprüche auf. „Um diese Widersprüche als Triebkraft für die weitere Entwicklung des Integrationsprozesses zu nutzen, ist es notwendig, entsprechende Lösungswege auf der Grundlage des sozialistischen Internationalismus zu finden. Das ist um so notwendiger, weil mit fortschreitender internationaler Vergesellschaftung die Verflechtung zwischen den Volkswirtschaften, vor allem in den wachstumsbestimmenden Zweigen, Erzeugnisgruppen, in Wissenschaft und Technik weiter zunimmt“.[12]

Die rechtliche Regelung von Verfahren zur schrittweisen Klärung von Problemen und Meinungsverschiedenheiten kann dabei durchaus von Nutzen sein. Dabei stellt sich die Frage, welche Anforderungen bezüglich der Subjekte an ein juristisches Verfahren zu stellen sind. In der Wirtschaftsrechtstheorie der DDR scheint

[10] Zur Definition des Streits im Völkerrecht vgl. Autorenkollektiv, Völkerrecht, Lehrbuch, Teil 2, Berlin 1982, S. 170.

[11] Vgl. H.-G. Haupt/R. Neumann, Ökonomische Interessen der Mitgliedsländer des RGW im Prozeß der sozialistischen ökonomischen Integration — Einflußfaktoren, Stabilität und Dynamik, in: Wirtschaftswissenschaft, 2/1985, S. 167.

[12] Ebenda, S. 175.

gegenwärtig die Auffassung vorzuherrschen, die Grundvoraussetzung für ein Verfahren sei die Konfliktentscheidung durch ein von den Konfliktpartnern zu definierendes Organ oder Gremium.[13] Diese These ist bereits für das innerstaatliche Wirtschaftsrecht problematisch,[14] weil Konfliktlösungen im Planungs- und Bilanzierungsprozeß zum Teil nur durch die Beteiligten gefunden werden können, jedoch eine Streitentscheidung durch einen nicht in den Planungsprozeß involvierten Dritten vorgeschlagen wird. Für internationale Wirtschaftsbeziehungen, namentlich auf völkerrechtlicher Ebene, ist eine Reduzierung des Verfahrens auf kontradiktorische Prozesse mit Entscheidung durch unbeteiligte Dritte nicht haltbar. Im Rahmen der rechtstheoretischen Diskussion um den Begriff der Rechtsanwendung war es Klenner, der vorschlug, bisherige Auffassungen von einer Rechtsanwendung zu überprüfen,[15] die scharf von der Rechtsetzung getrennt ist. Besonders seinen Zweifeln an der These, daß Rechtsanwendung von anderen als von den für die Rechtsetzung zuständigen Subjekten betrieben wird, ist aus unserer Sicht zuzustimmen. Für den völkerrechtlichen Bereich liegt es auf der Hand, daß Rechtsetzung und Rechtsanwendung in die ausschließliche Kompetenz der Staaten fallen. Die Übertragung bestimmter Befugnisse auf internationale Organe und Organisationen und die damit verbundene Wandlung der Beteiligung der Staaten an der Rechtsanwendung in eine mittelbare wird nur partiell und bei Beachtung eventueller Auswirkungen auf die Souveränität vorgenommen.

Die Rechtsanwendung in den Wirtschaftsbeziehungen der Mitgliedsländer des RGW wird durch die Notwendigkeit charakterisiert, das staatliche Planungs- und Leitungssystem auf jeweils veränderte internationale Bedingungen einzustellen. Das Recht, Leitungsentscheidungen für seine Volkswirtschaft zu treffen, steht nur dem betreffenden Staat zu. Die zuständigen Staatsorgane sind neben ihrer ausschließlichen Kompetenz auch durch ihre Sachkunde prädestiniert, zukünftige Möglichkeiten einzuschätzen und durch entsprechende Eingriffe in das Planungs- und Bilanzierungssystem einen ökonomischen Erfolg herbeizuführen.

Rechtsanwendung, insbesondere im Rahmen des Verfahrensrechts der Mitgliedsländer des RGW, wird daher vorrangig durch die Staaten unmittelbar betrieben. Daraus folgt, daß in den Verfahrensbegriff der rechtlichen Regelung der sozialistischen ökonomischen Integration Verfahren mit ausschließlicher Beteiligung der Partner ohne Einschaltung eines Dritten explizit und notwendig eingeschlossen sind.

[13] Vgl. U.-J. Heuer, Ökonomische Strategie der SED und ihre Verwirklichung — entscheidender Schwerpunkt staats- und rechtswissenschaftlicher Forschung und Lehre, in: Staat und Recht (zitiert als: SuR), 3/1984, S. 183; H. Badestein/G. Pflicke/R. Streich, Wirtschaftsrechtsverhältnisse, Berlin 1985, S. 187.

[14] Das unterstreicht auch R. Schüsseler in seiner Rezension zu H. Badestein/G. Pflicke/R. Streich, Wirtschaftsrechtsverhältnisse, in: Wirtschaftsrecht, 3/1985, S. 79.

[15] Vgl. H. Klenner, Vom Recht der Natur zur Natur des Rechts, Berlin 1984, S. 203.

Das Normenspektrum des Verfahrensrechts erfaßt:

— Normen, die bestimmte Aktivitäten ausschließlich von den Konfliktparteien verlangen, zum Beispiel bestimmte Verpflichtungen zu Konsultationen beim Auftreten von Abkommensstörungen und der damit verbundenen Aufforderung zur eigenverantwortlichen Lösung durch die Partner;
— Vereinbarungen, die die Partner verpflichten, ungeklärte strittige Fragen bestimmten Gremien vorzutragen und mit ihrer Unterstützung zu lösen (Diese Gremien stehen grundsätzlich in enger Beziehungen zu den Staatsorganen der beteiligten Länder — wie bilaterale Wirtschaftsausschüsse und Räte der Bevollmächtigten — und ihre Streitlösungen sind durch Verhandlungen zu erzielen.);
— Vorschriften, die den Parteien ermöglichen, einseitig einen juristischen Prozeß auszulösen, der die Aufklärung des Sachverhaltes, Feststellung der Verantwortlichkeit und eine Entscheidung durch ein drittes, nicht mit den Streitparteien identisches Organ zum Inhalt hat (Das betrifft u. a. Abkommen, die nach dem Scheitern einer Streitbeilegung durch die Partner die Bildung einer internationalen Schlichtungskommission oder eines internationalen Schiedsgerichts vorsehen.);
— Zurückbehaltungs- und Leistungsverweigerungsrechte wegen der Nichteinhaltung von Abkommensverpflichtungen (Solche Rechte — auf der Grundlage der Einrede des nichterfüllten Vertrages — stellen ebenfalls einen bestimmten Verhaltensalgorithmus dar, um den Partner zur nachträglichen Erfüllung oder — falls dies nicht möglich ist — zur anderweitigen Klärung des Problems zu veranlassen. Die Reaktion muß der Pflichtverletzung angemessen sein und ist bei nachträglicher Erfüllung durch den Pflichtverletzer sofort einzustellen. Diese Merkmale gestatten m. E. die Zuordnung der Leistungsverweigerungsrechte zum Verfahrensrecht, obwohl sie zweifellos auch materiell-rechtliche Aspekte aufweisen).[16]

3. Das internationale Verfahrensrecht der Mitgliedsländer des RGW de lege lata

Die Funktion der Klärung von Problemen, die sich aus der unterschiedlichen Interpretation von Abkommenstexten, aus der nicht geplanten Veränderung der ökonomischen Ausgangsbedingungen, Interessenkollisionen und anderen Ursachen ergeben, läßt sich über verschiedene Strukturen realisieren. Dem entspricht, daß Probleme zwischen sozialistischen Staaten, die wegen der Nichteinhaltung

[16] Graefrath nutzt die Existenz materiell-rechtlicher und prozessualer Elemente der Repressalie zu ihrer Abgrenzung von dem Rücktrittsrecht; vgl. B. Graefrath/E. Oeser/A. Steiniger, Völkerrechtliche Verantwortlichkeit der Staaten, Berlin 1977, S. 192.

ökonomischer Verpflichtungen entstehen, auf vielfältige Art und Weise gelöst werden.

Die wichtigste Methode dabei ist gegenwärtig und auch künftig die Aufnahme direkter Kontakte und Verhandlungen mit dem Partnerstaat. Im universellen Völkerrecht existiert gegenwärtig keine Verpflichtung, Streitigkeiten in erster Linie durch Verhandlungen zu lösen, wenn auch eine Entwicklung in dieser Richtung unverkennbar ist.[17] Für die Beziehungen zwischen sozialistischen Staaten läßt sich m. E. eine Verhandlungspflicht bei auftretenden Problemen direkt aus den Prinzipien des sozialistischen Internationalismus herleiten.[18] In Abhängigkeit von der Bedeutung der Meinungsverschiedenheit werden die Verhandlungen auf verschiedenen gesellschaftlichen Ebenen geführt. Für ein Mitgliedsland oder die gesamte sozialistische Staatengemeinschaft besonders wichtige Probleme werden auf der Ebene der Parteiführungen oder der Regierungschefs gelöst. Die marxistisch-leninistischen Parteien der Mitgliedsländer des RGW verwirklichen ihre führende Rolle im sozialistischen Gesellschaftssystem auch im Prozeß der ökonomischen Integration. „Es liegt ... in der Natur der Sache, daß die Bruderparteien als Abteilungen der internationalen kommunistischen Bewegung entsprechend dem Marxismus-Leninismus, getragen vom sozialistischen Internationalismus, bei der Lösung der Grundfragen der sozialistischen ökonomischen Integration auch auf internationaler Ebene unmittelbar zusammenwirken".[19]

Dieser Prozeß wird durch die Leitungsmechanismen in den einzelnen sozialistischen Staaten unterstützt. So werden wichtige Probleme in der zwischenstaatlichen Zusammenarbeit an die Führungsorgane der Partei herangetragen und durch die zuständigen Staatsorgane Lösungsvorschläge unterbreitet. In direkten Kontakten werden diese Probleme durch führende Repräsentanten der Parteien vor allem bei zwei- und mehrseitigen Treffen von Delegationen der Zentralkomitees, der Generalsekretäre beziehungsweise Ersten Sekretäre der Parteien oder während der Tagungen des RGW auf höchster Ebene einer Lösung zugeführt. Andere Probleme werden in sogenannten „Verhandlungspaketen" zusammengefaßt, in denen die wichtigsten der zu klärenden Fragen Aufnahme finden. Diese werden bei gegenseitigen Staatsbesuchen, zum Beispiel der Regierungschefs, unter Beachtung der Gegenseitigkeit der Rechte und Pflichten (Reziprozität) verhandelt und geklärt.

Besondere zwischenstaatliche Gremien, in denen unter anderem auch Streitfragen wegen der Nichterfüllung von Verpflichtungen diskutiert werden, sind in

[17] Vgl. E. Oeser, Verhandlungen im Völkerrecht, in: B. Graefrath (Hrsg.), Probleme des Völkerrechts 1985, Berlin 1985, S. 203.

[18] Vgl. Wörterbuch der Außenpolitik und des Völkerrechts, Berlin 1980, S. 235 und S. 549. Expressis verbis wurde die Verhandlungspflicht in Art. 3 des Warschauer Vertrages vorgeschrieben; vgl. Völkerrecht, Dokumente, Teil 2, Berlin 1980, S. 405.

[19] W. Engelmann/M. Kemper/K. Mehnert/L. Rüster, 30 Jahre RGW — Rechtsfragen seiner Tätigkeit, Berlin 1979, S. 48.

erster Linie der RGW, aber auch die bilateralen Wirtschaftsausschüsse und Regierungskommissionen. Obwohl der RGW entsprechend seinem Statut keine Kompetenz zur Entscheidung von Streitigkeiten zwischen seinen Mitgliedsländern besitzt, bietet er den Staaten als Organisations- und Koordinierungszentrum der sozialistischen internationalen wirtschaftlichen und wissenschaftlich-technischen Zusammenarbeit in seinen Organen ein geeignetes Forum, ihre unterschiedlichen Standpunkte auszutauschen und nach eventuellen Kompromissen zu suchen.

Die Zusammenarbeit im RGW erstreckt sich auf alle Gebiete der Wirtschaft einschließlich Wissenschaft und Technik. Damit ist das Spektrum der zu behandelnden unterschiedlichen Positionen sehr groß. In diese Verhandlungen zur Annäherung der Standpunkte kann der RGW Erfahrungen aus fast vier Jahrzehnten der Gestaltung der ökonomischen Integration einbringen. Besonders stimulierend wirkt auf die Klärung von Streitigkeiten und Meinungsverschiedenheiten die Kontroll- und Informationstätigkeit des RGW. Das Exekutivkomitee kontrolliert gemäß Art. VII RGW-Statut systematisch die Erfüllung der Verpflichtungen durch die Mitgliedsländer des Rates, die sich aus den von ihnen angenommenen Empfehlungen der Ratsorgane und in Kraft getretenen Übereinkünften ergeben.[20] Der Verlauf der Zusammenarbeit im Rahmen multilateraler Abkommen, die auf der Grundlage der Empfehlungen und Übereinkünfte abgeschlossen wurden, unterliegt ebenfalls der Kontrolle des Exekutivkomitees.

Im Sekretariat des Rates wurde ein Verfahren zur Rechenschaftslegung über die Verwirklichung der Entscheidungen der RGW-Organe festgelegt. Treten bei der Erfüllung dieser Maßnahmen Schwierigkeiten auf, informiert das Sekretariat die Mitgliedsländer und unterbreitet erforderlichenfalls den RGW-Organen entsprechende Behandlungsvorschläge. Meinungsverschiedenheiten werden dabei durch Verhandlungen der Ländervertreter im gegenseitigen Einvernehmen gelöst.

Auch in den statuarischen Regelungen über die Tätigkeit der bilateralen Wirtschaftsausschüsse (zwischen der DDR und der UdSSR-Paritätische Regierungskommission), die insbesondere die Koordinierung der Volkswirtschaftspläne, die Vorbereitung von Abkommen und Vorhaben der Spezialisierung und Kooperation betrifft, sind verfahrensrechtliche Normen zur Konfliktlösung enthalten. Die zweiseitigen Wirtschaftsausschüsse sind zwar weder juristische Personen noch besitzen sie Völkerrechtssubjektivität, werden aber in einzelnen Abkommen von ihren Regierungen zur „Regelung offen gebliebener Fragen“ bevollmächtigt, d. h. im Bedarfsfall auch zur Regelung auftretender Meinungsverschiedenheiten und Streitigkeiten.[21]

[20] Vgl. Gesetzblatt der DDR Teil II 1981 Nr. 5 S. 84; s. weiter M. Kemper/L. Rüster (Hrsg.), Internationales Wirtschaftsrecht. Rechtliche Regelung der sozialistischen ökonomischen Integration, Berlin 1983, S. 51 f.

[21] Vgl. Regierungsabkommen über die Bildung des Wirtschaftsausschusses DDR — VR Polen, Art. 3(2)b, in: Dokumente zur Außenpolitik der Regierung der DDR, Bd. 8, Berlin 1961, S. 424.

Für einige Bereiche der ökonomischen Zusammenarbeit ist ein entsprechender Verfahrensweg ausdrücklich in den entsprechenden Normativdokumenten vorgeschrieben. So sind Streitfragen aus der wissenschaftlich-technischen Zusammenarbeit der DDR und der UdSSR durch die Leiter der Ministerien beziehungsweise anderer zentraler Staatsorgane im beiderseitigen Einvernehmen zu lösen. In der ersten Stufe sieht das Verfahren eine Klärung im Rahmen der zuständigen Unterkommission der Paritätischen Regierungskommission vor.[22] Fällt der Versuch zur Streitlösung in der Ständigen Unterkommission für wissenschaftlich-technische Zusammenarbeit negativ aus beziehungsweise werden auch Fragen der Produktionskooperation oder des Außenhandels berührt, können die verschiedenen Standpunkte der Paritätischen Regierungskommission vorgetragen werden. In der Kommission wird darüber beraten und im gegenseitigen Einvernehmen entschieden.[23]

Die Bemühungen zur Beilegung von Streitfragen im Rahmen der bilateralen Wirtschaftsausschüsse sind juristisch als Verhandlungen auf Regierungsebene zu qualifizieren. Symptomatisch ist für diese Form der völkerrechtlichen Streitlösung, wie für die völkerrechtlichen Beziehungen innerhalb der sozialistischen ökonomischen Integration überhaupt, ihre enge Verbindung zu den Rechtsverhältnissen zwischen den Wirtschaftsorganisationen. Die Selbständigkeit völkerrechtlicher Verantwortlichkeit, aber auch ihr Bezug zu zivilrechtlichen Formen der Verantwortlichkeit[24] haben naturgemäß ihre Rückwirkung auf den Streitlösungsmechanismus. So werden in den Wirtschaftsausschüssen häufig Probleme verhandelt, die auf der Ebene der Wirtschaftsorganisationen entstanden sind beziehungsweise zutage treten, aber wegen ihrer Bedeutung für die einzelnen Volkswirtschaften und die weitere Zusammenarbeit Gegenstand der Verhandlung in der Kommission werden. Dieser Zusammenhang zieht sich bis in den Streitlösungsmechanismus auf der Ebene der Wirtschaftseinheiten — die Außenhandelsschiedsgerichtsbarkeit. Protokolle der Festlegungen bilateraler Wirtschaftsausschüsse wurden in Verfahren vor nationalen Außenhandelsschiedsgerichten als Beweisdokument genutzt und boten eine wesentliche Grundlage für den Schiedsspruch bzw. den Vergleich.[25]

[22] Vgl. Allgemeine Bedingungen für die Durchführung der wissenschaftlich-technischen Zusammenarbeit zwischen der DDR und der UdSSR vom 11. 11. 1986, Gesetzblatt der DDR, Sonderdruck Nr. 765/1, S. 22.

[23] Vgl. W. Schönrath, Der rechtliche Mechanismus der wissenschaftlich-technischen Zusammenarbeit zwischen der DDR und der UdSSR in Rechtsfragen der wissenschaftlich-technischen Zusammenarbeit UdSSR — DDR, Berlin 1979, S. 41.

[24] Vgl. M. Kemper, Erfüllungssicherung völkerrechtlicher Vereinbarungen im Rahmen der sozialistischen ökonomischen Integration, a. a. O., S. 176.

[25] In Verfahren vor dem Schiedsgericht der Kammer für Außenhandel der DDR werden beispielsweise Protokolle über Festlegungen der Paritätischen Regierungskommission DDR/UdSSR als Beweisdokument vorgelegt.

Ebenso deutlich wird der beschriebene Zusammenhang auf völkerrechtlicher Ebene in der Tätigkeit der Räte der Bevollmächtigten der vertragschließenden Seiten. Diese werden als gemeinsame Organe der Abkommenspartner gebildet, um die zügige Realisierung zwischenstaatlicher Abkommen mit komplizierten Inhalten, vielfältigen Verpflichtungen, ständiger Koordinierungsbedürftigkeit und hohen Vertragswerten zu gewährleisten. Das betrifft insbesondere Abkommen auf dem Gebiet der Spezialisierung und Kooperation der Produktion, der wissenschaftlich-technischen und der Investitionszusammenarbeit.

Die spezifischen Aufgaben und Kompetenzen dieser Räte der Bevollmächtigten werden von den Staaten in den einzelnen Abkommen festgelegt. In der Regel koordinieren diese Organe die Aktivitäten der einzelnen Partner, dienen aber auch der kontinuierlichen gegenseitigen Information und der gemeinsamen Kontrolle der Erfüllung einzelner Verpflichtungen.[26] Ein wichtiges Teilgebiet ihrer Tätigkeit bildet die Erfüllungssicherung der betreffenden Abkommen. Darunter sind vor allem Maßnahmen zu verstehen, die im Vorfeld der Verantwortlichkeit die Gestaltung der Abkommensbeziehungen beeinflussen, um Störungen in diesem komplizierten Beziehungsgefüge zu vermeiden beziehungsweise zu bewältigen. Zu diesen Maßnahmen zählt insbesondere die Pflicht zur ständigen Information und Zusammenarbeit und zu gemeinsamen Beratungen in Vorbereitung der Anpassung der Abkommen an neue Erkenntnisse und Bedingungen. Detaillierte Regelungen zur Arbeit der Räte sind vor allem Investitionsbeteiligungsabkommen zu entnehmen. Danach sind die Räte während des Investitionsprozesses neben der Beratung grundlegender Fragen des Investvorhabens, der Kontrolle des Erfüllungsstandes der Vereinbarungen und der Erörterung von Problemen in den Liefer- und Leistungsbeziehungen auch für die Klärung von Streitfragen zwischen den Partnern zuständig.[27] Obwohl die Räte nicht kompetent sind, Art und Maß der Verantwortlichkeit bei Pflichtverletzungen festzulegen, noch Streitfragen verbindlich zu entscheiden, sind ihre Bemühungen zur Streitlösung in der Regel erfolgreich. Die Ursache ist in der speziellen Verknüpfung von Rechten und Pflichten bei der Errichtung und dem späteren Betrieb des Investvorhabens zu suchen.

Die Seite, die bei der Realisierung des Abkommens Pflichtverletzungen begeht, muß damit rechnen, daß die ihr laut Abkommen zustehende Nutzungen aus dem realisierten Investitionsobjekt entsprechend gemindert werden. Die bisherigen Erfahrungen aus der Investitionszusammenarbeit belegen, daß vor allem die Staaten, die nicht Standortland der Investition sind, außerordentlich große Anstrengungen unternehmen, um Pflichtverletzungen nicht zuzulassen beziehungsweise deren Auswirkungen schnell zu beseitigen. Die Gegenverpflichtungen der Standortländer der Investition sind dagegen durch die beschriebene Wirkung des funk-

[26] Vgl. M. Kemper/L. Rüster, Internationales Wirtschaftsrecht. Rechtliche Regelung der sozialistischen ökonomischen Integration, a. a. O., S. 67.

[27] Vgl. B. Mitschke, Juristische Probleme von Investitionsbeteiligungen der Mitgliedsländer des RGW, Diss. B, Potsdam-Babelsberg 1984, S. 101.

tionellen Synallagmas nur unzureichend gesichert. Aber auch ein zwischenstaatliches Schiedsgericht wäre in diesen Beziehungen nur in wenigen Fällen geeignet, zum Beispiel bei Unklarheiten über eine bestimmte Verpflichtung oder zum Feststellen der Gläubigerverursachung durch das Standortland, diesen Streitlösungsmechanismus wirksam zu ergänzen.

4. Internationale Schiedsgerichtsbarkeit und die Souveränität der Mitgliedsländer des RGW

Die Souveränität eines Staates, die oberste Hoheitsgewalt auf seinem Territorium auszuüben und im Rahmen des Völkerrechts frei und unabhängig über die Gestaltung seiner Gesellschafts- und Staatsordnung, seines Verfassungs- und Rechtssystems sowie über seine gesamte Innen- und Außenpolitik zu entscheiden,[28] darf nicht losgelöst von den bestehenden Beziehungen der Staaten untereinander betrachtet werden. Läßt man das, vor allem den Aspekt der Mitgliedschaft in universellen oder regionalen internationalen Organisationen, außer Acht, gelangt man zu Positionen der Theorie von der absoluten Souveränität,[29] deren Kernstück in der These besteht, daß der Staat jederzeit in allen Sachfragen völlig frei und ohne äußere Einflüsse entscheiden kann. Tatsächlich gehen die Staaten mit dem Abschluß jedes völkerrechtlichen Vertrages bestimmte Verpflichtungen ein, die bei späteren Entscheidungen zu berücksichtigen sind.

Damit enthält das Institut der Souveränität die Elemente Selbständigkeit und Unabhängigkeit ebenso wie Unselbständigkeit und Abhängigkeit. Unbestreitbar hat sich in der Zusammenarbeit der Staaten eine Vielzahl von Abhängigkeiten herausgebildet. Die Staaten können nicht frei und unabhängig von früher eingegangenen Verpflichtungen entscheiden. Infolge der engen Verflechtung der staatlich gelenkten nationalen Volkswirtschaften in der sozialistischen ökonomischen Integration gilt diese Konsequenz für die Zusammenarbeit im RGW in besonderem Maße. In den völkerrechtlichen Beziehungen der sozialistischen Staaten untereinander erreicht das Souveränitätsprinzip eine völlig neue Qualität. „Die Souveränität sozialistischer Staaten ist ihrem sozialpolitischen Inhalt nach die Souveränität der führenden Kraft der sozialistischen Gesellschaft, der Arbeiterklasse, die mit ihren Verbündeten die Staatsmacht innehat und ausübt. Sie ist folglich in ihrem Wesen vom internationalistischen Charakter der historischen Mission der Arbeiterklasse und ihrer Machtausübung bestimmt."[30] Die neue Qualität kommt

[28] Vgl. Wörterbuch der Außenpolitik und des Völkerrechts, a. a. O., S. 530.

[29] Zur Auseinandersetzung mit dieser Theorie vgl. M. Kemper/J. Kirsten, Imperialistisches internationales Wirtschaftsrecht und Souveränität, Berlin 1967, S. 75; s. auch Völkerrecht, Lehrbuch, Teil 1, Berlin 1981, S. 146.

[30] H. Kröger u. a., Sozialistische Staatengemeinschaft und Völkerrecht, Berlin 1979, S. 105. S. auch W. Vogt, Die Bereicherung des Inhalts der staatlichen Souveränität im Prozeß der sozialistischen ökonomischen Integration, in: Deutsche Außenpolitik, 11/1977, S. 65.

in der Dialektik zweier Wesensmerkmale zum Ausdruck: der strikten Achtung der Souveränität jedes einzelnen sozialistischen Staates und des gegenseitigen Beistandes sowie der ständigen Ausweitung der Zusammenarbeit auf allen Gebieten, insbesondere der Vertiefung der sozialistischen ökonomischen Integration.

Die Souveränität der sozialistischen Staaten ist untrennbar mit dem Prinzip des sozialistischen Internationalismus verbunden. Diese Verbindung gewährleistet die Berücksichtigung der nationalen Interessen und den Aufschwung jedes einzelnen Landes ebenso, wie die Festigung des sozialistischen Weltsystems als Ganzes. Die neue Qualität der Souveränität zeigt sich besonders deutlich in der ökonomischen Verflechtung der Mitgliedsländer des RGW. Im Statut des Rates für Gegenseitige Wirtschaftshilfe wird die Achtung der Souveränität aller Mitgliedsländer ausdrücklich betont.[31] Sie findet ihren konkreten Ausdruck vor allem im Interessiertheitsprinzip. Von den Staaten, die an einer konkreten Integrationsmaßnahme interessiert sind, d. h. nicht ausdrücklich ihre Nichtinteressiertheit erklärt oder diese durch Nichtteilnahme zum Ausdruck gebracht haben, wird Einstimmigkeit bei Entscheidung der Sachfrage verlangt. Die Integration erfordert eine Vielzahl staatlicher Aktivitäten bei der Abstimmung der Wirtschaftsstrategie, der Planungszusammenarbeit, dem Warenaustausch, der Spezialisierung und Kooperation, der Forschungskooperation usw. Diese Integrationsprozesse sind nur auf der Basis immer engerer Formen der Zusammenarbeit zu realisieren. Es entstehen gesetzmäßig Organisationsformen, die Rechte und Pflichten der Staaten verändern.

Der ökonomische Zwang zur Steigerung der Effektivität in der Zusammenarbeit bewirkt, daß die Staaten gezielt und reversibel bestimmte Entscheidungsbefugnisse delegieren. Damit wird die Organisation der Integrationsprozesse vereinfacht und beschleunigt. Sichtbares Zeichen dieser Delegation von Rechten ist unter anderem die Zulassung von Mehrheitsentscheidungen für bestimmte Sachfragen.[32] Ebenso können durch Anweisungen im Bereich der Einzelleitung in internationalen sozialistischen Organisationen Rechte und Pflichten der Staaten tangiert werden.

Diese internationalen Organisationen besitzen als Exekutivorgan in der Regel ein Büro, das aus dem Direktor, seinen Stellvertretern, der erforderlichen Anzahl von Experten und technischem Verwaltungspersonal besteht. Das Exekutivorgan ist auf dem Prinzip der Einzelleitung aufgebaut, d. h. der Direktor ist allen Mitarbeitern weisungsbefugt und trifft seine Entscheidungen nach kollektiver Beratung insbesondere mit seinen Stellvertretern und den Leitern von Struktureinheiten

[31] Vgl. Text in: Gesetzblatt der DDR Teil II 1981 Nr. 5 S. 82ff.

[32] Vgl. Art. IV des Reglements des Komitees der Organisation für die Zusammenarbeit der Eisenbahnen, in: Internationale ökonomische Organisationen der RGW-Länder, Dokumente, Berlin 1985, S. 153, sowie Art. XIX des Abkommens über die Bildung der Internationalen Investitionsbank, in: ebenda, S. 126.

heiten. Diese Entscheidungen können auch die Staaten als Mitglieder der Organisationen verpflichten.[33]

Diese Praxis beweist, daß die sozialistischen Staaten in geeigneten Fällen für Mehrheitsentscheidungen beziehungsweise Einzelleitung eintreten und darin keinen Widerspruch zum Prinzip der Souveränität sehen. Die Übertragung der Rechte erfolgt freiwillig, ist für das entsprechende Land von Vorteil, dient der Entwicklung der ganzen Gemeinschaft, und das Mitgliedsland erhält innerhalb der Gemeinschaft neue Rechte. Eine Analyse der bisherigen Entwicklung der sozialistischen ökonomischen Integration führt zu dem Schluß, daß eine wesentliche Vertiefung der Integration, vor allem in Realisierung des Komplexprogramms des wissenschaftlich-technischen Fortschritts bis zum Jahr 2000[34] nur möglich ist, wenn Formen der Zusammenarbeit entwickelt und genutzt werden, die zum Teil auch mit der partiellen Übertragung von Rechten verbunden sind. Dieser Weg wird mit der Realisierung gemeinsamer Investitionsobjekte, der Bildung gemeinsamer Betriebe und Forschungseinrichtungen beschritten, um die Vorzüge der sozialistischen internationalen Arbeitsteilung konsequent zu nutzen. Auftretende Probleme müssen im Sinne des sozialistischen Internationalismus und der Souveränität der sozialistischen Staaten als dialektische Einheit von sozialistischer Staatlichkeit und immer tieferer Einbindung in die sozialistische Staatengemeinschaft gelöst werden.[35] Diese Überlegungen treffen auch auf die Anforderungen bei der weiteren Entwicklung der Schiedsgerichtsbarkeit im internationalen Wirtschaftsverkehr der RGW-Staaten, und zwar sowohl auf zwischenbetrieblicher als auch auf zwischenstaatlicher Ebene zu. Es sollte deshalb die Schaffung eines internationalen Handelsschiedsgerichts als auch eines völkerrechtlichen Schiedsgerichts beim RGW erwogen werden.

4.1 Zur Rolle eines internationalen Handelsschiedsgerichts

Die Vervollkommnung des Systems der Außenhandelsschiedsgerichtsbarkeit zwischen den Wirtschaftseinheiten berührt das staatliche Interesse aus zwei Gründen:

- Die Staaten tragen die Verantwortung für eine einheitliche korrekte Anwendung der völkerrechtlich vereinbarten direkten Rechtsnormen, insbesondere der Vorschriften für den Warenaustausch in den Allgemeinen Lieferbedingungen des RGW.
- Die Dialektik des sozialistischen Eigentums besteht darin, daß die Wirtschafts-

[33] Vgl. z. B. Art. III/15 des Statuts der Intermetall, in: ebenda, S. 53.

[34] Komplexprogramm des wissenschaftlich-technischen Fortschritts der Mitgliedsländer des RGW bis zum Jahre 2000, Text in: Einheit, 2/1986, S. 167ff.

[35] Vgl. dazu auch R. Meister, Studie zur Souveränität, Berlin 1981, S. 33.

einheit als juristische Person Eigentum zu bestimmten abgegrenzten Fonds begründet, zugleich aber auch der Staat bei volkseigenen Betrieben Eigentümer haargenau derselben Sache ist. Unterschiede ergeben sich aus differenzierten Eigentümerbefugnissen innerhalb der Planwirtschaft. Die Konsequenz ist, daß jede Schmälerung des Eigentums eines Betriebes durch eine Verpflichtung zur Zahlung von Konventionalstrafe oder Schadenersatz im Spruch eines nationalen Außenhandelsschiedsgerichts letztlich zu einer Verringerung des Eigentums des betreffenden Staates führt.

Aus diesen Gründen sind die Staaten objektiv an Maßnahmen interessiert, die zur Erhöhung des Schutzes der Rechte ihrer Wirtschaftsorganisationen und zur Gewährleistung einer einheitlichen Anwendung des Gemeinschaftsrechts im Bereich der Außenhandelsschiedsgerichtsbarkeit führen.

Beklagt wird in der Außenhandelspraxis die mangelnde Transparenz der Verhandlungsführung und eine gewisse Tendenz zur Bevorzugung der heimischen Partei. Dabei treten Differenzen bei der Auslegung und Anwendung der international einheitlichen Regelung zwischen verschiedenen Schiedsausschüssen desselt Schiedsgerichts, vor allem aber zwischen Schiedsausschüssen verschiedener nationaler Außenhandelsschiedsgerichte auf. Der Tendenz einzelner Schiedsausschüsse im Interesse der heimischen Partei zu entscheiden, versuchen einige Außenhandelsbetriebe durch Vereinbarung der Zuständigkeit des Schiedsgerichts eines dritten Mitgliedslands des RGW zu begegnen.[36] Erfahrungsgemäß kommt jedoch eine solche Derogation der heimischen Schiedsgerichte nur zustande, wenn aufgrund der Struktur der wechselseitigen Verpflichtungen beider Partner, das „Risiko" verklagt zu werden, in etwa gleich ist.

Ursprünglich war zur Sicherung der Einheitlichkeit der Auslegung und Anwendung des Gemeinschaftsrechts der in Abstand von zwei Jahren tagenden „Konferenz der Schiedsgerichtspräsidenten" eine wichtige Funktion zugedacht. Zweifellos spielt die Konferenz auch eine bedeutende Rolle bei der Analyse der Spruchtätigkeit und der wechselseitigen Information. Wegen der Unverbindlichkeit ihrer Ergebnisse, aber auch wegen des beschränkten Einflusses der Präsidenten auf die Spruchtätigkeit der Schiedsausschüsse, konnten darüber hinausgehende Effekte kaum realisiert werden.

Offenbar kann ein qualitativer Sprung bei der Sicherung der Einheitlichkeit der Rechtsanwendung nur durch stärkere Zentralisierung der Außenhandelsschiedsgerichtsbarkeit bewirkt werden. Daher wird die Installation einer internationalen Nachprüfungsinstanz — eines Internationalen Handelsschiedsgerichts beim RGW — vorgeschlagen. Für die gewonnene Möglichkeit, nationale Schiedssprüche auf ihre Übereinstimmung mit dem Gemeinschaftsrecht prüfen zu lassen, müßte

[36] Diese Möglichkeit läßt Art. II Abs. 1 der Moskauer Schiedsgerichtskonvention ausdrücklich zu; vgl. Wirtschaftliche und wissenschaftlich-technische Zusammenarbeit der RGW-Länder, Dokumente, Berlin 1981, S. 309.

das Prinzip der Endgültigkeit der Schiedsentscheidung[37] aufgegeben werden. Ferner bedeutete dieser Schritt die Aufgabe ausschließlich nationaler Gerichtsbarkeit. Das wäre — wegen der oben geschilderten Möglichkeit, die Zuständigkeit eines Schiedsgerichts in einem dritten Mitgliedsland des RGW zu vereinbaren — auch kein völliges Novum.

Sicherlich würde die Nachprüfungs- und Aufhebungskompetenz des Internationalen Handelsschiedsgerichts eine neue Qualität bedeuten. Obwohl es in diesem Falle keine Entscheidungskompetenz über Völkerrechtssubjekte hätte, wären durch die Unterordnung der einzelstaatlichen Schiedsgerichtsbarkeit gewisse Züge gemeinsamer Ausübung von Souveränitätsrechten gegeben (zur organisatorischen Umsetzung des Vorschlages vgl. Punkt 6).

4.2 Völkerrechtliche Schiedsgerichtsbarkeit im Rahmen des RGW

Einen weitaus engeren Bezug zur staatlichen Souveränität hätte die Einführung eines völkerrechtlichen Schiedsverfahrens in den intrasystemaren sozialistischen Wirtschaftsbeziehungen. Im Grunde besteht der Mechanismus einer Schiedsgerichtsvereinbarung darin, daß die Staaten bestimmte eigene Entscheidungsbefugnisse für ein begrenztes Sachgebiet oder für bestimmte Arten von Streitigkeiten auf ein drittes, nicht am Streit beteiligtes Organ (Schiedsgericht) übertragen. Eine Delegation von Rechten dieser Qualität kommt in der Praxis relativ häufig vor, zum Beispiel beim Eintritt in internationale Organisationen und während der Arbeit dieser Organisationen.[38] Die Delegation von Rechten bedeutet für sich genommen keine Einschränkung der Souveränität, sondern sie ist eine Form der Ausübung souveräner Rechte. Souveränität des Staates impliziert jedoch die unabdinbare Entscheidungsfreiheit, ob und in welchem Umfang er Rechte auf andere delegiert.

Für den intersystemaren Bereich wird die Rolle der obligatorischen Schiedsgerichtsbarkeit für bestimmte Sachgebiete besonders nach Annahme der UN-Seerechtskonvention von 1982 durchaus positiv eingeschätzt.[39] Es wird völlig zu Recht der Vorrang diplomatischer Mittel betont. Gleichzeitig wird der Vorteil eines stufenförmig aufgebauten Streitbeilegungsmechanismus, der bei einer Einigung der Staaten jederzeit unterbrochen werden kann — sonst aber bis zu einer verbindlichen Entscheidung in einem obligatorischen Verfahren führt — für ein breites Spektrum potentieller Streitigkeiten anerkannt. Den Schutz der Souveräni-

[37] Vgl. Art. IV Abs. 1 der Moskauer Schiedsgerichtskonvention, in: ebenda, S. 310.

[38] Vgl. z. B. zur Mitarbeit sozialistischer Länder im GATT und zur Streitbeilegung zwischen GATT-Mitgliedern durch sogenannte Panels H.-J. Müller, GATT-Rechtssystem nach der Tokyo-Runde, Berlin 1985, S. 102.

[39] Vgl. J. Osincev/E. Turbin, Bor'ba SSSR za soveršenstvovanie processa mirnogo uregulirovanija sporow, a. a. O., S. 107; E. Oeser, Friedliche Streitbeilegung im Seerecht, in: Durchsetzungsprobleme des Völkerrechts (Wissenschaftliche Schriftenreihe der Humboldt-Universität zu Berlin), Berlin 1983, S. 27.

tät im Seerecht sieht Oeser ausreichend gewahrt, weil Parteivereinbarungen dem Verfahrensrecht der Seerechtskonvention von 1982 grundsätzlich vorgehen und die Staaten Fragen von vitalem Interesse (z. B. Streitigkeiten über Seegrenzen, historische Buchte, militärische Aktivitäten etc.) mittels Vorbehalt von der obligatorischen Schiedsgerichtsbarkeit ausschließen können.[40] Selbstverständlich können die Bedingungen der internationalen Verhandlungen über das Seerecht nicht schematisch auf die Verhältnisse innerhalb des RGW übertragen werden. Jedoch ergeben sich gewisse Anhaltspunkte für die weiteren Überlegungen zur entsprechenden Problematik in den intrasystemaren Beziehungen der Mitgliedsländer des RGW.

So kann festgestellt werden, daß die Anwendung der Schiedsgerichtsbarkeit für bestimmte Streitfragen aus der nichtgehörigen Erfüllung internationaler Verpflichtungen der Staaten des RGW ihrer Souveränität nicht abträglich ist. Sie entscheiden sich freiwillig für die Übertragung bestimmter Entscheidungsbefugnisse auf ein drittes Organ (internationale Arbitrage). Ihre souveränen Rechte bleiben hinreichend gewährleistet, weil sie alle Streitigkeiten in vorgeschalteten direkten Verhandlungen lösen können, ferner die der Schiedsentscheidung unterliegenden Streitfälle durch die Zuständigkeitsregelung der Arbitrage genau festlegen können und die Vollstreckung eventueller Entscheidungen keinem Dritten übertragen wird.

Die Methode der Schiedsgerichtsbarkeit hat bestimmte Vorteile, weil die Parteien relativ großen Einfluß auf Beginn und Verlauf des Verfahrens haben, dieser einfach und überschaubar ist und mit Sicherheit zu einem verbindlichen Ergebnis führt. Im intrasystemaren Bereich werden die zweifellos mit ihr zusammenhängenden Probleme gemildert, weil die Partner der Meinungsverschiedenheit gleichartige sozialistische Produktionsverhältnisse besitzen, zwar unterschiedliche Interessen vertreten, beide aber objektiv an einer schnellen endgültigen Lösung im Sinne der Gemeinschaft und des sozialistischen Internationalismus interessiert sind,[41] auch wenn das unter Umständen mit zeitweiligen materiellen Nachteilen im nationalen Bereich verbunden ist.

Ein wirksamer Mechanismus zur Regelung zwischenstaatlicher Meinungsverschiedenheiten dient den Interessen der sozialistischen Gemeinschaft als Ganzes, weil mit seiner Hilfe Störungen im Integrationsprozeß beseitigt und Zeitverluste bei seiner Vertiefung vermieden werden können. Das aber dient letzten Endes einer Stärkung der Souveränität der sozialistischen Staaten.

Die Wirkung einer völkerrechtlichen Schiedsgerichtsbarkeit im Rahmen des RGW würde hauptsächlich in folgenden drei Aspekten deutlich:

[40] Vgl. ebenda, S. 28

[41] Vgl. H. Sindermann, Sozialistische ökonomische Integration und staatliche Souveränität, in: Probleme des Friedens und des Sozialismus, 6/1974, S. 738.

a) Eingegangene Verpflichtungen werden von den RGW-Staaten grundsätzlich korrekt erfüllt. Vertrags- und andere Pflichtverletzungen sind dagegen selten. Treten im Vorfeld oder nach Pflichtverletzungen Meinungsverschiedenheiten auf, werden sie in der Regel durch Verhandlungen der Partner beigelegt. Die Kenntnis von der Möglichkeit der einseitigen Anrufung eines Schiedsgerichts würde Lösungen auf dem Verhandlungswege weiter stimulieren und die Zahl anhängiger Verfahren sehr niedrig halten.
   Die Parteien könnten die Kausalitätsprüfung und den voraussichtlichen Subsumtionsprozeß des Schiedsgerichts in ihre Überlegungen mit einbeziehen und daraus Anhaltspunkte für eine eventuelle Einigung gewinnen.
b) Dem Charakter der sozialistischen internationalen Wirtschaftsbeziehungen entsprechend, würde die Priorität auf der Erarbeitung eines Vergleichs (Einigung) liegen. Aus diesem Grunde beginnt die Tätigkeit des Schiedsgerichts mit einem obligatorischen Vergleichsverfahren. Grundlage dieses Verfahrens wäre ein vom Schiedsgericht zu erstattendes juristisches Gutachten über den strittigen Sachverhalt.
c) Erst nach dem Scheitern des Versuchs, einen Vergleich der Partner zu erzielen, bestünde die Möglichkeit, den Streitfall durch das Schiedsgericht entscheiden zu lassen. Im Ergebnis des Arbitrageverfahrens erhielten die Staaten in relativ kurzer Zeit einen von sachkundigen Persönlichkeiten erstellten verbindlichen Schiedsspruch von hoher Autorität, zu dessen Erfüllung die Staaten verpflichtet wären.

Unter dem Aspekt der Souveränität ist zu berücksichtigen, daß die Staaten mit einer Vereinbarung über die Zuständigkeit eines Schiedsgerichts nicht nur Rechte auf dieses Organ übertragen, sondern gleichzeitig das Recht erhalten, sich an die Arbitrage in bestimmten Sachfragen zu wenden. Sie haben Anspruch auf qualifizierte Unterstützung bei der Streitlösung, insbesondere innerhalb des Vergleichsverfahrens, und letztlich auf eine Entscheidung. Die Schiedsvereinbarung stellt sich nicht nur als eine Delegation von Rechten dar, sondern in erster Linie als ein Mittel zum Schutz vereinbarter Rechte und zur Wiederherstellung des rechtmäßigen Zustandes.

5. Potentielle Anwendungsbereiche der völkerrechtlichen Schiedsgerichtsbarkeit im RGW

Eine Prüfung, ob ein Schiedsverfahren für eine bestimmte Integrationsphäre von Vorteil ist, muß von der Genesis des charakteristischen Verpflichtungstyps ausgehen. In der Planungszusammenarbeit werden beispielsweise Verpflichtungen zur Umsetzung internationaler Planungsvereinbarungen in die nationalen Volkswirtschaftspläne eingegangen. Treten dabei Komplikationen auf, kann nur der betreffende Staat selbst seine Möglichkeiten real einschätzen und sein Planungssystem entsprechend einstellen. Sie sind deshalb in bi- oder multilateralen Verhandlungen unter Beachtung der Reziprozität der Rechte und Pflichten zu untersuchen und zu klären. Durch die Spezifik dieser Verpflichtungen, die eine Lösung auftretender Probleme im Prinzip nur durch die beteiligten Partner zuläßt, empfiehlt sich der Einsatz eines außerhalb des Planungsprozesses stehenden Dritten (Arbitrage) nicht.

Eine ähnliche Struktur wie die Planungsverpflichtungen weisen die Verpflichtungen in langfristigen Handelsabkommen nebst ihren Jahresprotokollen auf. Die Staaten haben auf der Grundlage der vereinbarten Warenlisten ihr innerstaatliches Planungs- und Leitungssystem so einzustellen, daß der Abschluß entsprechender Außenhandelslieferverträge durch die Wirtschaftsorganisationen erfolgt und diese realisiert werden.

Wird diese Pflicht verletzt, bestünde theoretisch die Möglichkeit, die Grundsätze der Verantwortlichkeit für die Staaten, wie sie in den o. e. „Bedingungen für die Verantwortlichkeit . . .“ festgelegt sind und die zu einem Anspruch auf Schadenersatz führen würden, anzuwenden. Die Praxis hat davon jedoch keinen Gebrauch gemacht. Das bestärkt die Auffassung, daß ein Schadenersatzanspruch in transferablen Rubeln für eine nichtgelieferte Position aus dem Handelsabkommen von den Staaten nicht als Lösung dieses Problems betrachtet wird.[42] Vielmehr wird in der Praxis versucht, in intensiven Verhandlungen unter Umständen mit Hilfe von Leistungsverweigerungsrechten den betreffenden Partner zu einer späteren Einordnung in seine Planung und zu einer nachträglichen Erfüllung zu bewegen. Falls durch die Pflichtverletzung des Staates der Abschluß eines Außenhandelsliefervertrages nicht erfolgte, bleiben diese Verhandlungen die beste Möglichkeit, mit dem betreffenden Staat eine spätere oder andere Lieferung zu vereinbaren. Ein völkerrechtliches Schiedsgericht wäre nicht geeignet, diesen Prozeß wirkungsvoll zu unterstützen, da es nur sehr schwer den notwendigen umfassenden Einblick in die innerstaatlichen Planungsabläufe erhalten könnte. In einigen wenigen Fällen könnte ein Gutachten des Schiedsgerichts Unklarheiten über die entstandene Rechtslage beseitigen.

Eine andere Situation entsteht, wenn der Staat die Erfüllung eines abgeschlossenen Außenhandelsliefervertrages durch einseitigen staatlichen Akt (Exportstop, Lizenzentzug usw.) verhindert. In dieser Situation wird die Wirtschaftsorganisation in der Regel wegen Nichterfüllung des Vertrages vor dem zuständigen Außenhandelsschiedsgericht verklagt. Von wenigen Ausnahmen abgesehen, gehen die nationalen Außenhandelsschiedsgerichte in ihrer Spruchpraxis davon aus, daß staatliche Planungs- und Leitungsakte nicht zur Befreiung der Betriebe von der Verantwortlichkeit führen.

[42] Vgl. M. Kemper, Erfüllungssicherung völkerrechtlicher Vereinbarungen im Rahmen der sozialistischen ökonomischen Integration, a. a. O., S. 165ff.

Die Wirtschaftsorganisationen werden demnach de facto für ihren Staat zu Schadenersatzleistungen herangezogen. Die entscheidende Unzulänglichkeit an dieser Praxis ist der Wegfall einer Prüfung des staatlichen Aktes auf seine Übereinstimmung mit den völkerrechtlichen Verpflichtungen des Staates. Diese undifferenzierte Praxis führt unter Umständen auch zur Verurteilung von Betrieben des Staates, der völlig berechtigt diesen Planungs- oder Leitungsakt erlassen hat. Durch die Zahlung von Konventionalstrafe oder Schadenersatz aus dem betrieblichen Eigentum würde das einheitliche sozialistische Eigentum des Staates zu Unrecht geschmälert.[43] Zur Beseitigung dieses unbefriedigenden Zustandes hat Enderlein einen „Doppeltest" vorgeschlagen.[44]

Erstens soll geprüft werden, ob der staatliche Akt gegen eine völkerrechtliche Verpflichtung verstößt, da ohne Pflichtverletzung keine völkerrechtliche Verantwortlichkeit entsteht. Zweitens soll untersucht werden, ob Gründe vorliegen, die den Staat von der Verantwortlichkeit befreien (insbesondere Gläubigerverursachung, höhere Gewalt, rechtmäßig ausgeübtes Leistungsverweigerungsrecht). Einer derartigen Prüfung ist durchaus zuzustimmen. Nach Enderlein soll sie jedoch von den nationalen Außenhandelsschiedsgerichten vorgenommen werden. Das übersteigt m. E. die Kompetenz dieser Einrichtungen. Eine entsprechende Befugnis könnte nur einem völkerrechtlichen Schiedsgericht übertragen werden, weil es offensichtlich um die Feststellung von Gründen geht, die die Völkerrechtswidrigkeit der Handlung ausschließen oder belegen.

Das völkerrechtliche Schiedsgericht sollte in diesen Warenaustauschprozessen in der Regel keine kontradiktorischen Verfahren mit der Feststellung von Art und Maß der Staatenverantwortlichkeit und der Verurteilung zu Schadenersatz durchführen. Seine Aufgabe bestünde in der Unterstützung der gegenwärtigen Praxis und würde weiterhin zu einer Realisierung des Schadenersatzes, meist in Form der Konventionalstrafe, über die Wirtschaftseinheiten führen. Diesen Nachteil der Betriebe über staatliche Fonds auszugleichen, wird bereits jetzt teilweise praktiziert.

Nach dem vorgeschlagenen Modell müßte das Verfahren vor dem nationalen Außenhandelsschiedsgericht auf Grund der Einrede höherer Gewalt wegen staatlichen Leitungsaktes ausgesetzt und eine Stellungnahme der zwischenstaatlichen Arbitrage beantragt werden. Das internationale Schiedsgericht würde prüfen, ob eine Pflichtverletzung des Staates vorliegt, die an sich zur völkerrechtlichen Verantwortlichkeit führt und ob Gründe vorliegen, die den Staat von diesem Vorwurf entlasten können. Stellt sich heraus, daß der Staat keine Pflichtverletzung begangen hat bzw. er sich von der Verantwortlichkeit befreien kann, wird auf dieser Basis auch die Wirtschaftsorganisation von der Verantwortlichkeit befreit. Liegt

[43] Kritisch äußert sich (zu dieser Praxis) auch M. Klang, Jednostranná opatřeni státu a jejich vliv na odpovědnost hospodářských organizaci pri dodavatelsko-odberatelskych vztazich v ramci RVHP, a. a. O., S. 438.

[44] Vgl. F. Enderlein, Staatliche Akte — ein Fall höherer Gewalt?, in: SuR, 1/1985, S. 47.

jedoch Staatenverantwortlichkeit vor, wird der Betrieb (für seinen Staat) zur Zahlung von Schadenersatz verurteilt. Für den Fall, daß die internationale Arbitrage zu dem Ergebnis kommt, daß kein einseitiger Akt des Staates für die Pflichtverletzung der Wirtschaftsorganisation kausal ist, würde das Verfahren vor dem Außenhandelsschiedsgericht fortgesetzt; das Argument der Staatenverantwortlichkeit wäre widerlegt, und die Wirtschaftsorganisation würde — wenn sie sich nicht auf andere Weise befreien könnte — verurteilt. Das Gutachten des völkerrechtlichen Schiedsgerichts böte auch eine gute juristische Grundlage für die Verhandlungen, zum Beispiel im bilateralen Wirtschaftsausschuß, um die reale Erfüllung zumindest im nächsten Planjahr zu erreichen. Die RGW-Staaten ziehen diese Praxis einer Verurteilung des Staates zu Schadenersatz eindeutig vor. Auch die Arbeiten zur Neufassung der Allgemeinen Lieferbedingungen des RGW scheinen das wiederum zu bestätigen. De lege ferenda sollen ein allgemeines Verbot in bezug auf Export-Importoperationen sowie Quarantäne-, Sanitäts- und Veterinärverbote ähnlich wie höhere Gewalt zur Befreiung von der Verantwortlichkeit führen.[45] Im Umkehrschluß ist zu folgern, daß für alle übrigen staatlichen Akte weiterhin die Realisierung des Schadenersatzes über die Wirtschaftseinheiten erfolgen wird.

Die Entscheidung des völkerrechtlichen Schiedsgerichts sollte deshalb als Grundlage für die Streitlösung in den Außenhandelsschiedsgerichten und in den zwischenstaatlichen Gremien (Kommissionen, Wirtschaftsausschüsse) dienen.

Die vorstehenden Bemerkungen zeigen, daß für breite Bereiche der Zusammenarbeit der Einsatz einer zwischenstaatlichen Arbitrage nicht notwendig ist, während er für einige Bereiche eine sinnvolle Ergänzung bilden würde, indem in Gestalt völkerrechtlicher Mittel eine solide Grundlage für erfolgreiche Verhandlungen auf der Basis der abgeschlossenen zwischenstaatlichen Verpflichtungen geboten würde.

Auch bei der Entscheidung von Streitigkeiten über staatliche Schadenersatzverpflichtungen könnte ein völkerrechtliches Schiedsgericht im Rahmen der sozialistischen Integration gute Dienste leisten.

Bei der Bemessung des Staatsschadens können Schwierigkeiten vor allem in Gestalt national unterschiedlicher ökonomischer Regelungen (Löhne, Preise) auftreten, der Umrechnung des in nationaler Währung entstandenen Schadens usw.[46] Daher sollten die Staaten für die Nichterfüllung volkswirtschaftlich besonders bedeutsamer Verpflichtungen pauschale Schadenersatzsummen vereinbaren. Das

[45] Vgl. M. Kemper, „Reale Erfüllung" von Außenhandelslieferverträgen und „Unmöglichkeit", in: Recht im Außenhandel, Nr. 94 vom 3. 6. 1987, S. XI.

[46] Vgl. G. Ruhland, Die Bemessung des Schadenersatzes bei Verletzung von völkerrechtlichen Verpflichtungen aus wechselseitigen Wirtschaftsverträgen durch die RGW-Staaten, Diss., Berlin 1975, S. 75ff.

betrifft in erster Linie Verpflichtungen, auf deren Erfüllung der Staat unbedingt vertrauen muß, wie zum Beispiel bei der internationalen Spezialisierung. Der entsprechende Staat müßte dann bei Nichterfüllung des Spezialisierungsabkommens die vereinbarte Summe zahlen. Das gilt auch, wenn die Nichterfüllung nach nationalem Rechtsregime nur beschränkte Rechtsfolge hervorrufen würde, wie zum Beispiel bei einem Konkurs des entsprechenden Lieferbetriebes.[47] Den gleicher Zweck würde die Vereinbarung einer Garantie der Staatsbank des betreffenden Mitgliedslandes erfüllen. Treten die vereinbarten Umstände für das Fälligwerden der Garantie ein, ist die Summe an den Partner zu zahlen.[48]

In beiden Fällen können zwischen den Partnern Kontroversen entstehen, darüber, ob die Bedingungen für die Zahlung der vereinbarten Schadenersatz- bzw. der Garantiesumme vorliegen. Ein obligatorisches Schiedsverfahren wäre gut geeignet, diese Umstände zu untersuchen, Beweise zu prüfen und verbindlich über den Anspruch zu entscheiden.

Ein weiteres Anwendungsfeld der völkerrechtlichen Schiedsgerichtsbarkeit in den Wirtschaftsbeziehungen der RGW-Länder wären Streitigkeiten aus Verpflichtungen, in denen der Staat Quasi-Versicherungszusagen gibt. Das ist der Fall, wenn sich der Staat durch besonderen Vertrag verpflichtet, beim Eintritt von Schäden in bestimmten Bereichen diese zu ersetzen. Es handelt sich dabei um Unternehmungen, bei denen ein unverhältnismäßig hoher Schaden entstehen kann, zum Beispiel Umweltschädigungen, Havarien beim Transport abgebrannter Kernbrennstoffe u. ä. In bürgerlichen Rechtsordnungen werden derartige Risiken mit hohen Summen bei Versicherungsgesellschaften, die ihrerseits über entsprechende Rückversicherer verfügen, versichert. Gelegentlich übernimmt der Staat eine Garantie für darüber hinausgehende Schadenersatzverpflichtungen. Im RGW-Bereich treten die Staaten in solchen Fällen für den Schaden ein und haften mit ihrem Vermögen. Treten bei der Regulierung derartiger Schäden Streitigkeiten auf, wäre die völkerrechtliche Schiedsgerichtsbarkeit ein geeignetes Instrument, den Streit schnell und endgültig beizulegen.

Die Einrichtung eines internationalen Schiedsgerichts wäre ein neues weiteres Instrument zur Beseitigung von Störungen im Integrationsprozeß. Es würde sich in den bestehenden Streitbeilegungsmechanismus der RGW-Staaten einordnen und kann einen Beitrag zur Harmonisierung der Interessen der Streitpartner und der Gemeinschaft leisten. Die Schaffung einer internationalen Arbitrage stellt den bisherigen Konsultationsmechanismus nicht in Frage; sie soll ihn jedoch unter-

[47] Der Anspruch auf Erfüllung einer zwischenstaatlichen Spezialisierungsvereinbarung darf nicht durch nationales Insolvenzrecht beeinträchtigt werden. Deshalb sieht § 42 der ungarischen Verordnung Nr. 11/1986 über Konkursverfahren für diesen Fall nicht die Befriedigung aus der Konkursmasse, sondern die Übernahme der internationalen Verpflichtung durch ein anderes Unternehmen vor.

[48] Dieser Vorschlag wurde bereits von Kalman unterbreitet: vgl. G. Kalman, Material'naja otvetstvennost' stran-členov SÈV za ich èkonomičeskie objazatelstva, a. a. O., S. 98.

stützen und weiterentwickeln. Allein die Möglichkeit der Anrufung der Arbitrage würde Lösungen auf dem Verhandlungswege weiter stimulieren. Zu Recht vertritt Reutt die Auffassung, daß auch nach Schaffung eines Schiedsgerichts die überwiegende Mehrheit der Probleme — wie bisher — mit Methoden gelöst wird, die nicht mit der Schiedsgerichtsbarkeit verbunden sind.[49]

6. Die organisatorische Umsetzung der Vorschläge

Eine — von vielen — denkbare organisatorische Lösung könnte folgendermaßen aussehen: Operationsbasis des Internationalen Schiedsgerichts beim RGW wäre ein ständiges Sekretariat mit Sitz in Moskau. Die notwendige enge Verbindung des Schiedsgerichtssekretariats zum Sekretariat des RGW wäre gewährleistet, indem der Sekretär der Arbitrage aus den Reihen der Mitarbeiter der Rechtsabteilung des RGW-Sekretariats berufen würde. Das Sekretariat des Schiedsgerichts dient als Auskunfts-, Beratungs- und Rechtsantragsstelle, es ist Geschäftsstelle, Archiv und führt die Schiedsrichterliste. Für die Aufstellung der Schiedsrichterliste könnten die Staaten jeweils fünf ihrer Staatsbürger benennen, die über hervorragende Kenntnisse auf dem Gebiet der rechtlichen Regelung der sozialistischen ökonomischen Integration und des Völkerrechts verfügen, sowie auf Grund ihrer persönlichen Eigenschaften und Haltungen besonders geeignet sind, als Schiedsrichter zu fungieren.

Der jeweilige Schiedsausschuß sollte aus fünf Personen bestehen, deren Namen in der Schiedsrichterliste geführt werden. Die Parteien bestimmen jeweils zwei Schiedsrichter, von denen nur einer ihr Staatsbürger sein darf. Die vier gewählten Schiedsrichter einigen sich über eine fünfte Person, die den Vorsitz des Schiedsgerichts übernimmt, wobei der Vorsitzende immer Staatsangehöriger eines am Streit unbeteiligten Mitgliedslandes sein muß. Kommt diese Einigung nicht zustande, kann der Sekretär des RGW ersucht werden, die Benennung vorzunehmen. Damit sind immer drei Schiedsrichter keine Staatsbürger der Streitparteien, und die Interessen der Gemeinschaft als Ganzes können neben denen der Parteien gebührend Berücksichtigung finden.

Für das Internationale Handelsschiedsgericht beim RGW zur Revision von erstinstanzlichen Entscheidungen der nationalen Außenhandelsschiedsgerichte würde ein Sekretariat in der gleichen Weise geschaffen werden. Das Handelsschiedsgericht besteht aus je zwei Schiedsrichtern aus jedem Mitgliedsland des RGW, die aus ihrer Mitte für jeweils 2 Jahre ihren Präsidenten wählen. Aus diesem Kreis bestimmen die Streitparteien im konkreten Revisionsverfahren je einen Schiedsrichter und diese den Vorsitzenden des Schiedsausschusses. Erfolgt eine

[49] Vgl. B. W. Reutt, Rozstrzyganie sporow wynikajacych z odpowiedzialności majatkowej państw RWPG, a. a. O., S. 109.

Wahl nicht rechtzeitig, benennt der Präsident des Internationalen Handelsschiedsgerichts den betreffenden Schiedsrichter. Alle Schiedsrichter bilden gemeinsam das Kollegium des Schiedsgerichts. Dieses tritt einmal jährlich zusammen und berät Probleme der einheitlichen Rechtsanwendung. Diesem Gremium sind insbesondere beabsichtigte Abweichungen von früheren Entscheidungen des Internationalen Handelsschiedsgerichts vorzutragen. Das Kollegium entscheidet gegebenenfalls mit einfacher Mehrheit.

Ф.-Р. Тёпфер

Перспективы арбитража в рамках СЭВ

В рамках международно-правового регулирования социалистической экономической интеграции необходимо различать между материально-правовыми и процессуальными нормами. Они преследуют общую социальную цель — совершенствование и углубление интеграции. Единство материального права и процессуального права выражается как в их взаимозависимости так и в их относительной самостоятельности.

Процессуальное право в широком смысле охватывает так сказать алгоритмы поведения, которые предоставляются (в обязательном или диспозитивном порядке) в распоряжение сторон для регулирования невыясненных и спорных вопросов, касающихся их прав. Предусмотренные аглоритмы определяют, в какой форме стороны и, при необходимости, орган третейского разбирательства должны взаимодействовать между собой в целях достижения ясности в расходящихся мнениях, что часто вызывается различными экономическими интересами.

В состав участников процесса могут входить как лишь стороны спора так и неучаствующие в споре третие. Процессуально-правовой инструментарий, опирающийся на социалистический интернационализм, предусматривает обязанность вести переговоры в конфликтных ситуациях. Расхождения во мнениях рассматриваются и выясняются на пути переговоров на различных уровнях государственного управления, в органах СЭВ, в двусторонних комитетах по экономическим вопросам и в советах уполномоченных в рамках определённых соглашений (например, соглашения о капитальных вложениях).

Предлагается расширить существующий механизм урегулирования споров путём создания международно-правового арбитража при СЭВ. Несомненно, что в рамках активностей этого арбитража будут затрагиваться вопросы государственного суверенитета. В этой связи указывается на актуальные проблемы коммерческой судебной юрисдикции для выяснения гражданско-правовых споров, которые также имеют тесную связь с национальными интересами и суверенитетом стран-членов СЭВ. Для обеспечения единого применения согласованных международно-правовым способом единых норм для товарообмена между хозяйственными организациями стран-членов СЭВ имеются стремления по созданию второй инстанции для обжалования арбитражных решений. Прецедентное действие их решений и директивная компетенция относительно толкования оказали бы непосредственное воздействие на решения, принимаемые национальными арбитражами, и опосредованное воздействия на решения, принимаемые государственными органами хозяйственного управления. Хотя Международный торговый арбитраж и не был бы оснащён компетенцией принятия решений по отношению к международно-правовым субъектам, всё же имели бы место некоторые признаки совместного осуществления суверенных прав вследствии подчинения общим нормам Международного торгового арбитража. Проблемы, возникающие из международно-правовых арбитражных разбирательств в отношении государственного суверенитета, не имеют острого характера в интрасистемной сфере, так как обе стороны спора имеют однородные социалистическое производственные отношения, хотя и защищают различные интересы, и объективно заинтересованы в быстром окончательном решении в интересах содружества и социалистического интернационализма. Повышение эффективности механизмов для урегулирования межгосударственных споров служит интересам социалистического содружества и помогает при устранении нарушений в процессе интеграции и избежании потерь времени на пути его углубления. Государства добровольно принимают решение о передаче определённых полномочий для принятия решений третейскому органу (арбитражу).

Их суверенные права остаются обеспеченными в достаточной мере, так как у них есть возможность предварительного урегулирования всех споров путём переговоров. Ими может точно быть определён тот круг споров, который подлежит разрешению арбитражем; кроме того, исполнение принятых арбитражем решений не передаётся третьему лицу.

Рекомендуется пользоваться международно-правовым арбитражем дифференцированно, в зависимости от типа обязанности. Для обязанностей, вытекающих из сотрудничества по планированию, было бы неблагоприятным, если бы решения об их нарушении принимались бы третейским судом, который находится вне планового процесса. Такие споры должны выясняться только участниками переговоров.

Аналогичным образом следует рассматривать споры, возникающие в отношении обязанностей по долгосрочным торговым соглашениям. Содержание этих государственных обязанностей состоит в создании и сохранении со стороны государства предпосылок, необходимых для заключения и выполнения хозяйственных договоров предприятиями. Если здесь возникают проблемы, то государство, права которого были нарушены, старается получить не возмещение ущерба, а непоставленный товар так сказать „задним числом“. Но такие поставки всегда обуславливают необходимость принятия плановых и балансовых решений, осуществление которых целесообразно реализовывать на основе соглашения между соответствующими сторонами.

Международный арбитраж мог бы поддерживать этот процесс рекомендательными решениями (заключениями). Такие заключения выясняли бы правовое положение и служили бы основой для переговоров. В случае, если односторонние государственные акты препятствуют выполнению хозяйственного договора предприятиями и возникают правовые последствия ответственности, то необходимым было бы подключение международно-правового арбитража. Только такому арбитражу могло бы передаваться право проверять односторонние государственные акты (приостановка экспорта, лишение лицензий), устанавливая, соответствуют ли они международному праву. Внешнеторговый арбитраж определял бы на основе заключения международно-правового арбитража санкции по отношению к определённому предприятию (вместо его государства).

Обязательные арбитражные разбирательства с принятием обязательного решения следовало бы проводить только тогда, когда государства, вследствии нарушений по выполнению обязанности большого народно-хозяйственного значения, должны согласовать определённую сумму возмещения ущерба или возмещение полного ущерба. Последнее имеет место, в частности, при действиях, относительно которых государство принимает на себя страхование (охрана окружающей среды, защита об облучений и т. д.). При конкретных требованиях относительно определённых сумм возмещения ущерба международный арбитраж является нужным и хорошо зарекомендовавшим себя методом урегулирования споров.

Создание международного арбитража при СЭВ оказало бы следующее воздействие:

1. Большинство споров уже в настоящее время регулируется на пути переговоров. Потенциальная возможность одностороннего обращения к арбитражу ещё больше бы стимулировала бы стремление к урегулированию путём переговоров и число возможных процессов было бы небольшим. Сторонами была бы принята во внимание проверка юридических оснований и причинности, проведённая арбитражем, что оказало бы им помощь при достижения согласованных решений.

2. Арбитраж дополнял и поддерживал бы существующий механизм урегулирования споров. Его рекомендательные решения (заключения) могли бы способствовать согласованному выяснению имеющихся правовых проблем и разрешению споров. В случае конкретных требований, прежде всего в отношении возмещения ущерба, стороны могли бы получить в краткий срок принятое компетентными лицами решение арбитража, органа с высоким авторитетом, и государства были бы обязаны выполнять его.

   Деятельность „Международного торгового арбитража при Совете Экономической Взаимопомощи“ могла бы быть значительно улучшена путём создания секретариата в Москве. Тесная свясь Секретариатов арбитража с Секретариатом СЭВ была бы обеспечена тем, что секретари обоих арбитражей назначались бы из рядов сотрудников Отдела права Секретариата СЭВ.

Summary

F.-R. Töpfer

Prospects of Arbitration in the CMEA

The norms of international law in Socialist economic integration are divided into material norms and procedural norms. Both types are used to achieve the same aim — the improvement and strengthening of integration. The unity of material law and procedural law is expressed by their interdependence and their correlations on the one hand and by the relative independence of the two kinds of law on the other hand.

Procedural rules in a broader sense are considered to be behavioural algorithms which are made available are imperatively or dispositively in order to implement unsettled or controversial rights. The respective algorithm determines the form in which the parties concerned, and possibly a defined third party, are to co-operate in order to overcome controversial views that result from different economic interests quite frequently.

The participants in the procedures may be the litigant parties only or third parties not involved in the litigation. On the basis of Socialist internationalism, the procedural complex determines the duty to hold negotiations in case of conflicts. Disputes are settled in the course of negotiations at various levels of state management, in CMEA bodies, bilateral economic committees or the councils of authorized persons within the framework of agreements (e.g. investment agreements).

The author proposes to complement the existing apparatus for the settlement of disputes by an International Court of Arbitration within the CMEA.

Undoubtedly, this arbitration will touch upon problems of State sovereignty. In this connection, the author refers to topical problems of commercial arbitration to settle civil-law disputes, which are also closely connected with national interests and the sovereignty of CMEA member-countries. To ensure the concerted application of uniform norms, agreed upon in terms of international law, for the exchange of goods between the economic organizations of the CMEA member-countries, it is also proposed to create a second court for appellate procedures, i.e. an International Trade Court of Arbitration. The decisions and guidelines for matters of interpretation elaborated by these two courts of arbitration would have a precedental effect on the decision-making by national courts of arbitration. They would also have an indirect effect on the decision-making by national economic managements. Although the International Trade Court of Arbitration would not be competent with regard to decisions on subjects of international law, certain trends of jointly exercising rights of sovereignty would be given by the subordination of individual national arbitrations. Problems which arise from arbitration in terms of international law for state sovereignty would be less acute in the intrasystem field because the two litigant parties have the same Socialist production relations. They represent different interests but objectively both of them are interested in speady and definite solutions in the spirit of the community and of Socialist internationalism. A more efficient mechanism for solving intergovernmental disputes serves the interests of the Socialist community because disturbances in the process of integration and delays with regard to its consolidation could be avoided. The States decide on transferring certain competences to a third party (arbitrage) voluntarily.

Their sovereign rights are not violated because they have the possibility to solve all disputes in direct negotiations before submitting the dispute to arbitration. They also can define the competence of jurisdiction of the tribunal with regard to disputes which may be subject to arbitration, and, finally the implementation of decisions is not transferred to third parties.

It is advisable to apply arbitration in terms of international law in a differentiated manner according to the type of obligation involved. As to obligations arising from co-operation in the field of planning, it is disadvantageous if decisions on violations are taken by third parties outside the planning process. Disputes are to be settled by the parties concerned in negotiations.

The same applies to violations of obligations arising from long-term trade agreements. The content of these state obligations is to create and maintain preconditions for the signature and implementation of economic contracts by enterprises. If problems arise, the State whose rights were violated would often claim damages but require the subsequent delivery of commodities which had not been supplied in time. Subsequent deliveries, however, always require decisions with regard to the plan and balance. It is most appropriate to make these decisions on the basis of an arrangement between the partners concerned.

Another situation occurs in the case of unilateral state acts which impede the fulfilment of economic contracts of enterprises and for which the legal consequences of responsibility are to be determined by a national foreign trade arbitration court. Here, an international court of arbitration would indeed be necessary. Only such a court could be given the right to examine unilateral state acts (export stop, withdrawal of licences) with regard to their conformity with international law. The foreign trade court of arbitration would then impose sanctions on the respective enterprises on the basis of the opinion of the International Court of Arbitration, if it is established that there is responsibility on part of the State concerned. Thus, international arbitrage could promote the process of negotiation and settlement by recommendatory decisions. These recommendations would clarify the legal situation and could serve as a basis for negotiations.

Compulsory arbitration procedures in connection with binding decisions should be carried out only when the States have agreed upon a certain amount of compensation or full compensation in case of the violation of obligations that are of great national economic importance. This will especially apply to cases where the State practically is in charge of insurance (environmental protection, radiological accidents etc.). In case of concrete claims on certain amounts of compensation, international arbitration is a good and well-proven method to settle disputes.

The establishment of an International Court of Arbitration within the CMEA would have two main effects:

1. The majority of disputes is already settled by way of negotiations. If the parties know that they may appeal to a court of arbitration unilaterally, the solution of disputes by means of negotiations will be promoted, and the number of pending litigations would be very small.
   The parties could involve the possible examination of the legal aspects and of causality by the court of arbitration in their considerations and could obtain recommendations for a settlement.
2. The court of arbitration would complement and support the existing mechanism for the settlement of disputes. Its advisory decisions could promote the clarification of controversial legal problems and disputes. In case of concrete claims for compensation, for example, the parties would receive an arbitral award pronounced by a high authority after a short time. The States would be obligated to comply with these arbitral awards.

The work of an 'International Court of Arbitration with the Council of Mutual Economic Assistance' and an 'International Trade Court of Arbitration with the Council of Mutual Economic Assistance' could be promoted most favourably by the establishment of a permanent secretariat in Moscow. The close connection between the secretariats of the courts and the secretariat of the CMEA would be guaranteed by nominating staff members of the legal department of the CMEA secretariat as secretaries of the two courts of arbitration.

H. Wünsche/H. Frühauf

Rechtsfragen der Erforschung und Ausbeutung des Meeresbodens jenseits der Grenzen nationaler Territorialhoheit

1. Die Seerechtskonvention der Vereinten Nationen — ein Beitrag zur Materialisierung der Entspannung und der Zusammenarbeit auf den Weltmeeren

Am 10. Dezember 1982 fand mit der Unterzeichnung der Seerechtskonvention der Vereinten Nationen durch 117 Staaten ein über fünfzehn Jahre andauernder, zunächst im Meeresbodenkomitee der Vereinten Nationen und dann auf der III. UN-Seerechtskonferenz geführter, für die Kodifikation des Völkerrechts in qualitativer wie quantitativer Hinsicht beispielloser Verhandlungsprozeß seinen feierlichen Abschluß. Damit wurde erstmals in der vielhundertjährigen Geschichte des Seevölkerrechts ein einheitliches multilaterales Vertragswerk geschaffen, das unter durchgehender Berücksichtigung des dialektischen Zusammenhangs und der wechselseitigen Bedingtheit aller Probleme des Meeresraumes nahezu alle Fragen des Seerechts regelt.

Diese Neuordnung des Seevölkerrechts, von UN-Generalsekretär Perez de Cuellar in seiner Rede zum Abschluß der Seerechtskonferenz bezeichnet als „ein frischer Wind in einer Zeit, in der wir eine ernsthafte Krise in der internationalen Zusammenarbeit durchmachen“[1], stellt einen wichtigen Beitrag zur Materialisierung der Entspannung und der friedlichen Zusammenarbeit auf den Weltmeeren dar, deren Nutzung in der Vergangenheit immer wieder Gegenstand von Konflikten und Auseinandersetzungen war.

Von Beginn der III. UN-Seerechtskonferenz an sowie auch nach ihrem Abschluß machten die sozialistischen Staaten stets klar, daß die Bemühungen um eine Neuordnung des Seevölkerrechts sowie um deren praktische Umsetzung integraler Bestandteil ihrer allumfassenden Friedenspolitik sind, daß es nicht zugelassen werden darf, die Weltmeere — immerhin mehr als zwei Drittel der Oberfläche unseres Planeten — zu einem Gebiet der Rivalität und Konfrontation zu machen. Sie traten beharrlich und konstruktiv für die Vereinbarung von Prinzipien und Normen für die rationelle Nutzung der maritimen Räume und Ressourcen ein, mit denen die friedliche internationale Zusammenarbeit gefördert wird und die legitimen Interessen aller Staaten berücksichtigt werden, gleich ob Binnen- oder Küstenstaaten, ob groß oder klein, ob entwickelte Staaten oder solche, die

[1] Third United Nations Conference on the Law of the Sea. Official Records, Bd. XVII, S. 135 (engl.).

gerade mit dem Aufbau ihrer eigenen unabhängigen Volkswirtschaft beginnen.[2] Diese klare antiimperilaistische und antikolonialistische Zielstellung fand trotz unterschiedlicher Positionen in vielen Detailfragen breite Unterstützung bei den Entwicklungsländern und auch bei einer Reihe kapitalistischer Staaten. Selbst der ehemalige Leiter der USA-Delegation auf der III. UN-Seerechtskonferenz konnte nicht umhin, auf einer Pressekonferenz am 29. August 1980 in Genf zu erklären, daß „eine geschriebene Verfassung für fast drei Viertel der Erdoberfläche zu bekommen . . . kein Sieg (ist) für irgendein Land oder irgendeine Ideologie oder irgendeinen Standpunkt. Es ist ein Sieg für das Prinzip der friedlichen Zusammenarbeit und das Recht."[3]

Es ist als Erfolg des konsequenten und initiativreichen außenpolitisch-diplomatischen Kampfes der sozialistischen Staaten aber auch als Ausdruck der kooperativen Konferenzatmosphäre zu bewerten, wenn die Teilnehmerstaaten in der Präambel dieses mit seinen Anhängen und den zum Gesamtpaket gehörenden Resolutionen I und II nahezu 500 Artikel umfassenden Vertragswerkes ihrer Überzeugung Ausdruck verleihen, daß die „in dieser Konvention verwirklichte Kodifizierung und fortschrittliche Entwicklung des Seerechts zur Festigung des Friedens, der Sicherheit, der Zusammenarbeit und der freundschaftlichen Beziehungen zwischen allen Staaten in Übereinstimmung mit den Grundsätzen der Gerechtigkeit und Gleichberechtigung beitragen und den wirtschaftlichen und sozialen Fortschritt aller Völker der Welt in Übereinstimmung mit den Zielen und Grundsätzen der Vereinten Nationen fördern werden, wie sie in deren Charta verkündet sind; . . ."

Dieses Konzept der friedlichen Nutzung aller Meeresräume bildet das tragende Element und gewissermaßen den roten Faden der gesamten Konvention. Ausgehend davon, daß alle Probleme des Meeresraumes eng miteinander verbunden sind und als einheitliches Ganzes betrachtet werden müssen (im Sprachgebrauch der Konferenz als „package deal" bekannt geworden), regelt die Konvention nahezu alle Fragen der Nutzung der Weltmeere. Auf dieser normativen Grundlage soll die friedliche und gleichberechtigte Zusammenarbeit der Staaten bei der Nutzung der Weltmeere und ihrer Ressourcen bis weit in das nächste Jahrhundert hinein gestaltet und entwickelt werden.[4]

[2] Vgl. beispielhaft die Stellungnahme des Leiters der UdSSR-Delegation vom 28. 6. 1974, in: Third United Nations Conference on the Law of the Sea. Official Records, Bd. I, S. 68 sowie die Erklärungen der sozialistischen Staaten auf der 41. UN-Vollversammlung, in: A/41/PV.58, S. 21 ff., 34ff., 41 ff. und die Resolution 42/20 vom 18. 11. 1987, insbes. paras. 1, 4 und 6.

[3] Wireless Bulletin from Washington, 29. 8. 1980 (engl.).

[4] Vgl. H. Frühauf, Völkerrecht und friedliche Zusammenarbeit auf den Weltmeeren, in: Staat und Recht bei der weiteren Entfaltung der Vorzüge und Triebkräfte der sozialistischen Gesellschaft. Staats- und rechtswissenschaftliche Konferenz der DDR 1985, 26. und 27. Juni 1985 in Berlin. Band II. Die Rolle von Staat und Recht bei der Gewährleistung und Festigung des Friedens. Das unbeirrbare Eintreten für den Frieden — Verfassungsgrundsatz und Staatspolitik der DDR, Potsdam-Babelsberg 1985, S. 15ff.

Im einzelnen enthält die Konvention folgende Regelungsbereiche[5]: Sie fixiert in teilweiser Analogie zu und vor allem progressiver Weiterentwicklung der Genfer Seerechtskonventionen aus dem Jahr 1958 den rechtlichen Status der Territorialgewässer (mit der erstmaligen Festlegung einer zulässigen Maximalbreite von 12 sm), der Anschlußzonen, des Offenen Meeres, des Festlandsockels, von der internationalen Schiffahrt dienenden Meerengen, von Inseln und Archipelen. Kodifikatorisches Neuland wurde beschritten bei der Ausgestaltung des Rechtsregimes der Ausschließlichen Wirtschaftszonen sowie der Erforschung und Ausbeutung der mineralischen Ressourcen des Tiefseebodens. Umfassende Grundsatzregelungen wurden geschaffen zu solchen wichtigen Fragen wie dem Recht der Binnenstaaten auf Zugang zum und vom Meer und Freiheit des Transits, dem Schutz und der Erhaltung der Meeresumwelt, der wissenschaftlichen Meeresforschung und der Entwicklung und Weitergabe von Meerestechnologie. Hierbei handelt es sich gewissermaßen um Rahmenbestimmungen, die der weiteren multi- und bilateralen vertraglichen Ausgestaltung bedürfen. Schließlich sieht die Konvention ein detailliertes System für die Beilegung von Streitfällen in Fragen ihrer Anwendung und Auslegung, einschließlich der Neubildung eines Internationalen Seegerichtshofes vor.

Die Konvention steht allen Staaten, dem Namibia-Rat der Vereinten Nationen sowie internationalen Organisationen mit Kompetenzen in von der Konvention geregelten Fragen offen. Sie wird ein Jahr nach Hinterlegung der 60. Ratifikations- bzw. Beitrittsurkunde in Kraft treten. Bislang wurde die Konvention von 34 Staaten sowie dem UN-Namibia-Rat ratifiziert.[6]

Die Seerechtskonvention der Vereinten Nationen stellt einen Komplex ausbalancierter Kompromisse dar, der insgesamt die Interessen aller Staaten und Staatengruppen berücksichtigt. Damit kommt ihr eine wesentliche friedens- und sicherheitserhaltende und -fördernde Funktion zu. Zugleich ist der erfolgreiche Abschluß der III. UN-Seerechtskonferenz, ebenso wie die Ausarbeitung der einzelnen Bestimmungen der Konvention im Konsensusverfahren, als markantes Beispiel zu werten für die Möglichkeiten, auch unter den komplizierten Bedingungen der gegenwärtigen internationalen Beziehungen globale Probleme von lebenswichtigem Interesse für alle Staaten einer universellen Regelung zuzuführen und neue Gebiete der friedlichen internationalen Zusammenarbeit zu erschließen.

[5] Für einen detaillierteren Überblick vgl. Völkerrecht, Lehrbuch, Teil 1, Berlin 1981, S. 271ff. sowie (Autorenkollektiv) Mirovoj okean i meždunarodnoe pravo. Osnovy sovremennogo pravoporjadka v mirovom okeane, Moskva 1986, insbes. S. 133ff.

[6] Ratifizierungsstand per 31. 12. 1988 (in zeitlicher Reihenfolge): Fidschi, Sambia, Mexiko, Jamaika, Namibia-Rat der Vereinten Nationen, Ghana, Bahamas, Belize, Ägypten, Côte d'Ivoire, Philippinen, Gambia, Kuba, Senegal, Sudan, St. Lucia, Togo, Tunesien, Bahrein, Island, Mali, Irak, Guinea, Tansania, Kamerun, Indonesien, Trinidad und Tobago, Kuwait, Jugoslawien, Nigeria, Guinea-Bissau, Paraguay, VDR Jemen, Cape Verde, Sao Tome und Principe.

Damit wurde auch erneut deutlich, welchen gewichtigen Beitrag zur Lösung komplexer internationaler Probleme die Organisation der Vereinten Nationen zu leisten vermag.[7] Man muß aber auch davon ausgehen, daß die Konvention ihre Zielstellung, einen Beitrag zur Aufrechterhaltung von Weltfrieden und internationaler Sicherheit zu leisten, nur dann erfüllen kann, wenn sie in Kraft getreten ist und universell Anwendung und Anerkennung findet. Eine Verzögerung der Inkraftsetzung der Konvention würde eine Fülle neuer internationaler Konfliktstoffe hervorbringen, die Rechtssicherheit der internationalen Staatengemeinschaft beeinträchtigen und zu teilweise chaotischen Zuständen auf den Weltmeeren führen.

In ganz besonderem Maße trifft dies auf die Bestimmungen über den Meeresbodenbergbau zu. Hier wurde ein erstes institutionelles Modell geschaffen nicht nur für die demokratische Umgestaltung der internationalen Wirtschaftsbeziehungen schlechthin. Vielmehr bietet dieser Regelungsmechanismus einen generellen Ansatz für die Lösung globaler Probleme. Er geht aus von der Erkenntnis des objektiven Zwanges zur internationalen Zusammenarbeit bei der Lösung globaler Probleme, vornehmlich auch bei der Nutzung von außerhalb der Grenzen nationaler Territorialhoheit liegender Räume und Ressourcen. Allerdings kann das in der Seerechtskonvention begründete Normensystem nur wirksam werden unter Bedingungen friedlicher internationaler Zusammenarbeit, der Wahrung der legitimen Rechte und Interessen *aller* beteiligten Rechtssubjekte sowie — insbesondere im Bereich der kommerziellen Aktivitäten — unter Berücksichtigung der Erfahrungen bereits bestehender vergleichbarer internationaler Institutionen.

Die baldmöglichste Anwendung der Seerechtskonvention würde zugleich den Versuchen einiger weniger Staaten eine entschiedene Abfuhr erteilen, das Seevölkerrecht zu einem Instrument der Konfrontationspolitik zu machen und durch selektives Vorgehen sowie separate Abmachungen ihre einseitigen Monopolinteressen gegen die legitimen Interessen der sozialistischen Staaten und insbesondere auch der Entwicklungsländer durchzusetzen.

2. Zu den Grundzügen des Systems der Erforschung und Ausbeutung der mineralischen Ressourcen des Tiefseebodens nach der Seerechtskonvention der Vereinten Nationen

Mit den Bestimmungen über den Meeresbodenbergbau im Teil XI und den Anlagen III und IV der Konvention wird eine völlig neue Art der Meeresnutzung erstmalig im Völkervertragsrecht kodifiziert. Insbesondere wird mit den Regelun-

[7] Vgl. die Erklärung des Leiters der DDR-Delegation vom 7. 12. 1982, in: Third United Nations Conference on the Law of the Sea. Official Records, Bd. XVII, S. 45 sowie B. Neugebauer, Neue Seerechtskonvention. Für konstruktive Zusammenarbeit auf den Weltmeeren, in: horizont, 2/1983, S. 3.

gen über die Bildung und Tätigkeit einer Internationalen Meeresbodenbehörde erstmals ein institutionelles Modell für die Realisierung der legitimen Forderungen der Entwicklungsländer nach einer demokratischen Umgestaltung der internationalen Wirtschaftsbeziehungen geschaffen. Dieses System begünstigt jedoch nicht nur die Entwicklungsländer, sondern ist insgesamt darauf gerichtet, eine rationelle Ausbeutung der Meeresbodenressourcen durch alle Staaten auf gleichberechtigter und diskriminierungsfreier Grundlage zu gewährleisten.

Im gegenwärtig geltenden Völkerrecht bestehen keinerlei Regelungen hinsichtlich des Meeresbodenbergbaus, d. h. der Erforschung und Ausbeutung der mineralischen Ressourcen des Meeresbodens und -untergrundes jenseits der Grenzen nationaler Territorialhoheit. Zwar enthielt der Kommentar der Völkerrechtskommission der Vereinten Nationen zu Art. 2 des Entwurfs der Konvention über das Offene Meer einen Verweis auf die *denkbare* Herausbildung einer Freiheit der Erforschung und Ausbeutung der mineralischen Ressourcen des Tiefseebodens.[8]

Da man zu dieser Zeit jedoch nicht von einem Beginn des Meeresbodenbergbaus in naher Zukunft ausging, wurden in die Genfer Seerechtskonventionen noch keine Bestimmungen über diese Art der Meeresnutzung aufgenommen. Nach Annahme der Seerechtskonvention der Vereinten Nationen und der dort dokumentierten Rechtsüberzeugung nahezu aller Staaten muß davon ausgegangen werden, daß der Meeresbodenbergbau *nicht* zu den völkerrechtlich geschützten Freiheiten des Offenen Meeres gehört. Vielmehr wurde von einer überwiegenden Mehrzahl von Staaten mit Ausnahme weniger kapitalistischer Industriestaaten[9] Meeresbodenbergbau außerhalb des in der neuen Konvention vereinbarten Regimes direkt als illegal und keinerlei legitime Rechte oder Ansprüche begründend zurückgewiesen und entbehrt damit zumindest der für derart investitionsintensive Projekte erforderlichen Rechtssicherheit.

Die Konvention erklärt das „Gebiet“ des Meeresbodens und -untergrundes jenseits der Grenzen nationaler Territorialhoheit und seine Ressourcen zum „gemeinsamen Erbe der Menschheit“. Rechtscharakter und konkreter Inhalt dieses Konzepts sind in der Völkerrechtstheorie teilweise noch umstritten,[10] vor allem angesichts der Bestrebungen der Entwicklungsländer, dieses Konzept auch auf andere souveränitätsfreie Räume auszudehnen. Seine wesentlichen Aspekte aus seevölkerrechtlicher Sicht lassen sich jedoch aus den Bestimmungen der Konven-

[8] Vgl. Yearbook of the International Law Commission 1956, Bd. II, S. 265ff.

[9] Eine ausführliche Literaturanalyse ist enthalten bei J.-L. Gaster, Der Meeresbodenbergbau unter der Hohen See. Neuland des Seevölkerrechts und der internationalen Gesetzgebung, Köln/Berlin(West)/Bonn/München 1987, S. 120ff.

[10] Vgl. u. a. M. I. Lazarev, Teoretičeskie voprosy sovremennogo meždunarodnogo prava, Moskva 1983, S. 170ff.; R. V. Dekanosov, O ponjatii „obščee nasledie čelovečestva“ v meždunarodnom morskom prave, in: Sovetskoe gosudarstvo i pravo, 9/1982, S. 89ff.; E. D. Brown, Freedom of the high seas versus the common heritage of mankind: Fundamental principles in conflict, in: San Diego Law Review, 3/1983, S. 522ff.; J. van Dyke/Ch. Yuen, Common heritage v. Freedom of the high seas: Which governs the seabed?, in: ebenda, S. 514ff.

tion eindeutig ableiten. Zentraler Punkt ist dabei das Verbot der Beanspruchung oder Ausübung von Souveränität oder souveränen Rechten über das Gebiet und seine Ressourcen durch Staaten, natürliche oder juristische Personen. Vielmehr steht es im Rahmen der Vorschriften der Konvention allen Staaten gleichermaßen zur ausschließlich friedlichen Nutzung offen.

Die Analyse der bisher abgeschlossenen multilateralen Verträge wie auch der Resolutionen der Vollversammlung der Vereinten Nationen machen deutlich, daß es bislang eine Legaldefinition des Konzepts vom gemeinsamen Erbe der Menschheit, aus der sich die konkreten Rechte und Pflichten der Staaten im Zusammenhang mit seiner Verwirklichung ableiten ließen, nicht gibt. Es ist deshalb erforderlich, aus dem in den letzten Jahren deutlich gewordenen Willen der Staatengemeinschaft, bestimmte Verhaltensnormen im Zusammenhang mit der friedlichen Zusammenarbeit bei der Erforschung und Nutzung souveränitätsfreier Räume wie des Meeresbodens und -untergrundes außerhalb der nationalen Territorialhoheit und des Weltraumes zu vereinbaren, jene Elemente herauszuarbeiten, die den Inhalt des gemeinsamen Erbes der Menschheit bestimmbar machen. Es wird dabei davon ausgegangen, daß in jedem Falle nachgewiesen werden muß, daß die Staatengemeinschaft sowohl einen konkreten Inhalt wie auch die Tatsache expressiv verbis vereinbart hat, daß es sich um eine Norm des Völkerrechts handelt. Aus den bisherigen völkerrechtlichen Vereinbarungen der Staaten lassen sich einige allgemeine Elemente ableiten.

Die Rechtsquellen sind für die Erforschung und Nutzung des Meeresbodens und -untergrundes die Seerechtskonvention der Vereinten Nationen und für die Erforschung und Nutzung des Weltraumes und seiner Himmelskörper in erster Linie der Weltraumvertrag und der Mondvertrag.

Darüber hinaus wird das Konzept vom gemeinsamen Erbe der Menschheit in mehreren Resolutionen der Vollversammlung der Vereinten Nationen herausgearbeitet. Nach dem Wortlaut der Charta der Vereinten Nationen haben diese Resolutionen aber grundsätzlich nur empfehlenden Charakter und stellen keine für alle Staaten verbindliche Völkerrechtsnormen dar.

Es ist deutlich, daß das Konzept vom gemeinsamen Erbe der Menschheit bisher von der internationalen Staatengemeinschaft bezüglich konkreter Gegenstände normiert worden ist. Aber bereits die Regelungen, die in der Seerechtskonvention einerseits und im Weltraum- und Mondvertrag andererseits enthalten sind, machen deutlich, daß im einzelnen eine solche Vielzahl von Unterschieden besteht, die es unmöglich erscheinen lassen, einen einheitlichen und gemeinsamen Inhalt des Prinzips „gemeinsames Erbe der Menschheit" zu bestimmen. Solche Unterschiede betreffen die besonderen Regelungen für Küstenstaaten, Binnenstaaten und geographisch benachteiligte Staaten, Entwicklungsländer usw., unterschiedliche Kategorien der Nutznießer einer Nutzensbeteiligung, die Regelung hinsichtlich einer Meeresbodenbehörde und so fort. Bereits aus der bisherigen Normierung ergibt sich, daß selbst eine Identität zwischen den Regelungen im Seerecht und im Weltraumrecht hinsichtlich des gemeinsamen Erbes der Menschheit nicht besteht. Aus diesem Grunde erscheint es nicht möglich, heute davon auszugehen, daß das gemeinsame Erbe der Menschheit ein Prinzip des allgemeinen Völkerrechts ist, das grundsätzlich für alle souveränitätsfreien Räume Gültigkeit hat. Dieses Prinzip muß offensichtlich auch auf Grund der großen Unterschiede, die sich aus dem Bezug zu dem jeweiligen Gegenstand ergeben, im einzelnen für jeden zu regelnden Bereich neu vereinbart werden.

Daneben ist auf Grund der Verschiedenartigkeit etwa des Mondes vom Meeresboden, dem Grad der Forschung wie der Zugänglichkeit und damit Ausbeutbarkeit jeweils im einzelnen konkret das Regime der Erforschung und Ausbeutung der natürlichen Ressourcen und damit auch der Inhalt des gemeinsamen Erbes der Menschheit zu bestimmen.

Aus dem klar erkennbaren Staatenwillen, der in den entsprechenden völkerrechtlichen Vereinbarungen seinen Ausdruck findet, ist aber ersichtlich, daß es generell darum geht, das gemeinsame Erbe der Menschheit durch die friedliche internationale Zusammenarbeit zwischen allen Staaten und Völkern auf der Grundlage der souveränen Gleichheit und Nichtdiskriminierung im Interesse der gesamten Menschheit zu nutzen. Die genannten Elemente zum Inhalt dieses Prinzips können nachweisbar aus den bisherigen völkerrechtlichen Vereinbarungen herausgearbeitet werden. Inwieweit neue Elemente hinzugefügt werden, muß der Entscheidung der souveränen Staaten im Rahmen der Vereinten Nationen überlassen bleiben.[11]

Ein weiteres grundlegendes Element des Systems der Erforschung und Ausbeutung der mineralischen Ressourcen des Tiefseebodens bildet das — wesentlich auf Initiativen der sozialistischen Staaten zurückgehende — sogenannte Parallelsystem. Demgemäß werden ressourcenbezogene Aktivitäten im Gebiet ausgeübt,

1. durch die mit Inkrafttreten der Konvention geschaffene Internationale Meeresbodenbehörde in Gestalt ihres eigenen Unternehmens und
2. durch Staaten oder staatliche Unternehmen, natürliche oder juristische Personen, für die die betreffenden Staaten die Bürgschaft übernehmen.

Mit diesem Parallelsystem wurde eine wesentliche Garantie für den gleichberechtigten, diskriminierungsfreien Zugang aller Staaten zu den mineralischen Ressourcen des Tiefseebodens geschaffen.

Dabei ist jedoch kein Platz für das Recht des ökonomisch Stärkeren oder des Zuerstkommenden, wie das insbesondere die USA während des gesamten Konferenzverlaufes versuchten normativ zu verankern und wovon einige westliche Industriestaaten ihre endgültige Position zur Konvention abhängig machen wol-

[11] Ausführlich vgl. H. Wünsche, Die neue Konvention über das Seerecht und das „gemeinsame Erbe der Menschheit“, in: B. Graefrath (Hrsg.), Probleme des Völkerrechts 1985, Berlin 1985, S. 303ff.

len.[12] Vielmehr werden alle tiefseebergbaulichen Aktivitäten der Kontrolle und Koordinierung durch die Behörde unterliegen. Die Behörde wird eine selbständige zwischenstaatliche Organisation aller Mitgliedstaaten der Konvention sein und im Namen der Menschheit als Ganzes die Hauptverantwortung für die Organisierung, Durchführung und Kontrolle des gesamten Meeresbodenbergbaus tragen.

Hierzu wird sie über ein eigenes Unternehmen verfügen. Dieses „Enterprise“ ist zum einen Organ der Behörde. Zum anderen wird es aber selbst meeresbodenbergbauliche Aktivitäten vornehmen, wofür es mit einer separaten Rechtspersönlichkeit ausgestattet und nach rein kommerziellen Prinzipien tätig wird. Damit wird auch von vornherein die Verantwortlichkeit der Behörde für Aktivitäten des Enterprise und umgekehrt ausgeschaltet, beide haften mit ihren eigenen Fonds nur für ihre eigenen Aktivitäten.

Mit der Meeresbodenbehörde wird somit eine internationale Organisation völlig neuen Typs entstehen. Erstmals wird eine von Staaten unterschiedlicher Gesellschaftsordnung gebildete Organisation unmittelbar operative ökonomische, produktive Funktionen wahrnehmen. Diese Funktionen schließen neben der Erforschung und Ausbeutung der Ressourcen auch deren Transport, Verarbeitung und Verkauf ein.

Hinsichtlich des Zugangs zum Gebiet und seinen Ressourcen sieht die Konvention ein dreistufiges Verfahren vor, das sich aus folgenden Phasen zusammensetzt:
— Prospektion, d. h. das großflächige Aufsuchen von Lagerstätten,
— Exploration, d. h. die detaillierte Erkundung einer konkreten Lagerstätte hinsichtlich Höffigkeit, kommerziellem Wert etc. und
— die eigentliche Ausbeutung.

Für die *Prospektion* ist keine Genehmigung seitens der Behörde vorgesehen. Jedoch hat sich der jeweilige Staat/Betreiber gegenüber der Behörde schriftlich zur Einhaltung der Konvention und der relevanten Regeln der Organisation bezüglich des Umweltschutzes und der Unterstützung von Ausbildungsprogrammen zu verpflichten sowie zur Akzeptierung der Kontrolle der Einhaltung dieser Bestimmungen durch die Organisation. Zugleich müssen der Behörde die ungefähren Grenzen der Gebietes oder der Gebiete, in denen Prospektion vorgenommen werden soll, mitgeteilt werden. Damit erwirbt jedoch der Prospektor weder ein exklusives Prospektionsrecht in den betreffenden Gebieten noch irgendwelche Rechte in bezug auf die dort befindlichen Ressourcen. Desweiteren beschränken sich die Befugnisse der Behörde strikt auf den oben dargelegten Rahmen. Die Prospektion unterliegt nicht der Genehmigung oder Ablehnung seitens der Behörde, sondern steht jedem Mitgliedstaat der Konvention frei. Die Regelungen

[12] Vgl. U. Jenisch, Deutsche Nichtzeichnung des neuen Seerechts, in: Außenpolitik, 2/1985, S. 175ff.; C. J. Duisberg, Perspektiven der Seerechtsentwicklung, in: Europa-Archiv, 12/1985, S. 377ff. sowie die Erklärungen Großbritanniens und der BRD gegenüber dem Vorsitzenden der Vorbereitungskommission in: LOS/PCN/54 und 57.

der Konvention sind in dieser Frage eindeutig und lassen keinen Interpretationsspielraum in einer derartigen Richtung zu.

Erforschung und Ausbeutung werden auf der Basis von Wirtschaftsverträgen zwischen der Behörde und den Staaten bzw. staatlichen Unternehmen, natürlichen oder juristischen Personen durchgeführt. Beide Phasen können in einem einheitlichen Vertrag erfaßt werden, jedoch bedarf die Aufnahme der kommerziellen Ausbeutung immer einer gesonderten Produktionsgenehmigung seitens der Behörde.

Im Falle der Vertragsnahme durch natürliche oder juristische Personen müssen die Staaten, denen sie angehören oder die die effektive Kontrolle über sie ausüben (konkrete Kriterien hierfür sind in der Vorbereitungskommission noch auszuarbeiten), eine Bürgschaft leisten. Der bürgende Staat ist dabei verpflichtet, durch Erlaß hinreichender innerstaatlicher Rechtsvorschriften und entsprechende Verwaltungsmaßnahmen zu gewährleisten, daß die Tätigkeit im Gebiet in Übereinstimmung mit der Konvention und dem jeweiligen Vertrag ausgeübt wird. Ist der bürgende Staat dieser Verpflichtung nachgekommen, haftet er *nicht* für durch den Vertragnehmer verursachte Schäden.

Die wichtigsten Voraussetzungen, die ein Bewerber für die Erteilung einer Erforschungs- bzw. Produktionsgenehmigung erfüllen muß, sind:

— Die Akzeptierung und strikte Einhaltung der Konventionsnormen, der Regeln, Vorschriften und Verfahren der Behörde sowie der Beschlüsse ihrer Organe. Damit hat erstmals eine universelle internationale Organisation das Recht, z. T. sogar durch Mehrheitsentscheidungen, unmittelbar für ihre Mitgliedstaaten verbindliche Entscheidungen in wichtigen Substanzfragen zu fällen. Hierin liegt einer der Gründe für die besonders langwierigen Verhandlungen auf der Seerechtskonferenz um den Abstimmungsmechanismus im Rat der Behörde, aber auch für die außerordentliche Bedeutung, die die sozialistischen Staaten den Entscheidungsmechanismen der verschiedenen Organe der Behörde beimessen, deren weitere Ausgestaltung im Rahmen der Vorbereitungskommission vorzunehmen ist.

— Die Akzeptierung der Kontrolle aller Aktivitäten des Vertragnehmers im Gebiet durch die Behörde.

— Die Vorabverpflichtung zur Einhaltung aller Bestimmungen über den Transfer von Meeresbodenbergbautechnologie, der vornehmlich zu Vorzugsbedingungen an die Entwicklungsländer erfolgen soll.

Die Pflicht zum Technologietransfer soll insbesondere das Enterprise schnellstmöglich arbeitsfähig machen sowie den Entwicklungsländern die Teilnahme am Tiefseebergbau erleichtern. Hier wurden erstmals Elemente einer Neuen Weltwirtschaftsordnung vereinbart, die zweifelsohne auch als Beispiel für andere Regelungsbereiche dienen werden und in Zukunft besondere Beachtung verdienen. Gegenüber früheren sehr extensiven Forderungen reduziert sich der Technologiebegriff in der Endfassung der Konvention jedoch im wesentlichen auf die eigentliche Meeresbergbautechnik. Des weiteren kommt die Pflicht zum Technologietransfer erst zum Tragen, wenn das Enterprise gleiche oder gleichwertige Technologie nicht auf dem offenen Markt und zu gerechten und angemessenen kommerziellen Bedingungen erwerben kann. Der Transfer hat dann ebenfalls zu gerechten und angemessenen kommerziellen Bedingungen zu erfolgen, was zwar in der Konvention nicht näher definiert wird i. d. R. aber die Form der Lizenznahme haben wird.

Ein weiteres bedeutsames Element des Parallelsystems als Kernstück der Konzeption vom gemeinsamen Erbe der Menschheit besteht darin, daß der Vertragnehmer in der Erkundungsphase ein Gesamtgebiet (das kein zusammenhängendes Gebiet sein muß) zu erforschen hat, das zwei Förderoperationen von gleichem geschätzten kommerziellen Wert ermöglicht. Ein Teil dieses Gebietes wird durch die Behörde für das Enterprise reserviert. Im nicht reservierten Gebiet genießt der Vertragnehmer Priorität hinsichtlich der Erteilung einer Produktionsgenehmigung, aber keinen Rechtsanspruch darauf.

Mit der Erteilung einer entsprechenden Genehmigung erhält der Betreiber der Arbeiten ausschließliche Rechte bezüglich der Erforschung und Ausbeutung der konkret festgelegten Kategorien von Ressourcen in dem vom jeweiligen Vertrag erfaßten Gebiet. Praktische Probleme bzw. Interessenkollisionen könnten u. U. auftreten, wenn für das gleiche Gebiet ein Antrag auf Erforschung oder Ausbeutung anderer Ressourcen gestellt werden sollte. Diese Fragen spielen jedoch in der gegenwärtigen Diskussion keine Rolle.

Nur am Rande sei darauf verwiesen, daß die Konvention detaillierte Regelungen über die Produktionslimitierung enthält, so daß der künftige Meeresbodenbergbau die Situation auf den internationalen Rohstoffmärkten, insbesondere das Preisgefüge, nicht gravierend beeinflussen kann. Damit ist, wie auch durch die flächenmäßige Begrenzung der zu erteilenden Genehmigungen, zugleich die Monopolisierung des Tiefseebergbaus durch einzelne Staaten oder Unternehmen ausgeschlossen.

Nach im Verlaufe der III. UN-Seerechtskonferenz angestellten — in jüngster Zeit nicht präzisierten — Schätzungen werden sich die jährlichen Verwaltungskosten der Behörde auf ca. 41 bis 53 Mio. Dollar belaufen, zuzüglich einmaliger Kosten in Höhe von etwa 103 bis 229 Mio Dollar. Der Kostenaufwand für eine Meeresbodenbergbauoperation einschließlich Transport, Verarbeitung und Absatz der gewonnenen Metalle wurde auf ca. 700 Mio. bis 1,4 Mrd. Dollar geschätzt. Diese Kosten sind auf zweierlei Art aufzubringen.[13]

[13] Vgl. Potential financial implications for States parties to the future convention on the law of the sea: Report of the Secretary-General, in: Third United Nations Conference on Law of the Sea. Official Records, Bd. XV, S. 102ff.

Zunächst haben alle Mitglieder der Konvention, die ja automatisch auch Mitglieder der Behörde werden, in Analogie zur Beitragstabelle für das reguläre UN-Budget

- Jahresbeiträge für die Verwaltungskosten der Behörde zu leisten und
- dem Enterprise in Form langfristiger zinsfreier Kredite die Hälfte der finanziellen Mittel für die Erforschung und Ausbeutung eines Abbaufeldes (einschließlich Transport, Verarbeitung und Absatz) zur Verfügung zu stellen sowie für vom Enterprise bei der Beschaffung der anderen Hälfte der Mittel eingegangene Schulden die Garantie zu übernehmen.
  Der zinsfreie Kredit ist durch den jeweiligen Staat innerhalb von 60 Tagen nach Inkrafttreten der Konvention bzw. von 30 Tagen nach Hinterlegung seiner Ratifikations- bzw. Beitrittsurkunde zur Verfügung zu stellen.

Darüber hinaus hat jeder Vertragnehmer bei Aktivitäten im Gebiet folgende finanziellen Verpflichtungen zu erfüllen:

- Für die Bearbeitung eines Antrages auf Erforschung und Ausbeutung wird eine Verwaltungsgebühr von 500000 Dollar erhoben.
- Mit Inkrafttreten des Vertrages zahlt der Vertragnehmer bis zum Beginn der industriellen Produktion eine feste Jahresgebühr von 1 Mio. Dollar.
- Mit Beginn der industriellen Produktion ist entweder die feste Jahresgebühr oder eine Produktionsgebühr in Höhe von 5% des Marktwertes der verhütteten Metalle zu zahlen, je nachdem, welche Gebühr höher ist.
- Innerhalb eines Jahres nach Beginn der industriellen Produktion entscheidet der Vertragnehmer, ob er seine künftigen Zahlungen an die Behörde in Form nur einer Produktionsgebühr oder einer Kombination aus Produktionsgebühr und anteiliger Nettogewinnabführung leistet, wobei in jedem Fall eine progressive Steigerung vorgesehen ist.

Die Details der finanziellen Bedingungen der Verträge sind gegenwärtig Gegenstand der Verhandlungen in der Vorbereitungskommission, wobei die sozialistischen Staaten das Ziel verfolgen, möglichst kostengünstige Vereinbarungen zu treffen, ohne damit das in der Konvention vorgesehene System zu modifizieren, jedoch den gegenüber dem Zeitpunkt der Ausarbeitung dieses Systems veränderten weltwirtschaftlichen Bedingungen Rechnung zu tragen.

3. Die Registrierung der Pionierinvestoren für den Meeresbodenbergbau — ein bedeutsamer Schritt auf dem Wege zur Inkraftsetzung der Seerechtskonvention

Die Arbeiten zur praktischen Umsetzung der Konvention konzentrieren sich gegenwärtig in der Vorbereitungskommission für die Internationale Meeresbodenbehörde und den Internationalen Seegerichtshof, die seit 1983 tätig ist und der alle Unterzeichner der Konvention (einschließlich Namibia-Rat der Vereinten Nationen und EWG) angehören. Unterzeichner der Schlußakte der III. UN-Seerechtskonferenz können als Beobachter teilnehmen. Von diesem Recht machten die USA bislang keinen Gebrauch.

Das Mandat der Vorbereitungskommission umfaßt neben der Erarbeitung von Entwürfen für das innere Recht der Behörde solche Fragen wie die Probleme derjenigen Entwicklungsländer, die als terrestrische Produzenten der aus den Mangankonkretionen gewonnenen Rohstoffe vom Meeresbodenbergbau am meisten betroffen wären; der frühestmöglichen Arbeitsaufnahme des Enterprise; der Regeln, Vorschriften und Verfahren für den Meeresbodenbergbau; der Vorbereitung der Tätigkeitsaufnahme des Internationalen Seegerichtshofes. Zu all diesen Fragen kann die Kommission (vorzugsweise im Konsensusverfahren) nur Empfehlungen erarbeiten, die dann der Bestätigung durch die kompetenten Organe bedürfen.[14] Bindende Entscheidungen kann sie lediglich hinsichtlich der Registrierung der Pionierinvestoren treffen, aus deren Kreis die UdSSR, Frankreich, Indien und Japan bereits entsprechende Anträge gestellt haben. Diese Fragen genossen bisher hohe Priorität.

Gemäß der Resolution II der III. UN-Seerechtskonferenz[15] kann die Vorbereitungskommission Staaten, natürliche oder juristische Personen als Pionierinvestor registrieren und ihnen für die Ausübung von Pionieraktivitäten Pioniergebiete zuweisen. Bei den möglichen Pionierinvestoren handelt es sich um:

- vier Staaten (Frankreich, Indien, Japan, UdSSR) bzw. deren staatliche Unternehmen, juristische oder natürliche Personen,
- vier transnationale Unternehmen, denen Firmen aus Belgien, der BRD, Großbritannien, Italien, Japan, Kanada, den Niederlanden und den USA angehören (aufgrund der Nichtunterzeichnung der Konvention scheiden die BRD, Großbritannien und die USA nunmehr aus diesem Kreis aus),
- jedes Entwicklungsland bzw. deren staatliche Unternehmen, natürliche oder juristische Personen sowie
- gemäß einer 1986 durch die Vorbereitungskommission getroffenen und durch die 41. UN-Vollversammlung bestätigten Entscheidung[16] nunmehr auch eine Gruppe von allen oder einzelnen sozialistischen Staaten bzw. eine Gruppe staatlicher Unternehmen dieser Staaten — dieser Rechtsanspruch wird künftig durch die 1987 gebildete Gemeinsame Organisation Interozeanmetal wahrgenommen werden.

Die Bearbeitung der bislang vorliegenden Anträge wurde wesentlich verzögert, da hinsichtlich der zu erforschenden Gebiete überschneidende Ansprüche zwischen

[14] Das sind, soweit es um das sekundäre Meeresbodenbergbaurecht bzw. das innere Recht der Meeresbodenbehörde geht, die Organe der Behörde. Empfehlungen bezüglich der künftigen Tätigkeit des Seegerichtshofes bedürfen der Bestätigung durch die gem. Art. 4 der Anlage VI zur Seerechtskonvention einzuberufende Staatenkonferenz.

[15] Siehe A/CONF.62/121 bzw. Third United Nations Conference on the Law of the Sea. Official Records, Bd. XVII, S. 139ff.

[16] Vgl. LOS/PCN/L.41/Rev. 1, Anlage, para. 21 sowie A/RES/41/34, para. 8.

Frankreich, Japan und der UdSSR bestanden. Erheblich erschwert wurde die Lösung dieser Probleme durch forcierte Aktivitäten der USA und einiger ihrer westlichen Bündnispartner, ein separates Meeresbodenbergbauregime außerhalb und in Widerspruch zur Seerechtskonvention zu schaffen, mit dem die monopolistische Ausbeutung der ressourcenträchtigsten Gebiete durch transnationale Unternehmen gewährleistet werden soll. Hierzu wurden multilaterale Absprachen getroffen, auf deren Grundlage die USA, die BRD und Großbritannien bereits Erkundungslizenzen erteilt haben.[17] Da diese Aktivitäten in Räumen Platz greifen, auf die gemäß der Resolution II berechtigte Pionierinvestoren legitime Ansprüche erheben, stießen sie auf heftige Ablehnung seitens der überwiegenden Mehrheit der Mitglieder der Vorbereitungskommission. Art. 137 der Konvention bestimmt ausdrücklich: „Ein Staat oder eine natürliche oder juristische Person kann Rechte in bezug auf die aus dem Gebiet gewonnenen Mineralien nur in Übereinstimmung mit diesem Teil (der Konvention) beanspruchen, erwerben oder ausüben. Auf andere Weise beanspruchte, erworbene oder ausgeübte Rechte werden nicht anerkannt." Zu diesem bereits in der „Deklaration der Prinzipien für den Meeresgrund und -untergrund jenseits der Grenzen nationaler Jurisdiktion" im Jahre 1970 universell anerkannten Grundsatz[18] und dem seitdem nachweisbaren universellen Bekenntnis zur Notwendigkeit einer einheitlichen völkerrechtlichen Normierung des Meeresbodenregimes stehen die genannten Aktivitäten und Absprachen einiger westlicher Staaten in krassem Widerspruch.

Diese Auffassung wurde 1985 und 1986 in zwei nach einer Initiative der Gruppe der 77 und der sozialistischen Staaten von der Vorbereitungskommission angenommenen Deklarationen eindeutig dokumentiert. Namens der Kommission wird hier erklärt, daß das einzige Regime für die Erforschung und Ausbeutung des Gebiets und seiner Ressourcen dasjenige ist, das mit der Seerechtskonvention und den mit ihr verbundenen Resolutionen der III. UN-Seerechtskonferenz geschaffen wurde. Jegliche Ansprüche, Abkommen und Aktionen bezüglich des Gebiets und seiner Ressourcen, die außerhalb der Vorbereitungskommission unternommen werden und unvereinbar sind mit der Seerechtskonvention und den mit ihr verbundenen Resolutionen, werden nicht anerkannt, als Basis für die Begründung legitimer Rechte zurückgewiesen und als völlig illegal betrachtet. In der Deklaration aus dem Jahre 1986 wurde diese Position ausdrücklich auf die seitens der BRD und Großbritanniens erfolgte Lizenzvergabe bezogen.[19] Mit der Annahme dieser Deklarationen hat die Vorbereitungskommission einen klaren

[17] Vgl. Note dated 13 January 1986 from the United States Mission to the United Nations adressed to the Secretary-General, in: Law of the Sea Bulletin, No. 7, April 1986, S. 74ff. (herausgegeben vom Office of the Special Representative of the Secretary-General for the Law of the Sea) sowie J.-L. Gaster, Der Meeresbodenbergbau unter der Hohen See, a. a. O., S. 237ff.

[18] Vgl. W. Spröte/H. Wünsche (Hrsg.), Die Vereinten Nationen und ihre Spezialorganisationen. Dokumente, Band 3 (Teil I). Resolutionen zur Abrüstung und zur Kodifizierung des Völkerrechts, Berlin 1981, S. 238ff.

[19] Vgl. LOS/PCN/72, LOS/PCN/78 und A/RES/41/34.

Rechtsstandpunkt zu den Aktivitäten außerhalb des in der Seerechtskonvention vorgesehenen Regimes bezogen. Auf dieser Grundlage konnten in der bisherigen Arbeit beachtliche Fortschritte erzielt werden, zu deren Zustandekommen in erster Linie das ergebnisorientierte, kompromißbereite Auftreten der UdSSR beitrug, wodurch letztendlich auch die Vertreter der transnationalen Unternehmen — als potentielle Antragsteller — zu realistischeren Verhandlungspositionen gezwungen wurden.

Gemäß der Resolution II hat jeder Unterzeichnerstaat der Konvention, der ein potentieller beglaubigender Staat für einen Pionierinvestor ist, zu gewährleisten, daß die vom Antrag erfaßten Gebiete sich nicht gegenseitig überschneiden. Streitigkeiten sollen in einem angemessenen Zeitraum durch die Antragsteller selbst auf dem Verhandlungswege beigelegt werden. Von der in der Resolution II ebenfalls vorgesehenen Möglichkeit der Unterwerfung dieser Streitigkeiten unter ein obligatorisches Schiedsgerichtsverfahren wurde wegen des Ablaufs der dort vorgesehenen Fristen kein Gebrauch gemacht. Unmittelbar nach Antragstellung seitens der UdSSR im Jahre 1983, respektive Frankreichs, Japans und Indiens im Jahr 1984 (wobei der Antrag Indiens, da als einziger auf ein Gebiet im Indischen Ozean bezogen, nicht mit Problemen behaftet war) begannen auf Initiative der UdSSR intensive Verhandlungen zwischen den Staaten der ersten Gruppe von Pionierinvestoren, in die später — obwohl dazu keine rechtliche Verpflichtung besteht — auch die potentiellen Antragsteller einbezogen wurden, mit dem Ziel der schnellstmöglichen Beilegung der Streitigkeiten über einander überschneidende Ansprüche. Unter Nutzung der guten Dienste des damaligen Vorsitzenden der Vorbereitungskommission, J. Warioba (Tansania), konnte im Februar 1986 zwischen der UdSSR, Frankreich, Indien und Japan eine grundsätzliche Übereinkunft erzielt werden, die als Arusha-Übereinkunft bekannt wurde und im Sommer 1986 durch die Vorbereitungskommission in Form eines konkreten Szenarios für die Anwendung der Resolution II bestätigt wurde.[20]

Diese Erklärung zur Anwendung der Resolution II enthält Grundsätze für die Lösung der beiden wichtigsten Probleme in Verbindung mit der Registrierung der Pionierinvestoren, nämlich die Konfliktbeilegung bezüglich überschneidender Gebietsansprüche und die Zuweisung von Förderfeldern an die erste Gruppe von Antragstellern sowie die Reservierung von Feldern für die Meeresbodenbehörde. Demgemäß sollten die sich überschneidenden Ansprüche zwischen der UdSSR, Japan und Frankreich auf der Basis der Aufteilung der sich überschneidenden Gebiete gelöst werden. Kernstück der hier vorgesehenen Lösungsvariante ist das Prinzip der vorgezogenen Wiedereingliederung („advanced relinquishment"), wonach die Pionierinvestoren ihrer in der Resolution II begründeten Pflicht zur Abtretung von 50% des Pioniergebiets zur Wiedereingliederung in das Gebiet — ursprünglich abgestuft in einem Zeitraum von acht Jahren

[20] Siehe LOS/PCN/L.41/Rev. 1, para 40 und Anlage, paras. 2—7.

— bereits nach Vornahme der Registrierung nachkommen sollen. Auf diese Weise wird garantiert, daß die Behörde bereits zu einem frühen Zeitpunkt über hinreichend höffige Gebiete für künftige Antragsteller bzw. das Enterprise verfügen würde. Die Zustimmung zu dieser Variante stellte zugleich ein großes Zugeständnis der ersten Gruppe von Pionierinvestoren gegenüber den potentiellen Antragstellern dar. Obwohl sie weder durch die Resolution II noch durch eine früher in der Vorbereitungskommission getroffene Übereinkunft zur Konfliktlösung mit potentiellen Antragstellern wegen eventueller sich überschneidender Ansprüche mit Gebieten, für die überhaupt noch kein Antrag vorliegt, verpflichtet sind, zeigten sie in dieser Frage Kompromißbereitschaft und kamen im Interesse substantieller Fortschritte den Forderungen nach, mit den anzubietenden Lösungen die Probleme der potentiellen Antragsteller zu minimieren. Damit haben jetzt auch die potentiellen Antragsteller eine Garantie, daß die von ihnen künftig beantragten Gebiete von gleichem geschätzten kommerziellen Wert sind wie bereits vergebene und nicht mit praktischen Problemen, d. h. sich überschneidenden Ansprüchen, belastet.

Die Pionierinvestoren der ersten Gruppe dokumentierten mit dieser Lösungsvariante zugleich ihre Bereitschaft, den gegenüber dem Zeitpunkt der Formulierung der Resolution II veränderten objektiven Realitäten Rechnung zu tragen und allen Interessen entgegenkommende Alternativvarianten zu unterbreiten. Die heutigen Realitäten bestehen vor allem darin, daß sich die Anträge der Pionierinvestoren entgegen früheren Prognosen auf ein relativ kleines Gebiet konzentrieren. Auch wurde erst nach dem 1984 vorgenommenen Koordinatenaustausch bekannt, daß die Konzentration der Mangankonkretionen in dem betreffenden Gebiet, ihr Metallgehalt und ihre Ergiebigkeit weit unter früheren Schätzungen liegen. Damit ist eine buchstabengetreue Anwendung der Resolution II unter den gegenwärtigen Bedingungen objektiv nicht mehr möglich, und auch die Fragen der Zuweisung von Pioniergebieten sowie der Reservierung von Gebieten für die Behörde erforderten ein solches modifiziertes Vorgehen. Der erste Anschein, daß damit eine Revidierung der Resolution II vorgenommen würde, ist insofern irrelevant, als die Abtretung von Teilen des Pioniergebiets ohnehin in der Resolution II vorgesehen war, nicht mit der Übergabe von Daten und Informationen verknüpft ist und somit die Behörde nicht in eine schlechtere Lage als ursprünglich vorgesehen gerät. Darüber hinaus kann die Regelung der Resolution II als Rahmenzeitplan mit Empfehlungen für nicht zu überschreitende, aber durchaus zu unterbietende Endtermine interpretiert werden. Zudem bleibt die Forderung der Entwicklungsländer nach gleichen wirtschaftlichen Ausgangspositionen für die Behörde als auch nach Bereitstellung von nicht mit praktischen Problemen behafteten Gebieten für die Behörde in jedem Fall erfüllt. Wenn auch mit dieser Erklärung einige Formulierungen der Resolution II modifiziert werden, bewahrt sie voll das Grundanliegen der Resolution, nämlich die Gewährleistung der ökonomischen Leistungsfähigkeit der Behörde. Sie stellt eine solide Basis dar für die Lösung der noch ungeklärten Fragen unter Wahrung der Interessen sowohl der Behörde als auch der ersten Gruppe von Pionierinvestoren sowie der potentiellen Antragsteller. Mit der erforderlichen Flexibilität trägt sie den gegenüber 1982 nicht vorhersehbaren Umständen unter gleichzeitiger Wahrung der grundlegenden Elemente des in der Konvention verankerten Parallelsystems Rechnung und hat nicht zuletzt alle — z. T. künstlichen — Hindernisse für die Registrierung der ersten Gruppe von Pionierinvestoren aus dem Weg geräumt. Auf der Grundlage dieser Erklärung wurden intensive Konsultationen geführt, in deren Ergebnis zwischen der UdSSR einerseits sowie Frankreich und Japan andererseits im Sommer 1987 eine Vereinbarung über die Abgrenzung sich überlappender Gebietsansprüche im Pazifik abgeschlossen werden konnte. Auch die sich überlappenden Gebietsansprüche des sowjetischen Meeresbodenbergbauunternehmens und dreier westlicher Konsortien — die aufgrund der jahrelangen starren Positionen der westlichen Seite den Registrierungsprozeß außerordentlich behindert hatten — wurden nunmehr bereinigt.

Hervorzuheben ist, daß die beteiligten westlichen Industriestaaten nicht umhinkonnten, sich in einem entsprechenden Regierungsabkommen bereitzuerklären, keine Verpflichtungen zu übernehmen, die der Seerechtskonvention zuwiderlaufen und die Registrierung künftiger Anträge bei der Vorbereitungskommission verhindern könnten. Damit waren endgültig alle Hindernisse für die Registrierung der ersten Gruppe von Pionierinvestoren aus dem Wege geräumt. Nachdem eine Gruppe unabhängiger technischer Experten, in der auch die DDR vertreten war, die Anträge auf ihre Übereinstimmung mit der Resolution II geprüft hatte, nahm der Lenkungsausschuß im August 1987 die Registrierung Indiens und im Dezember 1987 die Registrierung der UdSSR, Frankreichs und Japans vor. Gleichzeitig wies er den Pionierinvestoren Gebiete von jeweils ca. 75000 km^2 zu, in denen sie nunmehr bis zum Inkrafttreten der Seerechtskonvention das exklusive und völkerrechtlich geschützte Recht haben, produktionsvorbereitende Erkundungsarbeiten für den Meeresbodenbergbau vorzunehmen. Des weiteren wurden Gebiete von insgesamt etwa 600000 km^2 für die künftige Tätigkeit der Meeresbodenbehörde reserviert. Auf der Basis des Konzepts vom „prior relinquishment“ wurde seitens der UdSSR zugleich ein Gebiet von 92000 km^2 zur Verfügung gestellt, das für künftige Anträge aus der Gruppe der potentiellen Antragsteller aus westlichen Industriestaaten reserviert wurde.[21]

Die Vornahme der — längst überfälligen — Registrierung war nicht nur ein formeller Rechtsakt, sondern die wichtigste politische Aktion der Vorbereitungskommission. Sie wird die Arbeit der Kommission zu den vielfältigen anderen Sachfragen wesentlich beschleunigen, da hier in ganz besonderem Maße die Erfahrungen und Vorleistungen der Pionierinvestoren gefordert sind. Über den Rahmen der Vorbereitungskommission hinaus ist die nunmehrige Registrierung die über-

[21] Vgl. LOS/PCN/94, LOS/PCN/97—99.

zeugendste Antwort auf die Aktivitäten außerhalb des in der Konvention vereinbarten Meeresbodenbergbauregimes, ein Beweis für die Lebensfähigkeit der Konvention und die Wirksamkeit der Vorbereitungskommission.

4. Zur bisherigen Tätigkeit der Vorbereitungskommission für die Internationale Meeresbodenbehörde und den Internationalen Seegerichtshof

Neben der Registrierung der Pionierinvestoren und den Vorarbeiten für die Tätigkeitsaufnahme des Internationalen Seegerichtshofes[22] wurden im Verlauf der bisherigen sechs Sessionen auch in den anderen Sachfragen, mit denen die Vorbereitungskommission betraut ist, substantielle Fortschritte erzielt.

Umfangreiche Arbeiten wurden geleistet bei der Ausarbeitung von Regeln, Vorschriften und Verfahren zu Verwaltungs-, Finanz- und Budgetfragen der verschiedenen Organe der Meeresbodenbehörde. Entwürfe für die Verfahrensregeln der Versammlung, des Rates, der Rechts- und Fachkommission sowie der Kommission für wirtschaftliche Planung wurden weitestgehend abgeschlossen. Dabei kristallisierte sich eine Reihe von Fragen heraus, die von übergreifender Bedeutung für die gesamte Tätigkeit der Behörde sind und wegen unterschiedlicher Auffassungen der Staaten noch nicht gelöst werden konnten.

Das betrifft insbesondere die seitens der sozialistischen Staaten vertretene und von einer Reihe westlicher Staaten unterstützte Position, Fragen, für die in der Seerechtskonvention kein bestimmter Abstimmungsmechanismus vorgesehen ist (Wahl des Präsidenten des Rates bzw. der Vorsitzenden der anderen Organe; Empfehlungen bezüglich der Verhinderung negativer Auswirkungen auf die Exporterlöse von Entwicklungsländern; Durchführung von Kompensationsmaßnahmen gegenüber terrestrischen Produzenten aus dem Kreis der Entwicklungsländer; Realisierung von Entscheidungen über meeresbodenbergbauliche Aktivitäten; Finanzierungsfragen, zumindest, wenn es um nicht im regulären Budget vorgesehene finanzielle Auflagen für die Mitgliedstaaten geht), im Konsensus zu entscheiden. Ein derartiges Herangehen würde in hohem Maße den souveränen Rechten und legitimen Interessen insbesondere derjenigen Staaten Rechnung tragen, die künftig die materielle und finanzielle Hauptlast bei der Gestaltung der Aktivitäten der Meeresbodenbehörde zu übernehmen haben. Aber auch für alle anderen Staaten böte es eine hinreichende Garantie, daß ihnen nicht durch simple mathematische Mehrheiten ungenehme Entscheidungen aufgezwungen werden.

Der weiteren Beratung bedarf auch die Problematik der Bildung, Zusammensetzung und Arbeitsweise eines Finanzausschusses. Während die Auffassung der sozialistischen Staaten, daß es sich nur um ein beratendes Gremium ohne Ent-

[22] Ausführlich vgl. hierzu G. Görner, Zum Entwurf der Verfahrensregeln des Internationalen Seegerichtshofes, in: B. Graefrath (Hrsg.), Probleme des Völkerrechts 1987, Berlin 1987, S. 81ff.

scheidungskompetenzen handeln kann, breite Unterstützung fand, sind solche Fragen wie die Kriterien für die Zusammensetzung (gerechte geographische Verteilung, spezielle Interessen, gleiche geographische Verteilung), die Berücksichtigung der Interessen der Mitgliedstaaten mit dem höchsten Beitragsaufkommen sowie die Entscheidungsfindung im Ausschuß noch umstritten.[23]

Generell treten die sozialistischen Staaten dafür ein, in Übereinstimmung mit den Festlegungen der Seerechtskonvention ein solches System von Verfahrensregeln zu schaffen, das die effektive Ausübung der Funktionen der Behörde gewährleistet und zugleich den legitimen Rechten und Interessen aller Staaten und Gesellschaftssysteme Rechnung trägt, insbesondere keine Handhabe bietet, den Einfluß einzelner Staaten oder Staatengruppen zu begrenzen und Entscheidungen auch gegen sie durchzusetzen. Ein derartiges Herangehen ist von besonderer Bedeutung, da es sich hier immer um Entscheidungen mit weitreichenden ökonomischen Auswirkungen handeln wird.

Dies gilt gleichermaßen für die Arbeiten an den Regeln, Vorschriften und Verfahren für den Meeresbodenbergbau, wozu ebenfalls bereits umfangreiche Entwürfe vorliegen.[24]

Hier standen bislang solche Probleme im Vordergrund wie die weitere Ausgestaltung der Kontrollbefugnisse der Behörde gegenüber den Vertragsnehmern, der finanziellen Bedingungen der Meeresbodenbergbauverträge sowie der finanziellen Anreize für Vertragsnehmer. Die sozialistischen Staaten machten in den Debatten deutlich, daß die Umsetzung der Konventionsbestimmungen von den veränderten wirtschaftlichen Realitäten (Veränderung des Rohstoffbedarfs und der Weltmarktpreise, Erschließung neuer terrestrischer Lagerstätten etc.) ausgehen und in jedem Fall einen rentablen Meeresbodenbergbau gewährleisten muß. Dabei ist in Ausgestaltung der Rahmenbestimmungen der Seerechtskonvention über den „Mining Code“ und die Meeresbodenbergbauverträge ein ausgewogenes Rechte-Pflichten-Verhältnis zu schaffen, das sowohl den Vertragsnehmern eine gewinnbringende Produktion garantiert als auch den wirtschaftlichen Interessen der Behörde — insbesondere durch Transfer von Meerestechnologie und Beteiligung der Entwicklungsländer an der Ausbeutung der Meeresbodenressourcen — Rechnung trägt.

In die Diskussion wurden Vorschläge eingebracht, die diesen Erfordernissen Rechnung tragen sollen und unter anderem darauf hinauslaufen,

— die an die Behörde abzuführenden Gebühren für Erforschungsaktivitäten zu reduzieren,
— dem Vertragsnehmer Möglichkeiten für eine Auswahl der kostengünstigsten Variante für die zu leistende Produktionsfondsabgabe bzw. anteilige Gewinnabführung einzuräumen,

[23] Vgl. LOS/PCN/L.54/Rev. 1, insbes. para. 16 und LOS/PCN/WP.45.

[24] Vgl. LOS/PCN/SCN.3/WP.6 und Add. 1—4 ("Draft Regulations on Prospecting, Exploration and Exploitation of Polymetallic Nodules in the Area").

— eine stärkere Einflußnahme der Vertragsnehmer auf die Preisgestaltung für die aus dem Meeresbodenbergbau gewonnenen Mineralien unter Wahrung der Entscheidungsbefugnis der Behörde zu ermöglichen und
— konkrete Festlegungen zum Umfang des Technologietransfers zu treffen sowie ein eindeutiges Verfahren für den Technologietransfer zu bestimmen. In diesem Zusammenhang wiesen die Industriestaaten Forderungen nach einer sachlichen und zeitlichen Ausweitung der Pflicht zum Technologietransfer zurück.

Darüber hinaus wurde angeregt, bei der Vertragsgestaltung auftretende Probleme vorzugsweise durch Konsultationen zwischen Behörde und Vertragsnehmer zu lösen und damit obligatorische Schiedsverfahren in den Hintergrund treten zu lassen.[25] In der Diskussion zu diesen Vorschlägen wurde deutlich, daß ein gewinnbringendes Funktionieren des Ende der 70er Jahre vereinbarten Regimes des Meeresbodenbergbaus unter den heutigen weltwirtschaftlichen Bedingungen ein flexibles Herangehen aller Seiten erfordert und Raum für die spezifischen Besonderheiten des jeweiligen konkreten Meeresbodenbergbauprojekts einräumen muß.

Ein ähnliches Herangehen ist auch in den Arbeitsgremien der Vorbereitungskommission erforderlich, die sich mit vorwiegend ökonomischen Problemen befassen (Probleme der als terrestrische Produzenten der aus dem Meeresbodenbergbau gewonnenen Rohstoffe am meisten betroffenen Entwicklungsländer sowie Fragen der frühestmöglichen Arbeitsaufnahme des Unternehmens der Meeresbodenbehörde).

Im Mittelpunkt der bisherigen Beratungen standen mögliche Kriterien für die Bestimmung der am meisten betroffenen Entwicklungsländer und sich für diese ergebenden Probleme sowie mögliche Maßnahmen zur Verringerung negativer Auswirkungen auf die Exporterlöse und andere Bereiche der Volkswirtschaft dieser Staaten. Angesichts einer Reihe von gegenwärtig nicht exakt einschätzbaren Faktoren — wie der Aufnahme der kommerziellen Tiefseebergbauproduktion in relativ weiter Zukunft, der Entwicklung der Weltmarktpreise für metallische Rohstoffe etc. — wurde weitgehende Übereinstimmung dahingehend erzielt, daß in der Vorbereitungskommission nur allgemeine und vorläufige Kriterien qualitativer Art für die Identifikation der am meisten betroffenen terrestrischen Produzenten entworfen werden können. Die endgültige, konkrete Festlegung sowohl der Kriterien als auch der betreffenden Staaten soll dann kurz vor Aufnahme der kommerziellen Produktion durch die Meeresbodenbehörde selbst erfolgen.

Ähnliches wurde auch für die Bestimmung der Methoden und der Höhe eventueller Ausgleichszahlungen vorgeschlagen. In diesem Zusammenhang unterzogen die sozialistischen Staaten Vorschläge zur Schaffung von universellen Ausgleichsfonds einer kritischen Wertung und traten dafür ein, daß auftretende Pro-

[25] Vgl. LOS/PCN/L.52, insbes. paras. 5—7 und 54—57.

bleme durch Abkommen zwischen den unmittelbar beteiligten Staaten geregelt werden sollten.[26]

Breiten Raum nahmen in der Debatte zum Unternehmen der Behörde bislang die grundlegenden Entwicklungstrends ein, von denen bei der Vorbereitung konkreter Maßnahmen zu Profil, Struktur, Personalbestand, Tätigkeitsformen und Finanzierung des Unternehmens sowie zur Ausbildung des Personals hypothetisch auszugehen ist.

Große Resonanz fanden die Positionen der sozialistischen Staaten, wonach Fortschritte in diesen Fragen entscheidend abhängig sind von der Registrierung und Tätigkeitsaufnahme der Pionierinvestoren sowie ihr Eintreten für ein realistisches Herangehen im Sinne der Bildung eines lebensfähigen und ökonomisch effektiven Unternehmens mit geringstmöglichem Personal- und Kostenaufwand.

Eine Anzahl von Delegationen befürwortete prinzipiell die Möglichkeit der Bildung eines gemeinsamen Unternehmens der Vorbereitungskommission mit den registrierten Pionierinvestoren als ökonomischste Variante zur Vorbereitung der eigenständigen Betriebsaufnahme des Unternehmens. Dabei bestehen allerdings noch sehr divergierende Auffassungen bezüglich der konkreten Möglichkeiten gemeinsamer Tätigkeiten eines solchen Unternehmens (Finanzierung, Abbau, Transport, Verarbeitung, Verkauf) sowie hinsichtlich der Dauer seiner Existenz.[27]

Insgesamt ist die mehr als sechsjährige bisherige Tätigkeit der Vorbereitungskommission durch ein ergebnisorientiertes, produktives Arbeitsklima gekennzeichnet und bietet alle Voraussetzungen, um bei Inkrafttreten der Konvention eine schnelle Aufnahme der Tätigkeit der Meeresbodenbehörde zu gewährleisten.

5. Resümee und Ausblick

Angesichts des besonders in der Anfangsphase hohen Investitionsaufwandes, der weitreichenden Verpflichtungen zu Technologietransfer und anderweitiger Unterstützung der Entwicklungsländer und insbesondere des Ausschlusses der Monopolisierung des Meeresbodenbergbaus in den ressourcenhöffigsten Gebieten durch einige wenige multinationale Unternehmen verweigerten die USA, die BRD und Großbritannien die Unterzeichnung der Konvention, obwohl sie jahrelang den Konsensus auf der Seerechtskonferenz mitgetragen hatten und keine textliche Veränderung ohne ihre Zustimmung zustandekam.[28]

In diesem Zusammenhang bedarf das von westlichen Staaten verstärkt vorgebrachte Argument besonderer Beachtung, daß die das traditionelle Seerecht be-

[26] Vgl. LOS/PCN/L.51, insbes. paras. 13—15.

[27] Vgl. LOS/PCN/L.50, insbes. paras. 3—6.

[28] Vgl. u. a. die Erklärungen Großbritanniens, der BRD und der USA auf der Abschlußtagung der III. UN-Seerechtskonferenz, in: Third United Nations Conference on the Law of the Sea. Official Records, Bd. XVII, S. 79f., 85f., 116f.

treffenden Regelungen (maritimer Umweltschutz, Streitbeilegung und selbst das völlig neue Institut der Ausschließlichen Wirtschaftszone) bereits weitgehend anerkanntes Gewohnheitsrecht verkörpern, während die Bestimmungen zum Meeresbodenbergbau völlig neues Recht und nicht vom allgemeinen Konsensus getragen seien.[29] Dabei handelt es sich eindeutig um den Versuch einer formaljuristischen Rechtfertigung für den seitens der USA und einiger ihrer westlichen Verbündeten verfolgten Kurs, die Konvention auszuhöhlen, durch selektives Herangehen, unilaterale Maßnahmen und separate Vereinbarungen sich einseitige Vorteile und Vergünstigungen bei der Nutzung der Weltmeere zu verschaffen und deren Ressourcen in ihre Verfügungsgewalt zu bringen. Dieses Herangehen negiert in erster Linie die Tatsache, daß alle Probleme des Seevölkerrechts eng miteinander verbunden und als einheitliches Ganzes zu behandeln sind — eine von Beginn der Verhandlungen von ausnahmslos allen Staaten getragene und auch in der Präambel fixierte Position, letztendlich die Geschäftsgrundlage der gesamten Konferenz. Angesichts dieser Positionen einiger weniger Staaten kommt es in besonderem Maße darauf an, die neue Seerechtskonvention einer tiefgründigen Analyse zu unterziehen und ihre herausragenden positiven Elemente zu propagieren.

Eine vorrangige Aufgabe ist darin zu sehen, überzeugend nachzuweisen, welche Teile der Konvention — und u. E. gehören dazu auch wesentliche Grundsätze des Tiefseebodenregimes — bereits geltendes Völkerrecht oder Indikator sich entwickelnden Gewohnheitsrechts sind und damit alle Staaten unabhängig von ihrer Zugehörigkeit zur Konvention binden. Hierbei geht es darum, die einheitliche Ganzheit der Konvention zu bewahren und sie gegen die Versuche einiger Staaten zu verteidigen, für sie vorteilhafte Regelungen aus dem Gesamtpaket herauszulösen und andere zu verwerfen.

Zugleich wurde in der bisherigen Arbeit der Vorbereitungskommission deutlich, daß das auf dem Erkenntnisstand der 70er Jahre aufbauende Meeresbodenregime nur dann ökonomisch effektiv wirken kann, wenn die Rahmenbestimmungen der Seerechtskonvention den weltwirtschaftlichen Realitäten der Jahrhundertwende angepaßt werden. Das erfordert ein hohes Maß an Flexibilität in der Tätigkeit der Vorbereitungskommission unter gebührender Berücksichtigung der Interessen und Erfahrungen der Meeresbodenbergbaustaaten, ohne damit grundlegende Entscheidungsbefugnisse der Meeresbodenbehörde anzutasten. Wege und Möglichkeiten einer solchen produktiven, realitätsbezogenen Arbeitsweise wurden im Prozeß der Registrierung der Pionierinvestoren hinreichend aufgezeigt.

[29] Vgl. die Erklärung des Präsidenten der USA vom 10. 3. 1983 anläßlich der Proklamation der US-amerikanischen Ausschließlichen Wirtschaftszone sowie die hierzu in der Vorbereitungskommission abgegebene Stellungnahme der sozialistischen Staaten, in: The Law of the Sea. Current Developments in State Practice, United Nations, New York 1987, S. 137, 139.

Insofern kann auch heute von der am Ende der Konferenz getroffenen Einschätzung ausgegangen werden, daß die neue Seerechtskonvention unter den gegenwärtigen Bedingungen das erreichbare Höchstmaß an Rechtssicherheit, den höchst erreichbaren Kompromiß darstellt und den legitimen Rechten und Interessen aller Staaten und Staatengruppen entspricht. Ein Scheitern der Konvention würde die über Jahre hinweg unternommenen Anstrengungen aller Staaten für ein umfassendes Rechtsregime der friedlichen Nutzung der Weltmeere zunichte machen, zu Anarchie, Spannungs- und Konfliktherden auf den Meeren führen. Auch in diesen Fragen ist es unabdingbar, ein möglichst breites Bündnis aller an der friedlichen und gleichberechtigten internationalen Zusammenarbeit Interessierten zu schaffen, wofür in der Vorbereitungskommission wie in den Vereinten Nationen alle Voraussetzungen gegeben sind.

Г. Вюнше/Г. Фрюауф

Правовые вопросы исследования и эксплуатации морского дна за пределами действия национальной юрисдикции

1. Конвенцией ООН по морскому праву от 10-го декабря 1982 года был создан важный документ для развития мирного международного сотрудничества стран с различными общественными системами, а также для предотвращения возникновения конфликтов в связи с использованием мирового океана и его ресурсов. Конвенция, отдельные положения которой неделимы и могут быть применены только в их совокупности, является сбалансированным компромиссом, учитывающим законные интересы и потребности всех стран и регионов.

2. Это полностью относится также и к впервые реализованной универсальной кодификации международно-правовых правил исследования и эксплуатации минеральных богатств морского дна за пределами действия национальной юрисдикции. Исходя из принципа „общего наследия человечества“ и таких принципов как использование в мирных целях, недискриминация и запрещение монополизации, государствами-участниками Конвенции будет в дальнейшем осуществляться организация и контроль всей эксплуатации глубоководных ресурсов морского дна с помощью Международного органа по морскому дну. Для этого Орган будет иметь кроме „традиционных“ органов — Ассамблея, Совет, Секретариат — также собственное предприятие для эксплуатации ресурсов морского дна. Таким образом новая тенденция в международном сотрудничестве впервые получит нормативное выражение таким образом, когда межгосударственные организации, в состав которых входят страны с различными общественными системами, осуществляют их деятельность на основе совместных собственных предприятий в области хозяйства, производства и торговли. Конвенция вступит в силу через год после сдачи на хранение 60-ой ратификационной грамоты или документа о присоединении; до декабря 1987 года осуществлено 35 ратификаций, в том числе Кубой, Югославией, Исландией.

3. Положения об эксплуатации глубоководных ресурсов морского дна создали институционную модель демократической перестройки международных экономических отношений, что также могло бы служить общим примером для решения глобальных проблем, особенно в области использования пространств и ресурсов, находящихся за пределами действия национальной юрисдикции. Обязательной предпосылкой для эффективной реали-

зации этой модели являются мирное сотрудничество, соблюдение законных прав и интересов всех участников, а также принятие во внимание опыта уже существующих аналогичных международных институций. Создание названных условий и скорейшее применение Конвенции по морскому праву значительно ограничили бы возможности тех государств, которые пытаются „протащить" с помощью селективного подхода и сепаратных соглашений их односторонние монополистические интересы во вред законных интересов международного сообщества в целом.

4. Создание условий, необходимых для сотрудничества, является все больше фактором, определяющим работу Подготовительной комссии Международного органа по морскому дну и Международного трибунала по морскому праву. Комиссией должны быть подготовлены кроме проектов по внутреннему праву Органа также и рекомендации по таким вопросам как: проблемы развивающихся стран, которые — как наземные производители добываемых из конкреций мангана ресурсов — были бы в наибольшей мере затронуты в связи с эксплуатацией глубоководных ресурсов морского дна; как можно быстрое начало работы Предприятия Органа; далее, нормы, правила и процедуры эксплуатации ресурсов морского дна; подготовка к принятию деятельности Международного трибунала по морскому праву. До сих пор в работе Подготовительной комиссии доминировала регистрация первоначальных вкладчиков для эксплуатации ресурсов морского дна, то есть таких стран и предприятий, которые имеют на основе решений III Конференции ООН по морскому праву уже до вступления в силу Конвенции право на осуществление производственно-подготовительных действий в целях коммерческой эксплуатации ресурсов морского дня. Осуществлённая в 1987 году регистрация Индии, СССР, Франции и Японии как первых вкладчиков является важным шагом на пути достижения вступления в силу Конвенции по морскому праву, а также доказательством жизнеспособности согласованного в её рамках режима эксплуатации глубоководных ресурсов морского дна и работоспособности Подготовительной комиссии.

5. В ходе регистрации первых вкладчиков выяснилось, что согласованный в конце 70-х годов режим эксплуатации ресурсов морского дна может функционировать рентабельно только в том случае, если вводные положения общих установок Конвенции по морскому праву будут приспособлены к реальностям современной мировой экономики. То, что это возможно, доказывает принятие ряда модификаций системы первых вкладчиков, которые были согласованы на Конференции по морскому праву и одобрены Генеральной Ассамблеей ООН.

Действуя в высшей степени гибко, учитывая при этом должным образом интересы и опыт стран, предпринимающих эксплуатацию ресурсов морского дна, а также сохраняя при этом за Органом по морскому дну право на окончательное решение, Подготовительная комиссия может разработать приемлемые рекомендации для скорейшего начала работы Органа по морскому дну после вступления в силу Конвенции.

Summary

H. Wünsche/H. Frühauf

Legal Aspects of the Exploration and Exploitation of the Sea-bed and Ocean floor and Subsoil thereof, beyond the Limits of National Jurisdiction

The adoption on 10, December 1982 of the United Nations Convention on the Law of the Sea marked the creation of an important instrument for the development of peaceful cooperation among States having different social systems and for the prevention of international conflicts that may arise from the all-embracing exploitation of the world's oceans and their resources. The Convention represents a well-balanced compromise which takes account of the legitimate interests and needs of all States or groups of States. Its individual provisions are indivisible and can be applied and interpreted only in the context of the Convention as a whole.

This fully applies also to the first universal codification of rules of international law to govern the exploration and exploitation of mineral resources on the sea-bed, beyond the limits of national jurisdiction. In future, States Parties to the Convention will supervise and organize all sea-bed mining through an International Sea-Bed Authority. In so doing they will be guided by the concept of the common heritage of mankind and such principles as peaceful utilization, non-discrimination and non-monopolization. Apart from "traditional" bodies like an Assembly, a Council and a Secretariat, the International Sea-Bed Authority will have its own sea-bed mining enterprise. Thus, for the first time, normative expression has been given to a new trend in international cooperation, i.e. that of inter-governmental organizations composed of States having different social systems and jointly undertaking economic, productive and marketing operations through enterprises of their own.

The Convention will come into force one year after the sixtieth instrument of ratification or accession has been deposited. Until December 1987 there had been 35 ratifications (including Cuba, Yugoslavia and Iceland).

The Convention's provisions on sea-bed mining create institutions that can serve as a model for the democratic restructuring of international economic relations. At the same time they offer a general departure for the solution of global problems, notably as regards the exploitation of spaces and resources beyond national jurisdiction. The effective implementation of this model imperatively calls for peaceful cooperation, the preservation of the legitimate rights and interests of all concerned and for taking account of the experience of already existing comparable international institutions. If such conditions were created and if the Convention on the Law of the Sea were applied soon, this would substantially curtail the scope of action of those States which are attempting by way of a selective approach and separate deals to push through their one-sided monopolistic interests over the legitimate concerns of the community of States.

These result-oriented positions of principle are increasingly reflected in the work of the Preparatory Commission for the International Sea-Bed Authority and the International Tribunal for the Law of the Sea. Apart from drafting the Authority's internal rules, the Commission is working on recommendations on how to deal with the problems faced by those developing States which, as land-based producers of the raw materials to be extracted from manganese nodules, would be most heavily affected by sea-bed mining. It is also concerned with ways of ensuring the earliest possible entry into operation of the Enterprise of the Authority, with rules, regulations and procedures for deep-sea mining, and with preparations for the International Tribunal for the Law of the Sea to take up its work.

So far the Preparatory Commission has given priority to the registration of pioneer investors in sea-bed mining, i.e. those States and/or corporations which under provisions made by the Third United Nations Conference and the Law of the Sea have the right, even before entry into force of the Convention, to engage in activities preparatory to production in commercial sea-bed mining. When, in 1987, India, the USSR, France and Japan were registered as pioneer investors this marked an important step on the road to the entry into force of the Law of the Sea Convention. It was proof of the viability of the sea-bed mining regime laid down in the Convention and of the Preparatory Commission's ability to move forward.

It became obvious in the course of the process of registration of pioneer investors that the sea-bed mining regime agreed upon in the late seventies can be economically viable only if the regulations to implement the framework provisions contained in the Law of the Sea Convention are adapted to the current realities of world economy. That this is possible can be seen from the fact that a number of modifications were made to the pioneer investment system agreed at the Law of the Sea Conference, i.e. modifications which were also endorsed by the General Assembly of the United Nations.

The Preparatory Commission will be in a position to present viable recommendations enabling the International Sea-Bed Authority to start functioning at the earliest possible date after entry into force of the Convention if it exercises a large measure of flexibility, taking due account of the interests and experience of States engaged in sea-bed mining while maintaining the power of decision of the Sea-Bed Authority.

Autorenverzeichnis

M. Bauer-Oeser
Dr., Dozent, Humboldt-Universität, Bereich Völkerrecht, Berlin

K. Becher
Professor für Völkerrecht, Akademie für Staats- und Rechtswissenschaft der DDR, Institut für ausländisches Recht und Rechtsvergleichung, Potsdam-Babelsberg

H. Bokor-Szegö
Professor für Völkerrecht, Institut für Staats- und Rechtswissenschaften der Ungarischen Akademie der Wissenschaften, Budapest

G. M. Danilenko
Dr., wiss. Mitarbeiter, Akademie der Wissenschaften der UdSSR, Institut für Staat und Recht, Moskau

H. Frühauf
Dr., Dozent, Akademie für Staats- und Rechtswissenschaft der DDR, Institut für Internationale Beziehungen, Potsdam-Babelsberg

B. Graefrath
Professor für Völkerrecht, Akademie der Wissenschaften der DDR, Institut für Theorie des Staates und des Rechts, Berlin

A. Jacewicz
Dr., wiss. Mitarbeiter, Polnisches Institut für Internationale Angelegenheiten, Warschau

I. I. Kotljarov
Professor für Völkerrecht, Akademie der Wissenschaften der UdSSR, Institut für Staat und Recht, Moskau

G. Mencer
Professor für Völkerrecht, Tschechoslowakische Akademie der Wissenschaften, Institut für Staat und Recht, Prag

R. Müller
Professor für Völkerrecht, Martin-Luther-Universität Halle-Wittenberg, Bereich Internationales Finanz- und Wirtschaftsrecht, Halle

K. Nagy
Professor für Völkerrecht, József Attila Universität, Staats- und Rechtswissenschaftliche Fakultät, Bereich Völkerrecht, Szeged

K. Sachariew
Dr., wiss. Mitarbeiter, Akademie der Wissenschaften der DDR, Institut für Theorie des Staates und des Rechts, Berlin

F.-R. Töpfer
Dr., Oberassistent, Hochschule für Ökonomie Bruno Leuschner, Institut für Wirtschaftsrecht, Berlin

H. Wünsche
Professor für Völkerrecht, Akademie für Staats- und Rechtswissenschaft der DDR, Institut für Internationale Beziehungen, Potsdam-Babelsberg

Список авторов

М. Бауер-Эзер
Доктор юр. наук, доцент, Университет им. Гумбольдта, Берлин

К. Бехер
Профессор международного права, Институт зарубежного права и сравнения права Академии государственных и правовых наук ГДР, Потсдам-Бабельсберг

Х. Бокор-Сегё
Профессор международного права, Институт государства и права Венгерской академии наук, Будапешт

Г. М. Даниленко
Доктор юр. наук, Институт государства и права Академии наук СССР, Москва

Г. Фрюауф
Доктор юр. наук, доцент, Институт международных отношений Академии государственных и правовых наук ГДР, Потсдам-Бабельсберг

Б. Грэфрат
Профессор международного права, Институт теории государства и права Академии наук ГДР, Берлин

А. Яцевич
Доктор юр. наук, Польский институт международных отношений, Варшава

И. И. Котляров
Профессор международного права, Институт государства и права Академии наук СССР, Москва

Г. Менцер
Профессор международного права, Институт государства и права Чехословацкой академии наук, Прага

Р. Мюллер
Профессор международного права, Университет им. Мартина Лютера, Галле-Виттенберг

К. Надь
Профессор международного права, Университет им. Йозефа Аттилы, Сегед

К. Захариев
Канд. юр. наук, научный сотрудник, Институт теории государства и права, АН ГДР, Берлин

Ф.-Р. Тёпфер
Доктор юр. наук, Высшая школа экономики им Бруно Лойшнера, Берлин

Г. Вюнше
Профессор международного права, Институт международных отношений Академии государственных и правовых наук ГДР, Потсдам-Бабельсберг

Notes on the Authors

M. Bauer-Oeser
Doctor of Law, Associate Professor at Humboldt-University, Department of International Law, Berlin

K. Becher
Professor of International Law, Institute of International and Comparative Law, Academy of Law and Political Science of the GDR, Potsdam-Babelsberg

H. Bokor-Szegö
Professor of International Law, Institute of State and Law, Hungarian Academy of Sciences, Budapest

G. M. Danilenko
Doctor of Law, Research Fellow, Institute of State and Law, Academy of Sciences of the USSR, Moscow

H. Frühauf
Doctor of Law, Associate Professor, Institute of International Relations, Academy of Law and Political Science of the GDR, Potsdam-Babelsberg

B. Graefrath
Professor of International Law, Institute of Theory of State and Law, Academy of Sciences of the GDR, Berlin

A. Jacewicz
Doctor of Law, Research Fellow, Polish Institute of International Affairs, Warsaw

I. I. Kotljarov
Professor of International Law, Institute of State and Law, Academy of Sciences of the USSR, Moscow

G. Mencer
Professor of International Law, Czechoslovakian Academy of Sciences, Institute of State and Law, Prague

R. Müller
Professor of International Law, Martin Luther-University Halle Wittenberg, Department of International Financial and Economic Law, Halle

K. Nagy
Professor of International Law, Jozsef Attila-University, State and Law Faculty, Department of International Law, Szeged

K. Sachariew
Doctor of Law, Research Fellow, Institute of State and Law, Academy of Sciences of the GDR, Berlin

F.-R. Töpfer
Doctor of Law, Senior Assistant, High School of Economics Bruno Leuschner, Berlin

H. Wünsche
Professor of International Law, Institute of International Relations, Academy of Law and Political Science of the GDR, Potsdam-Babelsberg

MIX
Papier | Fördert gute Waldnutzung
FSC® C083411

Kolibri 360 GmbH
Ferdinand-Jühlke-Straße 7
99095 Erfurt, Deutschland
produktsicherheit@kolibri360.de